화해와 포용의 예학자

송 준 길

유학사상가
총서시리즈
韓國

화해와 포용의 예학자

송 준 길

송인창 지음

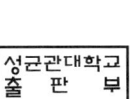

성균관대학교
출 판 부

| 머리말 |

동춘당은 17세기 조선 사회에 지대한 영향력을 행사했던 예학자이며 기호유학자였다. 그간 대부분의 유학 사상 연구에서는 동춘당이 늘 우암 송시열과 함께 언급되면서 학문과 철학 사상에 있어서도 우암과 그다지 다른 점이 없는 인물로 인식되어 왔다. 그러나 본서는 동춘당의 진면목이 분명히 우암과는 구별되는 다른 바가 있다는 관점 하에서 동춘당의 학문과 철학 사상을 구명하고자 하였다. 여기에서 특히 주목한 것은 화해와 포용의 정신으로 평생을 일관한 동춘당의 주경적(主敬的) 삶과 철학이었다. 이러한 그의 삶과 철학은 오늘을 사는 철학자들이 다 함께 목표로 하고 추구해야 할 본질적인 과제라고 필자는 확신한다.

동춘당이 살던 17세기 조선 사회의 역사적 상황은 객관적 현실로 볼 때나 그 자신의 주관적 의식으로 볼 때나 심각한 위기였고, 지식인들로 하여금 현실을 도피하거나 외면할 수 없게 한 격동기였다. 이런 시기에 동춘당은 현실 세계의 삶과 실천을 따로 따로 파악하지 않고, 이 세계에서 천리(天理)·도심(道心)에 바탕한 경(敬)과 의(義)의 절대성을 지키고 구현하고자 일관된 삶을 살았다. 물론 천리를 인간세계의 현실로 구현하려는 노력은 비단 동춘당만 해왔던 것은 아니다. 조선의 많은 유학자들이 자기 시대의 모순과 갈

등을 성리학적 이념의 실천을 통해 해소하고자 노력하였다.

오늘의 한국 사회도 총체적 위기를 말하고 있고 인륜의 황폐화와 가치관의 혼란을 매우 심각하게 우려하고 있다. 시대의 차이는 있겠지만 동춘당이 느꼈던 위기의식과 그것은 질적으로 다른 것은 아닐 것이다. 그렇다면 시대를 초월하여 우리가 돌이켜보아야할 것은 바로 인간다운 삶의 의미이며 국민 전체의 도덕적 의식의 고양이고, 그것은 동춘당이 그토록 강조했던 주체적 자각을 통한 '경'과 '의'의 확립을 절대시한 수양론을 통해 추구할 수 있을 것이다.

필자는 동춘당이 우암에 비해 상대적으로 폄하되거나 단지 '해동십팔현(海東十八賢)'이나 성리학자로만 인식된 점 등을 비판하고 그에 대한 올바른 평가와 인식이 필요하다는 문제의식에서 오랜 시간 동춘당을 연구하고 알리기 위해 노력해 왔다. 학계에서 처음으로 동춘당 연구서를 펴내겠다는 의욕을 가지기도 했다. 그 결과 오래 전에 성균관대 출판부로부터 〈유학사상가 총서〉 시리즈의 하나로 동춘당에 대한 집필 의뢰를 받았지만, 차일피일 미루다가 오늘에야 이 책을 펴내게 되었다.

다만, 필자로서 송구스럽고 면목 없는 일은 본서를 펴내기 앞서 제자들의 강권에 못 이겨 그동안 발표한 동춘당 관련 논문을 모아 청계출판사를 통해 책으로 먼저 엮어낸 점이다. 제자들이 회갑 기념 저서의 출간을 서두르는 바람에 생각지 못했던 실례를 범하게 되었다.

　본서는 필자가 먼저 엮어낸 연구서의 내용을 토대로 하였으나 연구서가 가지는 논문집 성격과는 달리 동춘당이라는 인물과 그의 삶, 그리고 철학 사상을 유기적으로 파악할 수 있도록 구성을 달리하였다. 아울러 좀 더 내용을 쉽게 편제하고 또 대폭 수정·보완하였으며, 후학들의 연구에 조금이나마 도움을 주기 위해 동춘당 관련 자료와 기존 연구 논저 목록을 추가하였다. 이 지면을 빌려 먼저 출판된 저서의 내용을 수록할 수 있도록 해준 청계출판사와 오랜 시간 동안 원고를 기다려준 성균관대출판부 관계자들께 미안한 마음과 감사의 말씀을 표한다. 아울러 이 책이 나오기까지 많은 도움을 주신 동춘당 문정공파 종중 송용수 총무님과 『국역 동춘당집』을 자유롭게 검색할 수 있도록 해준 한국고전번역원에도 감사를 전한다. 빚 갚는 심정으로 이 책을 세상에 내보내면서 오히려 빚만 더 늘었다는 부담감과 함께, 더욱 연구에 정진하여야 겠다는 각오를 새롭게 해본다.

2009년 10월, 가을 용운골에서
송인창

제 1 부

동춘당의 생애와 학문적 계보

제1장 동춘당의 생애

송준길은 자가 명보(明甫)이고 호는 동춘당(同春堂)이다.[1] 그는 은진(恩津)을 관향으로 하고 충청도 회덕 송촌(宋村)을 선향(先鄕)으로 하여 1606년(선조 39년) 12월 28일 진시(辰時)에 서울 정릉동(貞陵洞)에서 출생하였다.[2] 시호는 문정(文正)이다. 어머니는 광산(光山) 김씨(金氏)로 사계(沙溪) 김장생(金長生, 1548-1631)의 아버지인 김계휘(金繼輝)의 종형제인 김은휘(金殷輝)의 딸이다. 아버지 청좌공(淸坐公) 이창(爾昌, 1561-1627)은 일찍이 김계휘・이이(李珥)・송익필(宋翼弼)・서기(徐起) 등의 문하에 출입하면서 성리학과 예학을 익히고, 29세에 사마시(司馬試)에 합격하여 찰방, 감찰, 직장, 현감 등을 거쳐 영천 군수(榮川郡守)를 지냈다. 사후에는 이조판서의 증직을 받았다.

출생 시의 「연보」와 「가장」의 기사에 의하면[3] 동춘당은 천덕(天德)을 받고 태어나 외모나 정신세계가 보통 사람과는 많이 달랐다고 한다. 이 점을 「가장」에서는 "가을 물결 같은 정신이고, 옥으로 다듬어 놓은 것 같다."[4]라는 시적인 말로 표현하고 있다. 동춘당이 태어난

---

1 동춘당은 송준길이 거주하던 회덕 宋村에 세운 堂名을 가리키는 것으로서, 송준길은 이 당명을 따서 자신의 호로 삼았다. 포저(浦渚) 조익(趙翼, 1579-1655)에게 보낸 편지글에 의하면 '同春이란 말은 만물과 더불어 봄을 함께한다[與物同春]'라는 의미이다. 『同春堂文集』(이하의 주에서는 『문집』이라 약칭함.), 권10, 書, 「上浦渚趙先生翼」. "名其堂曰同春, 盖取與物同春之義." 참조.

2 정릉동은 지금의 서울특별시 중구 서소문동 37번지 서울 시립미술관 자리이다.

3 『同春堂先生續集』, 권6, 부록1, 「年譜」(이하의 주에서는 『속집』 「연보」로 약칭하고, 동연보에 의거한 것은 편의상 일일이 그 사실을 밝히지 않는다)와 송내희 편저, 『國譯 同春堂 家狀』(이하의 주에서는 『가장』으로 약칭함), 선비박물관, 2006, 1세조 참조.

4 『가장』, 1세조.

• 동춘당 현판

현판은 송준길 선생 사후인 숙종 4년(1678)에 우암 송시열이 쓴 것이다. 동춘당은
'만물과 더불어 봄을 함께한다(與物同春)'라는 의미의 '동춘'에서 따온 이름이다.

• 동춘당 고택

대전광역시 대덕구 송촌동 192번지 소재의 고택. 대전광역시 유형문화재 제3호이다. 인조 20년(1642)에
건립한 곳으로 선생이 관직에서 물러난 후 거처하였다.

집은 외조부인 황강(黃岡) 김은휘(金殷輝)의 구택(舊宅)으로서 뒷날 그의 스승이 된 사계 김장생과 신독재(愼獨齋) 김집(金集, 1574-1656)이 태어난 곳이기도 하다. 그래서 세인들이 이를 무척 기이하게 여겨 '삼현대(三賢臺)'라고 불렀다고 한다. 여기서 '삼현대'란 문묘에 배향된 '삼현'이 출생한 집이라는 뜻이다.[5]

동춘당은 3세 때에 조부가 돌아가시자, 아버지를 따라 회덕(懷德)으로 내려왔다. 이때부터 회덕은 그의 주된 거주지가 되었다. 동춘당은 3·4세 때에 이미 '어른의 말을 공경할 줄 알았고 어른을 뵐 때는 반드시 용모를 단정히 하고 무릎을 꿇고 바르게 앉았다.'[6]고 한다. 이를 통해서 우리는 동춘당의 주경적(主敬的) 삶이 어릴 때부터 일찍 형성된 것임을 짐작할 수 있다. 그런 점에서 문인 조상우(趙相愚, 1640-1718)가 제문(祭文)에서 동춘당의 삶을 가리켜 "경(敬)과 의(義)를 함께 하고, 성(誠)과 명(明)에 극진하였다."[7]라는 말로 요약한 것은 매우 적절하다고 하겠다.

동춘당은 9세 되는 해부터 독서를 하기 시작했는데 그 재주와 명민함은 유별했다고 한다. 특히 그의 글씨는 당대의 명필로 이름이 알려져 있던 죽창(竹窓) 이시직(李時稷, 1572-1637)이 "네가 이미 나보다 낫다."라고 경탄할 정도로 출중함을 보였다. 그리고 이 해에 그와 동종(同宗)이면서 마지막까지 정치생명을 같이했던 수옹(垂翁) 송갑조(宋甲祚, 1574-1628)의 셋째 아들인 우암(尤庵) 송시열(宋時烈, 1607-1689)이 와서 동학하게 되었다.

혈연적으로 동춘당과 우암은 같은 은진 송씨로서 13촌, 즉 숙질간이고 명종 때 병조판서를 지낸 이윤경(李潤慶, 1498-1562)의 외종손으

---

5 남궁원(송창준 역), 『동춘선생 언행록과 유사』, 향지문화사, 1999, 1쪽 참조.
6 『가장』, 3·4세조.
7 宋正熙 편저(송창준 역), 『德恩家乘(2)』, 향지문화사, 1998, 139쪽.

● **동춘당** 대전광역시 대덕구 송촌동 192번지 소재의 동춘당 선생 별당. 보물 제209호로 지정되어 있다.

로 이종형제 간이다.[8] 즉 동춘당은 친가로는 우암과 13촌 숙질 간이 되며 외가쪽으로는 재종 간의 관계를 맺고 있다. 이 둘 사이의 평생에 걸친 남다른 우의는 바로 이때부터 시작되었다. 이와 같은 관계는 세인들이 이른바 '양송(兩宋)'으로 지칭할 만큼 각별한 것이었다.[9]

『가장』의 「9세조」에 의하면 동춘당은 아홉 살에 처음 『사략(史略)』을 배우기 시작하여 1년 만에 그 책을 다 읽었다. 이 기간 동안 그가 보여준 공부에 대한 열의와 생각의 치밀함 및 규칙을 지키고자 하는

---

8 동춘당과 우암의 혈연적 관계를 圖示하면 다음과 같다. 『은진송씨세적록』 참조.

宋繼祀 ┬→ 遙年 ─ 汝楫 ─ 應瑞 ─ 爾昌 ─ 浚吉
　　　　　　　　　　(郡守)　(榮川郡守)

　　　　└→ 順年 ─ 女譜 ─ 世良 ─ 龜壽 ─ 應期 ─ 甲祚 ─ 時烈
　　　　　　　　　　　　　　　　　　　　(都事)　(奉事)

9 『국역 현종개수실록』, 현종 12년, 12월 5일 참조.

성실한 태도는 남다른 것이었다. 이처럼 동춘당이 보여준 남다른 학구열과 치밀한 분석력, 그리고 융통성이 없다고 할 만큼의 성실함은 이후 그의 삶과 학문을 통해 일관되게 표출되었다. 『가장』의 다음 기사는 이를 좀 더 분명하게 설명해준다.

9세에 처음 『사략』을 배웠는데 훈장이 어떤 일이 있어 과정을 빼먹게 되면 반드시 아버지께 청하여 비록 잠잘 시간이 되더라도 배우지 않으면 잠을 자지 않았다. 1년 만에 『사략』 일곱 권을 다 읽었는데 청좌공이 묻기를 "사람에게는 감히 속이지 못하는 것과, 차마 속이지 못하는 것과, 능히 속이지 못하는 것이 있는데 이 세 가지가 다른 이유는 무엇 때문이냐." 하니, 선생이 대답하기를 "위엄이 있으면 감히 속이지 못하는데 이것은 두려워서 그런 것입니다. 어진 마음이 있으면 차마 속이지 못하는데 이것은 마음속으로 복종하여 그런 것입니다. 지혜가 있으면 능히 속일 수가 없는 것이니, 이것은 명철(明哲)에 복종하여

● 경전
선생이 읽던 경서류. 아홉 살에 처음 『史略』을 배우기 시작하여 1년 만에 그 책을 다 읽었다고 한다.

그런 것입니다."라고 하자, "그러면 어느 것이 나으냐?" 하니, 선생이 대답하기를 "차마 속이지 못하는 것이 위이고, 능히 속이지 못하는 것이 다음이며, 감히 속이지 못하는 것이 아래입니다." 하니, 옆에서 듣고 있던 사람들이 기이하게 여겼다.[10]

위의 예문은 『중용』 20장의 지인용(知仁勇) 삼달덕(三達德)에 관한 내용을 연상시키기에 충분한 대목이다. 여기에서 동춘당은 인(仁), 즉 '측은지심'의 순수한 발로야말로 인간이 지녀야 할 가장 높은 덕목이라고 생각하였던 것 같다. 그러나 이처럼 인의 중요성을 말하고 있다고 하여 동춘당이 그것을 온전히 이해하고 체득하고 있었던 것이 아님은 유의해야 한다. 그가 『계몽편(啓蒙篇)』을 위시하여 유가의 기본 경전들을 본격적으로 공부한 것은 그의 나이 18세 때 이후의 일이기 때문이다.[11] 그렇다고 할지라도 이러한 생각이 뒷날 동춘당의 주경철학(主敬哲學)을 정립해 나가는 데 적지 않은 영향을 끼쳤을 것이고 또 그 바탕이 되었을 것임은 의심할 여지가 없다.

15세에는 사계의 집전 하에 관례(冠禮)를 행하였고, 16세에 모친상을 당하였다. 18세(인조 원년)에는 사계의 문하에 들어가 『소학(小學)』·『주자가례(朱子家禮)』·『심경(心經)』·『근사록(近思錄)』 등을 공부하였다.[12] 동춘당이 사계의 문인이 된 것은 1623년 인조반정(仁祖反正) 직후였다. 인조반정은 서인이 주도하고 남인이 동조하여 일으킨 정변으로서, 조선 유학의 한 특색인 '예학 시대(禮學時代)'를 공고히 하는 데 그 내재적 요인을 제공해 준 사건이기도 했다.[13] 『인조실록』에 "이에 인조가 윤리와 기강이 이미 무너져 종묘사직이 망해가는 것을 보고 있을 수만은 없어

---

10 『가장』, 9세조.
11 『가장』, 18세조 참조.
12 『가장』, 18세조 참조.
13 정옥자, 『조선 후기 역사의 이해』, 일지사, 1993, 20-22쪽 참조.

반정을 도모했다."[14]라는 기사의 한 대목이 이 평가를 정당화시켜 준다. 인조반정이 동춘당에게 어떤 영향을 주었는지는 명확치 않다. 그러나 반정의 주체가 율곡의 학통을 계승한 서인이었고, 또 그들이 표방한 반정의 명분이 인륜의 회복에 있었다는 점을 고려한다면 인조반정은 동춘당의 삶과 철학에 어느 정도 작용하였으리라 판단된다.

사계의 사후에는 사계의 아들인 신독재 김집을 사사하였다. 사계는 동춘당의 외당숙이다. 사계에게 수학하는 동안 동춘당은 각고의 노력으로 학문에 정진했던 것 같다. 특히 그의 개결한 행동거지와 독실한 학문 태도는 스승인 사계의 지우(知遇)를 입어 "이 사람이 훗날 반드시 예가(禮家)의 종장(宗匠)이 될 것이다."라는 격찬을 듣기에까지 이르렀다. 동춘당의 이러한 삶의 자세와 면학 태도는 그의 전 생애 동안 변함없이 일관된 것이었다.

이해 가을에 생원진사 초시에 합격하였으나 시관(試官)의 논박(論駁)을 입어 과거 급제가 취소되는 불운을 겪게 되었다. 동년 10월 동춘당은 진주(晋州) 정씨(鄭氏)와 결혼을 하였는데, 배우자는 영남학파의 성리학과 예학(禮學)의 대가(大家)인 우복(愚伏) 정경세(鄭經世, 1563-1633)의 여식이다. 주지하다시피 우복은 서애(西厓) 유성룡(柳成龍, 1542-1607)의 제자로서 특히 예학에 밝아 사계와 더불어 조선 예학의 쌍벽으로 일컬어지며, 시문과 글씨에도 뛰어난 학자였다. 이렇게 볼 때 우복은 사계 못지않게 동춘당의 학문 세계에 심대한 영향을 끼쳤을 것으로 생각된다. 이와 같은 사실은 동춘당이 지은 『우복정경세행장(愚伏鄭經世行狀)』의 한 대목 "나 준길은 약관의 나이에 선생의 가문으로 장가를 갔다. 내 비록 매우 어둡고 나약하여 학문에 능하지는 못하지만 그래도 오늘의 내가 있게 된 것은 모두 선생께서 인도하여 도와주신 덕이다."[15]라는 말을 통해서도 확인되며, 또한 장인의 거상(居喪)에

14 『국역 인조실록』, 인조 1년 3월 14일.

'사제(師弟)의 복(服)'을 입었다고 하는 데서도 분명하게 나타난다.[16] 그런 면에서도 "동춘당의 학문은 당시 한국 유학의 양대 학풍을 조화 통일시켜 집대성하였다."[17]라고 한 주장에는 의문의 여지가 없다.

19세(인조 2년) 8월에 생원진사 회시에 합격하였고, 다시 이듬해 여름에 별시(別試) 초시(初試)에 합격했다. 22세(인조 6년)에 아버지 청좌공을 여의었는데, 집상(執喪)하기를 한결같이 의례(儀禮)대로 하고 의심나면 반드시 스승에게 아뢰어 행하였다.[18] 25세 되던 3월에는 익위사(翊衛司) 세마(洗馬)에 제수되었으나 취임하지 않았다. 그리고 다음 해 8월에는 스승인 사계의 상을 당하여 가마(加麻)를 하고 기년복(朞年服)을 입었다.

27세 겨울에는 내시교관(內侍敎官)에 제수되었고, 이듬해 인조 11년 여름에는 동몽교관(童蒙敎官)에 임명되었다. 이해 6월에 장인 우복이 사망하자 곧바로 벼슬을 그만두고 처가인 상주(尙州)로 내려가 회장(會葬)을 하고 사제(師弟)의 복을 입었다. 29세 때에는 우암과 함께 경상도 인동(仁洞)에 가서 여헌(旅軒) 장현광(張顯光, 1554-1637)을 심방하고 야은(冶隱) 길재(吉再, 1353-1419)의 묘소와 사우(祠宇)도 배알하였다. 이 시절의 동춘당은 주로 우암 등과 교유하면서 강학에만 몰두하였다.

30세 때에는 우복의 사촌 동생인 정경식(鄭景式)·정경화(鄭景華) 형제에게 '퇴계의 설을 버리고 율곡의 설을 취한다〔捨陶取栗〕'라는 공격에 대해 자신의 철학적 입장을 분명히 한 편지글을 보냈다. 이 글에서 동춘당은 퇴계의 이기호발설(理氣互發說)의 부당함을 지적하고 "발하는 것은 기이지만 발하게 하는 것은 리이니, 기가 아니면 발할 수

---

15 『文集』, 권19, 行狀, 「愚伏鄭先生行狀」. "浚吉弱冠, 委禽於門下, 雖昏弱之甚, 學而未能, 然其得有今日, 皆先生誘掖之賜也."

16 『연보』, 28세조. "喪以師弟之服."

17 유남상, 麗末鮮初의 儒學과 大德, 『大德君誌』(대덕군지편찬위원회) 1979, 495쪽.

18 『가장』, 22세조.

없고 리가 아니면 발하게 할 수 없다."라고 하면서 율곡의 이 견해는 생전의 우복도 지지를 보낸 것이며, '퇴계가 다시 살아난다 하더라도 반드시 빙그레 웃을' 견해라고 하였다.[19]

같은 해 4월에는 평소 앓던 지병이 악화되어 치료차 서울로 의원을 찾아갔는데, 이때 그가 예를 지키고자 했던 정신력이나 태도는 함께 간 우암으로 하여금 "선생이 몸을 단속하고 제지하는 것은 다른 사람들이 감히 미치지 못하는 바이다."라는 찬탄을 자아내게 만들었다.[20] 또 10월에는 홀로 청음(淸陰) 김상헌(金尙憲, 1570-1652)을 찾아뵙고 자제의 예를 갖추었다.

인조 15년 32세 봄에는 남한산성이 청나라 군대에 의해 함락되었다는 소식을 듣고 세상과 인연을 끊고자 영남으로 내려가 안음(安陰) 노계촌(盧溪村)에 우거하였다. 8월에는 동계(桐溪) 정온(鄭蘊, 1569-1641)을 방문하고, 퇴계가 '근세도학지종(近世道學之宗)'이라고 평가한 한훤당(寒暄堂) 김굉필(金宏弼, 1454-1504)과 조선조 사림(士林)의 정기(正氣)이자 표본으로 일컬어지는 일두(一蠹) 정여창(鄭汝昌, 1450-1504)의 유적을 탐방하기도 하였다. 이해에 특히 주목되는 점은 복수설치(復讐雪恥) 의리에 대해 강력한 입장을 표명한 점이다. 그는 병자호란 시 인조와 함께 남한산성으로 들어갔던 우암이 편지글을 통해 "남한산성의 일에 대해서는 죽는 것이 마땅치 않다."고 한 견해를 논박하면서, 다음과 같이 말하였다.

남한산성에서 항복하던 날은 곧 청성〔靑城 ; 1127년 금(金)나라 태종이 송을 침략하여 휘종(徽宗)·흠종(欽宗) 부자를 가둔 곳〕에서 도적에게 항복하던 때입니다. 만약 임금께서 차마 도적에게 항복하지 않고 죽었다

19 『文集』, 권12, 書, 「答鄭景式景華」 참조.
20 『가장』, 30세조 참조.

면 남한산성과 청성 어느 쪽을 택하겠습니까. 하물며 청성은 모든 신하들이 죽었지만 남한산성에서는 실제로 간할 길은 있었습니다. 임금이 항복할 때를 당해서는 옷깃과 말머리를 붙잡고 간쟁하여 천자를 위해 죽어야 할 것이고, 사직의 의리를 따른다면 한 성안에 충의의 귀신이 될 것이며, 따르지 않는다면 홀로 죽어서 천지간에 부끄러움이 없어야 될 것입니다. 그때의 도리는 이러할 따름이었습니다. 이것이 만세를 가더라도 의혹이 없는 도리입니다. 만약 이것이 정리(正理)가 아니라고 한다면 이것은 북지왕(北地王 ; 촉한 후주의 아들 유심)만 알고 충효는 모르는 것입니다. 나의 뜻이 이와 같으므로 일찍이 정 대부〔鄭蘊〕가 비록 죽지는 못했으나 지금에 보면 제일 충신인 것입니다. 나는 이분이 온당한 일을 했다고 봅니다.[21]

동춘당은 참된 의리란 자신의 삶에 가치를 부여하던 질서〔道〕가 무너졌을 때 죽음으로써 자아를 확립하고 나라를 지키고자 하는 최종적 결단이라고 생각했다. 그가 우암의 견해에 찬동하지 않고, 동계(桐溪)의 극한적 결단과 준엄한 삶의 자세에 찬사를 보내면서 그것을 자기 삶의 명시적인 준거 원리로 삼고자 했던 것도 이와 같은 맥락이다. 그런 점에서 동춘당에게 있어서 의리는 삶과 철학의 출발점이자 귀착점이다. 이때의 의리는 윤리적·실천적 의미가 강한 개념으로서 구체적 현실에서 '마땅함'과 '올바름'을 추구하고자 하는 규범 원리이다.

인조 17년 34세 때에는 이통(李侗, 1093-1163)의 『연평문답(延平答問)』을 교정하였다. 연평은 이통의 호이다. 주자(朱子)의 스승이기도 한 그는 일찍이 체(體)와 용(用)의 상호 연관성에 대한 깊은 사유를 통해 본체와 현상이 둘이 아님을 밝힌 바 있다.[22] 그에 의하면 '학문의 도는 말을

---

21 『가장』, 32세조.
22 구스모토 마사쓰구(김병하·이혜경 옮김), 『송명유학사상사』, 예문서원, 2006, 225쪽 참조.

많이 하는 데 있지 않다. 다만 묵묵히 정좌하고 마음을 맑게 하여 천리(天理)를 체인하는 데 있을 뿐이다.'[23] 이러한 연평의 주장은 동춘당의 학문관에 많은 영향을 주었을 것이라고 생각된다. 우암이 찬술한 「동춘당묘지문」의 한 대목, "공이 가장 힘을 얻은 것은 『심경』, 『근사록』 등의 책에 있었고, 일체를 낙민(洛閩)의 연원에까지 소급하였으며, 또 선유(先儒)로는 이연평(李延平)의 수수함과 깨끗하고 밝은 것〔質慤精明〕을 가장 사모하여 항상 문묘에 배향되지 못한 것을 유감으로 생각하였다."[24]라는 말을 통해서도 이 점은 분명하게 확인된다.

인조 23년 동춘당의 나이 40세 되던 해에 병자호란 때 동생 봉림대군과 함께 청나라에 인질로 잡혀갔던 소현세자(昭顯世子, 1612-1645)가 조선으로 돌아온 직후 원인 모를 병으로 급사했다. 이 무렵 동춘당은 사헌부 지평에 제수되었으나 취임하지 않았다. 그는 인조에게 상소를 올려 원손(元孫)을 세자로 책봉하여 백성의 여망에 부응할 것, 김상헌을 초치(招致)하여 원손 보도(輔導)의 책임을 맡길 것, 주자가 정한 의례에 의하여 복제를 정할 것 등을 건의했다.[25] 이 소차로 인해 동춘당은 인조의 격노를 사게 되어 입조(入朝) 금지(禁止) 처분을 받기까지 하였다.[26] 이런 어려움 속에서도 그는 "인욕을 막는 것이 변경을 방어하는 것이고, 천리를 보존하는 것이 사직을 편안하게 하는 것이다."[27]라는 정자(程子)의 말을 인용하면서 천리의 보존과 대본(大本)의 확립이 치민(治民)의 요체라고 강조하였다.

41세 여름에는 우암과 함께 『주역』을 읽고 또 『근사록석의(近思錄釋

---

23 『延平答問』 上, 與劉平甫書. "學問之道, 不在於多言, 但默坐澄心, 體認天理."
24 『가장』, 37세조에서 우암의 말을 재인용.
25 『文集』, 권1, 疏箚, 「陳情辭職兼陳所懷」 참조.
26 『국역 인조실록』, 인조 23년 5월 20일 참조.
27 『문집』, 권1, 疏箚, 「陳情辭職兼陳所懷」에서 재인용. "以爲遏人欲, 所以捍邊境存天理, 所以安社稷."

疑』를 교정했다. 이 책은 조선 선조 때 성리학자인 수몽(守夢) 정엽(鄭曄, 1563-1625)이 『근사록』을 주석하고 여러 학설을 모은 일종의 근사록 입문서이다.

44세(효종 원년) 되던 5월에는 인조가 승하하고 그 뒤를 효종이 계승하였다. 효종의 산림 우대 정책으로 동춘당은 스승인 신독재, 우암, 탄옹 등과 함께 산림 인사(山林人事)로 징소(徵召)되었다.[28] 이해 6월에는 부사직(副司直)을 제수받고, 곧 이어 시강원(侍講院) 진선(進善)과 사헌부(司憲府) 장령(掌令)을 거쳐 9월에는 사헌부 집의(執義)로 승직되었으며, 10월에는 통정대부(通政大夫) 경연(經筵) 참찬관(參贊官)이 되었다. 이 과정에서 동춘당은 동료들과 상의하여 당시 권력을 농단하고 청나라에 아부하던 김자점(金自点, ?-1651)을 귀양 보내도록 요청하고 아울러 그와 부화뇌동한 무리들의 죄과를 논하였다.[29]

이후 그는 우암과 함께 효종의 지극한 총애를 받으면서 북벌계획에 깊이 참여했다. 그의 북벌대의 정신은 '복수설치(復讐雪恥)'라고 하는 네 글자로 간명하게 표출되었다. 당시 '복수설치'의 의리는 삼전도(三田渡)의 치욕을 씻는다는 '설치'의 의리와 임진왜란 때 '재조지은(再造之恩)'을 입은 명나라에 대해 의리를 지켜야 한다는 '복수'의 의리였다.[30] 이를 위해 동춘당은 병자호란 당시의 '강화사절인(江華死節人)'을 추숭할 것을 조정에 건의해 달성시키기도 했고,[31] 효종에게 도학 정신(道學精神)에 입각한 정치를 주장하면서 임금의 실천궁행을 강조하기도 했다. 국왕에게 올린 사직소에서 '천하의 일은 임금의 한 마음에 근본하지 않는 것이 하나도 없다.'[32]고 하면서 "전하께서는

---

28 『국역 효종실록』, 효종 즉위년 5월 14일 참조.
29 같은 책, 효종, 즉위년 9월 13일 참조.
30 김문준, 「우암 송시열의 철학사상에 관한 연구」, 성균관대학교 박사논문, 1996, 51쪽 참조.
31 『국역 효종실록』, 즉위년 11월 6일.

이미 성인을 스스로의 목표로 기약하셨으니 삼대(三代)의 정치를 하신다면 근본이 확립될 것이고, 사람을 알아서 잘 임용하여 취하고 버리는 것이 사리에 맞으면 민심이 복종할 것이고, 변통하여 백성의 고통을 구제하고 사욕을 극복하여 선한 도리를 따르면 나쁜 풍습이 제거되어 원근이 감화될 것이고, 자주 경연에 납시어 어진 이를 가까이하고 도의를 강조하면 성상의 덕이 날로 높아지고 정치의 효과가 날로 새로워질 것입니다."[33]라고 권면하였다. 동춘당이 서강(書講) 자리에서 학문이나 극기(克己) 공부의 요점은 오직 경에 있다고 하면서 효종에게 "이른바 '경'이라는 것은 마음을 다른 곳에 쓰지 않고 잠시라도 방심하지 않는 것을 이릅니다."[34]라고 말한 것도 바로 위와 같은 맥락에서였다.

45세(효종 원년)에는 실세(失勢)한 김자점이 세력을 만회하기 위해서 효종과 산림의 북벌 기도를 청나라에 밀고한 사건이 발생했다. 이에 청조가 사신을 파견하여 효종을 문책하자 동춘당은 그 책임을 지고 관직에서 물러났다. 효종 원년 이후 효종 8년까지의 8년, 45세에서 52세에 이르는 동안 동춘당은 날마다 신독재, 우암, 시남(市南) 유계(兪棨, 1607-1664), 초려(草廬) 이유태(李惟泰, 1607-1684), 미촌(美村) 윤선거(尹宣擧, 1610-1669) 등과 더불어 강독하고 토론하며 학문 연마에 주력하는 한편 찬술(撰述)·교열(校閱) 등에도 심혈을 기울였다. 그가 찬술·교열한 것 가운데 대표적인 예가 『상례비요(喪禮備要)』·『율곡연보(栗谷年譜)』·『근사록석의(近思錄釋疑)』·『신독재행장(愼獨齋行狀)』·『문장공행장(文莊公行

---

32 『문집』, 권1, 疏箚, 「應旨兼辭執義疏」. "天下之事, 無一不本於人主之一心."

33 같은 책, 같은 곳. "殿下旣以聖人自期, 三代爲治, 則根本立矣. 知人善任, 擧錯得宜, 則民心服矣. 變通以救民隱, 克己以從善道, 則弊習可袪而遠邇風動矣. 頻御經筵親賢講道, 則聖德日躋而治效日新矣."

34 『同春堂集別集』, 권1, 『경연일기』(이하의 주에서는 『경연일기』로 약칭함), 기축년 11월 6일. "克己工夫, 則其要只在於敬, 所謂敬者, 靡他其適, 無時或放之謂也."

狀)』・『사계시장(沙溪諡狀)』 등이다.[35]

이 시기에 동춘당은 부인 정씨와 사별하고, 스승 신독재의 복을 입는 지극한 슬픔을 겪어야 했다. 이러한 와중에도 이조참의(吏曹參議) 등 여러 관직이 제수되었으나 계속 출사하지 않았다. 그러다가 52세(효종 8년)에는 민정중(閔鼎重, 1628-1692), 김수항(金壽恒, 1629-1689) 등이 적극 천거하여 다시 환로(宦路)에 나아가게 되었다.[36] 이 과정에서 그는 자신의 스승인 사계의 시호를 조정에 건의해 이를 관철시켰고,[37] 율곡(1536-1584)・우계(1535-1598)의 문묘 종사(文廟從祀) 문제에도 적극 개입하였다.

53세(효종 9년) 3월에는 세자의 명에 따라 송대 성리학자들의 격언과 퇴계・율곡 등의 도통(道統)에 대한 해설을 정리해서 바쳤는데, 세자는 이를 애중(愛重)하여 병풍으로 만들어 궁실에 설치할 정도였다. 동년 4월에는 호조참판・사헌부 대사헌, 10월에는 이조참판이 되고 이듬해(효종 10년) 3월에는 특지로 병조판서가 되었다. 여기서 효종에 의한 동춘당의 병조판서 임용은 그 당시가 '대청복수론(對淸復讐論)인 북벌론(北伐論)과 대명의리론(對明義理論)인 존주론(尊周論)을 국가 이념으로 제시하고 있던 시절'[38]임을 감안할 때 매우 의미심장한 일이 아닐 수 없다.

여기에서 유의되어야 할 사실은 동춘당의 '복수설치' 의리가 철저하게 '내수외양(內修外攘)'의 논리에 입각하여 있다는 점이다. 이 경우 '내수외양'이란 '선양민(先養民) 후치병(後治兵)'을 가리킨다. 그런 면에서 동춘당의 북벌론은 '내수'보다는 '외양', 즉 군비 확충을 우선적 과제로 삼는 효종의 북벌 정책과는 일정 부분 차이를 보인다고 할 수

35 『연보』에 의하면 이 이전에도 동춘당은 『延平答問』・『雙清公行狀』・『文莊公年譜』・『淸坐公年譜』・『近思錄釋疑』 등을 교열・찬술한 바가 있다.
36 『국역 효종실록』, 효종 7년 1월 28일조와 동년 2월 27일조 참조.
37 같은 책, 효종 8년 5월 14일조 참조.
38 정옥자, 『조선후기 역사의 이해』, 일지사, 1993, 123면.

● **초연물외**

옥류각 위쪽에 있는 비래암 초입의 바위에 새긴 글씨. '초연물외'는 "세속을 떠나 초연
해지니 물욕 따위는 저 밖에 아득하리라."는 뜻으로, 선생이 직접 글자를 썼다고 한다.

● **옥류각**

대전광역시 대덕구 비래동 산 1-11번지 소재. 대전광역시 유형문화재 제7호.
선생이 인조 17년(1639)에 세운 정면 3칸, 측면 2칸의 누각이다.

있다. 그가 경연에서 효종에게 "치병(治兵)과 강무(講武)는 법규를 갖추는 것만으로 되는 것이 아니므로 그 요도(要道)를 얻어야 합니다. 대체로 안민(安民)이 근본이 되고 강무는 말단입니다. 먼저 해야 할 바와 뒤에 할 바를 아는 것이 바로 요도입니다. 만약 단지 강무만을 일삼고 안민을 우선으로 삼지 않는다면 오늘의 인심으로 어찌 큰일을 할 수 있겠습니까. 신이 보기에는 본말을 모두 잃었습니다."[39]라고 한 말에서 이 점은 단적으로 나타난다. 이는 개인적 덕성의 함양과 심성 수양이 곧 치국(治國)·평천하(平天下)의 근본이 된다고 하는 전통 유가의 논법과 상통하는 논리이다. 동춘당이 '국가의 치란과 군덕의 수부(修否)는 오직 임금의 한 마음에 달려 있다.'고 하면서 효종에게 "임금이 항상 방사(放肆)하지 않고 계신(戒愼)·공구(恐懼)한다면 무슨 일인들 이루지 못하겠습니까. 예로부터 성학(聖學)은 '경'을 근본으로 삼지 않은 적이 없었는데, 계신·공구가 바로 '경'을 지키는 방법입니다."[40]라고 말한 것은 이런 문맥에서 이해해야 한다. 그러나 북벌의 원대한 계획은 이해 5월 효종이 승하하자 천추에 돌이킬 수 없는 한으로 남고 말았다. 주지하다시피 효종은 북벌을 위한 계획을 수립하여 산성을 차례로 개축·보수하고 군제개편, 군사 훈련 강화 등 군비에 주력하면서 전후 복구에 힘쓰다가 뜻을 펴지도 못한 채 재위 10여 년 만인 1659년 5월에 눈을 감고 말았다.

효종의 죽음은 곧바로 자의대비(慈懿大妃) 조씨(趙氏)의 복상 기간 문제를 둘러싼 예송(禮訟)을 야기했다. 그것이 이른바 그 유명한 기해예

---

39 『경연일기』, 정유 8월 24일. "治兵講武, 不可以文具爲之. 但欲得其要道耳, 蓋安民爲本, 講武是末, 知所先後, 是之謂要, 約徒事講武而不以安民爲先, 以今日之人心, 其可有爲乎, 以臣觀之, 本末失矣."

40 같은 책, 정유 8월 19일. "國家治亂, 君德修否, 惟在人主之一心 …… 人君常不放肆, 而戒愼恐懼, 則何事不可做, 從古聖學未有不以敬爲本, 戒愼恐懼, 卽所以持敬之方也."

송(己亥禮訟)이다. 이때 서인(西人)은 『예경(禮經)』 기년설(朞年說)과 국제 (國制)를 참고하여 기년복을 주장하였고, 남인(南人)은 『의례(儀禮)』 참 최장(斬衰章) 가공언의 소(疏)의 주석을 근거로 3년복을 주장하였다. 동 춘당은 우암과 함께 기년복을 적극 주장하여 관철시켰다.

이해에 동춘당은 현종의 두터운 신임을 입어 이조판서로 발탁되었 으나 미수(眉叟) 허목(許穆, 1595-1682)과 고산(孤山) 윤선도(尹善道, 1587-1671) 가 재론한 예송으로 조정에서 스스로 물러났다. 예송과 관련한 동춘당 의 입장은 허목의 자최삼년설(齊衰三年說)이 '예의 뜻이 결코 그러하지 않은' 주장이며, '국조 전례에 자식을 위하여 3년복을 입는 제도는 사 실 없다.'고 비판하면서 다음과 같이 자신의 견해를 체계적으로 밝힌 점에서 잘 나타난다.

『의례』에서 '아버지가 장자를 위하여'라고 한 것은 위아래를 통틀어 한 말입니다. 만약 허목의 말대로라면 가령 사대부의 적처 소생이 10 여 명인데, 첫째 아들이 죽어 그 아비가 그를 위하여 3년복을 입었습 니다. 그런데 둘째가 죽으면 그 아비가 또 3년을 입고, 불행히 셋째가 죽고 넷째, 다섯째, 여섯째가 차례로 죽을 경우 그 아비가 다 3년을 입 어야 하는데, 아마 예의 뜻이 결코 그렇지는 않을 것입니다. 『주소』에 이미 둘째 적자 이하는 통틀어 서자(庶子)라고 한다는 뜻을 분명히 밝 혀 놓았고, 그 아래에는 '체(體)는 체이나 정(正)이 아니라고 한 것은 바로 서자로서 뒤를 이은 자를 말한다.'고 하였습니다. 그런데 허목은 그 '서자'를 꼭 첩의 자식으로 규정지으려 하고 있습니다. 과연 그렇 다면 이는 『주소』를 낸 이의 말이 앞뒤가 서로 현격한 차이가 있게 되 니 아마 그러한 이치는 없을 것 같습니다.[41]

---

41 『국역 현종실록』, 현종 1년 3월 21일.

56세(현종 2년) 2월에는 현종이 거듭 부르자 이에 응해 잠시 상경하기도 하였으며, 동년 4월에는 윤선도의 죄를 감해줄 것을 청하는 소차를 올렸으나 임금이 듣지 않았다.[42] 같은 시기에 동춘당에 대해 조경(趙絅, 1586-1669)의 탄핵 상소를 받고 나서는 스스로를 탄핵하고 미련 없이 낙향하였다.

57세(현종 3년) 2월에는 대사헌에 제수되었고, 5월에는 『사계선생유고(沙溪先生遺稿)』를 교정했고, 58세 현종 4년 2월에는 상소를 통해 송대의 성리학자 이연평과 율곡·우계 삼현(三賢)의 문묘 종사를 청하였다. 60세(현종 6년) 되던 6월에는 원자의 보양(輔養)에 대해 건의하여 첫 번째 보양관(輔養官)이 되었고, 9월에는 왕명 하에 『심경구두(心經句讀)』를 교정하여 바쳤고, 또한 현종에게 도통의 주인이 될 것과 경연을 자주 열 것을 권면하였다. 61세(현종 7년) 2월에는 태학 유생들의 청에 의해 『백록동규(白鹿洞規)』와 『사물심잠(四勿心箴)』을 써서 태학에 보냈고, 62세(현종 8년) 2월에는 『소학언해』를 교정하여 바쳤고, 63세(현종 9년) 11월에는 홍석(洪錫, 1604-1680)이 짓고 우암과 동춘당 자신이 교정한 『태극절기도(太極節氣圖)』를 지어 바쳤다.

64세(현종 10년) 3월에는 『어록해(語錄解)』의 발문을 지어 올리고 아울러 현종에게 스스로 학문을 닦아서 세자의 모범이 되어줄 것을 강력하게 건의했다. 『어록해』는 효종 8년에 정양(鄭瀁, 1600-1668)이 편찬하여 간행한 우리나라 최초의 중국 속어 사전이다. 이후 동춘당은 대사헌, 좌참찬 겸 좨주(祭酒), 찬선 등에 여러 차례 임명되었으나 기년복의 잘못을 규탄하는 남인들의 거듭된 상소로 계속 사퇴하였다.

67세(현종 13년) 정월에는 꿈속에서 퇴계의 조용하고 간절한 가르침을 받고 그 감회를 「기몽시(記夢詩)」로 남겼다.

---

42 『가장』, 56세조.

평생 동안 퇴계 선생 공경하여 우러러 사모하였더니

세상을 떠나신 뒤에도 정신이 감통(感通)하였네.

오늘 밤 꿈속에서 가르침을 받았는데

깨어보니 달빛만 창문에 가득하네.[43]

같은 해 4월에는 현종이 사관을 보내 별유(別諭)로 불렀으나 사양하
는 상소를 올리면서 군덕(君德)의 문제와 소인배들이 임금을 현혹하는
폐해를 극력 진달하였다. 이해 4월부터 동춘당은 평소 앓던 지병이 심
해져 줄곧 병석에 있었으나 강학하는 일만은 게을리 하지 않았다. 이
에 자제들이 조금 쉬시기를 간청하였지만 듣지 않고 "내가 스스로 즐
거워서 하는 일인데 어찌 그만둘 수 있겠는가."라고만 하였다.[44] 11월
이 되자 병이 심해져 약물도 쓸 수 없는 상황에 이르렀다. 이때 동춘당
은 임종을 지키던 문인들에게 "죽고 사는 것은 당연한 이치이니 이것
을 오래 전부터 알고 있었다. 옛사람이 이른바 '존오순 몰오녕(存吾順沒
吾寧; 살아서는 순리에 따라 살고 죽어서는 내 편안하리라)'이라고 한 것이 참으
로 먼저 깨달은 말이다."라고 하였다.[45] 그리하여 1672년(현종 13년) 12월
초이틀 진시에 향리인 회덕 동춘당에서 조용히 영면하였으니, 향년 67
세였다.[46]

사후 1673년(현종 14년) 1월에는 영의정(領議政)에 추증(追贈)되었으나,
1675년(숙종 원년)에 허목 · 윤휴(1617-1680) 등이 공격하여 관작을 삭탈당
하였다. 그러다가 1680년(숙종 6년) '경신환국(庚申換國)'으로 서인이 재
집권하면서 동춘당의 관작이 회복되었다. 1681년(숙종 7년) 3월에는 숭

---

43 『가장』, 67세조. "平生欽仰退陶翁, 沒世精神尙感通, 此夜夢中承誨語, 覺來山月
滿牕櫳."
44 『가장』, 67세조 참조.
45 『가장』, 67세조 참조.
46 위의 책, 371쪽 참조.

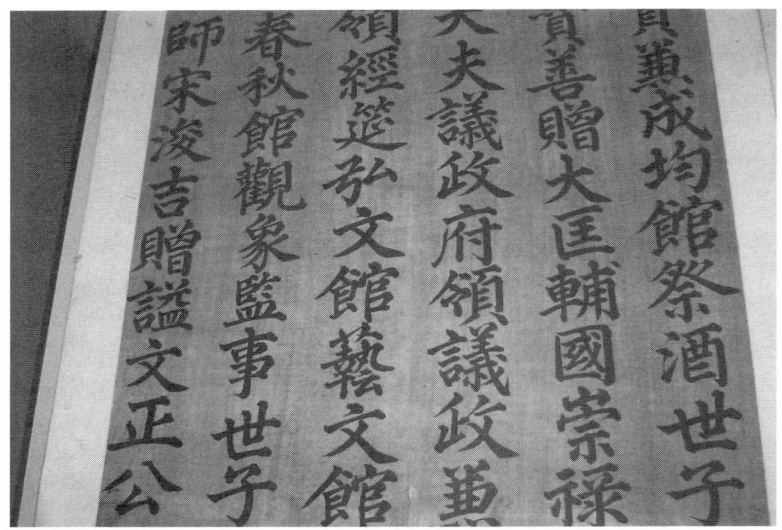

• **동춘당 시호** 숙종 7년(1681)에 문정공(文正公)의 시호를 받았다.

현서원(崇賢書院)에 봉향(奉享)된 데 이어, 동년 6월에는 '문정(文正)'이라는 시호를 받았다. 이 경우 문은 '도덕박문(道德博聞)'이라는 뜻이고, '정'은 '이정복지(以正服之)'라는 의미이다.[47]

1682년(숙종 8년)에는 왕명과 우암의 직접적인 관여에 의해 동춘당 문집이 간행되었고,[48] 1756년(영조 32년) 2월에는 유생들의 간단없는 상소로 동방 유현(東邦儒賢)의 최고 영예인 문묘에 배향되었다. 이와 아울러 동춘당은 충청도 연산의 돈암서원, 경상도 상주의 흥암서원 등 10여 개의 서원에도 제향되었다.[49]

이처럼 사후에도 후세인들의 절대적인 찬사와 흠모와 존경을 받게 된 힘이 그의 주경적 삶과 학덕에 있음은 물론이다. 우암이 그에게

---

47 『연보』, 숙종 7년조 참조.
48 『東國文廟十八賢年譜』(경문사 영인본, 1980), 373쪽 참조.
49 같은 책, 같은 곳 참조.

바친 「묘지(墓誌)」에서 "인애(仁愛)를 주로 삼고 예(禮)로써 모든 일을 처리하였다. 그러므로 윤리가 지극히 바르고 은의(恩義)가 두터워서 다 후세의 법도가 될 만하다."[50]라고 한 말과, 그가 평생에 걸쳐서 27 번이나 대사헌(大司憲)이라는 관직을 제수받았다는 사실[51]을 상기할 때 이 점은 명백하다.

현존하는 동춘당의 저술로는 『어록해(語錄解)』와 『동춘당집(同春堂集)』 48권 26책이 있다. 『동춘당집』은 원집(原集) 28권 14책과 별집(別集) 8권 4책 그리고 속집(續集) 12권 8책으로 엮여있다. 이 책은 한 번에 간행된 것이 아니고, 이미 밝힌 바처럼 1682년(숙종 8년) 왕명으로 예문관(藝文館) 에서 편간된 이래 수차에 걸친 간행 끝에 1910년 비로소 완성이 되었다. 그것은 17세기 한국의 사상과 정치 그리고 예설(禮說) 등을 연구하는 데 결코 빼놓을 수 없는 중요한 자료의 하나이다.

동춘당의 문인(門人)으로는 남구만(南九萬, 1629-1711), 송규렴(宋奎濂, 1630-1709), 민유중(閔維重, 1630-1687), 조상우(趙相愚, 1640-1718), 홍득우(洪 得禹, 1641-1700) 등이 있다. 이 중 송규렴은 삼송(三宋)이라 불렸을 만큼 동춘당·우암과는 학문 세계나 정치적 견해를 같이 했으며, 스승의 신 원(伸寃)을 위해 죽음도 불사하는 강인한 선비의 품격을 극명하게 보 여주었다.[52]

동춘당은 문장과 글씨에도 뛰어나서 많은 금석문을 남기고 있는데, 대표적인 작품으로는 부산의 「충렬사비문(忠烈祠碑文)」, 남양의 「윤계순 절비문(尹啓殉節碑文)」, 대전의 「박팽년유허비(朴彭年遺墟碑)」 등이 있다.

동춘당의 묘소는 현재 대전광역시 서구 원정동 구봉산 아래에 위

---

50 『宋子大全』, 권182, 墓誌. "大抵仁愛爲主, 而禮以治之, 故倫理克正, 恩義克篤, 皆 可以爲後世法矣".
51 동춘당의 『연보』에 의하면 동춘당은 평생에 걸쳐서 좌참찬 6번, 우참찬 3번, 대사헌 27번, 찬선 4번, 병조판서 1번, 이조판서 3번을 제수받았다.
52 宋奎濂, 『霽月堂集』, 부록, 행장 참조.

치하고 있으며, 사당은 대전시 대덕구 송촌동(구 대덕군 회덕면 송촌리)에 위치하고 있다. 이 건물은 원래 동춘당의 아버지인 청좌공이 세웠던 것을 동춘당이 1643년경(인조 21년) 관직에서 잠시 물러난 후 향리에 중건한 학당으로서 전국의 선비·문인들과 더불어 도(道)를 논하고 학문을 연마하던 곳이었다.

제2장 동춘당의 학문적 계보

1. 동춘당 학문의 시대적 배경

동춘당이 활동했던 17세기 조선 사회의 역사적 상황은 수차에 걸친 외환(外患)과 내우(內憂), 천재지변 등으로 인해 16세기 이래 누적되어 왔던 사회의 제반 모순이 극대화되어 왕조의 존립 자체가 위협받는 위기의 시대였다. 즉, 왜란과 호란 등의 전쟁 후유증으로 고통을 겪었을 뿐만 아니라 전 지구적인 냉해(冷害)로 인해 자연재해가 발생하고 농작물의 피해가 대기근과 전염병으로 이어져 사대부들마저 기근을 면치 못한 실정이었다.[1] 또한 전쟁으로 인한 정신적 내상을 치유하고, 국가의 기틀을 재정비하여 무너진 국가 기강을 확립함과 동시에 이반된 민심을 하나로 모아야 하는 시대이기도 했다.[2] 결국 조선사회를 유례없는 대내외적 위기의식에 사로잡히게 한 이 시기의 피폐한 현실과 국가적 위기를 '국가 재조(國家再造)'의 차원에서 타개책을 모색해야 하는 절박한 상황[3]이 동춘당의 삶과 철학의 출발점이기도 했다.

이 시기는 조선의 사회적·정치적 구조가 확립되고 성리학이 기본 이념으로서 확고한 지위를 정립해 나간 시기였지만, 붕당정치가 행해

---

1 『국역 효종실록』, 효종 2년 3월 26일 참조.
2 한국역사연구회 17세기 정치사연구반, 『조선중기정치와 정책』, 아카넷, 2003, 305쪽 참조.
3 김용흠, 『조선후기 정치사연구 1』, 혜안, 2006, 16쪽 참조.

지면서 각 붕당 간의 첨예한 대립과 갈등으로 인해 정치 현실의 변화도 격심했던 시기였다. 붕당이란 원래 구양수나 주자의 붕당관에서 볼 수 있듯이 공도(公道)를 실현하기 위해 모이는 것을 말한다. 조선에서는 사림의 정계 진출과 함께 붕당정치 체제가 형성되고 17세기에는 이미 정착되기에 이르렀다. 그러나 당쟁이 새로운 국면에 접어들면서 사림 정치의 한 형태였던 붕당 정치의 '상호견제와 비판'이라는 원리가 무너지고 점차 일당전제(一黨專制)와 벌열 정치(閥閱政治)의 경향이 나타나고 있었다.[4] 그 결과로 사회 기강은 해이해지고 민생은 극도로 피폐해져 '약으로도 구할 수 없는'[5] 지경에까지 이르게 되었다.

　좀 더 구체적으로 살펴보면 이 시기의 현실 여건은 대내외적으로 매우 복잡하고 평탄하지 못한 상황이었다. 1623년의 인조반정과 그 다음 해에 일어난 이괄(李适)의 반란 등은 불안정한 대내적 정치 현실을 여실히 보여주는 것이었고, 대외적으로도 동아시아 질서의 재편, 즉 명(明)이라는 구질서가 마감되고 청(淸)이라는 신질서가 성립하는 전환기적 상황에 처해 있었다. 인조 즉위 이후 숭명배금의 대외 정책이 더욱 강화되었지만, 1627년 후금이 조선에 침입하는 정묘호란이 일어나 인조가 강화로 피신하였고, 화의 이후 1633년에는 척화(斥和)의 교를 내리고 후금의 침략에 대비하도록 하였지만, 강성해지는 후금의 위력 앞에 현실적으로 대응하기에는 역부족이었다. 결국 1636년 후금의 국서를 거절한 일이 빌미가 되어 국호를 청으로 고친 후금이 침입하는 병자호란이 발생하였다. 1637년에는 강화도가 함락되고 인조가 삼전도에서 청태종에게 항복하고 소현세자 일행이 볼모가 되어 선양(瀋陽)에 억류되는 치욕을 당하게 되었다.

---

4 이에 관한 대표적인 연구로는 이태진 「朋黨政治 성립의 역사적 배경」, 『朝鮮儒敎社會史論』, 지식산업사, 1989가 있다.
5 「경연일기」, 신축 2월 26일. "國勢日就頹剝莫可藥矣." 참조.

1649년 인조의 뒤를 이어 즉위한 효종은 선양에서의 억류 생활 동안 기른 복수설치의 의지를 북벌 정책으로 현실화하고자 하였다. 8년간의 억류 생활은 효종으로 하여금 청나라의 실상을 직접 목도하고 북벌의 구체적인 계획을 세울 수 있게 하는 동기가 되었으며, 볼모라는 치욕스러운 상황은 더욱 북벌의 의지를 다짐하고 또 키워나가는 한 계기가 되었다. 동춘당은 이와 같은 효종의 굳건한 의지에 힘입어 성리학적 대의명분론을 바탕으로 김상헌, 김집, 송시열 등과 함께 북벌론을 전개하게 된다.

또한 효종은 정권의 정당성을 확보하고 집권의 기반을 다지기 위한 다양한 노력을 기울였는데, 특히 산림 학자들을 대거 등용함으로써 초야에 은거하지만 정국의 동향에 민감한 그들의 경세론에 귀를 기울이고 극진하게 예우하였다. 이 경우 산림(山林)이란 말은 '산림양덕지사(山林養德之士)' 혹은 '산림독서지인(山林讀書之人)'의 준말로 시골에서 강학(講學)하고 있는 도학자들을 지칭한다.[6] 동춘당 역시 효종에 의해 수차례 초빙된 대표적인 산림이었다. 동춘당이 여러 번의 경연과 상소를 통해 군주의 수신(修身)을 바탕으로 안민(安民)과 부국(富國)의 정치를 행할 것을 촉구한 것은 바로 이런 배경에 힘입은 것이었다.

한편 북벌론은 효종의 죽음과 함께 현실적 힘을 얻지 못하게 되었고, 효종의 죽음은 곧바로 자의대비 조씨의 복상(服喪) 기간 문제를 둘러싼 예송(禮訟)을 야기했다. 그것이 이른바 그 유명한 기해예송(己亥禮訟)이다. 이때 서인(西人)은 『예경(禮經)』 기년설(期年說)과 국제(國制)를 참고하여 기년복(朞年服)을 주장하였고, 백호 윤휴와 미수 허목을 비롯한 남인(南人)은 『의례(儀禮)』 참최장(斬衰章) 가소(賈疏)의 주석을 근거로 3년복을 주장하였다. 동춘당은 우암과 함께 기년복을 적극 주장하여 관철시켰다. 그러나 허목(1595-1682)과 윤선도(1587-1671)가 재론한

---

6 李佑成, 『한국의 歷史象』, 창작과 비평사, 1982, 255-258쪽 참조.

예송(禮訟)으로 조정에서 스스로 물러났다.

이처럼 동춘당이 살던 17세기 조선 사회의 역사적 상황은 현실의 객관적 실체로나 그 자신의 주관적인 의식으로나 심각한 위기였고, 지식인들로 하여금 현실을 도피하거나 외면할 수 없게 한 격동기였다. 이런 시기에도 동춘당은 현실의 삶과 실천을 이분화하지 않으면서 이 세계에서 천리(天理)·도심(道心)에 바탕한 경과 의의 절대성을 지키고 구현하고자 일관된 삶을 살았다.

2. 학문적 계보

동춘당의 철학 사상을 올바로 이해하기 위해서는 그의 학문 기반과 철학적 사유의 원천을 제공한 인물들에 관해 검토할 필요가 있다. 인간은 자연으로부터 받은 자유로운 창조 능력으로 스스로를 만들어 가는 삶의 주체이지만, 또한 인간은 이미 주어진 삶의 조건들을 통해서 스스로를 형성해 가는 삶의 피조물이기 때문이다.[7]

주지하다시피 동춘당은 우암과 동문동학(同門同學)의 인물로서 율곡→사계→신독재로 이어진 기호학파의 적통을 이어받은 철저한 주자(朱子)의 문도였다.[8] 그는 어려서부터 영천(榮川) 군수(郡守)를 지낸 아버지 청좌공(淸坐公)의 엄격한 지도하에 주자학을 중심으로 하는 성리학에 입문하여 공자, 주자, 율곡의 학문을 익혔다. 청좌공은 일찍부터 학문에 뜻을 두어 율곡의 문하에서 수학을 하고, 당대의 명사들인 황강(黃岡) 김계휘(金繼輝, 1526-1582), 백록(白麓) 신응시(辛應時, 1532-1585), 구봉(龜峰) 송익필(宋翼弼, 1534-1599) 등과 교유하면서 배우고 익히는 일에

---

7 李奎浩, 『사람됨의 뜻』, 제일출판사, 1985, 7쪽 참조.
8 현상윤, 『조선유학사』, 민중서관, 1948, 173쪽 참조.

오로지 전심하였으며, 특히 '재물에 임해서는 구차히 얻지 말고 난리에 임해서는 구차히 면하지 말라.'는 말을 신조로 삼아 일생을 의롭고 개결하게 살고자 힘썼던 인물이다. 그는『소학』과『가례』를 무엇보다 중요하게 생각하여 동춘당에게 항상 "사람으로서『소학』과『가례』를 모르거나 알고도 실천하지 않으면 사람이라 할 수 없다."라고 경계하였다고 한다.[9] 이렇게 본다면 청좌공은 동춘당의 삶과 철학에 있어서 가장 중요한 학문과 철학의 기반이었다고 볼 수 있다. 이에 따라 동춘당은 주자와 율곡을 정통으로 받들어 자신의 학문적 목표와 기준으로 삼고 이를 심화시켜 나갔다. 따라서 그에게 참다운 학문이란 주자를 배우는 일이었고, 주자학은 또한 공(孔)·맹(孟)을 배우고 성현의 뜻에로 나아가는 유일한 통로였다. 그는 주자를 가리켜 '도통(道統)의 마지막 전승자'[10]라고 평가했다. 경연에서 효종에게 "주자의 공은 성인(聖人)에 못지않다."[11]라고 말한 바를 통해 보아도 이 점은 명백하다.

이후 그는 자신의 표종숙(表從叔)이자 율곡의 고제(高弟)이며 예학에 밝은 사계 김장생의 문하에서 공부했다.[12] 사계는 주로 사상과 처세의 면에서 동춘당에게 심대한 영향을 끼쳤던 것으로 짐작된다. 죽음도 불사하고 대의(大義)를 지키는 정신, 시속(時俗)과 결코 타협하지 않는 기개와 청렴결백한 인품은 그의 전 생애를 지배한 것으로 이 시기에 그가 스승인 사계로부터 받은 유산이라 할 수 있다. 그리고 그 중에서도 특히 '예(禮)'를 통한 덕성의 함양을 강조하는 사계의 가르침은 동춘당에게 춘추대의(春秋大義) 정신과 독자적인 예설(禮說)을 확립할 수 있는 기초를 마련해 주었다.[13] 그가 「사계김선생시장(沙溪金先生

---

9 『文集』, 권21, 行狀, 「先考淸坐窩府君行狀」 참조.
10 『文集』, 권20, 「題跋, 寫進春官先賢格言屛幅跋」. "道統之傳, 始自伏羲終於朱子, 朱子之後又無的傳."
11 『경연일기』, 정유 10월 20일. "朱子之功, 不下於聖人矣."
12 『연보』, 18세조 참조.

諡狀)」이라는 글을 통해 "선생의 표질(表姪)로서 어려서부터 선생의 문하에서 배우면서 받은 은혜가 천지 부모와 같다."라고 하면서 다음과 같이 회고한 데서도 이 점을 확인할 수 있다.

> (선생이) 평소에는 온화하고 공손하여 가부를 따지지 않을 것 같았으나, 일의 시비를 논하고 공사를 분변함에 미쳐서는 엄격하고 분명하였다. …… (선생이) 글을 가르치는 차례는 등급을 매우 엄격히 정하여 반드시 『소학』과 『가례』를 먼저 가르친 다음에 『심경』과 『근사록』을 가르쳐 근본을 배양하고 길을 개척한 뒤에 『사서』와 『오경』을 익히게 했고, 화려하게 문장을 꾸미는 세속의 글에 대해서는 일찍이 입에 올린 적이 없다. …… 선생은 예학에 더욱 깊이 공력을 들여 고증이 정미하고 해박하여 당시에 질문하는 자들이 모두 선생을 찾았다.[14]

그 결과 그는 스승인 사계에게서 "이 사람이 훗날 반드시 예가(禮家)의 종장(宗匠)이 될 것이다."라는 말을 듣기에 이르렀다. 동춘당은 그리하여 스승의 가르침인 이 '예(禮)' 한 자를 종신토록 받들어 그것을 힘써 체득하고 구현하는 일에서 자기 정위(正位)를 확인하였다. 그가 예와 의리를 준거의 틀로 삼아 현실 사회를 해석하고, '원칙을 준수하고 대의(大義)의 성취와 대의의 지킴'을 위해서 신명을 바쳤던 것도 또한 여기에 근거한다. 따라서 『현종개수실록』 「동춘당 졸기」의 한 대목

---

13 동춘당은 당시 한국 예학(禮學)의 양대 학풍을 조화 통일시켜 호서 예학이 지역적 한계를 극복하고 조선 예학의 주역이 되게 하는 데에 결정적인 역할을 한 인물이다. 한기범, 「동춘당 송준길의 예학사상」, 『한국사상과 문화』, 제18집, 한국사상문화학회, 2002 참조.

14 『文集』, 권21, 諡狀, 「嘉義大夫刑曹參判贈資憲大夫吏曹判書沙溪金先生 諡狀」. "平居油油, 若無可否, 及其論事是非, 辨別淑慝毅直截……其授書次第, 必以小學家禮爲先, 次之以心經近思, 以培其本根, 啓其路逕, 然後及於四書五經, 階級甚嚴, 時文華藻之習, 未嘗及於言議也……先生於禮學, 用功尤深, 考證精博, 一時質問者, 皆歸焉."

"일에 대해서는 올바르고 적절하게 처리할 뿐 이해를 돌아보지 않았고, 특히 사정(邪正)의 변별에 엄절하여 끝내는 사후에 관작이 추탈(追奪)되었다."[15]라는 말이나, 「병자종사문묘시교서(丙子從祀文廟時敎書)」에서 뇌연(雷淵) 남유용(南有容, 1698-1773)이 "가계(家計)는 오로지 존주(尊周)의 의리에 있었고, 비록 만 번에 한 마디 말이라도 내수외양(內修外攘)를 벗어나지 않았다. 예학은 세상의 본보기가 되고 후세의 모범이 될만한 것이었다."[16]라고 쓴 것은 이런 문맥에서 이해해야 한다.

위에서 언급한 것처럼 '예(禮)'는 동춘당에게 인간이 지녀야 할 최상위의 가치인 도(道)의 개념에서 그 중심을 차지한다. 그것은 또한 공자·주자·율곡·사계에게서 받은 학문으로 동춘당의 삶과 철학 사상의 출발점이자 귀착점이기도 하다. 이와 같은 예의 정신은 그의 춘추대의 사상과 존왕양이(尊王攘夷) 정신에서 다시 한번 선명히 볼 수 있다.

이미 지적했듯이 동춘당의 학문적 기초는 주자·율곡으로 대표되는 주자학의 세계였고, 이는 젊은 시절에 율곡의 학통을 계승한 사계 부자의 문하에서의 주자학 전공을 통하여 더욱 심화 발전했다. 이 과정에서의 주자를 근간으로 한 공맹학(孔孟學)에 대한 이해는 그로 하여금 주자의 학문과 인생을 참다운 학문의 전범으로 여기게 만들었고, 또한 절대적인 정도(正道)라고 믿게 하였다. 주자는 공맹의 도통을 잇고 그것을 다시 세상에 새롭게 밝힌 성인이며, 따라서 정학(正學)을 공부하기 위해서는 주자를 존신(尊信)함보다 앞설 것이 없다고 생각했기 때문이다.[17] 그가 주자의 스승인 이통의 『연평답문』을 교정하고 연평이 문묘에 배향되지 못한 것을 노상 안타깝게 생각한 것은 이와 무관하지 않다.[18] 연평은 남송 시대의 젊은 주자에게 북송 신유학의

---

15 『국역 현종개수실록』, 현종 13년 12월 5일.
16 『德恩家乘 (2)』, 「교서」, 168쪽. "家計專在於尊周, 雖萬言不出修攘, 禮學足以範俗垂世."
17 『연보』 50세조와 52세조 참조.

철학 전통을 압축해 전해준 인물이다. 그런 점에서 그는 주렴계, 장횡거, 정명도, 정이천 등으로 대표되는 북송 신유학을, 주자로 대표되는 남송 신유학으로 연결시켜 준 결정적인 매개 고리의 역할을 했다고 볼 수 있다.[19]

연평의 주된 관심은 『중용』의 윤리 철학에 있었고, 그 중에서도 그가 가장 중요시한 것은 '미발(未發)'의 문제였다.[20] '미발'이란 인심의 본체로서 희로애락이 아직 발동하기 이전의 순수성 그 자체를 가리킨다. 인간이 도(道)를 구한다는 것은 결국 이러한 순수성을 투철하게 자각하고 실천하는 일이다. 연평이 주자에게 전수한 것도 바로 이와 같은 문제였다. 이 점은 주자가 『연평이공행장(延平李公行狀)』에서 "(선생은) 강론하고 외우는 시간 외에는 종일 바르게 앉아 희로애락이 발하기 전의 기상(氣象)이 어떠한가를 체험하고 중(中)을 구하였다. 이와 같이 하여 오래 되자 천하의 대본(大本)이 참으로 이에 있음을 알게 되었다."[21]라고 한 말을 통해서도 명료하게 확인된다. 이러한 연평의 입장이 동춘당의 삶과 철학에 적지 않은 영향을 미쳤을 것이고, 또 그를 마음속 깊이 사모하게 만든 근본 요인이 되었을 것이다. 이 점은 황세정(黃世禎)[22]이 스승인 동춘당을 다음과 같이 회고한 글에서도 확인할 수 있다.

선생은 때때로 눈을 감고 단정히 앉아 근엄한 모습으로 무엇인가를

---

18 『가장』 37세조 참조.
19 강신주, 「朱熹와 李侗」, 『철학사상사』, 제21집, 서울대학교 철학사상연구소, 2005, 67-68쪽 참조.
20 陳來, 『주희의 철학』, 이종란 외 옮김, 예문서원, 2002, 146쪽 참조.
21 『朱子全書』, 권97, 「延平李公行狀」. "講誦之餘, 終日危坐, 以驗夫喜怒哀樂未發之前氣象如何, 而求所謂中者, 若是者蓋久之, 而知天下之大本眞有在乎是也."
22 황세정의 정확한 생몰 연대는 알려져 있지 않다. 그는 6세 때부터 동춘당 문하에서 수학하였으며 숙종 1년에는 이미 세상을 떠난 동춘당이 윤백호의 탄핵으로 화를 입자 이에 스승의 신면을 위해 노력하다가 진도로 유배되었다고 함.

생각하는 듯하였다. 혹은 한밤중에 일어나 앉기도 하였는데, 옆에 있는 사람은 단지 옷과 이불을 거두는 소리만을 들을 수 있을 뿐이었다. 잠시 뒤에는 다시 취침을 하였다. 하루는 내가 모시고 잠을 자다가 가만히 엿보니, 선생이 노복을 불러 불을 밝히게 하고는 『연평답문』 중에 희로애락이 드러나기 이전의 기상을 논한 것을 가져다 보았다.[23]

이렇게 볼 때 동춘당이 주자나 주자의 스승인 연평을 존숭하였던 일은 표면상의 명분에만 그치지 않는 실질적인 의미를 가졌던 것이라고 하겠다. 앞에서도 언급했듯이 그가 우암과 더불어 『연평답문』이나 『근사록석의(近思錄釋疑)』를 교정한 일이라든가, 주자의 경전 주해를 존신(尊信)하고 또 그것을 반드시 행해야 하는 정론(定論)으로 받아들인 일[24] 등은 여기에 좋은 참고가 된다. 그래서 그는 효종에게 감히 '정주(程朱)는 주상에게도 스승이 되는 분'[25]이라고 단언했다. 우암이 「동춘당묘지문」에서 "공이 벼슬에 나아가기를 어렵게 여기고 물러나기를 쉽게 여긴 의리는 주자의 성법(成法)을 이어받았기 때문이다."[26]라고 한 말은 이와 같은 생각을 더 분명하게 설명해 준다.

그의 주자학 존숭은 동춘당이 처했던 학풍과 역사의 긴장된 상황 안에서 형성되고 조건 지어진 것이었다. 거의 주자학 일색이었던 당대의 사상 풍토, 가문의 학풍과 사계 부자 및 장인인 우복으로부터의 영향 등 그가 살았던 배경이 그러한 조건을 제공했다. 특히 주자 존숭에

---

23 『同春堂別集』(이하의 주에서는 『別集』이라 약칭함), 권9, 附錄, 「遺事二十三條」. "先生時時合眼端坐儼然若思, 或中夜起坐, 在傍者但聞收斂衣衾之聲, 移時還就寢, 一日世禛侍寢, 竊開見先生呼僮明燭, 取見延平答問中論喜怒哀樂未發前氣象處."

24 「경연일기」, 기축 11월 20일. "朱子註說十分親切, 何必要生他見."과 같은 책, 기해 5월 4일. "右參贊宋浚吉以爲嘗以朱子說爲必可行之定論, 倘得行之於今日, 豈勝幸甚." 참조.

25 「경연일기」, 기축 11월 6일. "若程朱主上亦師也, 何可不諱."

26 『別集』, 권9, 附錄, 「墓誌文」. "公難進易退之義, 仰承朱門成法."

대한 우복의 영향은 대단히 컸다고 보인다. 우복이 동춘당에게 보낸 편지의 한 대목 "예문(禮文)은 참으로 널리 상고하고 자세하게 강구해 보는 것이 마땅하네. 그러나 심성(心性) 상에서의 공부는 더욱 더 안으로 향해 가는 긴절한 일이니, 모름지기 염락(濂洛)의 현인들의 여러 서책을 충분히 읽어야만 하네. 그 중에서도 『주자서절요(朱子書節要)』는 특히 책상 위에 항상 펼쳐두고 읽지 않으면 안 되네."[27]라는 말에서 이 점은 좀 더 뚜렷하게 확인된다. 잘 알려져 있다시피 우복은 서애 유성룡의 수제자로서 정주 입장의 상징인 '성즉리(性卽理)'의 명제를 긍정·계승하고 그 바탕 위에서 퇴계의 이기설(理氣說)을 좇아 '이선기후(理先氣後)'를 주장한 주자 성리학자였다. 그는 '먼저 알고 나서 행하여야 한다〔先知後行〕'는 학문관을 주창하고, 수양론에 있어서는 '스스로 하는 사색(愼思)'과 '중용(中庸)의 실천'을 중요시하였다. 우복에 의하면 도(道)란 곧 '중용의 도'를 의미하고, 존심(存心)·양성(養性)의 궁극 목적은 '양중(養中)', 즉 중화(中和)를 성취하는 데 있다.[28] 그가 주강의 자리에서 인조에게 "'희로애락이 발하지 않는 것을 중(中)이라고 한다.'는 대목은 학자들이 긴히 공부해야 할 곳입니다. 항상 경외하는 마음을 가지고 있으면서 그 중을 기르면 발하는 것이 모두 절도에 맞게 될 것입니다."[29]라고 한 말도 이와 무관하지 않다. 이렇게 본다면 우복은 동춘당의 삶과 학문 성숙에 큰 영향을 끼쳤을 것으로 생각된다.

　여하튼 동춘당의 주자에 대한 존숭은 그가 자신의 시대를 북방 여진족인 금나라에 의해 비참하게 유린되고 칭신 속국(稱臣屬國)을 서약

---

27 『愚伏集』, 권13, 書, 「與宋敬甫」. "禮文固當愼考細講, 然心性上工夫, 尤是向裏緊切事, 須熟讀濂洛諸書, 朱子書節要, 尤不可不常留案上也."

28 윤사순, 「愚伏(鄭經世)의 성리학 사상」, 『愚伏鄭經世先生研究』, 우복선생기념사업회편, 태학사, 1996, 59-61쪽 참조.

29 『愚伏別集』, 권3, 「경연일기」, 정묘 11월 4일. "喜怒哀樂未發謂之中, 此學者緊用工夫處也, 恒存敬畏之心, 以養其中, 則於發而中節也."

했던 주자의 시대와 같은 것으로 파악·인식하고 있었다는 점에서도 알 수 있다.[30] 이를 우리는 철학적 동시성(同時性)이라는 개념으로 표현할 수도 있다. 다시 말하여, 주자가 본 남송의 현실이 동춘당이 본 조선의 현실이었으며 동시에 그것은 우리가 보는 오늘날의 현실이라는 의미이다. 철학자는 다른 시대, 다른 사회에 살면서도 전대의 철학자들과의 통시적 공동 체험을 통해 자신이 당면한 시대 문제 내지 현실 문제 해결의 답을 찾아내고자 한다.

동춘당이 52세 때 10월에 효종의 소대(召對)에 응하여 차자(箚子)를 올리면서 다음과 같이 말한 것은 그 단적인 예이다.

> 신(臣)이 주자와 진덕수의 문집을 보았는데, 임금에게 차자를 올리는 규법이 있고, 신의 스승 김장생이 또한 일찍이 이러한 사례가 있음을 인용한 바가 있습니다. 이제 신은 참람함을 피하지 않고 감히 이 일을 본받고자 합니다.[31]

이와 같은 입장은 제자인 민원중 형제에게 답한 그의 편지글에서도 뚜렷이 나타난다.

> 3년 안에 상식(上食) 하는 예는 『의례문해』에 실려 있는 제설(諸說)에 자세히 설명되어 있으니 세밀히 상고해 보시게나. 비록 고례(古禮)는 아니지만 주자가 이미 '후(厚)함이 되는 데 방해되지 않고 또 참람한 혐의도 없으니, 우선 따르는 것이 마땅하다.'고 하였으니, 감히 주자의 설을 어겨서는 안 될 것 같네.[32]

---

30 백도근, 「朱子學의 根幹」, 『哲學論叢』, 제8집, 영남철학회, 1992, 332쪽 참조.
31 「경연일기」, 정유 10월 25일. "臣見朱子及眞德秀文集, 有殿上奏箚之規, 臣師金長生亦嘗用比例, 今臣不避僭猥敢欲效之."
32 『別集』, 권6, 書, 「答閔元重兄弟」. "三年內上食之禮, 疑禮問解所載諸說詳之, 可

여기에서 보듯이 동춘당이 생각한 주자는 자신의 참다운 삶의 최종적 목표이자 반드시 준거(準據)해야 할 행위규범 그 자체였다. 그가 '숭명의리(崇明義理)'와 '벌청설치(伐淸雪恥)'의 북벌론을 실천하려고 애쓴 것도 바로 여기에 기인한다. 이처럼 주자는 학문과 삶의 정도(正道)를 얻고 구현하는 데 있어서 절대적 표준이 된다는 동춘당의 주자관은 그가 당면하고 있었던 17세기의 정치·사회·사상적 혼돈에 대한 위기의식에서 더욱 절실한 것으로 생각되었다. 동춘당의 판단에 의하면 당대는 모든 가치 질서가 붕괴되어 '아첨하는 무리만 횡행하고 정직하고 성실한 선비는 날로 멀어져서 군도(君道)가 날로 오만해지고 정사(政事)가 갈수록 비루해지는'³³ 상황이었다. 여기에서 동춘당은 이를 극복할 수 있는 현실 논리를 찾고자 하였고, 자신이 모색하는 사상의 근원으로서 또는 그 정당화의 근거로서 주자학이라는 기반을 필요로 했다. 이 경우 주자학이란 현실의 모순이 극대화되는 시기에 처하여 무너진 질서를 새롭게 일으켜 세우는 정신이며, 신념 상실의 시대를 헤쳐가면서 자기 정위를 확인하려는 행동의 지표가 된다. 정학을 밝히는 데는 주자를 존신함보다 앞설 것이 없으며, '주자의 설은 반드시 행해야 할 정론'³⁴으로 믿었기 때문이다. 다시 말해서 그는 '소인이 매양 사설(邪說)을 퍼트리고,'³⁵ '공리(公利)가 다 없어진'³⁶ 상황에서 주자학 수호에 절대적 사명을 부여함으로써 자신의 세계 내적 존재 의미를 새롭게 확인하였던 것이다. 이와 같은 그의 태도는 "주부자가 후학에게 가르친 아름다운 뜻을 내 지금 봉행하리라."³⁷라

細考之, 大槪雖非古禮, 朱子旣曰不害其爲厚, 又無嫌於僭, 且當從之云, 則恐不敢有違於此."

33 『연보』, 59세조. "詔諛日進, 而直諒日遠, 君道日亢, 而政事日卑."

34 『文集』, 권9, 書啓, 「國恤時百官服制議」. "常以朱子說, 爲必可行之定論, 倘得行之於今日, 豈勝幸甚."

35 『속집』, 권9, 「연보」, 56세조. "小人每每鼓動邪說."

36 「연보」, 53세조. "今公私俱竭."

고 한 행동적 선언과, "주자의 글로 말하면 더욱 항상 송독하여 가슴 속으로 흘러들게 하셔야 합니다."[38]라는 부동의 확신으로 표출되었다. 이러한 관점은 무엇보다 시비와 정사를 칼로 자르듯이 구분하는 춘추대의 정신의 순수한 발로로서, 다음에 살펴볼 그의 현실 인식과 호응 관계를 이룬다.

이처럼 이단의 폐해로부터 주자학을 지키고, 의리(義理)에 입각하여 명분을 바로잡고 나라의 자존(自尊)을 지키고자 했던 동춘당의 도학(道學) 정신은 그대로 그의 철학 사상과 현실 인식의 형성에 반영되고 이어짐으로써, 그의 철학 사상이 단지 주자·율곡학의 형식적인 모방에만 있지는 않음을 확인하게 한다. 물론 이와 같은 특징과 가능성에도 불구하고 그가 여전히 한 사람의 충실한 주자학도였고 율곡학도였다는 사실은 부정되지 않는다. 이미 살펴보았듯이 그의 학문적 기초는 주자·율곡·청좌공·사계·우복으로 대표되는 주자학의 세계였고, 경세적(經世的) 실천에의 관심 또한 송대의 주자가 가졌던 '인정(仁政)'의 이상을 계승하는 것이었기 때문이다.

---

37 「연보」, 50세조. "朱夫子嘉惠後學之意, 今可以行矣."
38 「경연일기」, 경자 2월 19일. "而至如朱子之文, 尤宜常常誦讀澆灌心胸也."

제 2 부

동춘당의 사상 체계

제1장 도대로서의 주경적(主敬的) 철학 사상

　동춘당의 학문 기반은 앞 장에서 살펴본 바와 같이 주자·율곡·청좌공·사계·우복으로 대표되는 주자 성리학의 세계였고, 동춘당 철학의 특성은 리(理)의 일차성·가치성을 인정하는 바탕 위에서 일신의 주재자가 되는 심(心)을 '합리기(合理氣)'의 구조로 이해하고 그것을 인간의 보편성으로 내재된 규범 원리인 경을 통해 '도심(道心)의 왕국'을 만들려고 한 데서 찾을 수 있다. 이 경우 '경'이란 인간의 최고 이상인 성인(聖人)이 되는 지름길이며, 인간의 도덕 수양에 있어서 핵심적인 요체가 되는 개념으로서 수기(修己)·안인(安人)의 양면을 다 포함하면서도 사회·정치적 의미가 특히 강한 개념이다. 그런 점에서 동춘당의 철학 사상은 주경(主敬)을 기반으로 하는 특색을 띤다고 할 수 있다.

　동춘당이 추구한 참된 현실이란 인심·인욕에 의해 조작되거나 부림을 받지 않고 천리·도심을 실현하는 세계이며, 그것은 또한 주경 철학이 바탕이 되어 '내수외양(內修外攘)'의 이상을 현실에 구현해 가는, 인간 본연의 도덕적 순수성과 의리 정신이 살아 숨 쉬는 세계였다. 동춘당이 '숭명의리(崇明義理)'와 '벌청설치(伐淸雪恥)'의 북벌론을 실천하려고 애쓴 것도 바로 여기에서 기인한다.

　동춘당의 철학 사상과 현실관은 참다운 도리를 깨닫고, 이러한 깨달음을 바탕으로 그가 살았던 시대와 역사에 능동적으로 참여하면서 또한 스스로의 삶에 대해 정직하게 묻고 대답하는 자기 해명·자기 구현의 엄정한 행위였다. 그리고 유의할 것은 그의 철학 사상이나 현실관이 민족자존과 국권 회복에의 헌신인 동시에 도통이 무너지고 질서가 붕괴된 세계에서 자신을 높이고 자신을 구제하는 최종 행동이었다는 점이다. 그렇다고 한다면, 그는 현실감각이 모자라거나 시대착오적인 관념을 가지고 은둔 처세하는 단순한 산림처사(山林處士)는 아니었다. 그는 당시 조선 유학의 양대(兩大) 학풍을 조화 통일시키는 데 많은 노력을 기울인 주자 성리학자로서, 또한 청렴결백한 선비로서 일생 동안 시대의 선두에 서서 북벌대의(北伐大義)를 밝히고 사회의 기강을 바로 세우고자 죽음도 불사한 '행동하는 양심'이기도 했다.

1. 성리학적 입장

조선 중기에 이르러 의리와 실천궁행을 강조하는 지치 주의(至治主義)·교화 주의(敎化主義) 유학이 발전하여 참신한 기풍이 이루어지다가, 사대사화(四大士禍)로 인해 사림들이 향리에 침잠하면서 인성(人性)과 그 발현에 관한 철학 이론 체계 확립에 주력하여 성리학이 흥성했다. 이로써 기호학파·영남학파 등 양대 학파가 형성되었으며, 이와 동시에 정치계에는 붕당(朋黨)이 생기면서 내적인 갈등을 겪게 되었고, 밖으로는 임진왜란과 병자호란이라는 양란을 겪었다. 그 결과 조선조 사상계는 성리학에 대한 근본적인 반성을 통한 새로운 학문이 일어나기도 했다. 이러한 당시의 시대 상황으로 성리학을 사회화하거나, 새로운 자각을 바탕으로 주자학의 독점적 권위에 대한 반성과 회의가 생기기도 했다. 여기에 대두된 사상이 주자학을 계승하여 성리학의 형식주의적 객관화를 꾀한 예학(禮學) 사상과, 주자학을 지양하고 이용후생(利用厚生)의 실용성을 강조한 실학사상이다.[1] 이러한 시대와 학문계의 상황에 유의하면서 동춘당의 철학 사상을 이기론(理氣論),

---

1 유남상, 앞의 글, 494쪽 참조.

심성론(心性論), 수양론(修養論)으로 나누어 살펴보기로 한다.

　동춘당은 성리학적 입장, 즉 이기론(理氣論)에서는 대체로 율곡의 학설을 따랐다. 그가 우복 정경세의 종제(從弟)인 정경식에게 '사도취율(舍陶取栗)'을 해명하는 답신에서 퇴계의 이기호발설(理氣互發說)을 비판하면서 "율곡의 설은 진실로 백세를 기다려도 미혹됨이 없을 것입니다."[2]라고 한 말은 이 점에서 참고할 만하다. 그는 우주 만물을 형성하는 시원적 존재로서의 리·기를 동시에 인정하면서 리와 기의 묘합이응(妙合而凝)의 관계를 특히 강조하고 중요시했다. 그가 자신의 빙부인 우복에게 "묘합이라는 것은 리와 기가 본래 혼융무간(混融無間)함을 말하는 것입니다. 그리고 응(凝)이라는 것은 모이는 것으로, 기가 모여 형체를 이루는 때입니다. 그러니 묘합과 응은 곧 두 가지 일입니다."[3]라든가, 현종에게 『태극도설(太極圖說)』의 '묘합이응'을 설명하면서 "묘합이응은 리기가 서로 합해 엉켜서 형체를 이룸을 이르는 것입니다. 주자가 '묘합이응'을 본래 호융하여 틈이 없는 것[本混融無間]이라고 주석하였는데, 선정신(先正臣) 이이(李珥)는 이 다섯 글자를 항상 암송하면서 극치에 이른 말이라고 칭찬했다고 합니다."[4]라고 한 말을 상기할 때 이 점은 명백하다.

　동춘당에 의하면 리와 기는 본래 혼융하여 사이에 틈이 없으며, 서로 떨어져 있지 않다. 따라서 리 없는 기나 기 없는 리는 생각할 수 없다. 이러한 논리를 바탕으로 그는 선후도 없고 이합(離合)도 없는 불가분적이고 동시적으로만 성립하는 리·기의 관계를 형이상·형이하의 문제와 연관시켜 다음과 같이 해명하였다.

---

2 『문집』, 권12, 書, 「答鄭景式景華」. "栗谷此論, 眞可謂百世以俟而不惑."
3 『우복집』, 권13, 「答宋敬甫問目」. "按妙合云者, 理氣本混融無間也, 凝者聚也, 氣聚而成形也, 妙合而凝, 乃兩項事也."
4 『경연일기』, 무신 11월 16일. "妙合與凝者, 謂理氣相合, 凝聚而成形也, 朱子註妙合而凝曰, 本混融無間, 先正臣李珥常贊誦此五字以爲至之言."

리가 기 속에 타재(墮在)하고 기가 용사(用事)하여 만물을 화생하니, 이 것이 바로 이른바 '기로써 모습을 이루고 리 또한 부여된다는 것입니다. 기는 모양이 있어 볼 수 있기 때문에 형이하라고 하며, 하(下)는 형상과 흔적이 있는 것을 지칭한 것입니다. 리는 모든 물(物)에 있지 않은 곳이 없으나 볼 수 있는 형상과 찾을 수 있는 흔적이 없기 때문에 형이상이라 하며, 상(上)은 형적(形迹)을 초월해 보고 들을 수 없는 것을 이름입니다. 그러나 모양이 있으면 반드시 이 리가 있으니, 이것이 바로 『시경(詩經)』에서 말하는 '물이 있으면 법칙이 있다[有物有則]'는 것입니다.[5]

위의 예에서도 볼 수 있듯이 동춘당은 주자·율곡과 마찬가지로 리와 기를 우주 만물의 본체로 보고 또 그것을 '불상리(不相離)'와 '불상잡(不相雜)'으로 나누어 이해하였다. 그에 의하면 리는 형이상이고 원리이며, 기는 형이하이며 현상이다. 만물의 생성 변화를 비롯하여 현상계의 모든 사물 존재는 리와 기의 합을 벗어날 수가 없다. 사람이나 사람의 마음도 그 예외는 아니다. 동춘당이 현종에게 "리와 기가 서로 합하여 사람이 되는데 이것이 바로 '묘합이응'이라고 하는 것입니다."[6]라고 한 말이나, 효종에게 "마음이 허령지각(虛靈知覺)하다는 것은 리와 기를 합해서 말한 것입니다."[7]라고 한 말은 이를 단적으로 요약해준다. 이처럼 인간의 심성 세계까지도 '합리기(合理氣)'의 구조를 가지고 풀이하는 그의 입장은 주자·율곡과 별 차이가 없다. 그가 퇴계의 호발설을 거부한 것도 바로 이러한 특징에 기인한다. 그

---

5 『경연일기』, 기축 11월 20일. "理墮氣中, 氣能用事而化生萬物, 卽所謂氣以成形而理亦賦焉者也, 氣有形可見, 故曰形而下, 下者, 指有形有迹而言也, 理於物無所不在, 而無形可見無迹可尋, 故曰形而上, 上者, 超乎形迹之外, 非聞見所及之謂也, 然有是形, 必有是理, 卽詩所謂有物有則者也."

6 『연보』, 63세조. "理氣相合而爲人, 乃所謂妙合而凝也."

7 『경연일기』, 정유 10월 19일. "心者, 虛靈知覺, 合理氣而名也."

가 경연에서 효종에게 리와 기를 분리해 보는 것은 잘못이라고 하면
서 다음과 같이 한 말은 이를 좀 더 분명하게 설명하여 준다.

이이가 이황의 말을 옳지 않게 여긴 부분이 바로 이것입니다. 사단(四
端)은 칠정(七情) 중에서 선(善)한 쪽만 떼어내서 말한 것이니 양쪽을
나누어 서로 대치시켜 따져서는 안 됩니다. 기가 발하고 리가 타는 것
으로 논하면 칠정만이 그런 것이 아니라 사단도 그러합니다. 무릇 사
람의 마음은 반드시 느낌이 있은 뒤에 발하는 것입니다. 발하는 것은
기이지만 발하게 하는 소이는 리입니다. 따라서 이기(理氣)는 선후도
없고 이합(離合)도 없으니, 이기가 호발한다고 할 수 없습니다.[8]

그러나 동춘당은 다른 한편으로 리와 기의 묘합을 인정하면서도
리에 더 근원성과 가치를 부여한다.[9] 모든 존재가 리와 기로 이루어
진다는 점에 있어서는 하나이지만 각기 고유한 특성이 있어서 양자
는 논리적으로 서로 구별된다. 이러한 생각에서 그는 '무소부재(無所
不在)'[10]의 리가 바로 도(道)이며, 형이상의 이치로서의 도는 형이하의
기와는 본질적으로 다르다고 했다.

---

8 『경연일기』, 무술 12월 17일. "李珥以李滉之言, 爲未安者此也, 四端只是拈出七情
之善一邊而言, 不可分兩邊相對訟, 若論氣發而理乘之, 則不但七情, 而四端亦然,
大抵人心必有感而後發, 發之者氣也, 所以發者理也, 無先後無離合, 不可道學互
發也."

9 아마도 그것은 동춘당의 철학적인 입장이 존재론적 문제보다 윤리적인 데에 있기
때문일 것이다. 동춘당의 문집을 검토해 보면 곧 알 수 있는 바이지만, 그의 주된 관
심사는 어떻게 하면 인간의 순정한 도심(道心=理)을 존양하며, 어떻게 하면 짐승과
구별되는 인간의 존엄성을 유지하는가 하는 문제에 있었다. 따라서 그에게 있어서는
무엇을 아느냐 하는 문제보다는 어떻게 살고 또 어떻게 실천하느냐 하는 문제가 더
욱 절박하고 중요한 것이었다. 우리는 그의 理氣論도 이러한 각도에서 접근하고 이
해하여야 할 것이다.

10 『문집』, 권10, 書, 「上愚伏鄭先生」. "理無所不在."

역대전(易大傳)에 말하기를, 형이상자를 일컬어 도(道)라 하고 형이하자를 일컬어 기(器)라 했으니, 기(器)는 바로 기(氣)요 도는 바로 리입니다. 도와 기(器)를 나누는 것이 진실로 이와 같아서 자사(子思)도 도라는 글자 하나를 가지고 일관되게 비은(費隱) 이자(二字)를 설명한 것입니다. 도는 본래 형이상의 이치이므로 형이하의 기와는 섞일 수 없습니다.[11]

위에서도 볼 수 있듯이 동춘당은 『주역』 「계사전」 상편 12장의 한 대목을 원용하여 리가 존재의 궁극적 본체로서 기와는 분명히 다른 형이상의 도(道)임을 논증하고 있다. 여기에서 그가 논리적 의미에서의 이선(理先)을 긍정하고 이를 토대로 형이하적 존재로서의 기보다는 리에 더 큰 비중과 가치를 두면서 세계와 인간의 문제를 해명하고 있음을 확인할 수 있다. 그가 소대에서 효종에게 '만물의 화생은 기가 주관하지만 그 기를 부리는 주체는 리'라고 하면서 다음과 같이 리가 기를 부린다고 말했다.

대개 리와 기는 원래 서로 떨어질 수 없는 것으로 형(形)은 기이고 성(性)은 리이니, 이른바 '유물유칙(有物有則)'이 바로 이것입니다. 리를 비유하면 사람과 같고, 기를 비유한다면 말(馬)과 같습니다. 리가 기를 타고 운행하는 것이 마치 사람이 말을 타고 가는 것과 같습니다.[12]

그렇다고 동춘당의 이기론(理氣論)이 율곡의 이기설을 완전히 벗어

---

11 『경연일기』, 기축 11월 20일. "易大傳曰, 形而上者謂之道, 形而下者謂之器, 器卽氣也, 道卽理也, 道器之分固如是, 子思旣以一道字串費隱說則, 道固形而上之理也, 非雜以形而下之氣也."

12 『경연일기』, 기해 11월 24일. "蓋理與氣, 元不相離, 形者氣也, 性者理也, 所謂有物有則是也, 理譬則人也, 氣譬則馬也, 理之乘氣而運, 猶人之乘馬而行矣."

난 것은 아니다. 그가 리·기 관계를 '불상잡(不相雜)'보다는 '불상리(不相離)'의 측면에서 이해한 것이나, 포저 조익의 말을 빌려 율곡의 이통기국설(理通氣局說)을 긍정한 것[13]은 리를 보편성으로 기를 특수성으로 보면서도 일관되게 이기의 묘합의 원칙을 견지하는 율곡의 이기설에 부합하기 때문이다. 그가 퇴계의 이기호발설(理氣互發說)를 거부하고 율곡의 기발이승일도설(氣發理乘一途說)에 지지를 보내면서 "발하는 것은 기이지만 발하게 하는 것은 리이니, 기가 아니면 발할 수 없고 리가 아니면 발하게 할 수 없다. 이른바 기가 발하여 리가 탄다는 것은 칠정만이 특별히 그런 것이 아니라 사단 또한 그러하다."[14]라고 한 말에서도 이 점은 극명하게 표출되었다. 그래서 그는 인심(人心)과 도심(道心)에 대해서도 그 작용은 다르지만 결코 둘로 나뉘는 것은 아니라고 하였다.[15] 이 점에서 동춘당과 율곡의 이기론은 큰 차이가 없다.

그러나 동춘당은 율곡의 설을 절대화하여 무비판적으로 추종하지는 않았다. 그가 율곡의 이기설을 계승하여 그것을 자신의 철학 사상의 바탕으로 삼고는 있지만, 위에서 살펴본 바처럼 리의 일차성·가치성을 인정하여 율곡보다는 리를 더 중시하는 입장을 취했기 때문이다. 그가 경연에서 『중용』 12장의 '비이은(費而隱)'에 대한 글 뜻을 묻는 효종에게 "비은 두 글자가 모든 이치(衆理)를 포괄하였습니다. 이른바 '풀어놓으면 육합(六合)에 가득 차고, 거두어들이면 물러나 은밀한 곳에 자취를 감춘다.'는 것이 이것입니다. 그 주에 '비(費)는 용(用)이 넓은

13 『문집』, 권22, 諡狀, 「浦渚趙公諡狀」. "李珥論四七書, 識見之超邁, 言論之洞快前古諸儒, 罕有及者, 至於理通氣局之論, 發先賢所未發, 形狀理氣本體直截分明, 可以開悟後學於百世." 참조.
14 『문집』, 권12, 書, 「答鄭景式景華」. "發之者氣也, 所以發者理也, 非氣則不能發, 非理則無所發, 所謂氣發而理乘之者, 非特七情爲然, 四端亦然云云."
15 『경연일기』, 정유 10월 19일. "心者, 虛靈知覺, 合理氣而名者也, 出於血氣之謂人心, 發於義理之謂道心." 참조.

것이고, 은(隱)은 체(體)가 은미한 것이다'라고 한 것은 모두 리의 체용을 가리켜 말한 것이니, 비는 기이고 은은 리라고 하는 혹자들의 설은 옳지 않습니다."[16]라고 그 뜻을 풀이한 것은 이 문제와 관련하여 매우 많은 것을 시사해 준다. 이와 같은 사실은 동춘당의 학문 태도와 무관하지 않다. 그는 평생 퇴계를 존숭하고 사모했는데, 「기몽시(記夢詩)」[17]라든가 우암이 찬술한 「묘지문」의 한 대목에 "(동춘당은) 우리나라 선유(先儒) 중에는 문순공(文純公) 이황을 평생의 스승으로 삼았다."[18]라는 말은 이 모두를 간명하게 집약해준다.

이러한 동춘당의 이기설은 심성론(心性論)의 이해에도 그대로 반영되었다. 그가 경연에서 현종에게 맹자의 사단은 도심이라고 하면서 "불씨(佛氏)의 학은 인간의 모든 일을 버리고 높은 봉우리 꼭대기에 몸을 의탁하는데, 이렇게 하기는 쉽습니다. 우리 유학은 그렇지 않으며, 도심(道心)으로 주인을 삼고 인심(人心)이 도심의 명령을 듣게 하는 데 있습니다."[19]라고 말한 것은 그 단적인 예이다.

그리하여 동춘당은 '심(心)'을 핵심 논거로 하여 심성론(心性論)을 전개했다. 심성론은 도덕 행위의 주체인 인간의 정신 구조를 심이나 성(性) 및 정(情)의 개념을 가지고 해명하는 이론이며, 주자학에 있어서 철학의 바탕인 동시에 가장 핵심 이론 분야이다. 주자학 자체가 그러하듯 심성론 역시 '인간은 선천적으로 주어진 도덕심을 가지고 있다'는 유자(儒者)들의 신념에 대한 정당화와 "현실 세계에서 벌어지는 비도덕적 행위, 즉 불선(不善)의 현상은 왜, 어떻게 발생하는 것인가?"

---

16 『경연일기』, 기축 11월 20일. "費隱兩者, 包括衆理, 所謂放之則彌六合, 卷之則退藏於密是也, 其曰費用之廣, 隱體之微, 皆指理之體用而言, 惑謂費是氣隱是理者, 非也."
17 『연보』, 67세조 참조.
18 『別集』, 권9, 附錄, 「墓誌文」. "於本朝則以李文純公滉, 爲終身師法之也."
19 『경연일기』, 기해 11월 23일. "佛氏之學, 抛棄人間萬事, 庇身於高峰絶頂, 此則易矣. 吾儒則不然, 以道心爲主, 而人心聽命焉."

하는 문제의 해결책을 주된 논의의 대상으로 삼는다.[20] 동춘당은 인간의 마음은 허령지각하여 리와 기를 모두 갖추고 있다고 했다. 이점에서 그는 주자나 율곡과 다르지 않다. 그가 마음을 가리켜 "마음이 허령지각하다는 것은 리와 기를 합해서 이름한 것이다. 혈기에서 나온 것을 일컬어 인심이라 하고 의리에서 나온 것을 일컬어 도심이라 한다."[21]라고 한 말은 이를 단적으로 요약해준다. 그래서 그는 마음을 허령지각하고 중리(衆理)를 갖추어 만사에 대응하는 존재로 파악하고,[22] 심·성·정을 총괄하여 일체적인 것으로 해석했고,[23] 또 그것을 통하여 도심의 내용 구조를 밝히려고 했으며, '심통이기설(心統理氣說)'로써 이를 명료하게 정식화했다. 앞에서도 살펴본 바와 같이 '심통이기설'이란 심(心)을 리와 기의 통일적 존재로 파악하는 입장이다. 심·리·기를 분리하지 않고 총체적으로 보는 논법은 리와 기를 단지 심의 두 가지 양태로 이해·표현하는 것을 의미하며, 이때 리·기는 체와 용이라고 하는 경계를 이루면서 허령지각한 심 속에 포함된다. 이를 좀 더 구체화하기 위해 우리는 동춘당의 다음 진술을 검토해볼 필요가 있다.

> 방촌(方寸)은 바로 사람의 마음으로 온갖 이치가 갖추어져 있고 온갖 선이 구족(具足)하여, 이 마음을 안으로 수렴하면 그 속에 스스로 하나의 천지(天地)가 있고, 밖에 드러나면 만사를 응대함에 다함이 없습니다. 방촌에 수렴한다는 것은 체이고 만사에 드러내는 것은 용이니, 반

---

20 이강대, 『주자학의 인간학적 이해』, 예문서원, 2000, 81-82쪽 참조.

21 『경연일기』, 정유 10월 19일. "心者, 虛靈知覺, 合理氣而名者也, 出於血氣之謂人心, 發於義理之謂道心."

22 같은 책, 무신 10월 26일. "虛靈知覺, 皆心體, 其曰具衆理而應萬事, 具衆理體也, 應萬事用也." 참조.

23 같은 책, 무신 12월 16일. "程子言心, 是兼 已發未發, 橫渠言心, 統性情, 朱子言心者, 性情之主, 心爲已發則心但統情而非統性也." 참조.

드시 본말이 다 갖추어지고 표리가 하나가 된 뒤에야 온갖 변화를 응대함에 어긋나는 일이 없을 것입니다.[24]

위에서 보듯이 심은 온갖 리와 선을 갖추어서 만사에 응대함에 부족함이 없다. 이 경우 심은 리와 기가 합해져 있는 심이며, 체와 용으로 설명될 수 있는 심이다. 효종이 그에게 경연에서 '유가의 정심(正心) 공부가 석씨(釋氏)와 같은 점이 있는가.'를 묻자 "석씨가 마음을 수렴하여 항상 일깨워 어두워지지 않게 하는 것은 우리 유가와 다름이 없는 것 같습니다. 그러나 저들이 말하는 심은 공허하여 이치가 담겨 있지 않고, 우리가 말하는 심은 공허하되 만 가지 이치(萬理)가 갖추어져 있습니다."[25]라고 답변한 것도 이러한 인식의 소산일 것이다. 그가 심을 인심과 도심의 두 종류로 구분하면서도 그 둘을 다르게 보지 않고 하나로 보는 것 또한 이와 무관하지 않다. 동춘당의 다음과 같은 진술에서 이 점을 간명하게 읽을 수 있다.

마음이 허령지각하다는 것은 리와 기를 합해서 말한 것입니다. 혈기에서 나온 것을 일컬어 인심이라 하고 의리에서 나온 것을 일컬어 도심이라 하며, 양심(良心)은 바로 본심입니다. 적자(赤子)는 순수하고 전일하여 거짓이 없어서 본심을 온전히 보존한 자이고, 대인(大人)은 적자의 마음을 잃지 않는 자입니다. 사람들이 마음에는 여러 가지 일반화된 양상이 있는 것으로 오해할 우려가 있기 때문에 그 조목을 나열해서 중간의 허령지각한 마음에 모든 마음을 귀속시킨 것입니다. 그러

---

24 『경연일기』, 정유 10월 14일. "方寸卽人之心而衆理具焉萬善足焉, 此心斂之於內, 則其中自有一天地, 發之於外, 則應萬事而無窮, 斂之於方寸, 體也, 發之萬事, 用也, 必須本末具備表裏如一然後, 酬酢萬變, 可無謬戾之事矣."

25 『경연일기』, 정유 11월 12일. "上曰, 吾儒正心工夫與釋氏有同者耶, 浚吉曰, 釋氏能收斂此心, 常惺惺不昧此與吾儒似若無異, 而彼所謂心, 空而無理, 此所謂心, 空而萬理具焉."

나 그 실체는 하나일 뿐이니 유정유일(惟精惟一)하면 그 공부를 극진히 할 수 있습니다.[26]

그에 의하면 심은 그 작용이나 기능에 따라 다양한 명칭을 갖는다. 인심·도심을 비롯하여 양심·본심·적자의 심·대인의 심·허령지각의 심 등이다. 그러나 이 심들은 모두 심의 본체인 허령지각에 바탕을 두고 나타난 현상이므로 실제로는 하나의 심에 불과하다. 이는 체용 관계에 주목하여 심을 이해하는 입장이며, 리의 보편성이 기의 특수성에 의해 그 형국만 달리할 뿐 그 본질은 변하지 않는다는 논리에 근거한 입장이다. 이런 생각에서 그는 "허령지각은 마음의 본체를 가리켜 말한 것입니다. 미발 이전에는 리가 주관하고 기발(氣發) 이후에는 기가 주관합니다. 일용 행사에는 인심이 발동할 때가 항상 많기 때문에 인심을 먼저 말하였으나 마땅히 도심을 일신의 주인으로 삼아야 하니, 이곳의 공부가 가장 어렵습니다."[27]라고 했다.

여기에서 보듯, 동춘당이 생각한 심의 문제는 인욕에 이끌리기 쉬운 인심을 잘 다스려 도심이 일신의 주인이 되게 하는 데 있었다. 그것은 물론 기보다는 리를 더 중시하는 그의 철학적 입장에 기인한다. 그가 경연에서 효종에게 『심경찬(心經贊)』을 진강하면서 "도심은 바로 인의예지인데…… 그 도심이 발한 것을 확충하면 천리의 공심(公心)이 인욕의 사심을 이겨 도심이 항상 일신의 주인이 되게 할 수 있습니다."[28]라고 말한 것도 이 때문이었다. 그리하여 그는 이를 바탕으로

---

26 『경연일기』, 정유 10월 19일. "心者, 虛靈知覺, 合理氣而名者也, 出於血氣之謂人心, 發於義理之謂道心, 良心乃是本心, 而赤子則純一無僞, 全是本心者, 大人則又不失其赤子之心者也, 恐人錯認心有許多般樣, 故列書其目, 而統體於中間虛靈知覺之心, 其實一而已, 惟精惟一, 則可以盡其工矣."

27 『경연일기』, 을사 6월 10일. "虛靈知覺, 指心之本體而言, 未發之前理爲主, 旣發之後氣用事, 日用間人心發動時常多, 故先言人心, 而當使道心常爲一身之主, 此處工夫最難."

하여 '마음 지키고 다스리는 공부'를 강조했다. 이를 다른 말로 표현하면 수양론(修養論)이다. 수양론이란 '성현의 가르침을 믿고 받아들이며 배우고 익히면서, 자기의 덕을 닦아서 성현의 경지에 도달하기 위한'[29] 실천 방법에 관한 제반 논의를 의미한다.

2. 주경 철학(主敬哲學)의 형성

그러면 동춘당이 말하는 '마음을 지키고 다스리는 공부', 즉 도덕 수양의 요체는 무엇인가? 그것은 '경(敬)'이다. "요컨대 공부가 '경'에서 벗어나지 않으니 대체로 일신을 주재하는 것은 마음이고, 마음을 주재하는 것은 '경'이기 때문이다."[30]라고 한 말이나, "상제(上帝)가 네게 강림한 듯이 한다는 '경'이니, 이것이 학문의 근본이다. 근본이 확립되면 무슨 일인들 하지 못하겠는가."[31]라는 말을 통해서도 이 점은 확인된다. 동춘당에게 '경'이란 인간이 지녀야 할 최상위의 가치이자 인간의 도덕 수양에 있어서 핵심적인 요체가 되는 개념이다. 그것은 참다운 삶의 길을 구하는 직접적·궁극적인 목표로서, 사람이 마땅히 성취해야 할 도덕적·정치적 이상이며 이념적 좌표이기도 했다. 그가 "경은 한나라의 존망을 결정짓는 근본 요인이다."[32]라든가, "옛부터 성학(聖學)은 경을 근본으로 하지 않은 적이 없으니, 계신공구(戒愼恐懼)는 곧 경을 지키는 방법이다."[33]라고 말한 것은 이런 문맥에서 이해해

---

28 『경연일기』, 정유 10월 14일. "道心乃仁義禮智…… 因其道心之發而擴充之, 則天理之公有以勝夫人欲之私, 而能使道心常爲一身之主矣."

29 赤塚忠·金谷治, 『중국사상개론』, 조성을 역, 이론과 실천, 1987, 242쪽.

30 『경연일기』, 정유 10월 19일. "要之, 用功不外於敬, 蓋主一身者心, 而主一心者敬也."

31 『경연일기』, 을사 6월 8일. "上帝臨女敬也, 此是學問根本, 根本旣立, 何事不可焉."

32 『경연일기』, 신축 4월 7일. "觀其怠敬, 國以存亡者, 乃古之言也."

33 『경연일기』, 정유 8월 19일. "從古聖學未有不以敬爲本, 戒愼恐懼卽所以持敬之方也."

야 한다. 이 문맥에서 그가 말한 '경'이란 물론 개인적 심성 수양만을 뜻하지는 않는다. 그것은 개인적 덕성 함양을 통한 치국(治國)·평천하 (平天下)라고 하는 넓은 의미의 사회 실천까지도 포함한다. 그가 경을 가리켜 '내·외를 합하고 동·정을 겸하고, 시·종을 일관하고 상·하 를 꿰뚫는 것'[34]으로 풀이한 참뜻이 여기에서 드러난다.

이러한 관점은 주자 철학에 그 바탕을 두고 있다. 그는 경이 인간 의 최고 이상인 성인(聖人)이 되는 지름길이라고 보고 그것을 인간의 본래성으로써 자각하여 당위의 도덕률로 제시했다. 경은 내면 성찰과 완성의 경지에 도달하는 유일한 길이요 방법이다. 이렇게 볼 때 경이 란 개념은 동춘당의 수양론에서 가장 중요한 규준이요 실천 방법이 라고 할 수 있다. 그래서 그는 소대에서 현종에게 "공자는 건괘(乾卦) 를 성인의 학문으로, 곤괘(坤卦)를 현인의 학문으로 여겼습니다. 항상 말함에 믿음 있고 항상 행함에 삼감은 성인의 학문을 논한 것이고 '경이직내 의이방외(敬以直內 義以方外)'는 현인의 학문을 논한 것입니 다. '경이직내'는 비유하면 거울이고, '의이방외'는 비추는 것이라 할 수 있으니, 경은 체가 되고 의는 용이 되는 것입니다. '경이직내 의이 방외' 이 여덟 글자는 일생 동안 써도 다함이 없는 것인데, '경이직 내'가 근본이 됩니다."[35]라고 말했던 것이다. 이때의 '경'이란 '먼저 본원을 수양하여 마음이 거울처럼 비고, 저울대처럼 공평하여 한 점 사욕의 얽매임도 없도록 한다.'[36]는 의미이며, 이른바 주자가 말하는 "오로지 심신을 수렴하고 정제하며 순일(純一)하게 하여 방종하지 않

---

34 『경연일기』, 정유 10월 13일. "敬者, 合內外, 兼動靜, 貫始終, 通上下."

35 『경연일기』, 무신 10월 18일. "孔子以乾卦爲聖人之學, 坤卦爲賢人之學, 庸言之信, 庸行之謹, 論聖人之學, 敬以直內, 義以方外, 論賢人之學, 敬以直內, 譬則鏡也, 義以方外, 譬則照也, 敬爲體而義爲用也, 敬以直內義以方外八箇字, 一生用之不 窮, 而敬以直內爲根本."

36 『경연일기』, 정유 8월 24일. "先修本源之地, 使此心鑑空衡平, 無一點私累."

는다.”[37]는 의미로서 사람들이 마땅히 따라야 하고 지켜야 하고 밝혀야 할 것이 된다. 동춘당이 ‘마음 다스리는 법’에 대해 묻는 효종에게 “경으로 안을 직하게 하여 간사함을 막고 참됨을 잘 보존하는 것이 다름 아닌 마음공부의 요결입니다.”[38]라고 대답한 데서 이 점을 특히 선명하게 보게 된다.

이렇게 볼 때 동춘당이 이해한 ‘경’은 인간의 본원적 순수성을 투철하게 자각하고 그것을 바탕으로 자신이 마땅히 해야 할 일을 행할 수 있는 도덕적·인격적 책무를 현실적으로 구현하는 일이었으며, 그것은 또한 의리를 올바르게 실천하고 확립하는 데 있어서 가장 적절한 방법이었다. 그가 소대에서 한 다음의 말이 그 점을 확인하게 해준다.

> 경이 마음속의 주인이 되고 의가 밖의 사악을 막아서 ‘경’과 ‘의’가 서로 도와 천덕(天德)에 도달하는 것입니다. 안을 경하게 하지 못하면서 밖을 의롭게 하는 자는 아직 없었습니다. 대개 의와 경이 서로 바탕이 되어 내외를 서로 수양하게 되면 저절로 천덕에 이르게 될 것입니다.[39]

이처럼 경과 의(義)는 동전의 양면처럼 상호 의존적이며 연속성을 갖는다. ‘경’이나 ‘의’ 하나만을 가지고는 천덕에 도달할 수 없으며, 또 선의 완전한 실현도 불가능한 문제가 되기 때문이다. 그렇게 본다면 ‘경’은 도덕 주체를 확립하는 일이고, ‘의’는 도덕의 사회적 실천의 문제와 직결된다고 볼 수 있다. 이러한 생각은 수기·안인으로 요

---

37 『朱子語類』, 권12, 學六, 「持守」. “只收斂身心, 整齊純一, 不恁地放縱, 便是敬.”
38 『연보』, 52세조. “敬以直內閑邪存誠, 卽是用攻之術也.”
39 『경연일기』, 정유 11월 13일. “敬主於內, 方, 義方於外, 敬與義相爲夾持, 以達于天德, 內不能敬, 而外能義者未之有也, 蓋義與敬相資, 內與外交修, 則自能上達天德也.”

약되는 전통 유가의 관점에 정확하게 일치하며, 동춘당의 '내수외양
(內修外攘)'의 논리 또한 이 문제에서 크게 벗어나지 않는다. 그런데
여기서 놓칠 수 없는 한 가지 중요한 열쇠는 '경'과 '의'가 동격이나
동가(同價)를 갖는 개념이 아니라는 사실이다. '경'이 체라면 '의'는 용
이기 때문이다. 동춘당이 '경'을 논하면서 "경·의 공부는 다 성인이
되기를 바라는 중요한 공부지만 '경'이 '의'의 근본이다."[40]라고 한
말이나, "공경하여 안을 곧게 하는 사람은 스스로 의를 행하여 밖을
방정하게 할 수 있다."[41]라고 한 말을 상기할 때 이 점은 명백하다.
그런 점에서 '경'은 유학의 근본 이념인 수기·치인의 존재론적 근거
가 된다고 할 수 있다.

'경'이란 말은 물론 주자도 중요하게 사용했고 퇴계·율곡·사계·
우복 등도 매우 중요하게 여겼다. 그러나 그 말은 같아도 뜻은 꼭 같
지 않다. 경에 의한 인간 실존적 주체의 확립을 강조한 동춘당에게
있어서 '경'은 천명에 기반을 두고 인간의 보편성으로 내재화한 존재
원리이자 당위 원리였으며, 수기·치인을 그 밑바탕에서부터 성립시
키고 근거 지우는 참된 원동력이었다. 그래서 그는 "재이(災異)의 발
생은 하늘이 그 나라를 멸망시키고자 하나 아직 멸망시키지 않았을
때 생기는 것이니, 옛말에 '하늘이 그 임금의 태만과 공경(敬)을 보아
그 나라의 존망을 결정한다.'고 하였습니다. 하늘의 뜻에 순응하는 방
법은 오직 임금의 한 마음에 달렸습니다."[42]라고 했고, 또 '경'을 가
리켜 '상제가 네게 강림한 듯이 한다.'는 뜻으로[43] 풀이하기도 했다.
이에 의하면 '경'은 하느님으로서의 상제와 깊은 관계를 가지며, 천

---

40 『경연일기』, 정유 12월 4일. "敬義工夫皆希聖之樞要, 而敬乃義之本也."
41 『경연일기』, 무술 1월 15일. "人能敬以直, 則自能義以方外也."
42 『경연일기』, 신축 4월 7일. "災異之作, 出於欲亡未亡之際, 觀其怠敬, 國以存亡者,
　　乃古之言也, 應天之道, 寔在人主之一心."
43 『경연일기』, 을사 6월 8일. "上帝臨女敬也."

명 자각의 주체인 인간의 본체성(substance)과도 내적 연관을 갖는다.[44]

그렇다고 본다면 '경'은 '경건(敬虔)'과 '경배(敬拜)'의 의미가 합쳐진 개념으로도 해석할 수도 있을 것 같다.[45] 여기에 동춘당 경 사상의 특성이 유감없이 드러난다. 그가 재이를 논하는 자리에서 효종에게 "옛 사람들은 공구수성(恐懼修省)을 재앙을 막는 근본으로 삼았습니다. …… 안으로 수성하고 밖으로 시행하신 것에 반드시 천심을 거스른 것이 있기 때문에 이런 재이가 생긴 것입니다. 선유(先儒)의 말에 '한 생각이 선하면 상서로운 별이 뜨고 상서로운 구름이 일지만, 한 생각 이 악하면 사나운 바람이 불고 천둥이 치며 비가 내린다.'고 하였으 니, 그 드러난 행위와 일어난 생각들을 보시고 성상께서 스스로 살피 실 수 있을 것입니다."[46]라고 말한 것도 바로 이러한 의미일 것이다.

이와 같은 입장을 취할 때 '의'보다 '경'을 강조하고, 한 나라의 존 망·안위와 밀접한 관련을 가지는 천리와 인욕을 엄격하게 변별하는 일은 오히려 자연스러운 일일 것이다.[47] 당연히 그는 인욕보다 천리 를 보다 중시했고 강조했다. 그가 "천리는 천지 만물의 체가 되어 빠 뜨린 것이 하나도 없듯이 인도(仁道)도 만사의 체가 되어 있지 않은 곳이 없다."[48]라고 말한 것이라든가, "천리는 반드시 존양해야 하며, 인욕은 반드시 극거(克去)해야 한다."[49]라고 말한 것은 이러한 인식의 소산이다. 그리하여 그는 "천리와 인욕이 행(行)은 같으나 그 뜻은 다 르게 나타난다."[50]고 하면서 경을 통해 인욕의 사사로움의 구속에서

44 牟宗三, 『中國哲學的特質』, 臺北, 學生書局, 1978, 16-17쪽 참조.

45 김형효 외, 『退溪의 사상과 그 현대적 의미』, 한국정신문화연구원, 1997, 129쪽 참조.

46 『경연일기』, 정유 10월 29일. "古人以恐懼修省爲弭災之本. …… 內而修省外而施 措者, 必有拂於天心者, 故有此災異, 先儒曰, 一念之善, 景星慶雲, 一念之惡, 烈 風雷雨, 其見於事爲發於念慮者, 聖明可以自察矣."

47 『文集』, 권1, 陣情辭識兼陣所懷疏. "遏人欲所以捍邊境, 存天理所以安社稷" 참조.

48 『경연일기』, 무신 11월 16일. "天理爲物之體而無所遺, 猶仁道爲事之體而無所不 在也."

49 같은 책, 같은 곳. "果天理也必存養之, 果人欲也必克去之."

벗어나 천리를 회복하고 도심을 밝힐 것을 주장했다. 그가 맹자의 '구방심(求放心)'을 사람이 가장 힘써 체인해야 할 공부 방법으로 거론한 것이나,[51] 도심이 인심(人心)의 주인이 되기 위해서는 흑백을 구별하듯이 도심과 인심을 정밀하게 변별해야 한다고 말한 것[52]도 마찬가지 생각의 표현이다. 그래서 그는 "일이 이르지 않았는데도 망령된 생각으로 추측하거나 일이 이르렀는데도 고집스럽게 일에 응대하지 않거나 일이 이미 지나갔는데도 마음이 그 일을 따라가거나 하는 것은 모두 경이 아니다."[53]라고 말했다.

이에 따라 동춘당은 경을 군주가 '반드시 먼저 자신의 몸을 닦는'[54] 수양의 요체로서, '내수외양'으로 달성하는 심성 수양의 궁극적 경지를 가리키는 것으로 이해했다. 그것은 그가 경을 가지고 개인적 덕성 함양과 심성의 수양을 말하였을 뿐 아니라, '인정(仁政)을 행하고 인심을 수습하는'[55] 유일한 방법으로 경을 제시하였기 때문이다. 그가 "천하만사의 근본이 다만 인주(人主)의 마음 하나에 달려 있습니다. 그러니 마음 다스리는 공력을 어찌 소홀히 할 수 있겠습니까?"[56]라고 한 말이 그것이다. 따라서 그가 생각한 바 경과 의는 경으로써 마음을 곧게 하여 사의(私意)를 없애고 의로써 공도를 넓히는 일이며 의리를 확립하는 일이었다. 그가 경연에서 "대개 경은 내외를 합하고, 동정을 겸하고, 시종을 일관하고, 상하에 통달하는 것이므로 단지 이 한 글자로써 학문에서 잃을 것을 보충할 수 있다고 한 것입니다. 성

---

50 같은 책, 같은 곳. "天理人欲同行異情."
51 『경연일기』, 을사 6월 8일. "仍指圖中求放心處曰, 此是第一工夫, 最孜體認." 참조.
52 『경연일기』, 기해 11월 23일. "所謂精者, 不使二心混雜於中, 而察之必精, 如卞白黑." 참조.
53 『경연일기』, 기해 2월 18일. "事未至而妄想縣度, 事方來而頑然不應, 事已過而與之隨往, 皆非敬也."
54 『경연일기』, 정유 8월 19일. "必先修其身."
55 『경연일기』, 정유 8월 24일. "及是時先行仁政收拾人心."
56 『경연일기』, 무술 1월 15일. "天下萬事之本, 只在人主一心, 治心之功, 其可忽哉."

현의 학문은 그 처음에 경이 아니면 처음이 될 수 없고, 그 마침도 경이 아니면 마칠 수 없는 것입니다."[57]라는 말은 매우 많은 것을 시사해준다. 그것은 또한 당대의 현실 모순과 폐단에 대한 절박한 비판의 칼날이기도 했다. 그렇기 때문에 그는 소차를 통해 현종에게 다음과 같이 말할 수 있었다.

> 신이 듣건대 천하만사가 하나도 임금의 마음에 근본하지 않는 것이 없다고 합니다. 선현이 이른바 '그 근본을 바르게 하면 만사가 다스려진다.'고 한 것은 헛된 말이 아닙니다. 진실로 바라건대 전하께서는 경계하고 두려워하는 마음으로 크게 진작하고 크게 할 일을 생각하시어 몸과 마음을 수렴해 밤낮으로 게을리하지 마시어 마치 귀신이나 신명이나 어버이나 스승이 위에 임하여 계시듯이 엄숙히 하시고 마치 깊은 물이나 엷은 얼음이 발밑에 있는 듯이 조심하시어 천리가 순수해지고 인욕이 소진되어 총명이 날로 밝아지고 뜻과 기운(志氣)이 날로 강해져서 신명에게 질정하여도 조금의 부끄러움도 없게 하소서. 이로써 신하들을 책려하고 함께 국사를 이룬다면 어느 누가 받들지 않겠으며 어느 누가 호응하지 않겠습니까.[58]

여기에서 이른바 위학(僞學)과 음사(淫邪)를 배격하고 '복수설치(復讐雪恥)'의 꿈을 실현하려고 했던 동춘당의 '존주대의(尊周大義)' 정신과 엄정한 자기실현의 이론적 근거가 드러난다. 우암은 이를 다음과 같

---

57 『경연일기』, 정유 10월 13일. "蓋敬者, 合內外兼動靜貫始終通上下, 故只此一字可補其失學也, 聖賢之學, 其始非敬, 則無以成始, 其終非敬, 則無以成終."

58 『文集』, 권7, 疏箚, 「因別諭宣召具陳所懷兼辭職名疏」. "臣聞天下萬事, 無一不本於人主之心, 先賢所謂正其本萬事理者, 非虛設也, 誠願惕然警懼, 思大振作思大有爲, 收斂身心, 夙夜匪懈, 肅然如鬼神父師之臨其上, 凜然如深淵薄氷之處其下, 使天理純而人欲盡, 聰明日開, 志氣日彊, 質諸神明而無少愧作, 以之策勵群工, 共濟國事, 則疇不克承, 孰不應."

이 회고한 바 있다.

> 스스로 존주의 의리와 청나라에 대한 복수의 뜻을 자신의 평생의 의
> 무로 삼았다. 국력의 약함도 돌아보지 않고 우리의 세력이 고단한 것
> 도 걱정하지 않고, 시종일관 한결같이 해와 별이 밝은 것처럼 또 황하
> 와 한수가 언제나 동쪽으로 흐르듯이 마음을 오직 명나라 회복에 두
> 었으니, 이것은 신명을 두고 물어보아도 부끄러움이 없다. 현종에 이
> 르러 더욱 스승을 높이는 예를 다하여 나라 사람들로 하여금 삼가 본
> 보기로 삼아서 공경하도록 하니 공(=同春堂)도 또한 마음을 다하고 지
> 혜를 다하여 들어가서는 도덕을 논하고 나와서는 정책을 도왔다.[59]

이렇게 해서 확립된 동춘당의 주경 철학은 그로 하여금 주자학적
도학(道學)의 정통을 자임하면서 남다른 도덕적 지향과 현실성에 투철
한 삶을 살게 했고, 그리고 그것은 당파를 초월하여 의리를 추구하는
[超黨就義] 태도와 정신으로 집약되어 나타났다. 그러니 효종이 "동춘
당은 마음을 잡아 지킴이 지극히 공변되어 사사로이 한쪽으로 편벽
되는 법이 없다."[60]라고 한 말이나, 현석 박세채가 동춘당에게 바친
제문(祭文)의 한 대목에 "오래 머물만 하면 오래 머물고 빨리 떠날 만
하면 빨리 떠나서 중도에 맞기를 구하였으니, 우국 애군(憂國愛君)의
일념이 신명에 통할 수 있었다."[61]고 한 말을 긍정하지 않을 수 없다.
이러한 의식의 밑바탕에는 물론 '존천리(存天理) 알인욕(遏人欲)'과 '내
수외양(內修外攘)'을 철학의 궁극 목표로 여기는 기본 전제가 깔려 있

---

59 『宋子大全』, 권182, 「墓誌」. "自以尊周之義, 復讐之志爲己任, 不顧國力之萎弱,
　　不憂吾勢之單寡, 終始一心如日星之昭, 如河漢之東, 此則可質於神明而無女鬼矣,
　　至於顯考則益盡隆師之禮, 要使國人務式, 公亦竭心殫智, 入論道德, 出贊謨."
60 『연보』, 52세조. "上曰贊善(同春堂)則乘心至公無偏係之私."
61 『別集』, 권9, 附錄, 「賜祭文」, "或久或速, 要趣於中, 憂愛一念, 神明可通."

다. 그런 뜻에서 동춘당의 이러한 논리는 결국 천(天)의 소생자로서의 인간이 인간으로서 마땅히 걸어가야 할 도리와 명법(命法)으로, 경을 체로 하는 의(義)가 인간 사회에서 구현되어야 한다는 가치 지향의 정신과 순수 논리 이전의 '실천이성'의 요청에서 정향된 시도로 보아 마땅할 것이다. 그가 인조에게 "하늘에 국운의 장구를 비는 것도 또한 사람의 노력에 달린 것입니다. 그런데 어찌 먼저 자강의 계책을 버리고 한갓 목전의 고식적인 계책만을 추구하면서, 천심을 감동시켜 되돌리고 종묘사직을 굳건히 안정시킬 근본을 생각하지 않으십니까."[62]라고 말하게 된 소이도 여기에 있는 것이라 여겨진다. 이처럼 경과 의를 무엇보다 중시하는 관점은 다음에 살펴볼 그의 현실관을 통하여 극명하게 표출되었고, 특히 춘추대의 정신과 예학 정신으로 전개·심화되었다.

3. 현실 인식과 대응

위에서 살핀 바처럼 동춘당 철학의 특성은 리의 일차성과 가치를 우선시하는 바탕 위에서 일신의 주재자가 되는 심을 '합리기'의 구조로 해석하고 그것을 인간의 보편성으로 내재된 규범 원리인 경을 통해 '도심의 왕국'을 만들려고 노력한 데에 있다. 이때 강조한 경의 의미는 수기·안인의 양면을 다 포함하면서도 사회·정치적 의미가 강하다. 따라서 동춘당의 철학을 '주경(主敬)의 철학'이라 명명해도 좋을 것 같다. 그러한 특성은 현실관에도 반영되었으니, '대명의리(對明義理)'와 '복수설치'의 북벌론 또한 이 문제에 관련된다. 그런 점에서 동

---

62 『文集』, 권1, 疏箚, 「陳情辭職兼陳所懷疏」. "祈天永命, 亦在人爲, 豈可先沮自强之謀, 徒爲目前姑息之計, 而不思所以感回天心."

춘당의 철학 사상은 40여 년 간격으로 일어난 임진왜란(1592-1598)과 병자호란(1636-1637)으로 인한 전쟁의 후유증을 극복하는 과정 속에서 사회 부조리가 극성을 부리던 혼란한 현실과 시대 상황에 대한 정직한 응답의 결과라고 할 수 있다.

이러한 각도에서 동춘당의 철학 사상을 검토할 때 가장 두드러지는 점은 주경 철학의 궁극 목적인 '존천리(存天理)'에 대한 강조라는 점이다. "천리를 보존하는 일은 사직을 편안하게 하는 소이가 된다."[63]라고 한 말이나, 경을 인욕의 사사로움을 극복하여 천리의 공정함과 일체가 되는 것으로 보는 태도는[64] 이러한 정황을 무엇보다 극명하게 보여주는 예이다. 바로 여기에서 동춘당의 철학 사상과 현실관 사이의 긴밀한 내적 연관성이 발견된다.

그는 주경 철학을 인욕과 사사로움을 없애고 인간 본래성의 회복을 통하여 인륜·도리를 밝히는 수양의 요체로 파악했다. 이 점과 관련하여 동춘당의 다음과 같은 진술은 매우 의미 있다.

> 마음을 지키는 법은 오직 경뿐입니다. 그러니 신령스러운 거북같이 보배롭고 공벽(拱璧)처럼 받들어야 할 것은 경입니다. 경으로 마음을 기르면, (마음을) 잡는 것은 간단하나 (덕을) 베푸는 것은 넓으니 경의 공효가 크다고 할 것입니다.[65]

이 경우 경은 인간 존재의 존재 방식이면서 동시에 천리를 드러내고 구현해야 할 당위법칙이라고 이해할 수 있다. 그리하여 그는 일신

---

63 『文集』, 권1, 疏箚, 「陳情辭職兼陳所懷疏」. "遏人欲所以捍邊境, 存天理所以安社稷."
64 『경연일기』, 정유 10월 19일. "其所謂愼獨, 克復心在戒懼存心思者, 無非遏人欲存天理之工夫也." 참조.
65 『경연일기』, 정유 10월 14일. "持心之法, 惟敬是已, 若寶靈龜, 若奉拱璧, 卽敬也, 敬以養心, 則所操者約而所施者博, 敬之功, 可謂大矣."

의 시비·득실과 국가의 치란·안위에 큰 영향을 미치는 천리와 인욕을 엄격하게 구별하고,[66] '내경(內敬)'과 '외양(外義)', 즉 내수외양(內修外攘)을 통한 천리의 체인·구현을 강조했다. 다음의 예에서도 이 점을 짐작할 수 있다.

> 천리가 한 치 자라나면 곧 인욕은 한 치가 줄어들고, 인욕이 한 푼 자라나면 곧 천리는 한 푼 소멸합니다. 천지가 박복(剝復)하는 이치와 음양이 진퇴(進退)하는 기미도 이와 같습니다.[67]

> 인심(人心)을 통제할 수 없으면 도심은 나날이 소멸합니다. 이른바 정(精)이란 글자는 두 마음이 마음속에 뒤섞이지 않도록 반드시 정밀하게 살피기를 흑백을 분별하듯이 하는 것입니다. 이른바 일(一)은 두 마음을 분별한 뒤에는 항상 도심을 지켜 간단이 없게 하는 것입니다.[68]

동춘당은 천리·도심에 따르지 않는 삶이란 사악한 인욕의 노예가 되고 만다고 보았다. 따라서 천리에 근본하면서 천리를 해치고 백사(百事)의 병폐가 될 수 있는 인위적인 욕망을 억제·조절하여 인간의 정위를 확보하기 위해서는 경을 통해 천리와 인욕, 도심과 인심을 흑백 구별하듯 정밀하게 변별하여 천리·도심에 수순하는 길밖에 없다. '경'이란 보통 공경·경건·집중·각성 등의 의미로 이해되지만, 동춘당은 그것을 마땅히 있어야 할 가장 이상적인 전범이며, 인간이 천덕에 도달할 수 있는 유일한 통로라고 보았다.[69] 그런 점에서 경은 인

---

66 『경연일기』, 정유 10월 14일. "人心道心, 判於公私, 義利之分, 二者之間不容毫髮." 참조.

67 『경연일기』, 무신 11월 19일. "天理長一寸, 則人欲消一寸, 人欲長一分, 則天理消一分, 天地剝復之理, 陰陽進退之幾, 亦如此矣."

68 『경연일기』, 기해 11월 23일. "人心若不能制, 則道心日消矣, 所謂精字, 不使二心混雜於中, 而察之必精, 如卞白黑, 所謂一者, 二心旣卞, 常守道心不使間斷."

간의 본래성에 내재한 당위 원리로서 인간이 올바르게 걸어갈 수 있는 길로서의 의(義)와도 상통하는 개념이라고 할 수 있다. 그가 경을 가리켜 "상하를 통하고 내외를 합한 뒤에야 경이라 할 수 있다."[70]라고 정의한 것이나, "경의(敬義) 공부가 모두 성인이 되기를 바라는 중요한 공부이지만 경이 의의 근본이 된다."[71]라고 말한 것은 이를 단적으로 요약해준다.

이로써 보건대, 동춘당이 이해한 '경'은 한 인간이 인간으로서 지닌 존재성에 거부할 수 없는, 실현하지 않으면 안 되는 존재 원리이며, 행위의 준거 또는 규범법칙으로서의 주체적 진리라고도 할 수 있다. 그가 도심과 인심을 엄격하게 변별하고 경·의를 성학(聖學) 공부의 핵심 개념으로 주목하여 "마음을 잡고 본성을 길러서 기질을 변화시킬 수 있는 것은 학문과 같은 것이 없다."[72]라고 말한 것도 이러한 문맥에서 보아야 할 것이다.

그러면 올바른 의리의 실천을 전제로 한 주경적 사유 구조 속에서 현실의 진정한 모습은 무엇인가? 동춘당은 '군신 상하가 스스로 닦고 스스로 힘써서,'[73] '위로는 천심에 합하고 아래로는 민심에 순응하는'[74] 세계로 집약했다. '천심이 기뻐하지 않아 재이가 거듭되고, 국사가 날로 잘못되어 밖으로는 (오랑캐의) 업신여김을 당하고 안으로는 우환이 끊이지 않는'[75] 혼돈의 시대, 신뢰할 만한 어떤 척도로 존재하지 않아 '아첨하는 무리는 날로 기승을 부리고 정직, 성실한 사람

---

69 『경연일기』, 정유 11월 13일. "敬主於內義方於外, 敬與義相爲來持以達于天德." 참조.
70 『경연일기』, 정유 10월 25일. "徹上下合內外然後, 可謂之敬也該."
71 『경연일기』, 정유 12월 4일. "敬義工夫, 皆希聖人之樞要, 而敬乃義之本也."
72 『경연일기』, 신축 2월 26일. "收心養性, 變化氣質, 莫如學問."
73 『연보』, 63세조. "君臣上下……自修自强."
74 『경연일기』, 정유 10월 19일. "上合天心, 下順民情."
75 『文集』, 권5, 疏箚, 「辭左參贊兼陳進修振作之義疏」. "今八年之間, 天心未豫, 災異荐秦 ……國事日非, 外侮內憂, 靡有記極."

들은 날로 멀어지며 임금은 날로 교만해지고 정사는 날로 쇠미해진 것이 오늘에 이르러 극에 달한'[76] 상황에서 그는 오로지 보편 가치로서의 준칙이자 행위규범인 대의(大義)에 합치하고, 근본을 따르는 현실만을 참된 현실로 인정했던 것이다. 이를 좀 더 구체적으로 표현하면 '천하의 대본을 세우고 천하의 달도를 행하여'[77] '중화(中和)의 성과가 크게 이루어지는'[78] 세계라고 할 수 있다. 따라서 동춘당이 본 참된 현실이란 인위적 욕망에 의해서 조작되거나 굴절됨이 없는 천리·도심으로서의 원리적 세계였으며, 그것은 또한 평화와 문화가치를 존중하는 사회이기도 했다. 그런 의미에서 그가 이해한 '마땅히 있어야 할 현실'이란 인간 삶의 본원성이자 절대이념으로서의 의를 전제로 하는 '경'이 사사로운 인욕을 극복하고 스스로 자기의 모습을 드러내는 도덕적·윤리적 가치의 세계였다. 예컨대 상소문에서 그가 "백성의 숨은 고통을 살펴 도와주시고 인욕을 다스려 선도(善道)를 좇아가면 곧 나쁜 풍습이 사라지게 될 것이고 멀고 가까이에서 바른 풍습이 나타날 것입니다."[79]라고 말했을 때도 이 점은 명백하게 확인된다. 이에 의하면 동춘당의 의를 전제로 한 주경적 사고는 어지러운 시대를 근심하고 바른 도리가 실현되기를 희구하는 충정의 표현이며, 외적 조건과 외물의 작용에 따라 악해질 수도 있는 인위적인 욕망을 주체적으로 다스려 하늘이 사람에게 부여해준 바 천리의 순선함과 일체가 되고자 하는 일에서 크게 벗어나지 않는다. 즉, 이 말은 공적(公的)인 것이며 모든 존재의 표준이 되는 천리가, 사적인 것이며 악

---

76 『文集』, 권5, 疏箚, 「辭憲職兼論君德疏」. "詔諛日進而諒日遠, 君德日亢而政事日卑, 以至於今日而極."

77 『文集』, 권6, 疏箚, 「請還收承旨臺諫罷職之命箚」. "立天下之大本, 而行天下之達道."

78 『경연일기』, 기유 2월 26일. "臣欲以中和極功."

79 『文集』, 권1, 疏箚, 「應旨兼辭執義疏」. "救民隱, 克己以從善道, 則弊習可祛, 而遠邇風動矣."

한 인욕을 다스리고 변화시켜 사람마다 자신의 본래성을 회복하고 대의(大義)를 유감없이 구현해가는 인간 삶의 궁극적 경지를 가리킨다. 따라서 '경이직내, 의이방외(敬以直內, 義以方外)'라고 하는 여덟 글자와 '존천리 알인욕' 여섯 글자는 동춘당 현실관 이해의 유익한 디딤돌이 된다.

동춘당은 이미 강조한 바와 같이, 천리와 인욕을 엄격하게 구별하여 천리가 발용된 본연의 세계를 중요시했고, 이를 통해 의(義)와 불의(不義), 정(正)과 사(邪), 중화(中華)와 이적(夷狄)을 명변하고 사설(邪說)을 물리치고 정도를 지키고자 했으며, 당위로서의 '본원적 현실'을 추구했다. 그가 소차를 통해 현종에게 "진실로 한결같은 마음으로 하늘을 공경하여 반드시 천리를 순수히 하고 인욕을 다 제거하여 위로 하늘을 감격시키고 아래로 신민들을 감동시킨다면 큰 강령이 확립되어 모든 조목이 스스로 거행될 것입니다."[80]라고 말한 것에서도 그 점을 확인할 수 있다. 이러한 관점은 그의 현실 대응에도 이어져 '내수외양(內修外攘)'의 논리로 간명하게 표출되었다. 동춘당은 예의와 염치의 실현과 중화를 존중하고 이적을 물리치는 길이 무엇보다 먼저 천리의 완전한 회복이며, 그것이 또한 상처 받은 민족적 자존심을 회복하고 춘추대의를 확립하는 유일한 길이라고 믿었다. 이것은 결국 내면 도덕과 사회 정치가 상호 회통하기를 바라는 동춘당 주경 철학의 필연적 결과이다. 그러므로 그는 현종에게 '공(公)과 사(私), 의(義)와 리(利)의 분변과 대(大)와 소(小), 경(輕)과 중(重)의 구분을 깊이 살필 것'[81]과 '사욕이 없는 세상'을 만들 것을 지속적으로 촉구했다.[82]

이러한 논리를 바탕으로 하여 동춘당은 도덕 세계의 가능성과 인

---

80 『文集』, 권1, 疏箚, 「辭召命仍陳戒疏」. "殿下苟能一心對越, 必使天理純而人欲盡
　　以爲上格皇天, 下感臣民之地, 則大綱旣立, 萬目自擧."
81 『文集』, 권4, 疏箚, 「辭憲職召仍陳懷疏」. "殿下深察公私義利之辨, 大小輕重之分."
82 『경연일기』, 을사 8월 12일 참조.

간 존엄성의 확보를 강조하면서, 개개인 스스로가 '선으로 돌아와 스스로를 새롭게 하는〔反善自新〕' 삶을 통해 천리를 주체적으로 자각하고 구현하도록 촉구하였으며, 누구보다도 치자는 그 일에 앞장서야 한다고 주장했다. 다음의 말은 이 문제를 특히 선명하게 보여준다.

> 대개 천도에는 음이 소멸하고 양이 회복되는 이치가 있고, 시운(時運)에는 혼란이 극에 이르면 다스림을 생각하는 운수가 있으며, 인사(人事)에는 선으로 돌아와 스스로를 새롭게 하는 뜻이 있습니다. 천도를 잘 관찰하는 사람은 그 이치를 믿고, 때를 잘 점치는 사람은 그 운수를 추연하고, 인사를 잘 닦는 사람은 그 의리를 살핍니다. 아, 오늘날 이 세 가지의 책임이 모두 다 우리 성상에게 있습니다.[83]

이처럼 동춘당은 '존천리 알인욕'의 관점에서 현실의 제반 문제를 보았기 때문에 사람이 '자신의 본래성을 회복하고 지켜나간다면 누구나 다 요순과 같은 성인이 될 수 있다.'[84]고 확신하였고, 인간 본성의 도덕 창생력을 적극 인정했다. 여기에서 이른바 인간의 정치·사회 문제를 해결하는 중요한 준거의 틀로 의리를 문제 삼고, 정치·사회 질서를 확립하는 데에 있어서 인간의 내면적인 도덕성을 다른 무엇보다 우선하여 강조했다. 그 구체적 표현이 '내수외양'이다. 동춘당은 이를 통해 민족이 당한 수모와 치욕을 씻고, 야만화된 인류사회를 바로잡아 정학에 입각한 '도심의 왕국'을 건설하고자 했다. 그는 효종에게 상소를 올려 다음과 같이 말했다.

---

83 『文集』, 권2, 疏箚, 「陽復日陳戒疏」. "蓋在天道則有陰陽長之理, 在時運則有亂極思治之數, 在人事則有反善自新之義, 善觀天者, 信其理, 善觀時運者, 推其數, 善修人事者, 察其義, 鳴乎, 今日三者之責盡, 在我聖上矣."
84 『文集』, 권1, 疏箚, 「應旨兼辭執義疏」. "任道不疑, 以聖人爲必可學, 以堯舜爲必可法." 참조.

전하께서는 스스로 교화의 근원을 맑게 하고 상하를 감동시키기를 도모하시어, 깊은 물에 임한 듯이 엷은 얼음을 밟은 듯이 더욱 엄숙하고 경외하는 정성을 독실히 하십시오 행하기를 진실로써 하시고 형식으로써 하지 마시며 지키기를 장구히 하고 잠시만 하지 마시고, 반드시 인심을 복종시키고 천명을 연장시켜 조종을 빛내고 후손을 편안하게 할 것을 목표로 삼으십시오. 그리하여 요순의 세상이 다시 밝아진다면 하늘과 귀신도 노여움을 거둘 것이고 백성들도 기뻐하지 않을 자가 없을 것입니다. ……재이가 바뀌어 길상(吉詳)이 되고 화가 변하여 복이 되는 것은 그 이치가 매우 밝아서 속일 수가 없습니다.[85]

이처럼 군주의 수신(修身)을 강조하고 그것이 또한 재이와도 깊은 연관이 있다고 한 것은 이러한 맥락 위에서 이해해야 한다. 그런 점에서 의리는 시대 현실의 변화 및 그 속에 있어서의 정(正)과 사(邪), 중화와 이적, 왕도와 패도를 분별하고 비판하는 전범 내지 질서를 부여하는 가치 원리라는 의미를 지닌다.

이렇게 볼 때 동춘당이 '존천리'를 강조한 것은 '천재와 시변이 날마다 생겨나며 온 나라 안에 굶어 죽은 시체가 여기저기 뒹굴고 유랑하는 백성이 길을 가득 메우는'[86] 심각한 상황 속에서, 어지러운 세태와 정치 타락을 바로잡고, 이를 통해 바람직한 공도(公道) 확립에 기여하고자 한 현실 참여이며, 이는 우국 애민의 간절한 충정의 소산이라 할 수 있다. 그가 참여한 복상(服喪) 문제를 둘러싸고 일어난 기해예송(己亥禮訟) 역시 이 문제의 테두리 안에 있다고 이해할 수 있다.

---

85 『文集』, 권1, 疏箚, 「辭進善兼陳災異疏」. "殿下亦宜自謀所以淸化源格上下者, 臨深履薄, 益篤其嚴恭寅畏之誠, 行之以實而不以文, 持之以久而不以暫, 必以協腹人心, 迓續天命, 光祖宗裕後昆爲期, 堯天舜日, 廓然淸明, 則上帝鬼神, 收還威群黎百姓, 無不歡豫, 易災爲祥, 轉禍爲福, 其理孔昭, 不可誣也."
86 『文集』, 권1, 疏箚, 「乞先褫祭酒兼論玉堂罷推未安疏」. "目今天災時變, 式日斯生, 餓莩孳流散, 八路同然."

동춘당이 효종에게 올린 다음의 소차의 한 대목도 같은 의미로 파악
할 수 있다.

> 반드시 예(禮)로써 검속하고 쓸데없이 영웅호걸로 자처하지 말며, 날
> 마다 하는 모든 일들은 반드시 천리에 부합하기를 구하시어 황극(皇
> 極)을 세우고 장구하고 원대한 생각을 품으십시오. 먼저 표준을 세워
> 마음으로 전수하여 자손을 도와 편안하게 하고, 강관(講官)을 선발해
> 서 그 임무를 오래 맡기십시오. 외적을 물리치는 데는 내치가 근본이
> 고, 군사를 다스리는 데는 안민(安民)이 우선입니다. 『주역』의 '순수정
> (純粹精)' 세 글자를 부신(符信)으로 삼아 말을 반드시 삼가고 형벌을
> 반드시 신중히 하십시오.[87]

여기에서 동춘당이 당시 권세를 휘두르고 청조(淸朝)에 아부하여 조
정을 어지럽히던 김자점 일파를 탄핵하여 그 시비를 가린 일이라든
가,[88] 사육신인 성삼문(成三問, 1418-1456)과 박팽년(朴彭年, 1417-1456)을
위한 사당 건립을 청한 일,[89] 우암과 더불어 북벌계획에 참여한 일,[90]
그리고 기해예송에 참여하여 국제(國制)인 기년설(朞年說)의 타당성을
주장한 일[91] 등의 의미가 선명하게 드러난다. 태학사(太學士) 황경원(黃

---

87 『文集』, 권2, 疏箚, 「辭賜米乞鮮職兼申榻前陳戒之意疏」. "心以禮制撿束, 毋徒以
 英豪自居, 日用凡百, 必求合乎天, 則以建皇極, 以存長慮, 先立標準心傳翼子, 選
 置講官, 專以其任欲, 外攘則內修爲本, 欲治兵則安民爲先, 以易中純粹精爲三字
 符, 言必謹刑必愼."
88 『연보』, 40세조 참조.
89 『연보』, 52세조 참조.
90 『別集』, 附錄, 太學士黃景源撰, 「皇朝陪臣傳」. "遂劾自點, 王朝爲之淸明, 其冬金
 集秉國政, 二宋先生俱侍帷幄, 議伐淸." 참조.
91 효종의 상에 그의 계모인 趙大妃가 어떤 복상(服喪)을 얼마 동안 입는가 하는 문제를
 둘러싸고 西人과 南人 사이에 치열한 예송(禮訟)이 전개되었을 때 동춘당은 우암 등
 과 함께 서인 측의 입장을 대변하였고, 그가 주장하여 관철시킨 것이 이른바 국제(國
 制)인 기년설(期年說)이다. 이 설은 물론 白湖 尹鑴(1617-1680)의 斬衰三年說, 眉叟

景源, 1707-1787)이 저술한 『황조배신전(皇朝陪臣傳)』의 내용에 "선왕(先王)이 밤낮으로 정신을 가다듬고 마음을 새롭게 하여 한결같이 인의에 근거하여 오로지 북벌에만 힘을 쏟고 그 뜻을 굳게 지켜나갈 수 있었던 것은 선생의 힘이었다."[92]고 한 대목은 이 모두를 간명하게 집약할 만하다.

당대는 의리를 다른 어느 때보다도 더 긴요하게 요하는 시대이면서, 한편으로는 의리의 존립을 유례없이 위협하는 국면이라고 보는데서 동춘당의 현실관과 자주정신은 독특한 전개의 길을 걷게 되었다. 천리가 날로 소멸되어 인욕이 천리를 해치고 소인유(小人儒)가 군자유(君子儒)를 내모는 '예(禮)의 파괴가 극심한 시대'[93]에 처하여 이를 바로잡고 극복할 수 있는 유일의 지표가 '경'을 통한 '존천리 알인욕'에 있다고 그는 생각했다. 유의할 것은 동춘당의 이와 같은 주경적 사고가 숭고한 도덕적 의미를 담은 가치로운 삶에 대한 희구인 동시에 압도적인 역사의 어둠의 무게를 온 몸으로 지탱하면서 패덕한 세계에서 성학을 밝히고 도통(道統)을 전하고 대의(大義) 실현을 향해 곧게 나아가고자 했던[94] '온후하고 화평한 속에서도 정직하고 강대한 기운을 지녔던'[95] 한 인물의 필연적 자기 확인이라고 해야 할 것이다. 이러한 생각에서 그는 효종에게 "도통을 담당할 수 있다는 것을 의심하지 마시고, 성인(聖人)을 배울 수 있으며, 요·순을 본받을 수 있다고 생각하십시오. 겁내어 스스로 물러서지도 마시고 스스로 인습(因習)만을 따르려고 하지도 마시고 이해(利害)의 말이나 세속의 의논에

許穆(1595-1682)·孤山 尹善道(1587-1671)의 齊衰三年說 등 남인 측의 3년설과는 정면으로 배치되는 주장이다.

92 『別集』, 附錄, 太學士黃景源撰,「皇朝陪臣傳」. "王日夜厲精更始一, 反於仁義而北伐之志益固者, 先生之力也."
93 『경연일기』, 무술 10월27일. "今之禮壞固已甚矣."
94 『경연일기』, 경술 4월21일. "唯願聖體日蘇, 聖學聖德漸至高明也." 참조.
95 『宋子大全』, 권182, 墓誌. "豈其溫厚和平之中, 自有正直剛大之氣耶."

도 동요하지 마십시오. 그리하여 기필코 이 도가 크게 밝아지고 크게
행하여지게 하십시오."[96]라고 말하면서 치자의 주경 철학·강학을 통
한 정심(正心)의 확립과 체득 실천의 중요성을 진언했던 것이다. 또
성왕의 법을 묻는 효종에게, "천하만사의 근본이 오직 인주의 한 마
음에 달려 있는 바, 마음 다스리는 공부를 어찌 소홀히 할 수 있겠습
니까."[97]라고 하면서 "왕자(王者)가 나라를 다스리는 법은 법제를 너
그럽게 하고 예의(禮儀)를 숭상하여 백성들로 하여금 스스로 바른 길
을 가도록 하는 데 있을 뿐입니다."[98]라고 말했던 것이다.

그러한 까닭에 그는 당시의 위기적 현실과 시대 상황에 대하여 도
피하거나 또는 무관심하지 않았다. 오히려 그는 당대의 제반 현실 모
순에 대해 심각하게 우려했고, 치밀한 대응책을 강구하고자 고심했
다. 이와 같은 태도는 내수외양(內修外攘)의 정신으로 집약되었고, '복
수설치'의 대의를 통해 극명하게 표출되었다. 그런 의미에서 우리는
동춘당이 인간을 천명의 자각 주체로 이해했다고 말할 수 있을 것이
다. 그에 의하면 인간은 천명을 주체적으로 자각할 수 있고 또한 그
것을 자기의 역사적 사명으로 구현할 수 있다. 즉 "인사(人事)를 극진
히 하면 천수(天數)도 돌릴 수 있다."[99]는 것이다. 다음의 예를 보면
이 점이 보다 더 분명해진다.

신이 듣건대 천도는 돌고 도는 것을 좋아하여 강함과 약함의 바뀜이
분명하고, 하늘에 기원하여 천명을 영구히 하는 것 또한 사람의 힘에
달려 있다고 합니다. 그런데 어찌하여 자신의 몸과 마음을 강하게 하

---

96 『문집』, 권1, 疏箚, 「應旨兼辭執義疏」. "任道不疑以聖人爲必可學, 以堯舜爲必可
法, 毋自退怯, 毋自因循, 毋爲利害之說所動, 毋爲流俗之論所撓, 必使斯道大明而
大行."
97 『경연일기』, 무술 1월 15일. "天下萬事之本只在人主一心, 治心之功可忽哉."
98 『경연일기』, 정유 10월 20일. "王者之治, 恢其法制, 崇其예(禮)儀, 使人自趨於正而已."
99 『경연일기』, 경자 3월 13일. "能盡人事則天數亦可回也."

는 방책을 강구하지 않고, 다만 근본적인 해결책이 아닌 일시적인 계
책만을 쓰려고 하십니까. 하늘을 감동시키고 종묘사직을 진실로 편안
케 하는 근본 대책을 어찌하여 생각하지 않으십니까.[100]

대저 재앙과 변고는 반드시 인사(人事)의 잘못에서 비롯되는 것이니,
재앙을 막는 방도 또한 인사에 달려 있다고 하겠습니다. 진실로 자신
을 반성하고 수양할 것 같으면 변고는 변고가 되지 않고, 반면에 태
만하여 자신을 반성하고 수양하지 않을 것 같으면 변고는 거듭하게
됩니다.[101]

　다시 말해서 인간의 존재 근거는 천에 있고 사람은 그것을 주체적
으로 자각하고 자신의 현실적 사명으로 전환시킬 수 있는 자유의지
를 가진 존재라는 것이 동춘당의 논지이다. 이와 같은 입장은 그의
정치론에서 '위로는 천심에 순응하고, 아래로는 인심을 좇는다.'[102]는
치도(治道) 원칙으로 간명하게 집약되었다. 이는 물론 그의 주경의 철
학에 근거한 것이며, 군주의 정심과 이를 통한 민생 안정, 그리고 덕
있는 사람이 백성들을 도덕적으로 교화·선도함을 정치의 요체로 삼
는 유가적 덕치주의와도 상통한다. 이것은 오늘날에도 매우 중요한
의미를 갖는다. 그러나 이와 같은 그의 현실관이나 경세 사상이 모든
정치의 근원을 군주의 일심(一心)에 두고,[103] 그것을 바르게 하는 것으
로 급선무를 삼은 것이라는 점에서 또한 봉건제도의 본질적 폐해에

100 『文集』, 권1, 疏箚. 「陳情辭職兼陳所懷疏」. "臣聞天道好還, 强弱易乘, 祈天永命
　　亦在人力, 豈可先沮自强之謀, 徒爲目前姑息之計, 而不思所以感回天心, 固安宗
　　社之根本乎."
101 『경연일기』, 정유 9월 5일. "凡災變必由人事之失, 而弭災之道亦在人事, 苟能修省
　　則變不爲變, 慢不修省則變而又變."
102 『文集』, 권25, 謚狀, 「浦渚趙相公謚狀」. "上應天心, 下服人心."
103 『경연일기』, 정유 8월 19일. "國家治亂, 君德修否, 惟在人主之一心." 참조.

대한 지적과 비판이라기보다 현상적인 폐해에 대한 지적과 방향 제
시라고 하는 점에서 그 논리 자체에 내재한 한 가닥 보수성만은 부인
할 수 없다.

제2장 도의 사상(道義思想)과 경세론(經世論)

　오늘날 현대 생활에서 '도의'라는 가치관은 존중받기 어려운 시대가 되었다. 『주역』 곤괘 문언전의 한 대목에 "신하가 그의 임금을 시해하고 자식이 그의 아비를 시해하는 것은 하루아침과 하룻저녁의 변고가 아니다."[1]라고 했는데, 인간 세상의 가치 기준이 덕보다는 재(財)가 근본이 되어버린 지 이미 오래되었다.[2]

　그럼에도 불구하고 유가의 핵심 개념 중의 하나인 '도의'를 철학적으로 문제 삼는 것은, 도의가 인간이 지키고 따라야 할 올바른 윤리 원칙으로서 인간과 짐승을 구별하고 인간의 인간다움을 가장 극명하게 드러내 주는 징표이자 인간적 가치의 근원이며 인간의 존엄성을 확보할 수 있는 희망이라고 믿기 때문이다. 『주역』 「계사전 상편」 7장의 "본성을 완성하여 곱고 깨끗하게 간직하는 것이 도의의 문이다"[3]라는 구절을 보면 이 점이 보다 분명해진다. 도의는 '도덕 의리'의 준말이며,[4] 개인 차원에서의 도덕, 사회 차원에서의 의리가 그 구체적 내용이다. 따라서 도는 도의의 체가 되고 의는 도의의 용이 된다.[5]

　선진 유가의 도의관에 의하면 사람이 사람답게 사는 일은 바로 자기의 본래적 덕성을 유감없이 발휘하여 이를 윤리·도덕 행위로 구현

---

1 『周易』, 坤卦, 文言傳. "臣弑其君, 子弑其父, 非一朝一夕之故."
2 『大學』, 傳十章. "德者本也, 財者末也, 外本內末, 爭民施奪." 참조.
3 『周易』, 「繫辭 上」, 7장. "成性存存, 道義之門."
4 『中文大辭典』, 第九冊, 臺北 ; 中國文化大學出版部, 1985. 145쪽 참조.
5 『周易折中』, 권13, 繫辭上傳, 7장, 項氏安世註. "道者義之體, 智之所知也, 義者道之用, 禮之所行也." 참조.

84

하는 데 있다. 그래서 인성(人性)은 인간의 선천성이며 그것은 근본적으로 선하다고 주장했던 맹자도 "삶도 내가 원하는 바요 의도 내가 원하는 바이지만, 이 두 가지를 겸하여 얻을 수 없다면 삶을 버리고 의를 취하겠다."[6]라고 말했던 것이다. 이 경우 인간의 모든 행위규범이나 도덕법칙은 밖으로부터 주어지는 것이 아니라 인간 자신의 본유 덕성의 발현인 것이다.

한편 경세 사상은 유학의 궁극적 목적인 '수기치인·수기안인'과 관련된다. 이때의 '수기'가 '치인·안인'으로 외연을 확장할 때 그 진정한 가치가 획득되는 것이라면, 동춘당이라는 한 인물을 이해하는 데 있어서 치인 철학으로서 그의 경세 사상에 대한 연구는 그의 철학 이론에 못지않게 중요한 탐구 과제가 아닐 수 없다. '경세(經世)'라는 말은 '제민(濟民)'과 함께 '경세제민'으로 사용하는데, 이는 '세상을 잘 경영하여 백성을 구제한다.'는 뜻이다.[7] 유학에서는 경세가가 천하를 다스리기 위해서는 먼저 자기 자신을 다스려야 한다고 가르쳤다. 그리고 자기 수양은 반드시 세상을 구제하는 일로 연계하여 나아가야 진정한 유자(儒者)라고 할 수 있다. 경세가는 경세의 술수를 배우기보다는 자기의 마음을 어질고 바른 마음으로 다스려야 한다고 했다. 경세란 자기의 어질고 바른 마음을 세상에 펼치는 일이라고 보았기 때문이다. 그래야 자기 자신을 위한 정치·경제가 아니라, 세상과 백성을 구제하는 경세를 다할 수 있기 때문이다.

그런 점에서 동춘당의 도의 사상은 그의 철학 이론과 밀접한 관계가 있을 뿐만 아니라 경세론으로 표출됨으로써 현실적 기반을 얻는다. 이 장에서는 동춘당 도의 사상의 내용과 특성을 살펴보고, 아울

---

6 『孟子』, 告子章句上. "生亦我所欲也, 義亦我所欲也, 二者不可得兼, 舍生而取義者也."
7 韋政通, 『中國哲學辭典』, 臺北 ; 大林出版社, 1978. 692쪽 참조.

러 도의 사상을 기반으로 세상을 구제하기 위한 그의 경세 사상이 어떤 것인지 살펴보기로 한다.

1. 도의 사상

1) 이기심성론(理氣心性論)적 기반

동춘당의 도의 사상에 대한 논의에 앞서 먼저 동춘당 철학의 기본 구조, 내용 및 성격을 간략하게 살펴보고 또한 그 특징이 어디에 있는가를 밝히고자 한다. 동춘당의 도의관과 철학 체계는 동전의 양면처럼 긴밀한 호응 관계를 이루고 있기 때문이다.

동춘당의 도의 사상은 그의 철학 이론을 떠나서는 논의할 수 없는 바, 이기심성론은 형이상과 형이하, 천리와 인욕, 공과 사를 엄격히 구분하고 경과 존천리를 강조하는 도의 사상으로 전개되었다. 동춘당이 경연의 자리에서 효종에게 "학문의 길은 다른 길이 없고 오직 공경하여 마음을 곧게 하고 의를 행하여 밖을 방정하게 하는 데 있을 뿐이니, 반드시 내외가 서로 기른 뒤에야 비로소 학문이라 할 수 있습니다."[8]라고 말한 데서도 이 점은 분명하게 드러난다.

동춘당의 이기심성론은 대체로 율곡이나 사계의 입장에서 크게 벗어나지 않는다. 그가 홍주세(洪柱世, 1612-1661)가 보내온 「이기문답(理氣問答)」에 대하여 답한 편지글에서 "율곡의 논설은 백세를 기다려도 의심이 없다."[9]라고 한 말이나, 경연에서 현종에게 "'심중(心中)이 성실하면 겉으로 나타난다.', '열 눈이 보는 바이다.' 등의 말은 선과 악을 함

---

8 『경연일기』, 무술 1월 15일. "學問之道無他, 惟在敬直義方, 必也內外交相養, 然後 方可謂學問矣."
9 『文集』, 권12, 書, 「答洪叔鎭」. "蒙示理氣問答, 尤不勝望洋之歎…然嘗聞栗谷之 論, 百世以俟而不惑."

께 가리킨 것인 듯합니다만, 신의 스승 김장생은 항상 선악을 겸하여 말하는 것은 도저히 이해할 수 없다고 하였습니다."[10]라고 한 말은 이 점에서 많은 참고가 된다. 동춘당은 율곡·사계와 마찬가지로 리와 기의 개념을 기본 도구로 삼아 세계와 인간을 해명하면서, 그 둘의 관계를 불가분적인 것으로 보았다. 즉 리와 기는 개념적으로 형이상과 형이하로 구분되나 사실 면에서는 서로 떨어질 수 없는 관계라는 것이다. 그가 리·기 관계를 가리켜 "이기가 서로 합하여 사람이 되는데 이것이 바로 묘합이응(妙合而凝)이다."[11]라고 하거나, "묘합은 리기가 본래 혼융무간함을 말한다."[12]라고 한 것은 이를 이해하는 데 중요한 단초를 제공해 준다. 그는 이러한 관점에서 이기는 선후도 없고 이합도 없는 불가분적이고 동시적으로만 성립한다고 보았고, 다음과 같이 리·기의 관계를 논했다.

> "성(性)은 곧 리다."라는 것은 바로 정자(程子)의 말을 주자가 취한 것입니다. 리와 기는 원래 서로 떨어질 수 없는 것으로 형(形)은 기이고 성(性)은 리이니, 소위 '유물유칙(有物有則)'이 바로 이것입니다. 리는 비유하자면 사람과 같고, 기는 비유한다면 말(馬)과 같습니다. 리가 기를 타고 운행하는 것이 마치 사람이 말을 타고 가는 것과 같습니다.[13]

그런데 동춘당에게는 리와 기의 묘합을 인정하면서도, 한편으로는 리에 더 근원적인 의의와 가치를 부여한 특성을 엿볼 수 있다. 이 세

---

10 『경연일기』, 기유 1월 6일. "誠於中形於外, 十目所視等語, 似兼指善惡, 而臣師金長生, 則常以兼善惡而言爲不可曉."
11 『연보』, 63세조. "理氣相合而爲人, 乃所謂妙合而凝也."
12 『愚伏集』, 卷13, 「答宋敬甫問目」. "按妙合云者, 理氣本混融無間也."
13 『경연일기』, 기해 11월 24일. "性卽理者, 乃程子語而朱子取之, 蓋理與氣, 元不相離, 形者氣也, 性者理也, 所謂有物有則是也, 理譬則人也, 氣譬則馬也, 理之乘氣而運, 猶人之乘馬而行矣."

상의 모든 존재가 이기의 합에 의해 이루어진다고 보는 점에 있어서
는 하나이지만 이기는 각기 고유한 특성이 있어서 이 둘은 서로 구별
된다. 동춘당이 위의 인용문에서 리를 사람에 비유하고 기를 말에 비
유한 것은 그 단적인 예이다. 이러한 생각에서 그는『주역』「계사전
상편」 7장의 한 대목을 원용하여 '기(器)는 바로 기(氣)요, 도는 바로
리'라고 하면서 형이상의 이치로서의 도는 형이하의 기와는 본질적
으로 다르다고 했다.[14] 이는 그가 논리적 의미에서 이선(理先)을 긍정
하고 이를 토대로 모든 존재의 궁극적인 근원인 리가 형이하적 존재
인 기 활동의 바탕이며 기준임을 분명하게 보여주고 있음을 시사한
다. 그래서 그는 경연에서 "만물의 화생(化生)은 기가 주관하지만 기
는 리가 부리는 것이 아닌가?"라는 효종의 질문에 "성상의 말씀이 지
당하십니다."[15]라고 대답했던 것이다.

  그렇다고 동춘당의 이기론(理氣論)이 율곡의 입장을 완전히 벗어나
고 있는 것은 아니다. 그가 리·기 관계를 불상잡(不相雜)보다는 불상
리(不相離)의 측면에서 파악하고 표현한 것은 리기의 묘합의 원칙을
견지하는 율곡의 관점에 부합하고 있기 때문이다. 그가 리·기의 관
계를 '묘합이응'[16]이니 '이여기원불상리(理與氣元不相離)'[17] 등으로 규
정한 것에서 이 점은 단적으로 나타난다. 그가 자신의 빙부인 우복에
게 "생지위성(生之謂性)을 말한 곳의 허다한 성자(性字) 중에 어떤 것은
본연의 성 같기도 하고, 어떤 것은 기질의 성 같기도 하니, 마땅히 '본
연지성'과 '기질지성'을 겸한 것으로 보아야 하는 것은 아닌지요?"[18]

---

14 『경연일기』, 기축 11월 20일. "易大全曰, 形而上者謂之道, 形而河者謂之器, 器卽
   氣也, 道卽理也. ……道固形而上之理也, 非雜以形而下之氣也." 참조.
15 『경연일기』, 기해 11월 24일. "上曰, 萬物化生, 主於氣, 而氣非理之所使耶, 浚吉
   曰, 聖敎當矣."
16 『別集』, 권3, 書師友講論,「上愚伏鄭先生」.
17 『경연일기』, 기해 11월 24일.
18 『別集』, 권3, 書師友講論,「上愚伏鄭先生」. "生之謂性, 許多性字, 或似本然, 或似

라고 문의한 것도 이러한 맥락에서 이해해야 한다. 이 점에서 동춘당과 율곡의 이기론은 별 차이를 보이지 않는다.

그렇다고 하더라도 동춘당은 율곡의 설을 절대화하여 추종하였던 것 같지는 않다. 그가 위에서 살펴본 바처럼 리를 근본적인 것, 일차적인 것으로 인정함으로써 리를 대단히 중시하는 입장을 취했기 때문이다. 이 같은 사실은 그의 융화적인 학문 태도와 무관하다 할 수 없다.[19] 그는 평생토록 이귀기천설(理貴氣賤說)을 주장한 퇴계를 존숭하고 사모했는데, 리 중시의 태도는 퇴계 존숭과 관련된다고 여겨진다. '동춘당은 본조의 선현인 문순공(文純公) 이황을 종신토록 스승으로 생각하였다.'고 한 『현종개수실록』의 동춘당 졸거기사(卒去記事)[20]와, 그리고 '동춘당은 우리나라 선현 중에 퇴계 이 선생을 가장 존숭하였다.'[21]고 한 우암의 말에서 이를 확인할 수 있다.

속단하기는 곤란하나 이러한 그의 관점은 그의 심성론에도 그대로 적용되어 나타났다. 다음의 두 예는 이 문제를 특히 선명하게 보여준다.

> 사계절의 공이 다르다고는 하나 봄의 이치가 그 사이에 언제든 행해지고 있는데 이는 인성(人性)의 인(仁)이 의(義)·예(禮)·지(智)를 겸하고 있는 것과 같습니다.[22]

> 인(人)과 물(物)이 생함에는 각각 부여한 바의 리를 얻어 성품으로 삼으

氣質, 當兼看否."
19 여기서 융화적인 학문 태도란 자신이 신봉하는 철학이나 이념만을 정통적인 가치 내지 유일 절대적인 진리로 생각하지 않고 열린 마음으로 상대방의 철학 내지 이념까지도 인정하고 받아들이는 자세를 의미한다.
20 『국역 현종개수실록』, 현종 13년 12월 5일.
21 『別集』, 권9, 附錄 遺事三十六條. "公於東方先賢, 最尊退溪李先生."
22 『국역 동춘당집 5』, 민족문화추진회, 2006, 249쪽.

니 인(仁)과 예(禮)는 양(陽)에 속하고 의(義)와 지(智)는 음(陰)에 속하는
데 양의 덕은 강건하고 음의 덕은 유순합니다. 건순오상(健順五常)은
사람만이 얻은 것인데 인물(人物)을 묶어서 한가지로 말한 것은 모든
동물이 사단 중의 하나를 가지고 있기 때문입니다. 이를테면 호랑이와
표범 부자 사이의 인(仁)과 벌과 개미의 군신 사이의 의(義)와 물수리와
비둘기 부부 사이의 분별이 모두 리가 아닌 것이 없습니다.[23]

동춘당은 성학(聖學)이 곧 '심학(心學)'이라고 하고, '심'을 핵심 논거
로 하여 자신의 심성론을 구축하였다. 그는 심을 합리기의 구조를 가
진, 허령지각하고 중리를 갖추어 만사에 대응하는 존재로 파악하고,[24]
심·성·정을 총괄하여 일체적인 것으로 해석했고,[25] 그것을 통하여
도심의 내용 구조를 밝히려고 했다. 그리고 그는 '심통이기설(心統理氣
說)'로서 이를 명료하게 정식화했다. 그에 의하면 심통이기설이란 심
을 합리기의 구조로 파악하는 것이 그 요지이다.[26] 그런데 심·리·기
를 나누지 않고 합하여 보는 논법은 리와 기를 단지 심의 두 가지 양
태로 이해·표현하는 것을 뜻한다. 이 경우 리·기는 체와 용이라고
하는 경계를 이루면서 허령지각한 심 속에 포괄된다. 이는 동춘당의
심성론이 주자나 율곡과 의견을 함께하고 있음을 의미한다. 그 핵심
내용을 다음의 예에서 볼 수 있다.

심은 허령지각한 것으로서 리와 기를 합하여 이름한 것입니다. 혈기에

---

23 『경연일기』, 기해 11월 24일. "人物之生, 各得其所賦之理以爲性, 仁禮屬於陽, 義
智屬於陰, 而陽德健, 陰德順, 健順五常, 人之所得, 而總言人物者, 凡物皆有一端,
如虎豹之父子, 蜂蟻之君臣, 雎鳩之夫婦, 無非是理."
24 『경연일기』, 무신 10월 26일. "虛靈知覺, 皆心體, 其曰具衆理而應萬事." 참조.
25 『경연일기』, 무신 12월 16일. "曰程子言心是兼已發未發, 橫渠言心統性情, 朱子言
心者情之主, 心爲已發則心但統情而非統性也." 참조.
26 『경연일기』, 정유 10월 19일. "心者, 虛靈知覺, 合理氣而名者也." 참조.

서 나온 것을 일컬어 인심이라 하고 의리에서 나온 것을 일컬어 도심
이라 합니다.[27]

허령지각이 다 심의 체입니다. 그리고 이른바 심은 중리를 갖추어 만
사에 대응한다고 했는데, 이때의 구중리(具衆理)는 체를 가리키고 응
만사(應萬事)는 용을 가리키는 것입니다.[28]

따라서 동춘당은 이를 바탕으로 '본심(本心)'을 지키고 다스리는 공
부'를 강조했다. 그러면 '본심을 지키고 다스리는 공부'란 무엇인가?
그것은 아마도 '경' 한마디로 답할 수 있을 듯하다.

경은 도덕성의 내적 기준이며 참다운 삶의 길을 구하는 직접적이
고 최종적인 목표로서, 사람이 마땅히 이루어내야 할 절대적 윤리 규
범이자 정치적 이상이라고 여겨진다. 동춘당에 의하면 그것은 '한 나
라의 존망을 결정짓는 근본 요인이며,'[29] 성학(聖學) 공부의 요체가 된
다.[30] 여기에서 그가 말한 '경'이란 물론 개인의 심성 수양만을 뜻하
지 않는다. 그것은 개인의 심성 수양을 통한 치국·평천하라고 하는
넓은 의미까지도 내함한다. 그가 효종에게 자치(自治)·정가(正家)와 함
께 효와 경을 더욱 돈독히 해야 한다고 요청하고,[31] '주경 공부가 『소
학』에서 빠진 것을 보완할 수 있다.'[32]고 한 정자의 말을 원용한 참뜻

---

27 『경연일기』, 정유 10월 19일. "心者, 虛靈知覺, 合理氣而名者也, 出於血氣之謂人
心, 發於義理之謂道心."
28 『경연일기』, 무신 10월 26일. "虛靈知覺, 皆心體, 其曰具衆理應萬事, 具衆理體也,
應萬事用也."
29 『경연일기』, 신축 4월 7일. "觀其怠敬, 國以存亡者, 乃古之言也."
30 『경연일기』, 정유 8월 19일. "從古聖學未有不以敬爲本, 戒愼恐懼卽所以持敬之方
也." 참조.
31 『文集』, 卷3, 疏箚, 「榻前面奏官禁事箚」. "嚴於自治而謹於正家, 益致誠愛, 益篤
孝敬."
32 『경연일기』, 정유 10월 13일. "程子教人每說敬字, 又謂主敬工夫, 可以補小學之
闕." 참조.

이 여기서 드러난다.

이처럼 경이란 개념은 동춘당의 수양론 내지 도의 사상에서 가장 중요한 규준이요 가치의 근거라고 할 수 있다. 그래서 그는 "논하건 대 성인(聖人)의 학문은 경으로써 안을 곧게 하는 데 있고, 의로써 밖을 바르게 하는 일은 현인의 학문을 말하는 것입니다. '경이직내'를 비유한다면 거울과도 같고, '의이방외'를 비유한다면 (거울의) 비침과도 같습니다. 따라서 경은 체가 되고 의는 용이 되는 것입니다."[33]라고 했다. 이때의 경이란 형이상과 형이하에 다 통하는 개념으로서[34] 사람들이 마땅히 지켜야 하고 따라야 하고 밝혀야 할 것으로 된다. 동춘당이 '마음 다스리는 법'을 논하면서 효종에게 "경이 마음속의 주인이 되고 의가 밖을 바르게 하여서 경과 의가 서로 도와 천덕에 도달하는 것입니다."[35]라고 말한 것도 이와 무관하지 않다. 이러한 입장을 취할 때 '경'과 '의'를 강조하고, 한 나라의 존망·안위와 밀접한 관련을 가지는 천리와 인욕을 엄격하게 변별하는 일은 오히려 자연스러운 일일 것이다.[36]

당연한 귀결로서 그는 천리를 중시했고 강조했다. 단적인 예로 그는 '천리가 만물의 체가 되어 빠뜨린 물건이 하나도 없듯이 인도(仁道)도 만사의 체가 되어 있지 않은 곳이 없다.'[37]고 하면서, "일상 사이에 마음이 움직일 때 어느 것이 천리이고 어느 것이 인욕인지를 항상 더욱 자세히 살펴서 과시 천리이거든 반드시 존양해야 하는 것이요,

---

33 『경연일기』, 무신 10월 18일. "論聖人之學, 敬以直內, 義以方外, 論賢人之學, 敬以直內譬則鏡也, 義以方外譬則照也, 敬爲體而義爲用也."
34 李滉, 『聖學十圖』, 이광호 옮김, 홍익출한사, 2001, 65쪽 참조.
35 『경연일기』, 정유 11월 13일. "敬主於內義方於外, 敬與義相爲來持以達于天德."
36 『文集』, 卷1, 疏箚, 「陳情辭識兼陣所懷疏」. "遏人欲所以捍邊境, 存天理所以安社稷" 참조.
37 『경연일기』, 무신 11월 16일. "天理爲物之體而無所遺, 猶仁道爲事之體而無所不在也."

인욕이라고 하면 반드시 극복해 제거해야 하는 것이다."[38]라고 했다. 그리하여 그는 '천리와 인욕이 행(行)은 같으나 그 뜻은 다르게 나타난다.'[39]면서 경을 통해 인욕의 사사로움의 구속에서 벗어나 천리를 회복하고 도심을 밝힐 것을 주장했다. 이에 따라 그는 경을 군주가 천리·도심을 회복하는 수양의 요체로서, '내수외양'에 의해 달성되는 심성 수양의 궁극적 경지를 가리키는 것으로 이해했다. 즉 그는 경을 개인적 덕성의 함양과 심성의 수양뿐만 아니라 '인정(仁政)을 행하고 인심을 수습하는'[40] 근본 문제로 보았던 것이다. 그가 효종에게 "천하만사의 근본이 다만 인주(人主)의 마음 하나에 달려 있습니다. 그러니 마음 다스리는 공부를 어찌 소홀히 할 수 있겠습니까?"[41]라고 말한 것도 이러한 인식의 소산이다. 따라서 '경이직내 의이방외'는 도덕 주체를 확립하고 또 그것이 바탕이 되어 공도를 넓히고 의리를 현실적으로 구현하는 일이었다. 동춘당은 그런 의도와 관련하여 효종에게 다음과 같이 말했다.

백성의 고통을 긍휼히 여김을 날로 새롭게 함이 옳은 일이며, 분노와 사욕을 억제하여 천선 개악하는 일을 날로 새롭게 함이 옳은 일이며, (본성의) 회복을 도모하여 분발하고 힘쓰는 일을 날로 새롭게 함이 옳은 일이며, 공과 사를 잘 살피고 옳고 그름을 명확히 밝히는 일을 날로 새롭게 함이 옳은 일입니다.[42]

38 같은 책, 같은 곳. "日用之間, 常加省察, 此心之發孰爲天理孰爲人欲, 果天理也, 必存養之, 果人欲也, 必克去也."
39 『경연일기』, 정유 10월 26일. "天理人欲同行異情."
40 같은 책, 정유 8월 24일. "及是時先行仁政收拾人心."
41 『경연일기』, 무술 1월 15일. "天下萬事之本, 只在人主一心, 治心之功, 其可忽哉."
42 『文集』, 권2, 疏箚, 「陽復日陳戒疏」. "恤民隱日新可乎, 懲窒遷改日新可乎, 舊礪圖恢日新可乎, 察公私明是非日新可乎."

조정이 편안하지 않은 것이 과연 누구 때문입니까. 시비·선악을 분별하지 않고 한갓 안면과 사사로운 정만을 가지고 주견 없이 좋아하기만 하여 음양이 서로 다투어 국시(國是)가 정해지지 않게 한 것이 실로 오늘의 고질적인 폐습입니다. 이것이야말로 조정을 편안하지 않게 하는 가장 큰 원인입니다. 그런데 지금 도리어 시비·선악을 분별하여 조정을 맑게 하고 염치를 면려하는 논의를 조정을 편안치 못하게 하는 것이라 하고, 또 시비가 공정하지 못한 것은 생각지도 않고 도리어 불화가 날로 생기는 것만을 걱정하니 이 또한 이상하다고 하겠습니다.[43]

위의 인용문에서 인간을 천명 자각의 주체로 이해하고 경을 통해 '내수외양'의 꿈을 실현하려고 했던 동춘당 도의 사상의 이론 근거가 유감없이 드러난다.

이렇게 해서 확립된 주경적 사유 체계는 동춘당이 주자학적 도학의 정통을 자임하면서 남다른 도덕적 지향과 현실성에 투철한 삶을 살게 했고,[44] 당파를 초월하여 대의(大義)를 추구하는 이른바 초당취의적(超黨就義的) 태도와 정신으로 나타났다. 따라서 우리는 효종이 동춘당은 "마음을 잡아 지킴이 지극히 공변되어 사사로이 한쪽으로 편벽되는 법이 없다."[45]라고 한 말이나, 「춘궁치제문(春宮致祭文)」의 한 대목 "실천이 독실했으며 수양이 안에 가득 쌓여 덕스런 모습이 밖으로 꽃처럼 드러났고, 행동은 법도를 따르고 언동은 바르고 단아했다."[46]고 한

---

43 『文集』, 권8, 疏箚, 「就職後再避啓」. "朝著之不靖, 誰所致也, 不別是非不分叔慝, 徒以顔情私昵, 嬉好媕阿, 使陰陽相爭, 國是靡定, 實爲今日之痼習, 乃是不靖之大者, 而今反以別是非分叔慝淸朝著勵耻之論, 謂之不靖, 且不念是非之不公, 而反慮釁隙之日生其亦異矣."

44 이 점에 관련하여 동춘당의 문묘 종사를 청한 儒生들의 상소의 한 대목을 눈여겨볼 만하다. "송준길의 효도하고 우애하는 행실은 神明에 통할 만하였고, 평생 학업을 닦음에 있어 의리와 욕심의 구분, 善과 惡의 분별에 더욱 뜻을 기울였습니다." 『국역 숙종실록』, 숙종 44년 2월 26일.

45 『연보』, 52세조. "上曰贊善(同春堂)則秉心至公無偏係之私."

말을 긍정하지 않을 수 없다. 이러한 의식의 밑바탕에는 물론 '존천리 알인욕'과 '내수외양'을 철학과 교육의 궁극 목표로 여기는 기본 전제 가 깔려 있다. 동춘당의 이와 같은 논리는 결국 천에 존재 근원을 둔 인간이 인간으로서 마땅히 걸어가야 할 도리와 명법으로, 즉 인의가 인간사회에서 반드시 구현되어야 한다는 가치 지향의 정신과 순수 논 리 이전의 '실천이성'의 요청에서 정향된 시도로 보아 마땅할 것이다. 이처럼 경과 의리를 무엇보다 중시하는 관점은 다음에 살펴볼 그의 도의 사상을 통하여 극명하게 표출되고 전개되었다.

2) '존천리(存天理)'의 강조

동춘당 철학의 특성은 기보다는 리를 더 중시하는 관점에서 허령 지각한 심의 주재 기능을 강조하고 그것을 인간의 본래성이자 당위 의 도덕률인 '경'을 통해 현실적으로 구현하려고 노력한 데에서 찾을 수 있다. 그런 점에서 동춘당의 철학을 '주경의 철학'이라 명명해도 좋을 것이다. 그리고 그것은 그의 도의 사상에도 그대로 반영되어 나 타났다. 그가 효종에게 "공경으로 안을 올바르게 하고, 의리로 밖을 절도있게 한다[敬以直內 義以方外]는 여덟 글자가 어떻게 한 순간이라 도 눈앞을 떠나서 조금이나마 소홀해질 수 있겠습니까."[47]라고 한 말 을 통해서도 그 점을 확인할 수 있다.

동춘당의 도의 사상을 검토할 때 가장 두드러지게 눈에 띄는 것은 주경 철학의 궁극적 목적인 '존천리'에 대한 강조이다. 그가 정자의 말을 빌려 "천리를 보존하는 일은 사직을 편안하게 하는 소이가 된 다."[48]라고 한 말이나, 경을 인욕의 사사로움을 극복하여 천리의 공

---

46 『別集』, 권9, 附錄, 「春宮致祭文」. "踐履篤實, 存養內多, 英華外發, 行遵矩度, 言 動雅正."
47 『국역 효종실록』, 효종 9년 1월 3일.

정함과 일체가 되는 것으로 보는 태도는[49] 이러한 정황을 무엇보다 극명하게 보여주는 예이다. 바로 여기에서 동춘당의 주경 철학 사상과 도의 사상 사이의 긴밀한 내적 연관이 발견된다.

이런 면에서 우리는 동춘당의 '경'이 한 인간이 그의 인간 존재됨에 있어서 거부할 수 없는 존재 원리이며, 실현되지 않으면 안 되는 행위의 준거 또는 당위법칙으로서의 주체적 진리라고 이해할 수 있다. 그가 소대에서 "경하면 곧 마음이 하나로 됩니다. 마음이 하나가 된 즉 성(誠)하게 됩니다. 성이라는 말은 실체일 뿐입니다. 진실한 마음을 가지고 진실한 일을 행하여서 한 터럭의 사의(私意)라도 그 사이에 섞여들 여지가 없으면 그것이 곧 주일(主一)이고 무적(無適)입니다."[50]라고 한 말은 이 점을 보다 분명하게 설명해준다. 그가 경과 의를 성학 공부의 요체로 주목한 것이나, 인심과 도심을 엄격하게 구별하면서 "임금의 마음이 한 점 티 없이 환히 비치는 명경지수처럼 바르게 되면 사정(邪正)이 그 자리에서 판가름 날 것이니, 저 소인들이 어떻게 농간을 부리겠습니까."[51]라고 말한 것도 이러한 인식의 소산일 것이다. 이 경우 경은 물론 『주역』「곤괘·문언전」의 '경이직내 의이방외'라는 의미와 상통하는 개념이며 수기·치인의 근본 원리가 되는 경이다. 그런 점에서 동춘당이 이해한 경은 '세계·존재의 이법 및 인륜 이법의 성립을 가능하게 하는 인간 주체의 근거'[52]라고 볼 수 있다. 그래서 동춘당은 효종에게 "공부가 경에서 벗어나지 않습니다. 일신을 주재하는 것은 마음이고 마음을 주재하는 것은 경이기 때문입니다."[53]라고

---

48 『文集』, 권1, 疏箚, 「陳情辭職兼陣所懷疏」. "謂人欲所以捍邊境, 存天理所以安社稷."

49 『경연일기』, 정유 10월 14일. "天理之公有以勝夫人欲之私." 참조.

50 『경연일기』, 정유 10월 25일. "敬則心便一, 一卽誠, 誠之言實而已矣, 以實心行實事, 無一毫私意, 參錯於其間, 便是主一, 便是無適."

51 『국역 현종개수실록』, 현종 1년 3월 19일.

52 高橋進, 『李退溪와 敬의 哲學』, 安炳周·李基東 譯, 신구문화사, 1986, 248쪽 참조.

말했고, 또 '내외를 합하고 동정을 겸하여 시종과 상하를 관통하는 것'[54]이라고 경을 규정했던 것이다.

위에 보듯이 동춘당은 '한 마음의 주인'인 경을 근거로 인간의 도덕적 주체성 확립과 인간 사회의 질서에 기여하는 참된 도덕 가치를 추구하고자 했다. 그가 효종에게 "이욕(理欲)의 분계를 밝히고 인민의 향배를 알아내고 일신의 공사를 분변하고 신하들의 사정(邪正)을 살피는 일에 한결같은 마음으로 게을리하지 마시어 오래도록 지키고 해이함이 없게 하십시오."[55]라고 말한 것도 이 때문이다. 동춘당이 이러한 논리를 편 것은 경의 윤리적 효용을 사회적으로 구현하려는 데 있었다. 그가 개인의 도덕 완성을 그 자체의 궁극적 귀결로 보지 않고 '경의 구체적 표현인 예(禮)'[56]의 완성과 실천을 일생의 과제로 삼아 진력했던 것도 이와 무관하지 않다. 경의 윤리적 효용을 그가 강조한 이유는 '사적 존재 역시 본질적으로는 공공적(公共的)인 것'[57]이라는 것을 분명히 하기 위한 것이었다. 이와 같은 관점은 그가 진선(進善)을 사직하면서 효종에게 올린 상소의 한 대목에 잘 표현되어 있다.

옛날의 성왕들 중에는 왕실의 금기를 엄숙히 하고 가법(家法)을 정돈하여 바르게 하는 것을 급선무로 삼지 않는 이가 없었고, 『주역』「풍화가인괘(風火家人卦)」전(傳)에는 '윤리를 바로잡고 은의를 돈독히 하라〔正倫理 篤恩義〕'고 하였으니, 이른바 '은의를 돈독히 한다.'는 것이 어찌 풍화가인괘의 근본이 아니겠습니까. 성인이 반드시 윤리를 바로

---

53 『경연일기』, 정유 10월 19일. "用功不外於敬, 蓋主一身者心, 而主一心者敬也."

54 『경연일기』, 정유 10월 13일. "蓋敬者, 合內外兼動靜貫始終通上下."

55 『文集』, 권7, 疏箚, 「辭職兼陳所懷疏」, "明理欲之大分, 識人民之向背, 辨一己之公私, 察群臣之邪正, 一意毋怠持久不懈."

56 儒家의 四德을 대표하는 仁義는 예(禮)를 통하여 현실적으로 구현되고 그 예는 또 敬을 통해 인간의 참된 존재 방식이 된다.

57 和辻哲朗, 『윤리학』, 최성묵 역, 이문출판사, 1993, 132쪽.

잡는 것을 앞세운 것은 진실로 고금을 통하여 윤리가 바르지 못하고
서 은의가 돈독한 경우가 없기 때문입니다. 사대부 사이에서도 오히려
이러한데 하물며 제왕가(帝王家)에서는 어떻겠습니까.[58]

　위의 인용문에서 무엇보다 주목할 것은 '정윤리 독은의'라는 구절
이다. 『주역』 37번째 괘인 「풍화가인괘」 단전(象傳)에서는 이 구절을
'집안을 바르게 하면 천하가 안정된다〔正家而定天下矣〕'라고 표현했다.
이를 정자는 "부자·형제·부부가 각각 그 도리를 얻으면 가도가 바
르게 된다. 한 집안의 도를 미루어 넓히면 천하에 미칠 수 있다. 그러
므로 집안이 바르게 되면 천하가 안정된다."[59]라고 풀이했다. 그런
점에서 '정윤리 독은의'는 예 질서의 확립에 의해서만 세상은 바로잡
히고 또 안정된다는 의미이며, 스스로의 도덕적 자성에 근거할 때만
이 그것은 가능한 현실이 된다는 뜻이기도 하다. 이렇게 보면 '윤리
를 바르게 하는〔正倫理〕' 일, 즉 경의 윤리적 효용인 예 질서의 확립은
수기·치인의 궁극 목표이자 치국·평천하를 구현하는 가장 중요한
덕목 중의 하나로 이해할 수 있다.
　동춘당이 객관적 타당성이나 도덕적 합당성보다 먼저 개인의 내적
자기완성과 엄격한 명분의 실천을 중시하고 그것을 바탕으로 하여
예의와 염치가 있는 사회, 기강이 바로서는 나라를 만드는 데 중추적
역할을 담당했던 것도 이와 깊은 관련이 있다. 그가 효종에게 군역의
문제점을 지적하면서 "기강은 본래 형체가 없는 것입니다. 기강을 진
작시키는 방법은 호연지기(浩然之氣)를 기르는 것과 같아서 하루아침

---

58 『文集』, 권6, 疏箚, 「應求言別諭仍乞解職疏」. "古之聖帝明王, 莫不以嚴肅宮禁整
　齊家法爲先務, 在易家人之傳曰, 正倫理篤恩義, 夫所謂篤恩義者, 豈非家人之本
　實, 而聖人必以正倫理先之者, 誠以古往今來, 未有倫理不正而恩義能篤者, 雖於
　搢紳士夫, 猶尚如此, 況在帝王家乎."
59 『周易傳義』, 家人卦, 象傳 程子註. "父子兄弟夫婦, 各得其道則家道正矣, 推一家
　之道, 可以及天下, 故家正則天下定矣."

에 얻어지는 것이 아닙니다. 인군(人君)이 명령을 발표하고 오늘 착한 일 하나를 행하고 내일 착한 일 하나를 행하여 일마다 모두 천리에 합치하게 된다면 어찌 기강이 서지 않고 군정(軍政)이 닦이지 않을 염려가 있겠습니까."[60]라고 말한 것이나, 현종에게 예(禮)의 중요성을 논하면서 "국운이 공고히 유지된 것은 모두 조종의 가법이 바른 데서 연유한 것입니다. 이 한 가지 일을 보더라도 성대한 덕의 모임이 이루 다 말할 수 없이 많으니, 성왕께서 법을 지키심이 바른 것과 왕후께서 예를 지키심이 근엄하고 투기(妬忌)하지 않으신 사실을 모두 알 수 있습니다."[61]라고 한 말에서도 이 점을 확인할 수 있다.

이는 경을 일심의 주재요, 만사의 근원으로 보아 사회적 실천에 앞서 개인의 내면적 성찰과 완성을 더 중시하는 동춘당 생각의 당연한 표현이라 하겠다. 동춘당에 의하면 경이란 성학의 본질이며, 천명 자각의 주체인 인간이 자신의 도덕 주체성을 확립하는 내적 원리이자 하늘로부터 받은 바 본래성을 회복하여 그것을 현실적으로 구현하는 실천 원리이다. 그는 경을 『주역』「건괘 문언전」 2효의 '한사존성(閑邪存誠 ; 간사함을 막고 성을 보존한다)'과 연계시켜 설명하면서 "한사는 욕심을 막는 것이고, 존성은 경을 지켜 마음을 수양하는 뜻입니다. …… 반드시 사욕을 극복해 마음을 다스리고 마음을 보존해 본성을 기르는 두 가지 일에 그 공력을 다한 뒤에야 도심을 길러 인심이 스스로 편안해질 수 있습니다."[62]라고 말한 것도 그 하나의 예가

---

60 「경연일기」, 정유 9월 5일. "紀綱本無形體, 振擧之道, 有若養浩然之氣, 非一朝一夕襲而取之, 人君發號施令, 今日行一善事, 明日行一善事, 事事皆合天理, 則何患乎紀綱之不立, 何憂乎軍政之不修."
61 같은 책, 무신 11월 16일. "國祚之所以維持鞏固者, 皆由於祖宗家法之正也, 觀此一事, 而盛德之集, 有不可勝言者, 先王守法之正, 王后持禮之謹, 與夫不妬忌之事, 皆可以見."
62 같은 책, 정유 10월 14일. "閑邪, 卽窒慾, 存誠, 持敬養心之義也…必須克治存養, 交盡其功然後, 可以養其道心而人心自安矣."

될 것이다.

이렇게 이해할 때 경은 다만 '도심이 항상 일신의 주인이 되게 한다'[63]는 의미이고, 천리의 본연한 질서가 왜곡되지 않고 스스로 자기 모습을 드러내게 한다는 의미이고,[64] 더 나아가 치국의 요체가 되는 인륜의 근본 원리를 밝히는 일[65]이라는 뜻이 된다. 다음의 예에서도 이러한 생각이 잘 표현되고 있다.

대체로 하늘이 낸 뭇 백성에게는 물(物)이 있으면 반드시 칙(則)이 있습니다. 크게는 아버지와 아들, 임금과 신하, 작게는 미세한 사물에까지 천칙(天則)이 있지 않음이 없습니다. 그런데 혹 마음속에 천칙이 밝지 않다면 밖에 시행하는 일들이 어찌 이치에 맞을 수가 있겠습니까.[66]

배고프면 밥을 먹고 싶고 추우면 옷을 입고 싶어 하는 것은 인심이지만, 이치에 맞고 절도에 맞으면 천리가 되고, 이치에 어긋나고 절도가 없으면 인욕이 됩니다. 만약 일체의 욕구를 단절하고자 한다면 이는 선도(禪道)입니다. 우리 유학은 인심을 가지고 있지만 그것이 능히 이치와 절도에 맞춰야 하기 때문에 어려운 것입니다. 생각하지 않고도 알고 힘쓰지 않고도 맞는다면 이는 성인(聖人)입니다.[67]

위 두 예에서도 볼 수 있듯이, 동춘당은 인간 존재의 심성 속에 내재한 천칙을 밝히고, 인심을 천리로 바꾸는 노력이 다름 아닌 경이라

---

63 같은 책, 같은 곳. "天理之公有以勝夫人欲之私, 而能使道心常爲一身之主." 참조.
64 「경연일기」, 정유 10월 13일. "以喩能主敬, 則自能造道也." 참조.
65 같은 책, 기유 1월 4일. "爲國之道, 莫先於明人倫." 참조.
66 같은 책, 기유 5월 15일. "蓋天生烝民, 有物必有則, 大而父子君臣, 小而微事細物, 莫不有天則, 苟或天則不明於內, 則施於外者, 安得以中理乎."
67 같은 책, 을사 6월 8일. "飢欲食寒欲衣, 是人心也, 中理中節, 卽爲天理, 無理無節, 卽爲人欲, 若欲一切斷絶, 是禪道也, 吾儒則有人心而能中理中節, 所以爲難, 若夫不思而得不勉而中, 則聖人也."

고 생각했다. 즉 경이란 인심을 이치와 절도에 맞도록 하여 도심이 되게 하는 일이며, 보다 구체적으로는 천리나 천칙을 인간 사회의 질서화에 꼭 필요한 도덕 가치로 환원시키는 방법이라는 것이다.

그래서 그는 현종에게 나라를 다스리는 가장 좋은 방책은 "오직 '정일집중(精一執中)'과 '지성적심(至誠赤心)'으로 마음을 가지며, 털끝만치도 치우쳐 얽매이지 않는"[68] 마음을 유지하는 데 있다고 권면했다. 여기에서 비로소 경으로 내외를 일관했고, 그것에 입각한 예 질서의 확립과 성취를 일생의 과제로 삼았던 동춘당 사상의 참뜻이 분명하게 드러난다. 그는 현종에게 군왕의 덕을 논하면서 "대개 기강이 서는 것은 위험과 강맹(強猛)에 있지 않고, 다만 극기하여 사사로움이 없어서 사람들로 하여금 비방하여 논할 일이 없게 만드는 데 있을 뿐입니다."[69]라고 했으며, 효종에게는 "일이 있을 때나 일이 없을 때나 나의 경이 잠시의 중단도 없은 뒤에야 불식(不息)의 효과를 볼 수 있습니다."[70]라고 했는데, 이러한 말에서 동춘당이 얼마나 경을 절실하게 여겼는지를 알 수 있다. 그가 기보다 리를 중시하는 사고에 입각하여, 경과 의를 강조하고, 천리와 인욕을 엄격하게 변별하고, 인심을 천리로 환원시켜 그것을 인간세에 구현하려 했던 것도 이에 근거한 것이 아닌가 한다. 바로 여기에서 동춘당 도의 사상의 특징이 유감없이 드러난다.

이처럼 동춘당은 경으로 내·외를 일관하고 이를 통해 대의를 천하에 밝히고 천리를 유감없이 드러내는 세상을 꿈꾸었으며, 그 속에서 앎보다 실행이 더 소중한 것임을 몸소 실천하는 삶을 살고자 했다. 『연보』에 "동춘당은 일생 예학(禮學)에 침잠하여 몸으로 행함과

---

68 『국역 현종개수실록』, 현종 즉위년 6월 5일.
69 『文集』, 권4, 「疏箚」, 「辭憲職兼論君德疏」. "夫紀綱之立, 不在於威强嚴猛, 而只在於克己無私, 使人無所非議而已."
70 「경연일기」, 기해 2월 18일. "有事無事, 吾之敬無少間斷, 然後可見不息之功."

인군을 섬기는 것이 하나도 예(禮)에서 벗어나지 않았다."[71]는 대목과
『사헌직겸진소회소(辭憲職兼陳所懷疏)』의 "평생 기약한 것이라고는 분
수를 지키고 타고난 미흡한 덕을 길러서 옛 가르침을 조화(造化)하려
고 했을 뿐입니다. 진실로 털끝만한 여념이라도 다른 곳에 미칠 겨를
이 없었습니다."[72]는 상소의 한 대목은 이 점을 가장 단적으로 표현
해주고 있다.

동춘당은 그러한 마음가짐을 바탕으로 매사에 겸손하고 도덕적으
로 완전한 인간이 되고자 간단없이 노력했으며 '내외를 합하고 동정
을 겸하고 시종을 일관하고 상하를 꿰뚫는 경'[73] 중심의 철학과 그것
이 체가 되는 도의 사상을 확립하고자 하였던 것이다. 이와 같은 동
춘당의 도의 사상은 다음에 살펴볼 그의 현실 인식과 도덕 이상을 통
하여 극명하게 표출되고 전개되었다.

3) '경(敬)'을 통한 도심(道心)의 회복

앞 장에서 살펴본 것처럼 동춘당 도의 사상의 특성은 '경'의 강조
와 '경'을 통해 인심을 천리로 환원시켜 그것을 현실적으로 구현하려
고 노력한 데에서 찾을 수 있다. 경은 인륜의 근본 원리로 '자신을 닦
고서 남을 다스리는 학(學)'의 중추를 이루는 개념이다.[74] 그것은 인간
이 자신의 실존 자각에 기초한 주체성을 확립하는 내적 원리이자, 인
간이 천명으로 받은 바 '본연지성'을 회복하여 남김없이 인간세에 실
현해야 하는 당위 원리이기 때문이다. 따라서 경은 수기·치인의 양
면을 다 포함하면서도 정치·사회적인 의미가 특히 강하다. 이런 의

71 「연보」, 54세조. "宋某一生沈潛禮學, 行己事君, 無一不出於禮."
72 『文集』, 권4, 疏箚, 「辭憲職兼陳所懷疏」. "平生所期, 不過守分養拙, 以還造化舊
物而已, 實無毫髮餘念, 暇及於它不知."
73 『경연일기』, 정유 10월 13일. "敬者, 合內外, 兼動靜, 貫始終通上下."
74 高橋進, 앞의 책, p. 242 참조.

미에서 동춘당 철학을 '주경의 철학'이라 명명할 수 있으며, 그의 도의사상 역시 '주경의 도의 사상'이라고 부를 수 있을 것이다.

동춘당은 경 사상을 바탕으로 현실 문제를 인식하고 대응하여, 화이(華夷) 의식에 기초한 북벌대의 정신이나 '내수외양'에 바탕을 둔 애민(愛民) 정신을 발휘했다. 그가 현종에게 '뜻을 세우고 학문에 힘을 써서 대본을 세울 것, 미리 준비하고 계획을 철저히 세워 유사시를 대비할 것, 황정(荒政)에 정성을 다하여 굶주린 백성들을 살릴 것, 장주(章奏)를 체류시키지 말고 사람들의 마음을 위로할 것, 차비문(差備門) 밖에서 역사하는 모든 공인(工人)들을 해산시킬 것, 하찮은 오락을 즐겨 대계(大計)를 잊지 말 것, 궁중의 사치스런 풍습을 개혁하여 검소한 덕을 밝힐 것'[75] 등을 건의한 것은 경 사상의 현실 인식과 대응 태도를 명료하게 보여준다.

그런 점에서 동춘당의 도의 사상은 임·병 양란으로 인해 해체 위기를 맞고 있던 조선왕조 사회를 수습하고 재건할 방도라고 할 수 있다. 그래서 그는 현종에게 "당연히 쇠운(衰運)을 다시 일으켜 난리를 평정하고 나라를 잘 다스려 안정시키고 구명(舊命)을 유신하여 귀신과 사람의 여망에 부응하실 것으로 생각했습니다. 그런데 지금 8년이 되도록 천심이 아직 기뻐하지 않아 재이가 거듭되고, 군민(軍民)이 함께 원망하여 국사가 날로 잘못되어가서 밖으로는 오랑캐의 업신여김을 당하고 안으로는 우환이 끝이 없으니, 이렇게 가다가는 장차 나라가 어떤 지경에 이르겠습니까."[76]라고 심정을 토로했던 것이다

---

75 「경연일기」, 신축 7월 17일. "因請上立志懋學以建大本, 綱紀繆敔吊以備陰雨, 竭誠荒政以活餓民, 毋滯章奏以慰群心, 罷絶諸工人役於差備門外者, 毋玩細娛荒大圖, 革宮中奢侈之習以昭儉德."

76 『文集』, 권5, 疏箚, 「辭左參贊兼陳進修振作之義疏」. "謂宜興衰撥難, 嘉靖邦國以維新旧命, 慰答神人之望, 而祇今八年之間, 天心未豫, 災異荐榛, 軍民交怨, 國事日非, 外侮內憂 靡有紀極, 率是以往, 其將稅駕於何地."

이러한 관점에서 동춘당의 도의 사상을 검토할 때, 가장 두드러지는 점은 주경 철학의 궁극적 목적으로 '존천리'를 강조했다는 점이다. 동춘당의 문인 조정만(趙正萬, 1656-1739)은 영조에게 나라를 다스리는 데에 무엇보다 중요한 것이 사욕의 방지라고 하면서 "신이 일찍이 송준길에게 수학하였는데, 송준길이 '알욕존리(遏慾存理)'라는 네 글자를 써서 신에게 주었습니다."[77]라고 한 말은 이러한 점을 잘 나타내고 있다.

그러면 주경적 사유 구조 안에서 현실의 진정한 모습은 어떤 것인가? 동춘당은 그것을 '천리를 보존하고 대본을 확립하여'[78] '군신상하가 스스로 닦고 힘써서'[79] '위로는 천심에 부합하고 아래로는 민심에 순응하는'[80] 세계로 집약했다. 천심이 기뻐하지 않아 재이가 거듭되고, 국사가 날로 잘못되어 내우외환이 끊이지 않는 상황에서 동춘당은 대의에 합치하고 근본과 원칙을 존중하는 현실을 참된 현실로 인정했던 것이다. 그가 대사헌을 사직하면서 현종에게 올린 상소의 한 대목을 보면 이 점이 보다 분명해진다.

거듭 바라건대 전하께서는 기체(氣體)를 보양하고 사려를 맑고 신중하게 하시며 궁중을 엄숙히 하여 사사로움이 통하는 길을 막으시고 궁중(宮中)과 부중(府中)이 일체가 되도록 힘쓰시고 (인사에 있어서는) 출척(黜陟)과 진퇴를 한결같이 공론에 맡기십시오 그리하여 오직 정일집중과 지성적심으로 뜻을 삼아 편벽되이 억양하거나 술수를 가지고 상대를 부리려는 생각이 조금도 그 사이에 끼어들지 않게 하시며, 순전히 옛 성왕들이 마음을 쓰고 일을 처리했던 것으로 표준을 삼아 우

---

77 『국역 영조실록』, 영조 10년 4월 20일.
78 『文集』, 권1, 疏箚, 「陳情辭職兼陳所懷疏」. "天理旣存, 大本旣立."
79 「연보」, 63세조. "君臣上下汲汲遑遑自修自强."
80 「경연일기」, 정유 10월 19일. "上合天心, 下順民情."

리 대행 대왕께서 자손의 안정을 위해 노력하신 지극한 뜻을 계승하
신다면 국가와 신민을 위해서 매우 다행이겠습니다.[81]

이처럼 동춘당이 궁극적으로 강조한 것은 '정일집중과 지성적심으
로 뜻을 삼고' '옛 성왕들이 마음을 쓰고 일을 처리했던 것으로 표준
을 삼아' 공적인 대의를 확립하는 일이었고, 또 그것을 올바르게 철
저히 지키는 세계였다. 그 이상 세계는 개개인이 경으로 '황하수보다
심하게 멋대로 흐르고 뒤집히는 인욕'[82]을 극거하여 현실 세계에서
천리를 이상 가치로 구현하고, 도심을 일신의 주인으로 삼아 하늘·
땅·사람 이 셋이 원만하고 조화로운 관계를 유지하는 세계라고 할
수 있다. 사람들이 덕업을 닦아 의리를 마음속에 충족하게 하고 유명
(幽明)에 표상이 되어 사람이나 귀신들이 각자의 위치에서 편안하게
있도록 하는 세계이다.[83] 이처럼 동춘당은 참된 현실이란 공사, 정사,
시비를 확실하게 판명하고, 표준과 원칙이 자기 자리를 찾는 원리 실
현의 세계라고 생각했다.

또한 동춘당은 인간이 자신의 존재 근원인 천도를 본받아 살아간다
면 '분노를 징계하고 사욕을 막아 개과천선하는 것이 날로 새로워지
며, 분발하여 원대함을 도모하는 것이 날로 새로워지며, 공사를 살피
고 시비를 밝히는 것이 날로 새로워지게 된다.'[84]고 했다. 이처럼 예
(禮) 질서 확립과 춘추대의 수립을 주된 목적으로 한 동춘당의 주경적

---

81 『文集』, 권3, 疏箚, 「辭大司憲兼陳所懷疏」. "更望殿下保養氣體, 淸愼思慮, 嚴肅
宮闈, 遏絶私逕, 宮中府中, 務爲一體, 黜陟進退, 一付公議, 唯以精一執中至誠赤
心爲意, 絶毋以一毫偏係抑揚任數御物之念, 參錯於其間, 粹然以古聖王用心處事
爲準, 以承我大行大王貽燕之至意, 國家幸甚, 臣民幸甚."
82 「경연일기」, 정유 10월 13일. "人慾之橫流掀倒甚於河水, 而惟敬可以勝之."
83 『국역 현종개수실록』, 현종 7년 9월 24일.
84 『文集』, 권2, 疏箚, 「陽復日陳戒疏」. "體天道不息之健 …… 懲窒遷改日新可乎,
奮礪図恢日新可乎, 察公私明是非日新可乎."

사고는 당대의 제반 현실 모순과 부조리를 비판하는 칼날이었고,[85] '생명의 본질이며 생명 가치의 구체적 표현'[86]인 도덕을 바로 세우기를 희구하는 충정의 논리이다. 그것은 또한 '반드시 사욕을 극복해 마음을 다스리고, 마음을 보존해 성품을 길러'[87] 천리의 순선함을 회복하고 그것을 윤리·도덕적으로 구현하여 『대학』에서 말하는 이른바 인간의 최고 이상 경지인 '지어지선(止於至善)'의 세계를 구축하고자 하는 노력이었다. 그런 점에서도 '경이직내, 의이방외'라든가 '존천리 알인욕'이란 말은 동춘당 도의 사상이나 현실 대응 이해의 핵심적 관건이 된다.

이와 같이 동춘당이 도덕과 정치의 연속적 논리에 기초하여 현실을 인식하고 도덕적 수양을 통한 공적 질서를 이루어내고자 한 시도는 사실상 유자들의 세계에서는 낯선 것이 아니며, 그것은 멀리는 공맹, 주자에까지 소급된다. 그러나 그것이 주자학의 기본 이념에 근거하고 있다고 하더라도 이에 대한 이해 내지 실천은 시대와 처지에 따라 같지 않다. 동춘당의 도의 사상에 대하여 '주경적 사유 체계 안에서의 이해'를 시도하고자 하는 것도 그 이유 때문이다.

이러한 의미를 고려할 때 동춘당의 주경적 도의 사상은 새로운 면이 있다고 말하지 않을 수 없다. 그가 「양복일진계소(陽復日陳戒疏)」에서 "천도에는 음(陰)이 소멸하고 양(陽)이 회복되는 이치가 있고, 시운

---

85 이 점과 관련하여 최완기 교수의 다음 말은 시사하는 바가 매우 크다. "17세기를 전후하여 기층 사회에서 지배층과 농민층의 갈등이 날이 갈수록 두드러지게 나타났다. 훈척 세력의 비리를 비판하며 나타난 사람들의 집권하에서도 농촌의 피폐화는 갈수록 심하였다. 붕당정치에서의 정치적 쟁점은 왕위 계승 문제, 양반 관료의 인사 문제, 성리학적 명분 문제 등 지배층에 관계된 것이었고, 백성들의 생활 문제와는 거의 무관하였다." 최완기, 『역사의 갈림길에서 고뇌하는 조선사람들』, 이화여자대학교출판부, 2004, 52쪽.

86 方東美, 『中國人의 生哲學』, 정인재 역, 탐구당, 1983, 129쪽.

87 「경연일기」, 정유 10월 14일. "必須克治存養, 交盡其功然後, 可以養其道心而人心自安矣." 참조.

에는 난이 극에 이르면 치를 생각하는 운수가 있으며, 인사에는 선으로 돌아와 스스로를 새롭게 하는 뜻이 있다."[88]라고 말한 것도 이런 내용을 전하고자 한 것은 아니었을까 여겨진다.

앞에서 누차 언급했던 것처럼 동춘당은 '경이 일신을 주재하는 마음의 주인이 되고 의가 외부의 사악함이라는 적을 막고 또 경·의로 천덕을 구현하는'[89] '본원 실현'을 추구했고, 이를 통해 의와 불의, 정과 사, 공과 사, 중화와 이적을 명변하고 사설을 물리쳐 위기에 직면한 도통을 수호하고자 했다. 그가 "인심과 도심은 공과 사, 의와 리의 구분으로 판명하는데 이 두 가지 사이에는 터럭 하나 용납할 틈이 없다. 반드시 흑백을 변별하듯이 지극히 정밀하게 살펴야 한다."[90]라고 말한 것만 보아도 이 점은 분명하다. 동춘당의 이와 같은 관점은 민족의 자주정신 확립과 국권 회복의 노력으로 이어져 복수설치(復讐雪恥)·북벌대의(北伐大義)를 위한 '내수외양'의 논리와 도학 정신의 구현으로 표출되었다. 그것은 그가 예 질서의 확립과 중화를 존중하고 이적을 물리치는 길이 천리·도심의 완전한 회복이며, 청군(淸軍)의 무력에 의해 짓밟히고 상처받은 민족적 자존심을 회복하고 춘추대의를 수립하는 유일한 길이라고 믿었던 것이다. 그러하기 때문에 그는 효종에게 "반드시 예의로써 검속하고 쓸데없이 영웅호걸로 자처하지 말며, 일상의 모든 행위를 반드시 천리에 부합하기를 구하시어 황극을 세우고 장구한 계책을 품으시기 바랍니다."[91]라고 말하였던 것이다. 이러한 논리를 바탕으로 하여 그는 도의 세계의 새로운 가능성과

---

88 『文集』, 권2, 疏箚, 「陽復日陳戒疏」. "蓋在天道則有陰消陽復之理, 在時運則有亂極思治之數, 在人事則有反善自新之義."
89 「경연일기」, 정유 11월 13일. "敬主於內義方於外, 敬與義相爲夾持以達于天德."
90 같은 책, 정유 10월 14일. "人心道心, 判於公私義利之分, 二者之間, 不容毫髮, 必須察之極其精, 如白黑之辨別也."
91 『文集』, 권2, 疏箚, 「辭賜米乞解職兼申榻前陳戒之意疏」. "必以禮制檢束, 毋徒以英豪自居, 日用凡百, 必求合乎天則以建皇極, 以存長慮."

관계적 존재로서의 인간 존엄성의 확보가 경을 통한 천리의 주체적 자각과 그 구현에 있다고 믿었다. 다음의 예문은 이 문제가 동춘당에게 얼마나 중요한 문제인지를 선명하게 보여준다.

> 정자가 말하기를 "『춘추』에 운석(隕石)과 백이(伯夷)의 사당에 벼락이 떨어진 일을〔震夷伯之廟〕 기록하면서 '돌이 떨어졌다〔石隕〕'고 하지 않고 '돌을 떨어지게 하였다〔隕石〕'라고 하고 진자(震字)를 반드시 백이의 사당이란 글자 위에다 쓴 것은, 그것을 인사의 잘못으로 돌린 것이다."라고 했습니다. 대체로 재변이 생기는 것은 인사로 말미암지만 이미 생긴 뒤에 그 재변을 그치게 하는 도리 또한 인사에 달려 있습니다. '만일 인사를 닦으면 재변은 재앙이 되지 않는다.'고 했는데 이 역시 정자의 말입니다. 그러므로 신의 어리석은 생각으로는 성상께서는 고요한 곳에 몸을 묻으시고서 마음을 차분하게 갖고서 하늘의 상제를 대하듯이 조심하고 두려워해야 한다고 봅니다.[92]

위의 인용문에서 보듯이 인간은 사회적이고 역사적인 삶을 살아가는 일상적 존재이면서 또한 천리와 인욕, 도심과 인심 사이에서 책임 있는 선택을 해야 하는 도덕 주체이다. 인간을 이처럼 능동적인 도덕적 주체자로 보기에 동춘당은 인간의 '반선자신(反善自新 ; 선을 돌이켜 스스로 새롭게 함)' 하는 삶을 매우 중요한 덕목으로 파악했다. 그가 '존천리 알인욕'을 강조하는 이유가 바로 여기에 있다.

그러므로 그는 인간이 자신의 '본연지성'을 회복하고 확충해 나간다면 누구나 다 요순과 같은 성인이 될 수 있다[93]고 믿었고, 인간 본성의 도덕 창생력을 적극 인정했다. 여기에서 이른바 인간의 정치적

---

92 『국역 효종실록』, 효종 8년 9월 5일.
93 『文集』, 권5, 疏箚, 「辭憲職兼陳所懷疏」. "常以堯舜至治, 望於殿下, 聖賢道統, 期於殿下." 참조.

·사회적 행위를 설명하는 중요한 준거의 틀로 천리로서의 예(禮)를 문제 삼고, 정치·사회 질서를 확립함에 인간의 내면 도덕성과 그 수양을 강조했던 것이다.

이러한 태도는 동춘당의 현실 대응에 있어서 내실의 중요성을 강조하는 '수정사(修政事) 양이적(攘夷狄)' 즉 '내수외양'의 논리로 간명하게 집약되었다. 그 내용은 다음의 예에서 선명하게 드러난다.

> 지금 국사가 진작되지 않아 민생은 나날이 피폐해지고 있습니다. …… 외적을 물리치고자 한다면 먼저 안을 잘 닦아야 하고, 국방을 튼튼히 하고자 한다면 먼저 양민에 힘을 써야 합니다. 안이 잘 닦여지지 않으면 외적을 물리칠 수가 없고, 백성이 양육되지 않으면 국방을 튼튼히 할 수가 없습니다. 매사에 그 요령을 얻어서 시종일관 게을리하지 않으면 어찌 성공하지 않음이 있겠습니까.[94]

> 옛사람들은 안민(安民)과 치병(治兵)을 일제히 병행하고 그 어느 한 쪽도 폐하지 않았습니다. 그러나 본과 말은 있었습니다. 안민하지 않고서 능히 군사를 다스린 자는 없었습니다. 가령 병기가 잘 수선되었다 하더라도 민심이 원망하고 떠난다면 누구와 더불어 적을 방어하겠습니까.[95]

이 점은 유가의 위민 의식과 상통하는 바가 있다. 정통 유가는 백성을 국가나 치자보다 더욱 중요한 존재로 보았고,[96] 정치가의 최대

---

94 「경연일기」, 무술 2월 20일. "今國事未有振作, 民生日就凋弊, …… 欲外攘必先內修, 欲治兵必先養民, 內不修則不能外攘, 民不養則不能治兵, 每事得其要領, 終始不懈, 則寧有不成."

95 같은 책, 정유 9월 5일. "古人以安民治兵, 齊頭幷行, 未嘗廢一, 然猶有本末, 不安民而治其兵者, 未之有也, 借使兵能修繕, 而民心怨畔, 則誰與禦敵乎."

96 『孟子』, 「盡心章句 下」, "民爲貴, 社稷次之, 君爲輕." 참조.

임무는 민생의 안정이라고 보았다. 그래서 동춘당은 민원 해소, 민심 회복을 급선무로 하지 않는 양병은 나라를 망치는 큰 재앙이 될 수 있다고 경고했다.

이러한 위기의식에서 그가 추구한 현실 극복의 계책은 경제 논리가 아니라 '천명에 순응하고 백성을 편안하게 할 수 있는'[97] 계책으로 '존천리 알인욕'을 추구하는 윤리·도덕적 해결책이었다. '존천리'는 내수이고 '알인욕'은 외양의 문제가 된다. 따라서 '존천리'는 변화하는 현실 속에서 정과 사, 중화와 이적, 왕도와 패도를 변별하고 사와 이적 및 패도를 비판하는 전범이자 질서를 부여하는 가치 원리이다. 이렇게 볼 때 동춘당이 '존천리'를 강조한 것은 '도통이 실전(失傳)'하여 의와 이가 상충하고, 정과 사가 뒤섞여 나라가 끝내 멸망할지도 모르는 심각한 상황 속에서,[98] 어지러운 세태와 국가의 기강을 바로잡고, 이를 통해 민생 안정과 공도 확립에 기여하는 애군 우국의 간절한 충정의 소산이라 할 수 있다. 다음의 예문도 같은 의미로 이해될 수 있다.

> 삼가 바라건대 성명(聖明)께서는 먼저 이 마음부터 세우시고, 분발해 일을 도모하시어 옛 병통을 제거하시어 새로운 공부에 더욱 힘을 쓰십시오. 그리하여 천수(天數)에 돌리지도 마시고 시세에 핑계하시지도 마시면서 의연히 나라의 근본을 공고히 하고 세도(世道)를 만회할 것을 스스로 기약하십시오. …… 마음을 맑게 하고 몸을 정양(靜養)하는 일에 조금도 게을리 하지 마시며, 작은 즐거움에 빠져 원대한 계획을 잊지도 마시며, 형식적인 규제에 얽매여 진실한 공부를 폐하지도 마시며 부지런히 천리에 순응하시어 날로 진보하고 달로 새로워지면 대본

---

97 『文集』, 권6, 疏箚, 「應求言別論仍乞解職疏」. "應天安民之策."
98 『文集』, 권6, 疏箚, 「遺箚疏」. "邪正益淆, 朝著愈亂終至於滅亡而後已也." 참조.

이 이미 확립되고 온갖 일이 다 거행되어서 민심이 스스로 기뻐하고 천의(天意) 또한 기뻐할 것입니다.[99]

동춘당은 이처럼 '외양'보다 '내수'를 통한 천리의 구현과 그 중요성을 말하고 있다. 그는 민심을 얻고 천리에 순응하는 길은 '내수'보다 좋은 방법이 없다고 생각했다. 그래서 그는 효종에게 도통(道統)의 책임자가 될 것을 지속적으로 권면했고, 현종에게는 『심경(心經)』의 구두(句讀)를 교정하여 바쳤다.[100] 그는 우암과 더불어 북벌계획에 참여하고, 기해예송(己亥禮訟)에 참여하여 국제(國制)인 기년설(期年說)의 합당성을 주장했는데, 여기에서 이러한 일의 의미가 분명하게 밝혀진다. 금곡(錦谷) 송래희(宋來熙, 1791-1867)가 펴낸 『동춘당 가장』의 "존주양이를 강하는 것으로써 자기의 소임을 삼고, 편파적인 것을 막고 간사함을 물리쳐 대의를 밝혔다. 강상이 이로 말미암아 무너지지 않았으니, 하늘로부터 타고난 한 시대의 대현이었음이 어찌 우연이겠는가."[101]라는 대목은 이 모두를 간명하게 집약했다고 보여진다.

동춘당은 당대를 '세상의 도의는 날로 떨어지고 공정한 논의는 날로 미약해져서'[102] '천재지변과 인요물괴가 연거푸 나타나고'[103] 도의의 존립이 유례 없이 위협받는 상황이라고 보았다.[104] 이로써 동춘당의 도의 사상은 독특한 양상으로 전개되었다. 천리가 날로 소멸되

---

99 『文集』, 권6, 疏箚, 「應求言別諭仍乞解職疏」. "願聖明先立此心, 奮發有爲, 革去旧病, 勉加新功, 勿歸之方天數, 勿諉之於時勢, 毅然以鞏固邦本, 挽回世道自期 …… 淸心靜養, 無少解弛, 勿以細娛而忘遠大之圖, 勿以虛文而廢眞實之功, 勉勉循循, 日躋月新, 則大本旣立, 百務修擧, 民心自悅, 天意亦豫."

100 「연보」, 60세조 참조.

101 송내희 편저, 『국역 동춘당 가장』, 선비박물관, 2006, 327-328쪽.

102 『文集』, 권6, 疏箚, 「請收回諸諫臣行遣之命疏」. "世道日下, 公議日微."

103 『경연일기』 무신 9월 3일. "天災地變, 人妖物怪, 疊見層出."

104 17세기 시대상황과 世道에 관한 문제는 金文俊, 「尤庵 宋時烈의 哲學思想에 관한 硏究」, 성균관대학교 대학원 박사학위논문, 1996, 48-64쪽 참조.

어 인욕이 천리를 해치고 '한갓 사(私)만 있는 줄 알고 공(公)이 있는 줄을 알지 못해서 시비를 전도시킴이 극심한 시대'[105]에 처하여 이를 바로잡고 극복할 수 있는 유일한 지표가 주경 철학을 통한 '존천리 알인욕'의 구현이라고 그는 생각했다. 그래서 그는 현종에게 '경을 지키는 공부가 정(靜)할 때는 쉽지만 동(動)할 때는 매우 어렵다'고 하면서 '일이 있을 때나 일이 없을 때나 나의 경을 잠시라도 중단함이 없어야 불식(不息)의 효과를 볼 수 있습니다.'[106]라고 말했다.

동춘당의 이와 같은 주경적 도의 사상은 숭고한 도덕적 이상과 인간다운 삶에 대한 간절한 소망이며, 윤리·도덕적으로 올바른 사회를 만들어 공과 사, 의와 리, 대와 소, 경과 중을 엄격하게 분별하여 옳음을 선양하고 그름을 배척하는 세상을 만들고자 노력했던[107] 엄정한 자기 확인이라고 해야 할 것이다. 그가 효종에게 "『예기』「공자한거(孔子閑居)」에 '하늘은 사사로이 덮어줌이 없고 땅은 사사로이 실어줌이 없으며, 해와 달은 사사로이 비춰줌이 없으니, 옛날의 왕자(王者)는 이 삼무사(三無私)를 봉행하여 만민을 위로하였다.'고 하였고, 선유(先儒)는 '극기(克己) 공부는 먼저 극복하기 어려운 것부터 극복해 가는 것이다.'고 하였으니, 아, 이것이 무엇이 그리 어려운 일이기에 성상께서 사(私)를 극복해 제거하지 않으시고 스스로 사가 있는 곳으로 돌아가려 하십니까."[108]라고 말한 것도 이러한 인식의 소산일 것이다.

여기에서 비로소 경으로 안(內)과 밖(外)을 일관하고, 그 성취를 일생

---

105 『文集』, 권8, 啓辭, 「就職後再避啓」. "徒知有私而不知有公, 是非之顚倒如此."
106 「경연일기」, 기해 2월 18일. "然持敬之功, 靜時則易, 動時則難 …… 有事無事, 吾之敬無少間斷, 然後可見不息之功."
107 『文集』, 권4, 疏箚, 「辭憲職仍陳所懷疏」. "誠願殿下深察, 公私義利之辨, 大小輕重之分." 참조.
108 『文集』, 권8, 啓辭, 「內司奴婢請勿復戶許充編伍斜付啓」. "記曰, 天無私覆, 地無私載, 日月無私照, 王者奉三無私, 以勞萬民先儒之言曰, 克己工夫, 先將難克處克將去噫, 此豈難事而聖明不能克去, 自歸於有私之地也."

의 과제와 목표로 삼았던 동춘당의 도의 사상에 담긴 참뜻이 분명하게 드러난다. 그가 현종에게 "성상께 별로 잘못이 없는 데도 근일에 각종 재변이 이루 다 기록할 수 없을 정도로 많이 일어났습니다. 하늘과 사람, 드러난 세계와 드러나지 않은 세계는 그 간격이 터럭 하나 실 하나만큼도 안 된다고 합니다. 비록 어떤 재변이 어떤 일로 인해 생긴 것인지는 모르겠으나, 조금이라도 하늘의 뜻에 맞지 않으면 곧 바로 재변을 불러오는 이치가 있다고 합니다. 그러나 오늘 한 가지 어려운 일을 행하시고 내일 한 가지 선정을 행하시어 일마다 천심에 부합한다면 어찌 재앙이 변해 길상이 되는 이치가 없겠습니까."[109]라고 한 말에서 이 문제가 동춘당에게 얼마나 심각하고 중요한 것이었는가를 알 수 있다. 그가 기보다 리를 더 중시하며, 경과 의를 강조하고, 천리와 인욕을 엄격하게 나누면서 천리를 애써 높이려 했던 것도 이에 기인한 것이 아닌가 한다. 바로 여기에서 동춘당이 현종에게 올린 다음과 같은 상소 한 대목의 참뜻이 명료하게 밝혀진다.

혈기가 안정되지 못하면 더욱 여색에 대한 경계를 생각하시고, 사의(私意)가 제거되지 못하면 더욱 지극히 공평한 도리를 생각하시고, 편안하고 싶은 마음이 혹시라도 생기면 맹독보다 두렵다는 것을 더욱 생각하시고, 사치하고 싶은 마음이 혹시라도 싹트면 호화로운 집을 귀신이 내려다본다는 근심을 더욱 생각하소서. 그리하여 항상 모든 일에 능하지 못하며 미치지 못한다고 여김으로써 아직도 잘하지 못한다는 자세를 지닌다면, 학업은 저절로 더욱 밝아지고 뜻과 기운은 저절로 더욱 굳게 될 것입니다.[110]

109 「경연일기」, 경술 4월 9일. "自上別無失德, 而近日種種災變不可勝記, 天人幽顯, 不隔絲毫, 雖不知某災之緣其事, 而小不合天, 便有召災之理, 若能今日行一難事, 明日行一善政, 事事皆合天心, 則豈無回災致祥之理."
110 『국역 현종개수실록』, 현종 4년 1월 17일.

이처럼 동춘당 도의 사상은 '존천리'를 강조하고 경에 근거한 내수외양과 지행병진을 추구하는 삶을 통해 개인적으로는 의리 정신을 온전히 구현하고, 사회적으로는 '군신 상하가 다 함께 기뻐하는 대화해의 도덕 세계'를 건설하려고 노력한 데에서 그 특성을 찾을 수 있다. 그런 점에서 동춘당은 경으로 내·외를 일관했고 그것을 통해 자신의 도덕적 지향과 시대 의식을 잘 조화시켰다고 말할 수 있다. 그리고 그것은 주경에 바탕한 개인 덕성의 함양과 그 사회·정치적 구현의 목표 아래 예설(禮說)의 정립과 경연, 그리고 복수설치(復讐雪恥)를 위한 북벌대의 정신을 통해 확고하게 표출되었다. 그리고 그것은 또 천심(天心)에 순응하고 아래로는 민심을 따르는 치민(治民) 원칙으로 간명하게 집약되었다.

이렇게 볼 때, 동춘당의 도의 사상은 그가 몸담았던 시대와 역사에 주체적·능동적으로 참여하는 '도덕 자아의 최고 경계'[111]였으며, 또한 스스로의 삶에 대해 온몸으로 묻고 대답하는 자기 해명·자기 구원의 엄정한 종교 행위와도 같은 의미도 있는 것이라고 할 수 있다.

2. 경세론

1) 시대 인식과 주자학적 이상

어떤 철학자의 철학과 사상을 막론하고 그 사상 체계와 학문 세계는 시대 상황에의 대응이라는 외적 요인과 밀접한 관련을 갖는다. 동춘당의 경세 사상을 검토하는 데 그의 삶의 배경과 학문 연원을 이해하는 일을 선행해야 하는 이유이다.

동춘당의 경세 사상은 그의 학문 연원과 긴밀한 내적 연관성을 가

---

111 方東美, 앞의 책, 42쪽.

지고 있다. 이미 앞에서 언급한 것처럼 동춘당은 주자와 율곡을 정통으로 받들어 자신의 학문적 목표와 기준으로 삼고 이를 심화시켜 나갔다. 동춘당이 '예'와 '의리'를 준거의 틀로 삼아 현실 사회를 해석하고 '대의의 성취와 대의의 지킴'을 위해서 신명을 바쳤던 것도 또한 여기에 근거한다. 따라서 우암 송시열이 「동춘당묘지」에서 "대저 인애를 주로 삼고 예로써 다스렸으며…… 스스로 존주의 의리와 복수의 뜻을 자신의 평생의 임무로 삼았다."[112]라고 쓴 것은 이런 문맥에서 이해되어야 한다. 위에서도 언급한 것처럼 '예'는 동춘당에게 있어서 인간이 지니고 구현해야 할 최상위의 가치인 도를 실천하는 데 있어서 그 핵심이 되는 개념이다. 그것은 또한 공자·주자·율곡·사계에게서 받은 학문으로 동춘당의 삶과 경세사상의 출발점이자 귀착점이기도 하다.

이처럼 그가 주자학을 존숭하고 또 그것의 올바른 실천을 평생의 학문적 연구 과제로 삼은 것은 그 자신이 처했던 당대의 주류적 학풍과 역사 상황 안에서 형성되고 조건 지어진 것임을 부정할 수 없다. 여기에는 17세기의 주자학 일변도의 사상 풍토, 그리고 가문의 학풍과 사계 부자 및 장인인 우복 정경세로부터의 영향 등의 문제를 빼놓을 수가 없다. 이 중에서도 특히 주자 존숭에 대한 우복의 영향은 재언을 요하지 않는다. 우복은 동춘당에게 보낸 편지의 한 대목에 "모름지기 염락(濂洛)의 현인들의 여러 서책을 충분히 읽어야만 하네. 그 중에서도 『주자서절요(朱子書節要)』는 특히 책상 위에 항상 펼쳐두고 읽지 않으면 안 되네."[113]라고 권했다. 우복은 서애 유성룡의 고제로서 '퇴계를 사숙(私淑)하고 주자를 근본으로 하여 모든 일을 처리하고

---

112 『宋子大全』, 권182, 「同春堂(浚吉)墓誌」. "大抵仁愛爲主, 禮以治之……自以尊周之義, 復讐之志, 爲已任."
113 『愚伏集』, 권13, 書, 「與宋敬甫」. "須熟讀濂洛諸書, 朱子書節要, 尤不可不常留案上也."

흠모하며 준칙으로 삼은'[114] 주자 성리학자였다. 그는 '마음을 지킴에
는 성실하고 후덕하며 관대하고 인자함을 주로 하였으며, 학문의 진
보에는 깊이 생각하고 실천하는 것을 근본으로 삼았으며,'[115] 특히 경
세론에 있어서는 자강(自强) 사상의 바탕 위에 당면 정책으로 '절용(節
用)', '치병(治兵)', '안민(安民)'의 세 가지 급무(急務)[116]를 역설했다. 그
가 선조에게 올린 「옥당청자강차(玉堂請自强箚)」라는 소차에서 '일념으
로 자강하시는 것이 바로 건(乾)의 공(功)을 체인하는 것'이라고 하면
서 "이로써 군사를 훈련하면 군정이 닦여지고, 이로써 재정을 관리하
면 저축이 산처럼 광대해질 것이며, 이로써 적을 토벌할 수도 원수를
갚을 수도 있어서 다시금 나라를 회복(恢復)하는 사업을 어렵지 않게
이룰 수가 있을 것입니다."[117]라고 한 말은 이 점을 보다 분명하게
설명해준다. 이렇게 본다면 우복은 동춘당의 삶과 경세 사상에 큰 영
향을 끼쳤을 것으로 생각된다.

동춘당이 평생 동안 주자를 좇아 살고자 한 것은 그가 자신의 시
대를 북방 여진족인 금나라에 의해 참담하게 유린되고 칭신 속국(稱
臣屬國)을 서약했던 주자의 시대와 같은 것으로 파악하고 있었기 때
문일 것이다. 동춘당이 40세 되던 해에 인조에게 벼슬을 사양하여 올
린 상소에서 다음과 같이 말한 것은 그 단적인 예이다.

당세의 노숙(老宿)한 사유(師儒)들과 의지가 굳세고 방정하고 곧고 절
조 있는 사람들을 널리 구하여 그들로 하여금 조석으로 세손의 좌우

---

114 『文集』, 권19, 行狀, 「愚伏鄭先生行狀」. "私淑於退陶, 遡本於考亭, 想象欽慕, 以
　　爲準則."
115 같은 책, 같은 곳. "立心以忠厚寬仁爲主, 進學以靜思實踐爲本."
116 李佑成, 「愚伏集總敍」, 『愚伏鄭經世先生研究』, 우복선생기념사업회편, 태학사,
　　1996, 25쪽.
117 『愚伏集』, 권3, 疏箚, 「玉堂請自强箚」. "殿下一念自强, 便是體乾之功 …… 以之
　　治兵則軍政修, 以之理財則儲峙廣, 以之而賊可討讐可報, 重恢光復之業."

에 거처하면서 보양하기를 주부자가 송 효종에게 고해준 법칙과 같이
한다면, 오늘날의 인심이 저절로 진정될 뿐 아니라, 후일에 대경대법
(大經大法)을 세우는 데 있어서도 여기에서 밑바탕을 삼지 않을지 어
찌 알겠습니까.[118]

　동춘당이 '대청복수론(對淸復讐論)'과 '대명의리론(對明義理論)'을 내
걸고 북벌론과 존주론을 실천하려고 노력한 것도 바로 여기에 기인
한다.[119] 그래서 그는 경연의 자리에서 효종에게 "일찍이 주자의 설
을 반드시 행해야 하는 정론(定論)으로 여겼으니 만약 오늘에 행할 수
있다면 어찌 다행스러움을 이루 다 말할 수 있겠습니까?"[120]라고 말
하지 않을 수 없었다. 이처럼 학문과 삶의 정도를 얻고 구현하는 데
있어서 주자가 절대 표준이 된다는 동춘당의 주자관은 그가 당면하
고 있었던 17세기의 정치·사회·사상적 혼돈에 대한 위기의식에서
더욱 절실한 것으로 제창되었다. 동춘당은 당대가 모든 가치 질서가
붕괴되어 '오늘날 백성들이 시름에 잠기고 군사들이 원망하고 온갖
폐해가 극심하고, 나라가 청인의 통제를 받아 조석을 보전하지 못
할'[121] 상황이라고 표현했다.

　동춘당은 이를 극복할 수 있는 현실적 논리를 찾고자 하였고, 자신
이 추구하는 사상의 근원으로서 또는 그 정당화의 일환으로서 주자
학을 기반으로 삼았다. 이 경우 주자학이란 현실 모순이 극대화되는
시기에 처하여 사회 기강을 새롭게 확립하는 근본 원리이며, 신념 상

---

118 『국역 인조실록』, 인조 23년 5월 20일.
119 존주론과 북벌론에 관해서는 정옥자, 『조선후기 조선중화사상연구』, 일지사, 1998
　　참조.
120 「經筵日記」, 기해 5월 4일. "以爲嘗以朱子說爲必可行之定論, 倘得行之於今日,
　　豈勝幸甚."
121 『文集』, 권7, 疏箚, 「請還收承旨臺諫龍職之命箚」. "今民愁兵怨, 百弊俱劇, 國爲
　　淸人役如不保朝暮."

실의 시대를 헤쳐가면서 자기 정위를 확인하려는 행동의 지표가 된
다. 그래서 그는 이단을 비판하고 정학을 밝혀 의리를 구현하는 데는
주자를 존신함보다 앞설 것이 없다고 믿었다. 다시 말해서 그는 '백
성들의 곤궁함이 이미 극에 달하여 밖으로는 억압을 받고 안으로는
믿을 곳이 없어,'[122] '비유하면 큰 병을 앓고 있는 사람이 원기가 다
떨어져서 온갖 합병증이 함께 생겨나서 숨만 겨우 붙어 있는 것 같
은'[123] 현실에서 주자학 수호와 중흥에 절대적 사명을 부여함으로써
자신의 세계 내적 존재 의미를 새롭게 확인하였던 것이다.

이처럼 이단의 폐해로부터 정학인 주자학을 지키고, 예와 의리에
입각하여 명분을 바로잡고 상처받은 나라의 자존심을 회복하고자 했
던 동춘당의 경세론은 그대로 그의 현실 인식과 그 대응에 반영되고
이어짐으로써, 그의 경세 사상이 주자·율곡학의 단순한 연장선상에
만 있지는 않음을 확인하게 한다. 물론 이와 같은 특징과 가능성에도
불구하고 그가 여전히 주자학의 사유 체계 안에서 세계를 바라보고
인간을 이해하였다는 사실은 부정되지 않는다.

동춘당의 경세 사상은 그의 철학 이론과 긴밀한 내적 연관성을 가
지고 있다. 이기심성론은 형이상과 형이하, 천리와 인욕, 공과 사를
엄격히 구분하고 경과 존천리를 강조하는 도학적 경세 사상으로 전개
되었다. 그가 현종에게 "천리와 인욕의 큰 한계를 밝히시어 인심의 향
배를 알고 공과 사리를 가리고 뭇 신하의 사정(邪正)을 살피는 일을 한
결같은 뜻으로 오래 지속하여 게을리하지 않으신다면 상제와 귀신이
위엄과 노여움을 도로 거두어 뭇 백성이 다 함께 복을 받을 수 있을
것입니다."[124]라고 한 말을 상기할 때 이 점은 분명하다. 따라서 동춘

---

122 『文集』, 권1, 疏箚, 「應旨兼辭執義疏」. "民生之困悴, 已到十分地頭, 外有所厭, 內
　　無所恃."
123 같은 책, 같은 곳. "譬如大病之人, 眞元漸盡, 百症俱作, 膈上一息, 綿綿僅存."
124 『국역 현종개수실록』, 현종 12년 9월 17일.

당 철학의 구조적 특성이 무엇이고, 그 핵심적 지향이 어디에 있는가를 검토해보는 일은 이 연구의 진행에 매우 필요하다 하겠다.

동춘당의 이기설이나 심성설은 근본적으로 율곡의 설을 벗어나지 않는다. 그래서 그는 이 세계를 리와 기의 합으로 설명하며 리와 기의 묘합 관계를 특히 중요시하여 퇴계의 이기호발설(理氣互發說)을 비판하였다. 그렇지만 그는 리의 일차성·우위성을 어느 정도 인정함으로써 리를 기(氣)보다 중시하는 입장을 취하여 '만물의 화생은 기가 주관하지만 기는 리가 부린다.'¹²⁵고 했고, 리를 사람에 비유하고 기를 말(馬)에 비유하기도 했다.¹²⁶ 이러한 동춘당의 철학적 관점은 아마도 평생에 걸친 그의 퇴계 존숭과 무관하다 할 수 없을 것이다. "동춘당은 본조의 선현인 문순공 이황을 종신토록 스승으로 생각하였다."¹²⁷고 한 『현종개수실록』의 동춘당 졸거기사(卒去記事)와, "동춘당은 우리나라 선현 중에 퇴계 이선생을 가장 존숭하였다."¹²⁸라고 한 우암의 말은 여기에 많은 참고가 된다.

이와 같은 관점은 그의 심성론에도 그대로 표출되었다. 그는 경연에서 인재 등용의 방도를 묻는 인조에게 '먼저 본원을 수양하여 마음이 거울처럼 비고, 저울대처럼 공평하여 한 점 사욕의 얽매임도 없게 된다면 사람들의 사정(邪正)과 선악이 저절로 드러나서 취사의 기준이 마음속에 정해질 것'¹²⁹이라고 답변한 것이라든가, "사계절의 공이 다르다고는 하나 봄의 리가 그 사이에 언제든 행해지고 있는데 이는 인성(人性)의 인(仁)이 의(義)·예(禮)·지(智)를 겸하고 있는 것과 같습니

125 「경연일기」, 기해 11월 24일. "萬物化生, 主於氣, 而氣爲理之所使也."
126 註 27) 참조.
127 『국역 현종개수실록』, 현종 13년 12월 5일.
128 『別集』, 권9, 附錄, 「遺事」. "公於東方先賢, 最尊退溪李先生."
129 「경연일기」, 정유 8월 24일. "先修本源之地, 使此心鑑空衡平, 無一點私累, 則人之邪正姸媸, 自不可掩, 而取舍之極, 定於內矣."

다.”[130]라고 말한 것은 이에 기인한 것이 아닌가 한다. 동춘당은 사람의 몸을 주재하는 ‘심(心)’을 핵심 범주로 삼아 자신의 심성론을 전개하였다. 이 경우 ‘심’은 ‘사유 활동을 총괄하는 인간의 모든 심리 작용’을 통틀어 말한 것이다.[131] 그는 심을 온갖 선을 갖춘 것으로서 합리기의 구조를 가지고 있을 뿐만 아니라 허령지각하고 중리를 갖추어 만사에 대응하는 존재로 파악하고,[132] 그것을 통하여 인심과 도심의 내용 구조를 밝히려고 했다. 그에 의하면 인심은 혈기(血氣)에서 나온 것이고, 도심은 의리에서 나온 것이다. 그러나 그 둘은 실제로 하나에 지나지 않는다. 그는 소대(召對)에서 이를 다음과 같이 설명했다.

혈기에서 나온 것을 일컬어 인심이라 하고 의리에서 나온 것을 일컬어 도심이라 합니다. 양심은 바로 본심이며, 적자(赤子)는 순수하고 전일하여 거짓이 없어서 본심을 온전히 보전한 자이고, 대인은 적자의 마음을 잃지 않은 자입니다. 사람들이 마음에는 허다한 양상이 있는 것으로 오해할 우려가 있기 때문에 그 조목을 나열해 써서 중간의 허령지각의 마음에 모든 마음을 통일시킨 것입니다. 그러나 그 실제는 하나일 뿐이니 유정유일하면 그 공부를 극진히 할 수 있습니다.[133]

허령지각은 심의 본체를 가리켜 말한 것입니다. 미발(未發) 이전에는 리가 주관하고, 기발(旣發) 이후에는 기가 주관합니다. 일용지간에는 인심이 발동하는 때가 항상 많기 때문에 인심을 먼저 말하였지만 도심

130 『국역 효종실록』, 효종 9년 12월 19일.
131 陳來, 『주희의 철학』, 이종란 외, 예문서원, 2002, 239쪽.
132 「경연일기」, 정유 10월 19일. “心者虛靈知覺, 合理氣而名者也.” 참조.
133 「경연일기」, 정유 10월 19일. “出於血氣之謂人心, 發於義理之謂道心, 良心乃是本心, 而赤子則純一無偽, 全是本心者, 大人則又不失其赤子之心者也. 恐人錯認心有許多般樣, 故列書其目, 而統體於中間虛靈知覺之心, 其實一而已, 惟精惟一, 則可以盡其工矣.”

이 항상 한 몸의 주인이 되도록 하여야 하니 이곳의 공부가 가장 어렵습니다.[134]

이처럼 동춘당은 심을 허령지각의 본체로서 온갖 리를 갖추고 온갖 선을 구비한 것으로 이해했다. 그리하여 그는 이를 바탕으로 하여 '본성을 회복하고 지키는 공부'를 강조했다. 그래서 그는 효종에게 "성상께서는 오늘부터 게으름 없이 부지런히 하시고 혹시라도 중단하지 마시어 학문을 계속 밝혀 광명한 경지에 이르신다면, 마음에서 일어나는 생각과 정치에 베푸는 행위가 저절로 위로는 천심에 부합하고 아래로는 민심에 순응하게 될 것입니다."라고 말하지 않을 수 없었던 것이다.[135] 그러면 그가 말하는 '본성을 회복하고 지키는 공부'란 무엇인가? 그것은 바로 수양의 근본원리이자 실천 방법인 '경'이다. '경'은 동춘당이 생각한 바 인간다운 삶의 길을 추구하는 궁극적·직접적인 목표로서, 사람이 마땅히 성취해야 할 도덕적·정치적 이상이자 성학의 처음과 끝이기도 했다. 그가 도심을 기르는 방법을 묻는 효종에게 "마음을 지키는 것은 오직 경뿐입니다. 신령스러운 거북을 보배처럼 간직하고, 크고 아름다운 구슬을 조심해 받들듯이 하는 것이 바로 경입니다. 경으로 마음을 기르면, 잡아 지킴은 간략하지만 베풂은 넓으니 경의 공효가 크다고 할 수 있습니다."[136]라고 대답한 것에서도 이 점은 분명히 확인된다.

동춘당이 경은 한 나라의 존망을 결정짓는 근본 요인이 된다고 하면서[137] "옛사람들은 공구수성을 재앙을 막는 근본으로 삼았다."[138]라

---

134 「경연일기」, 을사 6월 10일. "虛靈知覺, 指心之本體而言, 未發之前理爲主, 旣發之後氣用事, 日用間人心發動時常多, 故先言人心, 而當使道心常爲一身之主, 此處工夫最難."

135 『국역 동춘당집 7』, 한국고전번역원, 2008, 359쪽.

136 「경연일기」, 정유 10월 14일. "持心之法, 惟敬是已, 若寶靈龜, 若奉拱璧, 卽敬也, 敬以養心, 則所操者約而所施者博, 敬之功, 可謂大矣."

고 말한 것은 이런 문맥에서 이해되어야 한다. 이 문맥에서 그가 말한 '경'이란 물론 개인이 본성을 회복하는 공부만을 뜻하지는 않는다. 그것은 개인의 수신을 통한 안인(安人)이라고 하는 넓은 의미의 사회적 실천까지도 포함한다. 그가 경을 가리켜 '내·외를 합하고 동·정을 겸하고, 시종을 일관하고 상·하를 꿰뚫는'[139] 것으로 풀이한 참뜻이 여기서 드러난다. 그가 성인의 학문과 현인의 학문을 비교하면서, '경이직내, 의이방외'는 현인의 학문을 논한 것이라고 말한 것도 이와 무관하지 않다.[140]

그런 점에서 경은 동춘당 철학의 가장 핵심적인 주제이자 최고의 철학 범주라고 할 수 있다. 이때의 경이란 '본래적인 것의 자연스러운 활동으로서 조금도 작위를 가하지 않는 것, 인위적 안배를 초월한 것'[141]으로서 사람들이 마땅히 실천해야 하고 따라야 하고 밝혀야 할 것으로 된다. 즉 그것은 '본래적 천리에 대한 인간의 무조건적·직각적 긍정이자 수순'[142]이며, '인간의 본체를 지속시키는 근원이자 인사의 근본'[143]이기 때문이다. 동춘당이 '마음 다스리는 법'에 대해 묻는 효종에게 "일이 이르지 않았는데도 망령된 생각으로 추측하거나, 일이 이르렀는데도 고집스럽게 일에 응대하지 않거나, 일이 이미 지나갔는데도 마음이 그 일을 따라가거나 하는 것은 모두 경이 아닙니다."[144]라고

---

137 「경연일기」, 신축 4월 7일. "災異之作, 出於欲亡未亡之際, 顧其怠敬, 國以存亡者, 乃古之言也." 참조.

138 「경연일기」, 정유 10월 29일. "古人以恐懼修省, 爲弭災之本也."

139 위의 책, 정유 10월 13일. "敬者, 合內外兼動靜貫始終通上下."

140 「경연일기」, 무신 10월 18일. "孔子以乾卦爲聖人之學, 坤卦爲賢人之學…敬以直內義以方外, 論賢人之學." 참조

141 荒木見悟, 『佛敎와 儒敎』, 심경호 옮김, 2000, 362쪽.

142 같은 책, 366쪽.

143 『性理大全』, 권47, 學五, 「存養持敬」. "敬是人之本體 …… 敬是人事之本." 참조.

144 「경연일기」, 기해 2월 18일. "事未至而妄想縣度, 事方來而頑然不應,事已過而與之隨往, 皆非敬也."

122

대답한 것이나, 현종에게 "'경으로써 안을 곧게 한다고 하였으니 안에 주장하는 것이 있으면 마음이 비워진다.'는 것은 이미 안을 곧게 하는 경이 있으면 사악한 마음이 감히 들어오지 못하기 때문에 비워진다고 말한 것입니다. 그것은 병에 비유한다면 술이 이미 병 속에 가득 차 있으면 물이 들어갈 수 없는 것과 같습니다."[145]라고 말한 데서 이 점을 특히 선명하게 보게 된다.

이와 같은 입장을 취할 때 '경'을 강조하고, 한 나라의 존망·안위와 유기적 관계가 있는 천리와 인욕을[146] 엄격하게 변별하는 일은 지극히 당연한 일일 것이다. 그래서 그는 인욕보다 천리를 중시했고 천리가 유감없이 발현된 세상을 꿈꾸었다. 이로써 그는 소대에서 현종에게 '일상 사이에 마음이 움직일 때 어느 것이 천리고 어느 것이 인욕인지를 항상 살펴야 한다.'면서 '과연 천리거든 반드시 그 마음을 보존해 기르시고 과연 인욕이거든 그것을 반드시 극거하여'[147] 인욕의 사사로움의 구속에서 벗어나 천리를 회복하고 도심을 밝힐 것을 주청하였던 것이다. 그 결과 그는 경을 군주가 자신의 몸을 닦는 수양의 요체이자 '내수외양'의 내재적 근거로 이해하였다. 이는 그가 경을 가지고 개인적 덕성의 함양과 심성의 수양을 말하였을 뿐 아니라 인정(仁政)을 행하여 인심을 수습하고 시대에 순응하는 근본 문제로서 이해하였기 때문이다. 그가 "천하만사의 근본이 오직 인주의 마음 하나에 달려 있습니다. 그러니 마음 다스리는 공부를 어찌 소홀히 할 수 있겠습니까?"[148]라고 한 말이나, "고어에 이르기를 신발에 장식이 있

---

145 같은 책, 무신 10월 18일. "敬以直內, 有主於內則虛, 言旣有直內之敬則非僻之心不敢入, 故謂之虛, 比之於瓶, 酒旣盈充, 水不得入."
146 『文集』, 卷1, 疎箚, 陳情辭識兼陳所懷疎. "遏人欲所以捍邊境, 存天理所以安社稷." 참조.
147 「경연일기」, 무신 11월 16일. "日用之間, 常加省察, 此心之發孰爲天理孰爲人欲, 果天理也, 必存養之, 果人欲也, 必克去也."
148 같은 책, 무술 1월 15일. "天下萬事之本, 只在人主一心, 治心之功, 其可忽哉."

는 것은 다닐 때 경계하라는 의미이고, 술에 금(禁)이 있는 것은 마실 때 경계하라는 뜻입니다. 일반 사람들도 경계해야 하는데 하물며 군왕이겠습니까? 모든 일에 성상께서 먼저 경계하시면 바람에 풀이 쏠리듯이 백성들이 따라서 경계할 것입니다."[149]라고 한 말이 그 좋은 단서가 된다. 따라서 그가 생각한 바 경의 참된 의미는 마음을 곧게 하여 사사로운 인욕을 없애고 공도를 넓혀 '천심을 감격시키고 민정을 신복(信服)시키는'[150] 일이었다. 그러하기 때문에 동춘당은 효종에게 '국가의 치란과 군덕의 닦여짐과 닦여지지 않음은 오직 인군의 한 마음에 달려 있다.'[151]고 하면서 다음과 같이 말할 수 있었던 것이다.

> (사람의) 마음은 잃어버리기가 매우 쉬우니 반드시 본원을 함양하여 이 마음을 방일(放逸)함이 없도록 해야 합니다. 거문고와 비파 타는 일을 그만두지 않는 것은 즐기기 위해서가 아니라 사심(邪心)을 금지하기 위함입니다. 천덕이란 격물(格物)·치지(致知)·성의(誠意)·정심(正心)·수신(修身)이고, 왕도(王道)란 제가·치국·평천하입니다. 천덕과 왕도의 요체는 근독(謹獨)에 있을 뿐이므로 선유들은 반드시 이에 힘썼던 것입니다.[152]

정자는 매양 주경(主敬) 공부가 『소학』에서 빠진 것을 보완할 수 있다라고 하였습니다. '경'이란 한 글자가 문자는 지극히 간략하지만 뜻은 매우 크며, 공부는 매우 간략하지만 효과는 매우 넓으니, 학문의 시종

---

149 『경연일기』, 정유 9월 25일. "古語云, 履之有約, 以爲行戒, 酒之有禁, 以爲飮戒, 凡人當戒之, 況人主乎? 凡事自上先戒, 則風行草偃在於是矣."
150 같은 책, 정유 10월 13일. "君能謹獨, 則可以格天心, 而孚民情."
151 같은 책, 정유 8월 19일. "國家治亂, 君德修否, 惟在人主之一心."
152 같은 책, 정유 10월 13일. "而失之甚易, 必也涵養本源, 使是心不放不失也, 不撤琴瑟者, 非以爲玩也, 所以禁其邪心也, 天德云者, 格致誠正修也, 王道云者, 齊治平也, 天德王道之要, 只在謹獨, 故先儒必用力於是."

을 이루고 내외를 합하고 상하를 통하는 것을 이 '경'이 아니면 무엇
으로 하겠습니까.[153]

여기에서 이른바 이적을 물리치고 도통을 확립하여 '벌청존명(伐淸
尊明)'의 꿈을 실현하려고 했던 동춘당의 북벌론·존주론의 정신과 엄
정한 자기실현의 이론적 근거가 드러난다. 이렇게 해서 확립된 주경
적 사유 체계는 동춘당으로 하여금 주자학적 도학의 정통을 자임하면
서 남다른 도덕적 지향과 현실성에 투철한 삶을 살게 했고,[154] 그리고
그것은 '당파를 초월해서 오직 의리만을 추구하는' 태도와 정신으로
집약되어 나타났다. 이러한 동춘당 의식의 밑바탕에는 물론 '천리와
인욕', '내수와 외양'의 일체성과 그 조화를 강조하면서도 인욕보다
천리를 앞세우고 외양보다 내수를 강조하는 기본 전제가 깔려 있다.
이처럼 '경세적 실천'에 있어서 외양보다 내수를, 즉 도덕적 수양과
엄격한 명분의 실천에 보다 큰 비중을 두는 그의 입장은『대학』의 '근
본을 안으로 하고 말단을 밖으로 하는' 즉 '내본외말(內本外末)'의 정
신[155]과도 상통되는 것이라고 하겠다. 그리고 그것은 다음에 살펴볼
그의 주경적 경세 사상을 통하여 극명하게 표출되고 전개되었다.

2) 철학적 지향의 현실화

동춘당 경세 사상의 성격과 내용을 이해하기 위해 우선 그의 철학
이 지향한 핵심을 상기할 필요가 있다. 동춘당 철학의 특성은 온갖

153『국역 동춘당집 7』, 353쪽.
154 이와 같은 동춘당의 삶의 자세를 가리켜 宋奎濂은 일찍이 '체를 밝혀 용에 맞게 한
재주와, 임금을 사랑하고 나라를 근심한 충성과 시대를 걱정하고 세상을 불쌍히 여
긴 뜻과, 사람을 포용하고 사물을 가지런히 하는 인과, 혈족을 보호하고 가정을 화
목하게 다스린 덕'이라고 평한 바 있다.『별집』, 권9「부록」. "若其明體適用之才,
愛君憂國之誠, 傷時憫俗之志, 容人濟物之仁, 保族宜家之德, 皆先生所自得."
155『大學』, 10장, "外本內末, 爭民施奪." 참조.

선을 갖춘 심(心)을 허령지각의 본체로서 '일신을 주재하는 것'으로 이해하고 그것을 인간의 도덕 본체이자 당위의 도덕률인 경을 통해 현실적으로 구현하려고 노력한 데에 있다. 경은 개인의 덕성 내지 심성 수양의 문제이면서 사람들 사이의 사회관계 속에서 나타나는 의리의 문제이기도 하다. 그런 점에서 동춘당 철학을 주경의 철학이라고 보았고, 그것은 경세 사상에도 반영되었다고 생각된다. 그의 존주 사상이나 북벌대의 정신 또한 이 문제와 관련된다. 그가 "일신을 주재하는 것은 마음이고 마음을 주재하는 것은 경이다."[156]라고 하면서 '대청복수론'과 '대명의리론'과 같은 대의 정신을 강조하고 그것을 통해 이단 비판과 정학 수호 내지 숭명벌청의 이론적 근거로 삼았기 때문이다.

따라서 동춘당의 경세 사상을 검토할 때 가장 주목할 점은 주경 철학의 목표인 '천리의 보존과 천리의 구현'을 바탕으로 한 '공사(公私)와 의리의 엄격한 분변'이다. 그는 인욕을 막고 천리를 보존하는 일은 한 나라의 치란·안위와 직결된다고 여겼다.[157] 또한 마음속에 천리가 밝지 않으면 밖으로 시행하는 일들이 이치에 맞지 않게 되고 만다고 보았다.[158] 이렇게 '천리의 보존과 천리의 구현'을 중시하는 입장은 "경이 마음속의 주인이 되고 의가 밖의 사악을 막아서 경과 의가 서로 도와 천덕에 도달하게 되는 것이다."[159]라는 말을 통해서도 분명하게 확인된다. 따라서 동춘당의 경세 사상은 주경 철학 사상에 기초하고 있다고 할 수 있다. 동춘당이 '인심과 도심은 공사와 의리의 구분에서 판별되는데 이 두 가지 사이는 한 터럭도 용납할 틈이

---

156 「경연일기」, 정유 10월 19일. "蓋主一身者心而主一心者敬也."
157 『文集』, 권1, 疏箚, 「陳情辭職兼陳所懷疏」. "以爲遏人欲, 所以捍邊境, 存天理, 所以安社稷." 참조.
158 「경연일기」, 기유 5월 15일. "苟或天則不明於內, 則施於外者, 安得以中理乎." 참조.
159 「경연일기」, 정유 11월 13일. "敬主於內義方於外, 敬與義相爲夾持以于天德."

없다.'[160]고 하면서 "임금의 마음이 한 점 티 없이 환히 비치는 명경지수처럼 바르게 되면 사정(邪正)이 그 자리에서 판가름 날 것이니, 저 소인들이 어떻게 농간을 부리겠습니까."[161]라고 말한 것도 이러한 인식의 소산일 것이다.

그러면 '천리의 보존과 대본의 확립'[162]을 궁극 목표로 하는 동춘당의 주경적 사유 구조에 입각하여 추구한 현실의 바람직한 모습이란 무엇인가. 그것은 '도통이 군상(君相)에게 있고, 도가 당세에 행해져서 은택이 후세에까지 전해지는'[163] 세계로 집약된다. 하늘이 기뻐하지 않아 재이가 거듭되고, 국사가 날로 잘못되어 '믿을 곳이라고는 오직 성상의 한 마음밖에 없는'[164] 상황에서 그는 오로지 보편 가치의 준칙이자 행위규범인 대의에 합치되고, 근본을 따르는 현실만을 자신의 참된 현실로 인정했다. 그래서 그는 인재를 얻는 방도에 대해 묻는 효종에게 "먼저 본원을 수양하여 마음이 거울처럼 비고 저울대처럼 공평하여 한 점 사욕의 얽매임도 없게 된다면 사람들의 사(邪)와 정(正)과 선과 악이 저절로 드러나서 취사의 기준이 정해질 것이니, 이 기준으로 사람을 선택한다면 어찌 정확하지 못할 염려가 있겠습니까."[165]라고 말했던 것이다.

동춘당은 참된 현실이란 정사(正邪)·선악(善惡)이 분명히 구별되고 윤리·도덕의 원칙이 엄격히 적용되어, 즉 '본원에 더욱 힘쓰고 하늘을 대하는 정성을 더욱 독실히 하는 세계'라고 생각했으며,[166] 그것은

---

160 「경연일기」, 정유 10월 14일. "人心道心, 判於公私, 義利之分, 二者之間不容毫髮."
161 『국역 현종개수실록』, 현종 1년 3월 19일.
162 『文集』, 권1, 疏箚, 「陣情辭識兼陣所懷疏」. "天理旣存, 大本旣立."
163 『文集』, 권1, 疏箚, 「應旨兼辭執義疏」. "是故道統在於君相, 則道行於一時澤流於後世."
164 「경연일기」, 무술 1월 15일. "今日國勢無一可恃, 而所恃者惟我聖上耳."
165 「경연일기」, 정유 8월 24일. "先修本源之地, 使此心鑑空衡平, 無一點私累, 則人之邪正姸媸, 自不可掩, 而取舍之極, 定於內矣, 以是而擇人, 何患不精乎."
166 『文集』, 卷1, 疏箚, 「辭召命疏」. "殿下益用力於本原之地, 益篤對越之誠."

또한 주자학과 예치가 구현되는 사회이기도 했다. 그런 의미에서 그가 이해한 마땅히 있어야 할 현실이란 인간의 존재 원리이자 도덕 실천의 법칙인 '경'이 사사로운 인욕을 극복하고 스스로 자기의 모습을 드러내는, 그리하여 '중도가 세워지고 준칙이 지켜지는'[167] 세계였다. 예컨대 소차에서 그가 "사람을 알아서 잘 임용하여 취하고 버리는 것이 사리에 맞으면 민심이 복종할 것이고, 변통하여 백성의 고통을 구제하고 사욕을 극복하여 선한 도리를 따르면 폐습이 제거되어 원근이 감화될 것이고, 자주 경연에 납시어 어진 자를 가까이 하고 도의를 강론하면 성상의 덕이 날로 높아지고 정치의 효과가 날로 새로워질 것입니다."[168]라고 말했을 때도 이 점은 확인된다.

따라서 대의와 예치의 구현을 궁극 목적으로 삼은 동춘당의 주경적 사고는 '진실로 한결같은 마음으로 하늘을 공경하여 반드시 천리를 순수히 하고 인욕을 다 제거하여 위로 하늘을 감격시키고 아래로 신민(臣民)을 감동시키는'[169] 일에서 크게 벗어나지 않는다. 즉 이 말은 모든 존재의 궁극적 근원이며 순선한 형이상의 본체로서의 천리가 보존되고 대본이 확립되어 사람들로 하여금 '예의를 숭상하고 스스로 본심을 맑게 하여 정도를 걷게 하는 세상'을 만들고자 하는 노력을 의미한다. 그런 점에서도 '존천리 알인욕'이란 명제는 동춘당 경세 사상 이해의 핵심적 디딤돌이 된다. 그가 현종에게 도통의 책임자가 될 것을 강력히 권면하면서 "천리가 한 치 자라나면 인욕은 한 치 줄어들고, 인욕이 한 치 자라나면 천리는 한 푼 줄어드니 천지가 산

---

167 「경연일기」, 무술 10월 20일. "自上必先建中建極." 참조.
168 『文集』, 卷1, 疏箚, 「應旨兼辭執義疏」. "知人善任, 擧錯得宜, 則民心服矣, 變通以救民隱, 克己以從善道, 則弊習可袪而遠邇風動也, 頻御經筵親賢講道, 則聖德日躋而治效日新矣."
169 『文集』, 권7, 疏箚, 「辭召命仍陳戒疏」. "殿下苟能一心對越, 必使天理純而人欲盡, 以爲上格皇天下感臣民之地."

지박괘에서 지뢰복괘로 바뀌는 이치와 음양이 진퇴하는 기미도 이와 같습니다."[170]라고 한 말의 참뜻이 여기에서 드러난다. 그가 현종에게 『심경』의 구두를 교정하여 바친 일이나,[171] 『태극절기도(太極節氣圖)』를 헌상한 일[172] 또한 이와 무관하지 않다.

동춘당은 앞에서도 살펴본 것처럼 천리와 인욕을 엄격하게 구별하여 인욕보다 천리가 발용되고 형식보다는 성실함을 중시하는 본연의 세계를 중요시했고,[173] 이를 통해 의와 불의, 정과 사, 중화와 이적을 명변하고 사설을 물리치고 정도를 지키고자 했으며, 당위로서의 '본원적 현실'을 추구했다. 이러한 관점은 도학의 사회적 실천이라는 문제로 이어져 '존중화 양이적' 정신과 '내수외양'의 논리로 간명하게 표출되었다. 다시 말하여, 동춘당은 예의와 염치의 실현과 중화를 존중하고 이적을 물리치는 길이 천리의 완전한 회복에 있으며, 그것이 또한 상처받은 민족적 자존심을 회복하고 춘추대의를 확립하는 유일한 길이라고 믿었던 것이다. 그러하기 때문에 그는 '안으로 공경할 수 없으면 밖으로 의로울 수가 없다.'고 하면서 효종에게 "지금 치병(治兵)과 강무(講武)를 하지 않을 수 없으나, 안민(安民)을 근본으로 삼지 않는다면 본말이 도치됨을 면치 못할 것입니다."[174]라고 말하였던 것이다. 이처럼 내실 즉 정사를 잘 닦아서 밖의 오랑캐〔夷狄〕를 물리치자는 '내수외양론'은 도덕 세계의 새로운 가능성과 인간 존엄성을 확보하여 공구수성(恐懼修省)하는 삶을 통해 천리를 주체적으로 자각하고 구현하고자 함이다. 다음의 두 예는 이 문제를 특히 선명하게 보여준다.

---

170 「경연일기」, 무신 11월 19일. "天理長一寸, 則人欲消一寸, 人欲長一分, 則天理消一分, 天地剝復之理, 陰陽進退之幾, 亦如此矣."
171 『연보』, 60세조 참조.
172 『연보』, 63세조 참조.
173 『국역 동춘당집 7』 25쪽 참조.
174 「경연일기」, 정유 8월 24일. "此時治兵講武, 不可不爲, 而不以安民爲本, 未免本末之倒置."

대체로 재변이 생기는 것은 인사로 말미암지만 이미 생긴 뒤에 그 재변을 그치게 하는 도리 또한 인사에 달려 있습니다. '만일 인사를 닦으면 재변은 재앙이 되지 않는다.'고 했는데 이것은 정자의 말입니다. 그러므로 성상께서는 고요한 곳에 몸을 묻으시고서 마음을 차분하게 갖고서 하늘의 상제를 대하듯이 조심하고 두려워해야 합니다.[175]

옛사람들은 공구 수성을 재앙을 막는 근본으로 삼았습니다. 말은 비록 진부하지만 실은 지극히 옳은 말입니다. …… 안으로 수성하고 밖으로 시행하신 것에 반드시 천심을 거스른 것이 있기 때문에 이런 재이가 생긴 것입니다. 선유의 말에 '한 생각이 선하면 상서로운 별이 뜨고 상서로운 구름이 일지만, 한 생각이 악하면 사나운 바람이 불고 천둥이 치며 비가 내린다.'고 하였으니, 드러난 일과 일어난 생각을 가지고 성상께서 스스로 살피실 수 있을 것입니다.[176]

이처럼 '존천리 알인욕'의 관점에서 현실의 제반 문제를 보았기 때문에 사람이 자신의 본래성을 회복하고 확충해 나가면 누구나 다 요순과 같은 성인이 될 수 있다[177]고 확신했다. 여기에서 이른바 인간의 정치적·사회적 행위를 설명하는 중요한 준거의 틀로 천리와 도심을 문제 삼고, 정치·사회의 질서를 확립함에 있어서 인간의 내면적인 도덕성과 그 수양을 강조한 것이다. 이와 같은 태도는 동춘당의 경세사상에 있어서 복수설치와 대명의리 정신으로 표출되었고 교육 분야에서의 활약과 백성을 위한 양민 정책으로 나타났다. 그는 이를

---

175 『국역 효종실록』, 효종 8년 9월 5일.
176 『경연일기』, 정유 10월 29일. "古人以恐懼修省爲弭災之本, 言雖陳腐, 實至論也. …… 內而修省外而施措者, 必有拂於天心者, 故有此災異, 先儒曰, 一念之善, 景星慶雲, 一念之惡, 烈風雷雨, 其見於事爲發於念慮者, 聖明可以自察矣."
177 『文集』, 권1, 疏箚, 「應旨兼辭執義疏」. "任道不疑以聖人爲必可學, 以堯舜爲必可法." 참조.

통해 민족이 당한 수모와 치욕을 씻고, '스스로 무기력하게 구습만을 따르는'[178] 사회를 바로잡아 '천지를 위하여 마음을 세우고, 생민을 위하여 표준[極]을 세우고, 옛 성인들을 위하여 끊어진 학을 잇고 만세를 위하여 태평성대를 누릴 수 있는'[179] 세상을 건설하고자 했다. 그래서 그는 「응지겸사집의소(應旨兼辭執義疏)」에서 효종에게 정치의 요체는 다름 아닌 군주의 수신을 통한 본원의 확립에 있음을 다음과 같이 상주하지 않을 수 없었던 것이다.

> 천하의 일은 임금의 한 마음에 근본하지 않는 것이 하나도 없어서 온갖 책임이 다 임금에게 돌아오고 온갖 욕심이 다 공격하므로 위험스럽게 흔들리고 안정하기 어려운 정도가 사서인보다 만 배나 됩니다. 바라건대 전하께서는 조심하고 경계하시어 조금도 게으름이 없게 하소서. 미발의 때에는 지키는 것을 더더욱 엄하게 공경스럽게 하고 이발의 즈음에는 성찰하는 바를 더더욱 정밀하게 하시면…… 참된 마음이 안을 지켜 객기에 흔들리지 않게 되고 혈기가 법도를 따라 순환하게 되어 즐거움과 노여움에 지나침이 없게 될 것입니다. 본원이 이와 같고서도 정치의 공효가 드러나지 않았다는 말은 신이 아직 듣지 못했습니다.[180]

이렇게 볼 때 동춘당이 강조한 천리나 도심의 세계는 시대 현실의 변화 및 그 속에 있어서의 정과 사, 중화와 이적, 왕도와 패도를 분별하고 비판하는 전범 내지 질서 부여적 가치 원리의 의미를 지닌다고

---

178 『文集』, 권1, 疏箚, 「應旨兼辭執義疏」. "毋自退怯, 毋自因循."
179 같은 책, 같은 곳. "殿下爲天地立心, 爲生民立極, 爲去聖繼絶學, 爲萬世開太平."
180 『文集』, 권1, 疏箚, 「應旨兼辭執義疏」. "然天下之事, 無一不本於人主之一心, 而百責攸萃, 衆慾所功, 其危動難安, 萬倍於匹士, 誠願殿下臨深履薄, 固或少懈, 未發之時, 所以持守者, 愈嚴愈敬, 已發之際, 所以省察者, 愈精愈密……眞心內守而客氣不撓氣血循軌而喜怒不溢, 本源如是而治效未著者, 臣未之聞也."

하겠다. 그런 점에서 동춘당의 주경적 사유 체계는 의(義)와 리(利)가 상충하고, 정과 사가 뒤섞여 나라가 멸망할지도 모르는 위기적 상황에서 어지러운 세태와 정치적 타락을 바로잡고, 이를 통해 바람직한 공도의 확립에 기여하는 올바른 도덕적 의미를 밝히고자 하는, 그의 나라와 임금을 걱정하는 우국충정의 간절한 표현이라고 할 수 있다. 다음의 예문도 같은 의미이다.

> 지금 국사가 진작되지 않아 민생은 나날이 피폐해지고 있습니다. 그러나 한결같은 정성으로 게을리하지 않는다면 어찌 효과가 없겠습니까. 외적을 물리치고자 한다면 먼저 안을 잘 닦아야 하고, 국방을 튼튼히 하고자 한다면 먼저 양민에 힘을 써야 합니다. 안이 잘 닦여지지 않으면 외적을 물리칠 수가 없고, 백성이 양육되지 않으면 국방을 튼튼히 할 수가 없습니다. 매사에 그 요령을 얻어서 시종일관 게을리하지 않으면 어찌 성공하지 않음이 있겠습니까.[181]

위의 예처럼 동춘당의 주된 관심은 '외양'이 아니라 '내수'였고, '선양민(先養民) 후치병(後治兵)'이었다. 이는 동춘당이 민생의 궁핍이나 불안이 나라의 근본을 해치는 가장 무서운 적임을 투철하게 인식한 데서 나온 결과의 산물이다. 그가 효종 즉위년에 효종에게 공안(貢案)의 개정과 백성들의 조세 부담을 줄이기 위해 대동법(大同法)의 확대 실시를 적극적으로 상주하면서[182] 효종에게 "민생의 초췌함이 지금보다 심한 적이 없었습니다. 지금이야말로 치란존망의 기회입니다.

---

181 「경연일기」, 무술 2월 20일. "國事未有振作, 民生日就凋弊, 若一誠不懈, 豈無其效, 欲外攘必先內修, 欲治兵必先養民, 內不修則不能外攘, 民不養則不能治兵, 每事得其要領, 終始不懈則寧有不成."

182 「경연일기」, 정유 9월 5일. "湖西大同之初行也, 人多疑之, 今則洽然称便, 若於他道一體行之, 亦一安民之政." 참조.

항상 불을 끄고 물에 빠진 사람을 건지듯이 서두르는 마음을 보존하여 백성을 위하는 방법을 급히 강구하여 실질적인 혜택을 입을 수 있게 하소서."[183]라고 말한 것도 이와 무관하지 않다.

여기에서 비로소 "백성이 바로 나라이고 나라가 바로 백성이다."[184]라고 하면서 백성들을 위해서는 양반들도 군역을 담당해야 하고, 양반들이 소유한 면세 토지[185]와 사노비의 수를 대폭 줄여야 하고,[186] 백성들을 각박하게 통제하는 옥사를 밝혀 신중히 처리해야 하고,[187] 궁가의 부당한 축재와 과도한 사치의 온상인 내수사의 폐단을 바로잡아야 한다[188]고 주장한 참뜻이 밝혀진다. 뿐만 아니라 그가 당시 권세를 휘두르고 청나라에 아부하여 조정을 어지럽히던 김자점과 그와 결탁한 이시만·이이조·신면·이지함·이해창·엄정구·황감 등 친청 세력들을 탄핵하여 그 시비를 가린 일이라든가,[189] 병자호란 시 강화도에서 의리로써 몸을 던졌던 인물들에 대한 추숭(追崇) 건의에 남다른 노력을 기울인 일[190] 등의 의미가 선명하게 드러난다.

이는 모두 복수설치(復讐雪恥)를 위해 '내수'에 전념해야 하고, 그러기 위해서는 무엇보다 먼저 민생을 안정시킨 기반 위에서 '외양'해야 한다는 동춘당의 '내수외양(內修外攘)' 논리의 구체적 표현이다.[191] 그래서 그는 주강(晝講)에서 효종에게 "지금 먼저 인정(仁政)을 행하시어

183 「경연일기」, 기축 11월 5일. "民生之憔悴, 未有甚於此時, 此實治亂存亡之機, 常存救焚拯溺之心, 凡爲民之術, 急急講究, 俾得蒙實惠焉."
184 『文集』, 권6, 疏箚, 「應求言別諭仍乞解職疏」. "民卽國, 國卽民."
185 『文集』, 권9,獻議, 「因奉教兪命胤上疏飢荒賑救請」 참조.
186 『文集』, 권8, 啓辭, 「內司奴婢請勿復戶許充編伍斜付啓」 참조.
187 「경연일기」, 정유 10월 25일. "先朝明愼獄事, 至今人皆頌德." 참조.
188 『국역 효종실록』, 효종 즉위년 11월 16일.
189 『국역 효종실록』, 효종 즉위년 6월 22일과 동년 9월 13일 참조.
190 『국역 효종실록』, 효종 즉위년 11월 6일과 8년 12월 4일 참조.
191 李俸珪, 「송준길의 성리학 사상과 철학사적 의미」,『세계와 인간에 대한 동양인의 사유』, 이남영 외, 천지, 2003, 125-127쪽 참조.

인심을 수습하고 시대에 순응하여 힘을 길러 때를 기다리는 것이 어찌 이른바 근본과 요도(要道)가 아니겠습니까."[192]라고 말하지 않을 수 없었던 것이다.

당대는 '천리와 대본의 확립'을 다른 어느 때보다도 더 긴요하게 요하는 시대이면서 그것의 존립을 유례없이 위협하는 국면이라고 보는 데에서 동춘당의 경세 사상이 독특한 특성을 지니게 되었다. 천리가 날로 소멸되어 인욕이 천리를 해쳐 '풍속이 못되어지고 인심이 간교해져서'[193] '항상 사만 있는 줄만 알고 공이 있는 줄은 몰라서 시와 비가 전도된'[194] 시대에 처하여 이를 바로잡고 극복할 수 있는 유일의 지표가 경을 통한 천리의 회복과 대의(大義)의 확립이라고 그는 확신했다. 유의할 것은 동춘당의 이와 같은 주경의 경세 사상이 숭고한 도덕적 의미를 담은 가치로운 삶에 대한 희구인 동시에 '진심으로 힘을 다하고 몸을 맡겨 사양하지 않고서, 온몸의 힘을 다하다가 되지 않으면 죽음으로 뒤를 이음으로써 선왕의 은혜를 추념하여 전하께 보답하기를 도모하고자 했던'[195] 한 유자(儒者)의 지고한 책무이자 어린 사명에 대한 필연적 자기 확신이라고 해야 할 것이다. 이러한 생각에서 그는 효종에게 "만약 학문을 통해서 기질을 변화시키지 못한다면 학문을 하지 않음과 무엇이 다르겠습니까."[196]라고 했고, 또 "선유의 말에 '다른 사람은 모두 운명을 말할 수 있으나 군상(君相)만은 운명을 말할 수 없다.'고 하였으니, 군상은 스스로 운명을 만들기 때문에 그렇게 말한 것 같습니다. 원컨대 전하께서는 국사가 이렇게 된

---

192 「경연일기」, 정유 8월 24일. "及其是時先行仁政, 收拾人心, 遵養時晦, 豈非所謂本與要乎."
193 같은 책, 기해 2월 19일. "世降俗末, 人心姦巧."
194 『文集』, 권8, 啓辭, 「就職後再避啓」. "徒知有私而不知有公, 是非之顚到如此."
195 「경연일기」, 신축 5월 13일. "披心竭腎, 委身而不辭, 則竭股肱之力, 繼之以死, 以爲追先帝報陛下之圖者, 是臣之所大願也."
196 「경연일기」, 무술 1월 16일. "若學而不能變化氣質, 與不學何異."

것을 운명에 돌리지 마시고 더욱 삼가고 힘쓰십시오."[197]라고 말하면서 치자의 주경 철학·강학을 통한 정심(正心)의 확립과 체득 실천의 중요성을 촉구했다.

동춘당은 당대의 제반 현실적 모순에 대해 심각한 우려를 표명했고 치밀한 대응책을 강구하기에 고심했다. 이와 같은 태도는 도덕적 명분과 의리를 중시하는 도학 정치와 '벽이단 양이적(闢異端 攘夷狄)' 정신으로 표출되었고, 경제문제에서는 '외양'보다 '내수'를 강조하여 민생의 피폐함을 구제하기 위한 방안, 즉 공안의 개정, 대동법의 확대 실시, 사창제 시행 등의 정책으로 제시되었고, 국방 문제에서는 군정의 정비를 통해 백성들의 무거운 군역 부담을 덜어주고자 하는 방안 제시로 나타났다.[198]

이처럼 치자의 수신을 통한 민생의 정치적·경제적 안정에 일차적 목표를 둔 동춘당의 경세 사상이 주경 철학에 근거한 것임은 물론이다. 그리고 그것은 군주의 올바른 마음과 이를 통한 민생 안정, 그리고 자율적이고 내면적인 도덕 판단 능력과 호학(好學) 정신을 확립한 사람이 백성들을 도덕적으로 교화·선도함을 정치 요체로 삼은 주자의 인정(仁政) 사상과도 통하며, 멀리는 백성을 근본으로 하는 선진 유가의 인본 사상과도 상통한다. 그것은 오늘날에도 매우 중요한 의미를 갖는다.

그러니 우리는 그가 효종에게 "우리가 비록 문약(文弱)하지만 예의와 명교(名敎)는 찬연하여 중국에 못지않으니 국가가 믿고서 유지되는 까닭이 오직 여기에 있다."[199]라고 한 말이나, 현종에게 "반드시 올바

197 같은 책, 무술 9월 1일. "先儒云他人皆可言命, 惟君相不可言命, 盖以君相自爲造命故也, 願殿下勿以國事之如此, 歸之於命, 益加謹勉焉."
198 지두환, 「동춘당 송준길의 사회경제사상」, "한국사상과 문화" 22집, 한국사상문화학회, 2003. 참조.
199 『文集』, 권8, 啓辭, 「請罷變亂時失行婦女還女畜之法許其家長改娶啓」. "我國雖甚文弱, 禮義名敎 燦然無媿於中華, 區區所恃以維持者."

른 예로써 지난날의 잘못을 바로잡아 한 시대의 제도를 정하기를 바랍니다."[200]라고 한 진언을 오늘날에도 겸허하게 받아들이지 않을 수 없다. 그러나 이와 같은 그의 경세 사상이나 현실 인식은 모든 정치의 근원을 군주의 마음 하나에 두고, 그것을 바르게 하는 것으로 급선무를 삼은 것이라는 점에서 오늘날 현대사회의 주도적 이념인 자유·평등·권리·자연권·이성 등과는 서로 배치되는 성격을 지닌다.[201] 그러나 그렇다고 할지라도 제도 차원에서 생기는 체제의 문제보다도 체제를 운영하는 도덕 주체로서의 인간 능력을 더 중요한 가치로 여기고, 갈등·투쟁의 논리가 아니라 조화·협조의 논리를 추구하는 동춘당의 경세 사상의 의미는 오늘날의 정치 구조 속에서도 되새겨볼 가르침이 아닌가 한다. 그러므로 우리는 그가 지식·정보화사회로 특징지어지는 오늘날의 시대를 살았더라도 또한 다음과 같이 말하였으리라고 확신해도 좋을 것이다.

왕자(王者)가 나라를 다스리는 법은 법제를 너그럽게 하고 예의를 숭상하여 백성들로 하여금 스스로 바른 길을 가도록 하는 데 있으며,[202] 인재를 널리 살피고 공론을 널리 채집하여 관리들의 경력과 공적을 심사하여 유능한 자는 승급시키고 무능한 자는 축출하는 것이 왕자의 직분이다.[203]

---

200 『국역 효종개수실록』, 효종 3년 11월 13일.
201 임효선 교수에 의하면 현대사회의 주도적 이념인 자유·평등·권리·자연권·이성 등은 역사적으로 많은 긍정적 기여를 하였지만, 공동체적 삶의 원리로서는 부적절한 이념들이다. 비관계적 사유 체계의 산물인 이들 이념은 기계론적·개체론적 원리에 충실하게─자유는 '견제·방해가 부재한 상태'로, 평등은 '대등한 대우'로, 권리는 '개체만의 욕구 충족의 의미'로, 자연권은 '원하는 것은 무엇이나 충족할 수 있는 권리'로, 이성은 '이해타산 능력'으로─규정되고 있기 때문이다. 임효선, 『삶의 정치』, 한길사, 1996, 252쪽 참조.
202 「경연일기」, 정유 10월 20일. "王者之治, 恢其法制, 崇其禮義, 使人自趨於正而已."
203 『국역 동춘당집 7』 24쪽.

(치자가 된 자는) 성학에 힘써서 기쁨과 분노를 반드시 절도에 맞게 드
러내고 형정을 반드시 삼가며, 크고 작은 생각이 천심에 부합하기를
힘써서 국운의 장구를 비는 터전으로 삼아야 한다.[204]

　이를 통해서 볼 때, 동춘당 경세 사상의 핵심은 결국 역사란 현실
의 성패가 아니라 도덕적 시비의 초월적 기준에 의해서 저울질되며,
중요한 것은 결과적 성취와 어떤 업적보다는 행위자의 내면적 동기
의 도덕성이 중요시되어야 함을 천명한 것이라고 할 수 있다. 그런
점에서 동춘당의 도의 사상과 경세 사상은 성리학과 경세학의 회통
을 현실에서 구체적으로 보여준 것이었으며, 아울러 그것은 대상 세
계만이 진실계이고 세속적 가치가 가치의 전부인 것처럼 생각하는
현대인들, 특히 자기 이익을 위한 실리 추구와 권모술수를 최고의 덕
목으로 여기는 이 시대 정치인들에게 내면세계의 진정한 의미를 새
롭게 자각하게 하고, 도덕 가치의 순수한 아름다움을 다시 한번 온몸
으로 느끼게 해줄 것이다.

---

204 『續集』, 권1, 疏箚 「還鄕後申乞解職疏」. "益勉聖學, 喜怒義中, 刑政義謹, 大思小
　　量, 務合天心, 以爲祈永迓續之地."

제3장 자아실현과 예학

일찍이 현상윤(玄相允, 1893-?)이 『조선유학사(朝鮮儒學史)』에서 "동춘당의 학문은 대체로 송우암과 그 경향을 같이하여 주서(朱書)와 심경(心經)과 근사록(近思錄) 등서(等書)에 치력하였으나, 그의 가장 득의처는 예학(禮學)이었다."[1]라고 지적한 것처럼 송준길은 조선 후기의 대표적인 예학자(禮學者)이자 산림 유자(山林儒者)이다. 그러므로 '예'에 관한 그의 인식과 실천의 문제를 올바로 이해하는 일은 그 자체로서 가치있는 과제일 뿐만 아니라 17세기 기호유학(畿湖儒學)의 유형과 특징을 구명하기 위해서도 매우 중요하다. 더우기 '예학의 시대'[2]라고 불릴만큼 형식화한 예설(禮說)과 명분론(名分論)이 성행하고 있던 17세기 사상계를 고려할 때, 예의 외적·타율적 측면보다 내적·자율적 측면에 주목하여 예의 본질과 의미를 밝히고 그것을 자신의 삶과 일치시키고자 진력했던 동춘당의 예 사상이 갖는 의의는 매우 크다.

1. 인간 본성과 예(禮)

17세기의 '예학 시대'에서 동춘당이 차지하는 비중은 매우 크다. 당대의 제반 현실 모순과 사상적·정치적 문제에 대해 그가 보여준 응

---

1 玄相允, 『朝鮮儒學史』, 민중서관, 1949, 173-174쪽 참조.
2 李丙燾에 의하면 '예학 시대'는 임진왜란(1592-1597) 이후부터 實學이 대두되기 이전 약 일백 년 동안의 기간을 가리킨다. 이병도, 『韓國儒學史』, 아세아문화사, 1987, 296쪽 참조.

화적 학문 태도와 내적 자기완성과 엄격한 명분의 실천을 중시한 삶의 자세는 당시의 많은 사람들에게 뜨거운 감동을 주었고 오늘날에도 선비 정신의 모범으로 일컫게 한다. 『현종개수실록』에 "동춘당의 장례식에 여기저기에서 모인 자들이 거의 1천 인이었다. …… 학자들은 그를 존경하여 '동춘당 선생'이라고 하였다."[3]는 기사와 영조 22년 (1756) 동춘당을 문묘에 배향하면서 내린 교서에 "예학은 족히 세상의 모범이 되어 후세에 드리우고, 반드시 스스로 수신(修身)하였다. 정도로써 족히 음탕함을 물리치고 편파한 행동을 막았으니 어찌 뛰어난 말솜씨가 있어서였겠는가."[4]라는 한 기사에서도 이 점은 확인된다.

그는 '사유지석(師儒之席)'이라 하여 산림에게 있어서 최고의 영예직인 좨주(祭酒)에 처음으로 임명을 받은 명망 있는 교육자였고, 또한 복수설치(復讐雪恥)를 위해서는 '의병'보다 '양민 정책'이 우선되어야 함을 주장한 민본주의 정치가였다. 이렇게 볼 때 동춘당의 예 사상과 실천적 도덕관이 어떠한 체계와 구조, 그리고 특징을 가지고 있는가를 검토해보는 일은 조선 후기 지성계에 관한 정당한 이해를 위해서도 의미 있는 일이다.

동춘당은 예란 시청언동(視聽言動)이 천리에 부합한 것이고 심신을 검속하는 것이라고 했다. 그가 경연에서 『논어』「안연편」의 '극기복례위인〔克己復禮爲仁 ; 자기의 사욕을 버리고 예로 돌아가는 것이 인(仁)이다〕'을 현종에게 다음과 같이 설명한 데서 이 점을 분명히 볼 수 있다.

'하루 동안 자기의 사욕을 버리고 예로 돌아가면, 천하가 인(仁)으로 돌아온다.'는 것은 그 효과가 빠름을 말한 것입니다. 인은 마음의 온전한 덕이고 예는 하늘의 이치를 꾸며 나타낸 것〔天理之節文〕이며, 기는 사

람의 사욕입니다. 본심이 없는 사람이 누가 있겠습니까만 인을 극진히 하지 못하는 것은 모두 사욕에서 유래합니다. 만약 사욕을 제거하고자 한다면 심신을 정리한 뒤에야 사욕을 극복해 제거할 수 있습니다. 유독 예만을 말한 것은 심신을 검속하는 데는 예만한 것이 없기 때문입니다. 그러므로 보고 듣고 말하고 행동하는 것〔視聽言動〕을 한결같이 천척에 따라 일상의 모든 행위가 다 절문에 맞은 뒤에야 마음의 덕이 온전하여 의(義)와 지(智)도 이에서 벗어나지 않을 것입니다. 안자(顔子)는 그것을 담당하여 용기 있게 매진하였기 때문에 오직 그만을 호학이라고 칭찬하는 것입니다.[5]

위의 인용문에서 특히 주목할 것은 동춘당의 예 사상이 선진 유학 (先秦儒學)에 그 토대를 두고 있다고 하는 점이다. 다음의 자료가 이런 생각을 더욱 선명하게 보여준다.

공자의 말씀에 "능히 예와 겸양을 사용한다면 나라를 다스리는 데 무슨 어려움이 있을 것이며, 예와 겸양으로 나라를 다스리지 않는다면 예는 해서 무엇하겠느냐."라고 하였고, 『예기』에 "예가 다스려지면 나라가 다스려지고, 예가 어지러우면 나라가 어지러워지며, 예가 보존되면 나라를 보존하고, 예가 망하면 나라가 망한다."라고 하였습니다. 또 "예악(禮樂)의 도를 지극히 하면 그것을 들어 천하에 시행하여도 어려움이 없을 것이다."라고도 하였습니다. 예의 효용이 이상의 몇 마디 말에서 다 설명되었습니다.[6]

---

5 「경연일기」, 무신 11월 5일. "一日克復而天下歸仁, 言其效之速也, 仁者心之全德, 禮者理之節文, 己者人之私欲, 人孰無本心, 而不能盡仁, 皆由於私欲, 如欲去私, 則整理身心, 而後可以克去, 獨言禮者, 撿束身心, 莫如禮, 故視聽言動一徇天則, 動容周旋, 皆中節文然後, 可以全其心之德而義與智亦不外此矣, 顔子擔當勇往, 所以獨稱好學也."

6 『文集』, 권1, 疏箚, 「謝特賜儀禮經傳通解及圖疏」. "孔子之言曰, 能以禮讓, 爲國

이렇게 이해할 때 동춘당의 예 사상은 선진 시대의 근본 유학이 제창했던 윤리·도덕의 기반을 고려하지 않고서는 온전하게 이해할 수 없는 것으로 된다. 그러자면 우선 인·의로 요약되는 선진 유학의 도덕관의 기본 구조와 성격을 살펴보아야 할 것이다.

선진 유가의 인간관에 의하면, 사람은 하늘로부터 몸과 함께 인간의 도리와 명법을 생래적으로 부여받은 존재로서, 인의예지 사덕을 주체적으로 자각하고 구현할 수 있는 '천명 자각'의 도덕 주체이다.『시경』「증민(烝民)」편의 시 "하늘이 만백성을 낳으시니, 모든 사물에 법칙이 있게 하셨도다. 백성들이 상도(常道)를 지녔음에, 이 아름다운 시를 좋아하는도다."[7]라는 구절이나, 공자가 스스로 "하늘이 나에게 덕을 주셨으니, 환퇴(桓魋)가 감히 나를 어떻게 하겠는가?"[8]라고 자부한 말에서도 이러한 인간의 본래성을 분명하게 확인할 수 있다.

하늘이 부명(賦命)한 인간의 덕성은 모든 사람에게 있어서 '자아에 고유한'[9] 본래적인 자성(自性)이다. 생과 더불어 가지게 되는 욕구의 충동이나 그 근원이 내가 아니라, 나 자신이 일상적인 자기 망각에서 벗어나 사람다운 사람으로 회복할 수 있는 가능 근거로서의 자성이 나이다. 그것은 인격 본질이며 도덕 명법이다. 따라서 사람이 참으로 사람다운 소이는 인간 본래의 도덕성에 있으며, 사람이 사람답게 사는 길은 바로 자기의 본래적인 덕성을 남김없이 드러내어 이를 윤리·도덕적으로 구현하는 데 있다. 이때 '사람답다.'라는 말은 사람이 다른 존재자와 구별되는 인간만의 특성, 곧 인격적 본질을 본유하고 있음을 뜻한다. 또한 사람은 자기 자신과 더불어 다른 존재자의 존재 가

乎何有, 不能以禮讓爲國, 如禮何, 記曰, 禮治則治, 禮亂則亂, 禮存則存, 禮亡則亡, 又曰, 致禮樂之道, 擧而錯之天下, 無難矣, 禮之功用, 斯數語者盡之矣."

7 『詩經』, 大雅,「烝民」. "天生烝民, 有物有則, 民之秉彝, 好是懿德."
8 『論語』,「述而」. "天生德於予, 桓魋其如予何."
9 『孟子』,「告子章句上」. "仁義禮智, 非由外鑠, 我也, 我固有之也." 참조.

치까지도 함께 드러내 밝혀주는 천명 자각의 주체적 참여자임을 의미한다. 『중용』에서는 일찍이 이를 "하늘과 땅의 변화와 양육을 도울 수 있으면 그러한 사람은 하늘과 땅과 더불어 삼위일체가 된다."[10]라고 표현했다.

그러면 사람다움의 본질로서의 인간의 덕성은 구체적으로 어떤 것인가. 『주역』에서는 건괘의 괘사에 '건, 원형이정(乾, 元亨利貞)'이라 하여 천의 성정인 바 '건'에는 만물의 '생(生)·장(長)·수(收)·장(藏)'의 원리인 '원·형·이·정' 네 가지 덕이 내재한다고 했다. 그리고 건괘 「문언전(文言傳)」에는 건의 네 가지 덕, 즉 모든 선(衆善)의 근본이 되는 '인(仁)', 모든 아름다움(衆美)을 회통하는 '예(禮)', 모든 중물(衆物)의 분한(分限)으로서의 '의(義)', 모든 일(衆事)을 주관하는 '지(智)' 등이 인간의 심성에 구유하여 자아의 인격적 본질인 덕성을 구성하고 있다고 했다. 다음의 설명은 이 점을 보다 상세하게 밝혀주고 있다.

> 원은 착함의 으뜸이고, 형은 아름다움의 모임이고, 이는 옳은 일들이
> 어울린 것이고, 정은 해야 할 일의 뼈대가 된다. 군자가 인을 체득함
> 이 남의 우두머리가 될 만하며, 모임을 아름답게 함이 족히 예에 합하
> 며, 물건을 이롭게 함이 족히 의에 화합하며, 바르고 군음〔貞固〕이 족
> 히 일의 근간이 될 수 있다. 군자는 이 네 가지 덕을 행하는 자이다.
> 그러므로 건은 원하고 형하고 이하고 정하다 한 것이다.[11]

이처럼 인간 덕성의 내용을 구성하는 인의예지 네 가지 덕은 건의 원형이정 네 가지 덕에 상응한다. 이 네 가지 덕을 매개로 인간의 본

---

10 『中庸』, 제22장. "可以贊天地之化育, 則可以與天地參矣."
11 『周易』, 乾卦, 「文言傳」. "元者, 善之長也, 亨者, 嘉之會也, 利者, 義之和也, 貞者, 事之幹也, 君子體仁, 足以長人, 嘉會, 足以合禮, 利物, 足以和義, 貞固, 足以幹事, 君子行此四德者, 故曰乾元亨利貞."

래적 자아로서의 인격성과 천도의 진리성이 본질적으로 일치한다고 설명한 것이다. 하나의 존재 원리를 천도적 측면에서는 원·형·이·정 네 가지 덕으로, 인도적 측면에서는 인·의·예·지 네 가지 덕으로 나타낸 것이다. 주자도 이를 근거로 하여 「소학제사(小學題辭)」에서 "원·형·이·정은 천도의 떳떳함이요, 인·의·예·지는 인성의 벼리이다."[12]라고 하여 원형이정과 인의예지를 우주와 인간의 본래적 존재 원리로 강조했다.

이렇게 보면, 인간이 참으로 인간다운 소이는 인간이 자기동일성으로서의 인격적 본질인 덕성을 구유하였다는 점과 또한 인간 생명이 전체로서의 우주적 생명과 상호 교통하고 있다는 데에 있다. 인간은 생래적으로 건의 원형이정 네 가지 덕에 상응하는 인의예지의 네 가지 덕을 갖추고 있으므로 인간의 인간됨이나 세계의 완성을 실현할 수 있게 된다. 그러므로 인간의 선함을 밝힘으로써 인·의의 현실적 구현이 인간 본성의 도덕적 구현이라는 점을 강조하였던 맹자는 「공손추장구(公孫丑章句)」 상편에서 인간에게 보편적인 도덕원리, 즉 측은(惻隱)·수오(羞惡)·사양(辭讓)·시비(是非)지심(之心)의 사단(四端)이 없으면 인간이 아니라고까지 극언했다.[13] 이처럼 사단이란 인간의 관심이 외부 대상과 접촉할 때 인·의·예·지를 지닌 심성에 내적 감응이 일어남으로써, 그것이 지(知)·정(情)·의(意)의 활동으로 발현되는 도덕 정서 작용을 의미한다.[14] 이를 자세히 설명하면 다음과 같다.

인은 그것이 심리 작용으로 표현될 때 '깜짝 놀라고 측은해하는 마음〔怵惕惻隱之心〕' 내지 '다른 사람을 차마 해치지 못하는 마음〔不忍人

---

12 朱子, 『小學題辭』. "元亨利貞, 天道之常, 仁義禮智, 人性之綱."
13 『孟子』, 「公孫丑章句上」. "孟子曰人皆有不忍人之心. …… 無惻隱之心, 非人也, 無羞惡之心, 非人也, 無辭讓之心, 非人也, 無是非之心, 非人也." 참조.
14 申東浩, 「先秦儒學에 있어서의 人本思想의 展開」, 『새마음논총』, 창간호, 충남대학교부설 새마을연구소, 1977, 65-66쪽 참조.

之心]'이 된다.[15] 이렇게 볼 때 인이란 보편적 인간 본질로서 생명에 대한 외경심 내지 인류애를 의미한다. 그것은 사사로운 자기를 부단히 거부하는 가운데, 의지의 자유와 주체의 독립성을 통해서 이룩되는 지속적이고 전체적인 사랑을 뜻한다. 따라서 인의 시초 내지는 발단으로서의 측은지심은 사적인 것이 아니라 공적인 것이며, 개별적인 것이 아니라 전체적인 의미를 지닌다. 의의 덕이 심리 작용으로 발현될 때는 '수오지심'이 되는데, "수란 자신의 불선함을 부끄러워하는 것이고, 오란 다른 사람의 불선함을 미워하는 것이다."[16]라고 한 주자의 말처럼 불선·불의에 대한 냉철한 비판 정신, 말하자면 정의감을 의미한다.

예의 덕은 '사양지심'으로 나타나는데, 이는 『논어』에서 "자기가 서고자 하면 다른 사람을 도와 서게 하고, 자기가 통달하고자 하면 다른 사람을 도와 통달하게 한다."[17]라고 한 바와 같은 것으로서 자신의 호오(好惡)를 통하여 다른 사람을 이해하고 스스로를 겸양하는 이른바 추기급인(推己及人)의 충서 정신(忠恕精神), 즉 인간관계에 있어서 사회질서를 바로잡는 도덕적 행위규범을 의미한다. 지의 덕이 심리 작용으로 발현될 때는 '시비지심'이 되는데, 이는 '시란 옳은 것을 옳다고 판단하는 것이고, 비란 그른 것을 그르다고 판단하는 것'으로서 정·사·선·악을 정확히 분별할 줄 아는 우리의 지적 능력 내지 그 활동을 뜻한다.[18]

그러면 인간 덕성의 중심 내용을 이루고 있는 인·의·예·지 네

---

15 『孟子』, 「公孫丑章句上」. "孟子曰人皆有不忍人之心 …… 皆有怵惕惻隱之心." 참조.
16 『孟子』, 「公孫丑章句上」, 朱子註. "羞, 恥己之不善也, 惡, 憎人之不善也."
17 『論語』, 「雍也」. "己欲立而立人, 己欲達而達人."
18 『孟子』, 「公孫丑章句上」, 朱子註. "是, 知其善而爲是也, 非, 知其惡而以爲非也." 참조.

가지 덕은 서로 어떠한 관련을 맺고 있으며, 또한 그 상호 관계에 있어서 근본이 되는 것은 어느 것이며 그 까닭은 무엇인가?

앞에서 『주역』의 「문언전」에 건의 원형이정 네 가지 덕이 사람에게 중선의 근본으로서의 인, 중미를 회통하는 예, 중물의 분한으로서의 의, 중사를 주간하는 지 등, '사람됨'과 '참된 사람'의 네 가지 근거로 주어져 인간 본성에 구유한 인격적 덕성을 이루는 것임을 살펴본 바 있다. 이에 네 가지 덕을 다시 살펴보면 인과 예, 그리고 의와 지는 서로 직접적인 관계를 갖고 있음을 알 수 있다.

유가의 입장에서 볼 때, 모든 선의 근본인 인은 동시에 모든 아름다움의 근본이며, 모든 물의 분한인 의는 또한 모든 일의 분한이다. 그러므로 인은 예의 근간이 되고 의는 지의 기준이 되는 것이다. 환언하면 예는 인에 의해서 지는 의에 의해서 심화되고 완성되는 것이다. 즉 참된 예는 인에 근거하여야 실천할 수 있고, 올바른 지는 의에 준거할 때 본래의 제구실을 다할 수 있다. 그런 입장에서 볼 때 자아 본질의 전체이며 '끊임없이 낳고 또 낳는 보편 생명의 흐름(流行)인 인'[19]은 예를 실천하는 근본정신이자 지가 추구하는 궁극적인 목표라고 할 수 있으며, 이로움의 이치〔利之理〕로 표현되기도 하는 의는[20] 사물을 인식하고 사리를 분변하는 지의 정당성의 기준일 뿐만 아니라 동시에 예가 행위규범의 합당성과 타당성을 가질 수 있는 근거가 된다. 공자가 "뜻있는 선비와 인한 사람은, 생을 추구하기 위하여 인을 해치는 일은 없고, 자신을 버려서라도 인을 이룩한다."[21]고 한 말이나, 맹자가 "생도 내가 바라는 바이고, 의도 내가 바라는 바이나, 두 가지를 다 할 수 없다면, 생을 버리고 의를 취하겠다."[22]고 한 표

---

19 『周易』, 「繫辭傳下」, 제1장. "天地之大德曰生, 聖人之大寶曰位, 何以守位曰仁." 참조.
20 『周易』, 乾卦, 「文言傳」, 程子注. "義者, 利之理." 참조.
21 『論語』, 「衛靈公」. "志士仁人, 無求生以害仁, 有殺身以成仁."

현은 이를 단적으로 요약해 준다.

또한 맹자가 "인의 핵심은 어버이를 섬기는 데 있고, 의의 핵심은 형을 따르는 데 있고, 지의 핵심은 이 두 가지를 알아서 어기지 않는 것이며, 예의 핵심은 이 두 가지를 조리에 맞게 하는 것이다."[23]라고 한 말에서도 인의와 예의 관계를 짐작할 수 있다.

그런 점에서 유가의 사덕은 인의로 요약되고 그것은 사랑을 바탕으로 '최고선'을 실현하기 위한 사회정의로써, 전체 속에서 피차를 편안하게 하고 공평하게 하는 모든 덕의 기초이자 근거라고 하겠다. 이 사덕을 대표하는 인의가 대인·대물 관계에 있어서는 '중미를 회통하는 예'에 의해 현실적으로 구체화되는 바, 이는 천명의 주체적 자각과 실천을 통해서만 인생 최고의 이상적 가치로 발현된다. 그렇게 본다면 사덕을 대표하는 것은 인이고 그것을 현실적으로 운용하는 힘을 지닌 것은 예라고 할 수 있다. 따라서 인은 예의 정신과 바탕이 되고 예는 인의 그릇, 즉 표현이 된다. 그래서 공자도 "사람으로서 인하지 않다면 예는 하여 무엇하며, 사람으로서 인하지 않다면 악은 해서 무엇하겠는가."[24]라고 말하지 않았던가 여겨진다.

인과 예의 관계를 가장 잘 표현한 말이 '극기복례가 인'이라는 『논어』「안연편」의 한 귀절이다.[25] 그 의미는 자기의 사사로운 마음과 욕망을 이겨서 남과 더불어 사는 공동체적 마음 자세를 갖는 것이 인이라는 것이다. 예를 실천한다는 것은 이처럼 인을 토대로 하여 자기가 자신의 사욕을 극복하고 사심에서 해방되어야 하는 것이므로, 그

---

22 『孟子』, 「告子章句上」. "生亦我所欲也, 義亦我所欲也, 二者不可得兼, 舍生而取義者也."
23 『孟子』, 「離婁章句上」. "仁之實, 事親是也, 義之實, 從兄是也, 智之實, 知斯二者, 弗去是也, 禮之實, 節文斯二者是也."
24 『論語』, 「八佾」. "子曰人而不仁如禮何, 人而不仁如樂何."
25 『論語』, 「顏淵」. "子曰, 克己復禮爲仁."

것은 외부의 강제가 아니라 자기 스스로 결정·주재·표출하는 주체적인 도덕 행위가 되는 것이다.[26] 공자가 "인을 행하는 것이 자기 자신에게 달려 있는 것이지, 어찌 다른 사람에게 달려 있겠는가."[27]라고 말한 것도 바로 이런 의미이다. 따라서 '극기'는 참된 인간으로 사는 출발점이며, 자신을 해방시키는 진정한 자유의 길이라고 할 수 있다. 그러므로 예행(禮行)은 타율과 강제가 아니라, 자기 스스로를 절제하고 단속하는 일이 된다. 자기 스스로 예에 합당하지 않는 일이면 보지도 듣지도 말하지도 말고 행동하지도 말아야 하는 것이다.[28] 그것은 '예에 따라 행동하는 능력과 예에 복종하는 의지가 바로 인간을 인간이게 할 수 있는 완전하고도 특유한 인간의 덕 또는 힘'[29]이기 때문이다.

이 같은 자율적인 예행은 경과 불가분의 관계에 있다. 북계(北溪) 진순(陳淳, 1157-1223)의 『성리자의(性理字義)』의 한 대목에, "예란 공경하는 마음이요 천리의 절문이다. 심중의 공경하는 마음이 뭉클거리며 밖으로 나오는 것이 예이며, 이로써 사람과 사물을 대하는 데 자연히 절문이 있게 된다."[30]라고 했는데, 이 말을 통해서도 이 둘의 관계가 불가분의 관계임을 확인할 수 있다. 그러므로 예를 행하는 것은 타율적·형식적 예제를 쫓거나 고수하는 것이 아니라 자기 마음의 사욕을 극거하여 인을 스스로 행한다는 데에 그 본의가 있다. 따라서 예는 경(敬)에 기초할 때 현실적인 힘을 갖게 되고 또 새로움을 확보하게 된다. 따라서 경은 정·주 이후 도덕적 주체성을 확립하는 공부법으

---

26 李澤厚, 『論語今讀』, 임옥균 옮김, 북로드, 2006, 529-530쪽 참조.
27 『論語』, 「顔淵」. "爲仁由己, 而由人乎哉."
28 같은 책, 같은 곳. "非禮勿視 非禮勿聽 非禮勿言 非禮勿動."
29 허버트 핑가레트, 『孔子의 철학』, 송영배 옮김, 서광사, 1993, 28쪽.
30 陳淳, 『北溪字義』, 「仁義禮智信」. "禮者, 心之敬, 而天理之節文也, 心中有箇敬, 油然自生, 便是禮, 見於應接, 便自然有箇節文."

로 중시하여 왔는데, 그 핵심 의미는 "안으로 헛된 생각을 없애라는 것이고, 밖으로 함부로 행동하지 말라는 것이다."[31] 그런데 경의 가장 중요한 점은 움직일 때나 고요할 때나 그 안에 인륜을 포함한 전체로서의 마음을 살려내는 적극성에 있다.[32] 동춘당이 석강(夕講)에서 효종에게 '마음 지키는 법은 오직 경뿐'이라고 하면서 "비록 편안히 쉬는 곳에서도 항상 군부(君父)가 위에 계시는 것처럼 행동하는 것이 이른바 지경(持敬) 공부입니다."[33]라고 말한 것이나, "항상 경외하는 마음을 보존하여 보지 못하고 듣지 못하는 곳에서도 감히 소홀함이 없게 하는 것이 경입니다."[34]라고 말한 것도 마찬가지 의미일 것이다. 이로써 본다면 인을 행하고 구현하는 방법은 예이며, 예는 경하는 자세로 일관해야 함을 알 수 있다.

2. 자아실현의 요체로서의 예(禮)

동춘당은 스승인 사계 김장생의 예설(禮說)을 충실하게 계승하고 그 바탕 위에 다시 '이본기용(理本氣用)'의 입장에서 예의 형식보다는 내용을 더 중요시한 우복 정경세의 예설을[35] 더하여 자신만의 독자적인 예 사상을 구축했다. 그의 예 사상의 기본은 예를 실천하는 주체로서의 개인의 수양을 강조하는 사계의 입장을 견지했다.[36] 그가 효종이

---

31 陳來, 『송명리학』, 안재호 옮김, 예문서원, 1997, 260쪽.

32 구스모토 마사쓰구, 『송명유학사상사』, 김병화·이혜경 옮김, 예문서원, 2005, 292쪽.

33 「경연일기」, 정유 10월 14일. "持心之法, 惟敬是已 …… 雖在宴息之處, 常若君父之在上, 此所謂持敬工夫也."

34 『국역 동춘당집 7』 293쪽.

35 愚伏의 예학사상에 관하여는 劉權鐘, 「우복의 예학사상」, 『愚伏 鄭經世先生硏究』, 우복선생기념사업회편, 1996 참조.

36 沙溪의 예학에 관해서는 柳承國, 「沙溪 金長生의 禮學에 관한 연구」, 『東西哲學의 諸問題』, 苦巖 金奎榮박사 화갑기념논문집 간행위원회, 1979와 趙南國, 「沙溪

특별히 하사한 『의례경전통해(儀禮經典通解)』와 『의례도(儀禮圖)』를 사례하는 소차에서 "예를 배우는 공부는 문리(文理)로써 말하자면 정밀하고 상세해야 하며 심성으로써 말하면 검속하고 화경(和敬)해야 하는 것입니다."[37]라고 한 말은 그러한 특징을 잘 드러내고 있다. 그래서 그는 사계가 "인간이 인간의 소임을 다하는 까닭은 고유한 인간의 본성을 잃어버리지 않는 데 있는 것이다."[38]라고 말한 것처럼 예는 본원을 길러 극기복례하고 유정유일하는 공부와 같은 것이라고 주장하면서[39] 또한 예의 본질보다는 예의 형식만을 앞세우거나 고집하는 태도를 거부했다.

그가 상례 때 어떤 신발을 신어야 할지를 문의하는 제자에게 "미투리를 신는 것이 고례이지만 지금 짚신을 신는다 해서 무슨 해가 있겠는가."[40]라고 답변한 것이나, 효종에게 "윤리를 바루고 은애를 도타이 하며, 일에는 반드시 법칙이 있으니 법칙은 이치이며, 지극히 공정히 하여 지나치거나 미급함이 없게 해야 한다."[41]라고 한 말을 상기할 때 이 점은 명백하다. 예에는 내용(體)과 형식(用)이 있고, 형식은 시대에 따라 변하여도 내용은 불변하는 것이다. 따라서 참된 의미에서의 예는 단순히 외면적·형식적인 규범만을 의미하는 것은 아니며, 도덕적 이상 실현을 위한 내면적·정신적인 면까지도 포괄해야 한다.

이러한 논리를 바탕으로 동춘당은 인륜을 밝히는 것이 예의 과제

禮學思想에 있어서의 主體性」, 『沙溪思想研究』, 사계·신독재 양선생 기념사업회, 1991 참조.

37 『文集』, 권1, 疏箚, 「謝特賜儀禮經典通解及圖疏」. "臣妄陳以爲學禮之功, 以文理則精審而詳密焉, 以心性則檢制而和敬焉."

38 『沙溪全書』, 권5, 「先憂錄序」. "人之所以無人者, 不失秉彝之性也."

39 『文集』, 권2, 疏箚, 「申乞解免兼陳規戒疏」. "其持養本原, 克復精一之功, 必有日新又新." 참조.

40 『別集』, 권6, 書, 「答李復初擇之」. "用繩麻, 古也, 今用藁亦何妨."

41 『국역 효종실록』, 효종 8년 9월 12일.

이고, 인간의 사덕을 대표하는 인을 구체적 현실 속에 드러내는 수단임을 다음과 같이 해명하였다.

> 보는 것, 듣는 것, 말하는 것, 행동하는 것이 모두 하늘에 합당한 것이 예이다. 자신의 사사로움을 극기하여 행동하는 것이 천칙에 딱딱 들어 맞을 것 같으면 본심의 덕은 온전하여진다.[42]

> 도가 한없이 광대하니 어느 곳부터 손을 대야 하겠습니까. 오직 예만이 의거할 곳이 있을 뿐입니다. 구용(九容)과 구사(九思)가 모두 예에 속하니 학문을 하는 자들이 먼저 이에 마음됨을 다한다면 자신을 지키고 의지함에 있어서 지향할 바를 알게 될 것입니다. 그래서 장횡거(張橫渠)가 사람을 가르침에는 반드시 예를 주로 하였던 것입니다.[43]

위의 두 예에서도 볼 수 있듯이 예란 천리에 근원한 것이고 인간의 본성이 지니고 있는 보편적 도덕성으로서 인간이 지키고 의지해야 할 마지막 보루이다. 그런 점에서 예는 다만 인의 도덕성의 외적 표현이고, 인간이 극기를 통하여 구현해야 할 최고의 자아실현의 요체가 된다. 이와 같은 생각은 극기를 통하여 예를 회복하는 것이 인을 실천하는 길이라고 설파한 공자의 가르침에 온전하게 부합한다. 그런데 여기서 한 가지 주목할 점은 동춘당의 예의 개념 속에는 예의 상인성(常因性), 즉 상례(常禮)의 의미와 예의 가변성, 즉 변례의 의미가 함축되어 있다고 하는 사실이다. 인간의 타고난 본성의 실현이라는 불변적인 인의 정신과 시대에 따라 변하는 가변적인 의식 규범 내지

---

42 「연보」, 63세조. "視聽言動合於天, 則及所謂禮也, 克去己私, 則動合天則, 而本心之德全矣."
43 「경연일기」, 무신 11월 16일. "道之浩浩, 何處下手, 惟禮有所據依, 如九容九思, 皆屬禮, 爲學者先從事於此, 則可以有據守而知所向矣, 故橫渠教人, 必主乎禮."

제도라는 두 측면이 바로 그것이다. 다시 말하여, 동춘당이 사용하는 예의 개념은 인간이 지향하는 이념 또는 타고난 본성이라는 형이상의 관념과, 그 관념을 사회적 행위를 통해 실현하는 수단 즉 형이하의 의식 규범 내지 제도라는 두 가지 의미를 담고 있다는 것이다.[44] 주자가 예를 가리켜 '천리의 절문이요, 인사의 의칙'[45]이라고 한 말은 이를 단적으로 요약해 준다. 이 점은 동춘당의 다음 말에서도 선명하게 나타난다.

> 대체로 거상(居喪)의 예에 장사 지내기 전에는 죽을 먹고 장사 지낸 뒤에는 거친 밥에 물을 마시며, 소상(小喪)을 지낸 뒤에 채소와 과일을 먹는 것은 상례(常禮)입니다. 병이 있으면 술도 마시고 고기도 먹어서 죽은 사람 때문에 살아있는 사람을 해치지 않는 것은 변례입니다. 그런데 만약 상례만을 고집하고 변례를 모른다면 효자나 순손(順孫)들은 아무도 살아남을 자가 없을 것입니다.[46]

이처럼 동춘당이 강조한 예는 '제도로서의 의(儀)'뿐만 아니라, 인간의 인격적 본질에 근거하고 있는 참된 '인간 본성 실현으로서의 예', 즉 '이념으로서의 예'이다. '이념으로서의 예'란 일체의 인위적 장식이나 조작이 가해지지 않은, 사람의 선한 마음과 자연스러운 성정에서 우러나오는 예를 뜻한다. 동춘당에 의하면 참다운 예란 바로 인간의 선한 마음과 자연스러운 성정에서 나오는 것이며, 그것은 또한 인간의 주체적 실천으로 현실화된다. 그가 형식에 얽매인다는 것[役文]

---

44 이봉규, 「예송의 철학적 분석에 대한 재검토」, 『大同文化硏究』, 제31집, 성균관대학교 대동문화연구원, 1996, 167쪽 참조.
45 『論語』, 「學而」, 朱子註. "禮者, 天理之節文, 人事之儀則也."
46 『文集』, 권8, 啓辭, 「百官請從權制啓」. "盖居喪之禮, 未葬而食粥, 旣葬而疏食水飮, 朞而食菜果, 禮之常也, 有疾則飮酒食肉, 不以死傷生, 禮之變也, 膠常而不知變, 則孝子順孫, 無生者矣."

에 대해 묻는 현종에게 예는 형식에 얽매이는 데에 있는 것이 아니고 본래 주어진 바탕에 있는 것이라고 한 정자의 말을 원용하여 답변한 것[47]은 그 단적인 예이다. 그리하여 그는 예를 '장중하게 공경하여 스스로를 바르게 하는 것(莊敬自持)'[48]이고, '계신공구하여 근본을 확립하고 체통을 지키는 것'으로 이해하였다. 그래서 그는 효종에게 "사람의 일신으로 말하면 각각 병을 받는 곳이 있듯이 국가의 일도 또한 그러합니다. 지금 전하께서 정신을 가다듬어 나라를 잘 다스리려고 지극하게 도모하지 않은 것이 아니지만 바람처럼 다스림이 따라주지 않는 것은 체통이 서지 않기 때문입니다."[49]라고 말하지 않을 수 없었던 것이다.

여기에서 이른바 예를 실천하는 주체로서의 인간의 덕성과 수양이 중요한 문제가 되는 것이다. '제도로서의 의'도 결국 인간을 주체로 하여 현실화되는 것이고, 그 의식의 내용 역시 인간 자신의 착한 본성을 간단없이 실천하겠다는 구체적 표현이기 때문이다. 다음과 같은 예에서 이 문제가 동춘당에게 얼마나 절실한 것이었는가를 알 수 있다.

> 이전에 신의 헌의(獻議) 중에 이른바 '자손이 있는 곳에는 조선(祖先)의 신기(神氣)가 모인다.'는 말이 말은 비록 극진하지 못하지만 실로 깊은 뜻이 있습니다. 성명께서 항상 조섭(調攝) 중에 계시니 한번 거동하는 일이 실로 쉽지 않으실 줄로 압니다. 그러나 이번의 제주(題主)는 실로 상례(常禮)와 크게 다르니, 어리석은 신은 성명께서 스스로 기력을 요량하시어 억지로라도 거동하셔서 반드시 친히 임하여 제주를 모

---

47 「경연일기」, 경자 4월 2일. "上曰役文者何謂也, 浚吉曰役文者, 役於文也, 伊川嘗譏關中學禮者, 有役文之弊矣." 참조.
48 같은 책, 을사 8월 12일 참조.
49 같은 책, 무술 10월 20일. "以人一身而言, 則各有受病之處, 國家事亦然, 今殿下勵精圖治, 非不至矣, 而治不從欲者, 體統不立故也."

신다면 유명(幽明)의 정례(情禮)에 있어 어찌 진선진미(盡善盡美)하지
않겠습니까. 주자가 이른바 '나의 정신을 모아서 조고(祖考)의 정신을
모은다.'는 것과 정자가 이른바 '천명에 순종하고 이치를 따라 행한
다.'는 것도 그 뜻이 실로 이에 있으므로, 어리석은 충정으로 감히 성
명을 위해 다 말씀드리지 않을 수 없습니다.[50]

예를 논함에 있어 인간의 자연스러운 정과 실천의 중요성을 강조
하고 부화(浮華)한 수식과 번다함을 비난한 것은 예학자들에게 흔히
볼 수 있는 논법이다. 그 단적인 예를 우리는 사계나 우복의 예설을
통해서 확인할 수가 있다. 사계는 예가 자연스럽고 평이해야 한다고
하면서, 예는 '진실로 평소에 잘 익혀두지 않으면 예를 다할 수 없는
것'[51]이라고 역설했고, 우복은 인간의 예 실천은 심정과 행위에 의한
리의 표상에 지나지 않는다고 말했다.[52] 공자 이래로 예는 형식보다
내용이 더 중요하다는 견해도 이에 못지않게 일반화된 인식이다.[53]
하지만 이와 같은 통념적 언어 속에 담긴 동춘당의 생각은 조금 특이
한 점이 있다. '진선진미'한 정의 진솔한 표현이 예이고, '장경자지(莊
敬自持)'하는 것과 '계신공구하여 근본을 확립하는 것'을 예의 근본으
로 이해한 점이 그것이다. 다음의 예에서도 이 점을 어느 정도 엿볼
수 있다.

---

50 『文集』, 권7, 疏箚, 「辭職兼陳所懷疏」. "向臣獻議中所謂子孫所在, 卽祖先神氣之
所萃云者, 語雖未盡, 實有深意, 仰惟聖明常在調攝之中, 一遭擧動, 誠有未易者,
然今番題主實與常例絶異, 愚臣所望, 聖明自量氣力, 如何强勉, 則必須親臨奉題,
其由幽明情禮, 豈不盡善而盡美, 朱子所謂聚己之精神, 以聚祖考之精神, 程子所
謂順天命順理而行者, 實在於此, 區區愚衷不敢不爲聖明盡之."
51 『沙溪全書』, 권5, 「序」. "然而禮之用, 易行於平間吉常之時, 而多失於急據凶變之
際, 苟非素所講習, 則難以合宜而應節." 참조.
52 유권종, 앞의 책, 81쪽 참조.
53 孔子는 이 점을 質과 文의 관계로 설명한 바 있다. 質이 본래 주어진 바탕으로서의
내용이라면, 文은 그 바탕을 드러내 주는 형식이다. 『論語』, 「雍也」. "質勝文則野,
文勝質則史, 文質彬彬, 然後君子." 참조.

신이 듣건대, 『의례(儀禮)』에 '병자도 재계(齋戒)하고, 병 시중드는 자
도 재계한다.'고 하였습니다. 지금 전하를 보호하는 직임이 있는 신하
들은 모두 정성을 다해 그 방법을 극진히 할 것으로 생각됩니다마는,
전하께서도 마음을 재계하고 생각을 맑게 가져 밤낮으로 삼가시어 신
명의 도움과 하늘의 보살핌을 받으소서.[54]

이렇게 동춘당은 예의 형식보다 내용을, 예 운용의 주체인 인간의
진실한 내면세계를 중시했다. 이와 같은 입장은 예에 있어서 그 내용
을 강조하면서도 그 궁극적 귀결을 예의 형식에 돌려놓는 태도와 상
이한 것으로서, "사람으로서 인하지 못하면 예 같은 것을 해서 무엇
하겠는가."[55]라고 말한 공자의 관점에 오히려 더 가까운 것처럼 보인
다. 그가 "사람이 측은지심이 없으면 그것은 죽은 물건(死物)이지 사
람이 아니다."[56]라고 말한 것도 마찬가지 생각의 표현이다. 물론 여
기에는 예 실천의 당위성의 근거가 인간의 고유한 내적 원리요 존재
원리인 인의예지 사덕이 있다는 인식이 전제된다.

그리하여 그는 인간을 근원적으로 예를 실천할 수 있고 천리가 주
인이 된 주체로 이해하고, 이념으로서의 예의 측면을 주로 하여 예의
존재 의의를 해석하였다. 이에 따라 동춘당은 후천적 기품과 외물의
작용에 따라 악해질 수도 있는 인욕을 다스리어 본원적 성의 순선함
에게 돌아가게 하는 수양적 기능으로 예를 파악했다. 이 경우 예는
'성학(聖學)'의 처음과 끝을 이루는[57] 경과 같은 의미를 갖게 된다.

그가 마음 다스리는 방법을 묻는 현종에게 『맹자』의 한 대목을 원

---

54 『文集』, 권5, 疏箚, 「陳情疏」. "抑臣聞之禮曰, 疾者齋, 養疾者齋, 今日諸臣職在保
　　護之任者, 想皆竭其精忱, 以盡其方, 殿下亦宜齊心淸慮, 日夕戒愼以膺百神之扶
　　相, 以承上天之眷愛."
55 『論語』, 「八佾」. "子曰人而不仁, 如禮何, 人而不仁, 如樂何."
56 「경연일기」, 무술 12월 17일. "人無惻隱之心, 則便是死物, 非人也."
57 『大學或問』. "敬之一字, 聖學之所以成始而成終者也."

용하여 "남에게 예를 베풀어도 반응이 없으면 자신의 공경심(敬)을 반
성한다."[58]라고 한 답변은 그 좋은 단서가 된다. 마음을 바르게 하는
것은 모든 앎의 궁극적 목적이며, 경은 그 요긴한 방법의 하나이다.[59]
예에 관해서도 그의 생각은 같았다. 그것은 예가 다른 것이 아니라
공경하는 것이면서 하나의 이치이자 동시에 실천 덕목이기 때문이다.
따라서 그의 예 사상에 있어서 경은 매우 중요한 전제 조건이 된다.
따라서 경은 사람과 사람의 관계를 성스럽고 경건하게 만들어 주고,
사람으로 하여금 땅적인 삶에서 하늘적인 삶에로 올라서게 해주는
가장 긴요한 방법이 되는 것이다. 이 점은 동춘당의 다음과 같은 말
에서도 어느 정도 시사를 받을 수 있다.

> 안이 경하면 밖이 정제되고 엄숙하기가 실로 어렵지 않습니다. 그러나
> 외관이 정제되고 엄숙하면 내면의 마음까지도 수렴할 수 있기 때문에
> 주자가 「경재잠(敬齋箴)」을 지으면서 '의관을 바루고 첨시(瞻視)를 존
> 엄히 할 것'으로 첫 구절을 삼았습니다.[60]

그리하여 동춘당은 이를 토대로 하여 '심성 본체를 실현할 수 있는
근본적 방법'[61]인 경 공부를 강조하였다. 그가 소대에서 현종에게
"심학 공부는 경을 근본으로 삼습니다."[62]라고 한 말이나, 효종에게
"학문의 길은 다른 것이 없고 오직 경으로 마음을 곧게 하고 의를 행
하여 밖을 방정하게 하는 데 있을 뿐입니다."[63]라고 한 말에서 그 점

---

58 「경연일기」, 신축 2월 26일. "孟子曰, 治人不治, 反其智, 禮人不答, 反其敬." 참조.
59 같은 책, 을사 6월 4일. "心學工夫, 夫敬爲本." 참조.
60 「경연일기」, 무술 1월 15일. "敬於內則其外之整齊嚴肅固不難也, 而然整肅於外,
   則亦能收斂於內, 故朱子作敬齋箴以正其衣冠尊其瞻視爲第一句矣."
61 蒙培元, 『理學範疇系統』, 人民出版社, 1989, 407쪽.
62 같은 책, 을사 6월 8일. "心學工夫, 敬爲本."
63 같은 책, 무술 1월 15일. "學問之道無他, 惟在敬直義方."

을 분명하게 확인할 수 있다.

동춘당에게 있어서 '경'이란 인간이 마지막까지 추구해야 할 수양 덕목이자 궁극적인 삶의 목표로서, 사람이 마땅히 이루어내야 할 인간 공동체를 유지시켜 주는 정치적 이상이기도 했다. 그가 '경은 한 나라의 존망을 결정짓는 근본 요인'[64]이며 '성인되기를 바라는 가장 중요한 공부'[65]라고 말하면서 또한 "경이 마음속의 주인이 되고 의가 밖의 사악함을 막아서 경과 의가 서로 도와 천덕에 도달하는 것입니다."[66]라고 말한 이유도 바로 그 점에 있다.

따라서 동춘당이 말한 '경'이란 '자신의 자아를 체험하고 그것을 지켜나가는 함양 공부의 방법'[67]만을 뜻하지는 않는다. 그것은 개인의 내면적 적덕(積德)을 통한 치국·평천하라고 하는 넓은 의미의 사회·정치적 실천까지도 포함한다. 물론 그가 강조하는 초점은 외왕(外王)의 정치보다는 내성(內聖)의 공부에 있었다. 그가 효종에게 '본원에 더욱 힘쓰시고 하늘을 대하는 정성을 더욱 독실히 하여 일어일묵(一語一默)과 일동일정(一動一靜)을 모두 하늘의 뜻에 부합하기를 구할 것'[68]을 요청한 일이라든가, 경을 가리켜 '내·외를 합하고 동·정을 겸하고, 시종을 일관하고 상·하를 꿰뚫는 것'[69]이라고 하면서 "성현의 학문은 시작할 때 경이 아니면 시작할 수 없고 마칠 때 경이 아니면 그 마침을 이룰 수 없습니다. 문자는 간략하지만 뜻은 매우 정미하며 공부는 간단하나 효과는 매우 넓습니다."[70]라고 풀이한 참뜻이

---

64 같은 책, 신축 4월 7일. "觀其怠敬, 國以存亡者, 乃古之言也." 참조.

65 같은 책, 정유 12월 4일. "敬義工夫, 皆希聖之樞要." 참조.

66 같은 책, 정유 11월 13일. "敬主於內義方於外, 敬與義相爲夾持以達于天德."

67 몽배원, 앞의 책, 405쪽.

68 『文集』, 권1, 疏箚, 「辭召命疏」. "深願殿下益用力於本源之地, 益篤對越之誠, 一語一默一動一靜, 無不求合乎天."

69 「경연일기」, 정유 10월 13일. "敬者, 合內外, 兼動靜, 貫始終, 通天下."

70 같은 책, 같은 곳. "聖賢之學, 其始非敬則無以成始, 其終非敬則無以成終, 文字甚約而義甚精, 工夫甚簡而效甚博也."

여기에서 드러난다. 이처럼 경이란 내외, 동정, 시종, 상하의 양면에 관계되는 개념으로서 성학의 시작과 끝이 된다. 따라서 경은 동춘당 예 사상의 근본 토대이며, 단지 개인의 심성 수양만을 지칭하는 개념은 아니다. 이렇게 이해할 때 경은 다만 '경으로 내면을 곧게 하고, 의로 외면을 바르게 한다.'[71]라는 의미이며, 따라서 '개인적 차원의 수행법이나 공부법이 아니라 좀 더 사회적이고 가치 지향적인 의식 활동인 것이다.'[72] 이 경우 '경이직내'는 개인의 내적 수양을 가리키고, '의이방외'는 개인의 사회 실천을 의미한다. 그래서 정자도 "군자는 경을 주장함으로써 그 안을 바르게 하고 의를 지켜 밖을 방정하게 한다. …… 경과 의가 이미 확립되면 그 덕이 성대해지므로 클 것을 기약하지 않아도 커지니 덕이 외롭지 않게 된다."라고 말했던 것이다.[73] 동춘당의 다음 말에서 이 점이 보다 분명하게 밝혀진다.

근독(謹篤)은 바로 성의(誠意)를 이름인데 선유는 근독을 중요하게 여겼습니다. 대체로 보통 사람들은 밝게 드러난 곳에서는 지키기 쉽지만 한적하여 함부로 행동할 수 있는 곳에서는 보존하기가 어려우니, 드러난 곳이나 은미한 곳에 차이가 없고 안과 밖이 한결같은 뒤에야 학문을 말할 수가 있습니다. 공부가 지극하고 지극하지 못한 것이 오직 여기에 달렸으니, 군왕이 능히 근독하면 천심을 감격시키고 민정(民情)을 신복시킬 수 있지만, 근독하지 않으면 이와 반대로 될 것이니 두려워하지 않아서야 되겠습니까.[74]

---

71 『周易』「坤卦·文言傳」. "敬以直內, 義以方外."
72 정순우, 「퇴계사상에 있어서 '일상'의 의미와 그 교육학적 의미」, 『퇴계의 사상과 그 현대적 의미』, 한국정신문화연구원, 1997, 267쪽.
73 『周易』「坤卦·文言傳」程子註. "君子主敬, 以直其內, 守義, 以方其外, 敬義旣 立, 其德成義, 不期大而大矣, 德不孤也."
74 『국역 동춘당집 7』, 353쪽.

위의 예문은 '경'과 '의'가 긴밀하게 연결되는 것이면서, 그 두 가지가 균형과 조화를 이룰 때 '경'의 참다운 성취가 가능하다는 것을 보여준다. 이 경우 '경'은 인욕의 사사로움을 초극하여 천리의 공정함과 일체가 된다는 의미이며, 더 나아가서 그것이 사회적 실천, 즉 정치참여(治人)의 논리가 된다는 의미이다. 그가 소차를 통해 "사대부가 벼슬을 사양하고 받는 것과 세상에 나아가고 물러나는 것은 다만 그 한 몸의 일일 뿐만 아니라 그 처신의 잘잘못이 실로 풍속의 성쇠와도 관계된다."[75]라고 하였고, 또 "선비가 세상을 살아가면서 힘을 다하고 몸을 바쳐야 할 것으로는 단지 충(忠)과 효(孝)라는 두 가지 일이 있을 뿐이다."[76]라고도 말하였던 것도 이러한 인식의 소산일 것이다.

뿐만 아니라 퇴계가 '경은 만사의 근본'[77]이라고 하면서 "경은 처음부터 끝까지 관통해야 하는 것이다. 경을 지키는 방법을 알 수 있다면 리가 밝아지고, 마음이 안정된다."[78]라고 말한 것이나, 우복이 "성인은 사람을 가르칠 때마다 매번 '거처할 적에는 공손하고 일을 할 적에는 공경스러워야 한다[居處恭執事敬]', '말은 성실하고 미덥게 하고, 행실은 독실하고 공경스러워야 한다[言忠信行篤敬]', '예가 아니면 보지도 말고 듣지도 말고 행하지도 않는다[非禮勿視聽言動]', '문밖을 나가서는 큰 손님을 맞는 듯이 하고, 백성을 다스릴 때에는 큰 제사를 지내는 듯이 한다[出門如見大賓 使民如承大祭]'라고 말씀하셨다. 이것들은 모두 사람들로 하여금 외면상으로 형상이 있는 곳에 나아가 공부하게 하지 않은 것이 없으니 그럴 경우 마음은 자연 풀어지지 않고 인(仁)도 여기에 있게 되는 것이다."[79]라고 말한 것도 이에 근거

---

75 『文集』, 권1, 疏箚, 「辭吏曹參議兼贊善疏」. "士大夫之辭受出處, 不獨其身之事而已, 其所處之得失, 實關風俗之盛衰."
76 『文集』, 권2, 疏箚, 「再疏」. "士生斯世, 當竭力而致身者, 只有忠孝兩節而已."
77 『聖學十圖附錄』, 「大學圖後說」. "敬者, 一心之主宰, 而萬事之本根也."
78 『退溪全書』, 권28, 「答金惇敍」, "敬者, 徹頭徹尾, 苟能知持敬之方, 則理明而心定."

한다고 하겠다.

　이와 같이 경의 개념은 다의성을 지니고 있지만 그 핵심은 '인간 본래성의 뿌리이기도 한 천리의 실재와 권위를 곧바로 인식하고' 그것을 근거로 하여 의리에 합당한 사회적 삶을 사는 일이다. 따라서 그 경은 '움직일 때나 고요할 때나 그 안에 인륜을 포함한 전체로서의 마음을 살려내는 적극성이며'[80] '본래적 천리에 대한 인간의 무조건적·직각적 긍정이자 순종이다.'[81] 그런 면에서 경은 '결코 허령한 공적의 세계가 아닌 활경(活敬)으로서 실천적 행위 속에 통합된 전일성을 확보하는 과정인 것이다.'[82] 동춘당의 이러한 경 이해는 예의 정신과도 일치한다. 이 경우 예는 인간적 충동의 완성, 즉 충동의 문명적 표현으로서 결코 형식주의적인 비인간화가 아니며, 인간과 인간 간의 관계를 생동적으로 살려내기 위한 인간 고유의 형식이 된다.[83]

　동춘당이 소대에서 현종에게 정자의 말을 빌려 "경을 굳게 지키는 것이 선입니다."[84]라 말했고, 또 "인을 행하는 방법은 오직 사물(四勿)에 있을 뿐입니다. 공자께서 안연에게 극기복례로 일러주신 것은 건도(乾道)이고, 중궁(仲弓)에게 경(敬)과 서(恕)로 일러주신 것은 곤도(坤道)입니다. 성인께서는 사람을 가르치실 때 각각 그 자질에 따라 일러주셨습니다. 배우는 사람의 공부에는 경과 서보다 간절한 것이 없지만, 극기복례의 공부도 스스로 계획을 세우시어 물러나서는 안 될 것입니다."[85]라고 말한 것은 이를 이해하는 데 매우 중요한 단초를 제공

79 『愚伏集』, 권10, 書, 「答李叔平」. "聖人教人每曰, 居處恭執事敬, 言忠信行篤敬, 非禮勿視聽言動, 出門如見大賓, 使民如承大祭, 無非使人就外面有形象處功, 則心自然不放而仁在是矣."
80 구스모토 마사쓰구, 『송명유학사상사』, 292쪽.
81 아라키 겐코, 『佛敎와 儒敎』, 심경호 옮김, 예문서원, 2000, 366쪽.
82 정순우, 같은 책, 296-297쪽 참조.
83 허버트 핑가레트, 『孔子의 철학』, 29쪽.
84 「경연일기」, 무신 12월 5일. "程子曰, 只主於敬便是善."
85 같은 책, 무신 11월 19일. "爲仁之道, 惟在四勿, 夫子之告顔子以克復者乾道也, 告

해 준다.

　동춘당은 경에 의거하여 천리를 회복하고 인륜을 지키고 구현하는
삶이야말로 인간다운 삶에서 가장 의미 있고 '성스러운 의식(儀式)'이
라고 했다. 그런 점에서 경은 한 인간이 자신의 삶에 있어서 마땅히
실현하지 않으면 안 되는 당위 원리이자 최고의 이상적인 가치이다.
그는 이를 통해 개인의 도덕 완성을 통한 사회 실천의 논리와 방법을
명백하고 치밀하게 구축하고자 하였는 바, 그것이 다름 아닌 '밖으로
드러난 도'이며 '사회적 형식의 조화와 아름다움'인 예이다. 여기서
경은 사람이 자신의 존재 근원인 천리와 하나되게 하는 성스런 힘이
면서, 그것을 경배하는 마음의 자세와 직결된다. 따라서 동춘당의 경
은 개인의 내면적 수양이라는 윤리·도덕적인 의미도 갖지만, 더 나아
가서 그것은 이 우주의 절대적인 일자(一者)인 상제나 천을 신앙하는
종교적인 의미까지도 아우른다. 그가 현종에게 "전하께서는 계신공구
의 도에 힘을 쓰시고, 제어하기 어렵고 발동하기 쉬운〔難制易發〕곳에
는 공부를 더하십시오. 중화의 덕에 더욱 힘을 쓰시어 하늘의 경계에
대응하는 실상을 다하여 분노의 기운이 구름과 안개가 걷히듯 말끔히
없어지게 하십시오."[86]라고 말한 것이나, "하늘에 계시는 조종의 영
혼들이 상제의 좌우에 오르내리시면 자손이 복을 받아 국명을 영속시
키는 것은 이치의 필연입니다."[87]라고 말한 것, 또 "상제가 네게 강림
한 듯이 하는 것이 경이니, 이것이 학문의 근본입니다."[88]라고 말한
것은 그 단적인 예이다.

　仲弓以敬恕者坤道也, 聖人敎人各因其資質, 學者用功, 莫切於敬恕, 以克復之功,
　亦不可自畫而退托也."
86 『文集』, 권7, 疏箚, 「請還收承旨臺諫罷職之命箚」. "殿下宜用力於戒愼恐懼之道,
　加工於難制易發之地, 益勉中和之德以盡應天之實, 使忿戾之氣雲消霧卷."
87 같은 책, 「辭職兼陳所懷疏」. "而祖宗在天之靈, 陟降於上帝之左右, 子孫蒙其福
　澤, 以迓續景命者, 又理之必然處."
88 「경연일기」, 기사 6월 8일. "上帝臨女敬也, 此是學也."

그렇게 본다면 동춘당의 경은 '세계와 인간의 삶 속에 주어진 것에 대한 하나의 근본적인 자세이며, 우리를 인간답게 존재케 하고 또 우리를 압도하는 대상적 힘에 대한 반응'[89]이라고 할 수 있다. 바로 여기에서 종교철학적 의미도 내함하고 있는 동춘당 경 사상의 특징이 분명하게 밝혀지며, 그의 예 사상 또한 이와 무관하지 않다. 이로써 경으로 내외를 일관했고, 그것의 '이룸'을 평생의 과제로 삼았던 동춘당 예 사상의 참뜻과 내용이 분명하게 드러난다. 그래서 그는 "대저 소위 도라는 것이 무엇입니까. 바로 일상의 행위 사이에서 사리를 정밀하게 살펴 진실로 그 중도를 얻는 것입니다."[90]라고 하면서 다음과 같이 말할 수밖에 없었던 것이다.

> 대체로 재변이 생기는 것도 사람의 잘못에서 연유하고 재변을 막는 방법도 사람에게 달렸으니, 진실로 인사를 잘 닦으면 재이가 재해가 되지 않으니, 지금이야말로 전하께서 마음을 차분히 가라앉히고서 천신(天神)을 대하듯이 공경하며 공구수성하실 때입니다.[91]

이렇게 볼 때, 동춘당은 경으로 내외를 일관하고 그것의 외적 표현인 예를 통해 대의가 천하에 밝혀지고 천리가 유감없이 구현되는 세상을 꿈꾸었으며, 그 속에서 '예는 오직 실천해야 할 올바른 마지막 가치'라는 인식과 '그것의 몸소 행함'의 삶을 살고자 했던 것은 확실하다. 「연보」에 "동춘당은 일생 예학에 침잠하여 몸으로 행함과 인군을 섬기는 것이 하나도 예에서 벗어나지 않았다."[92]라고 한 대목과 「춘궁

---

89 노영상, 『경건과 윤리』, 성광문화사, 1997, 61쪽.
90 『文集』, 권1, 疏箚, 「應旨兼辭執義疏」. "夫所謂道者, 何謂也, 卽其日用之間, 動靜之際, 精察事理, 允得其中."
91 『국역 동춘당집 7』, 332쪽.
92 「연보」, 54세조. "宋某一生沈潛禮學, 行己事君, 無一不出於禮."

치제문(春宮致祭文)」에 "화순(和順)으로 장엄을 다스리고 온화하면서도 경을 지켰다. 성실함은 남을 대하는 데서 드러났고, 예는 자신을 단속하는 데 엄격하였다."[93]라고 한 제문(祭文)의 한 대목은 아마도 이 점을 가장 단적으로 표현하고 있다고 하겠다.

동춘당은 그러한 마음가짐을 바탕으로 매사에 겸손하고 도덕적으로 완전한 인간이 되고자 쉼 없이 노력했으며 '내외가 사귀며 서로를 길러주는 경'[94] 중심의 예 사상을 확립하고자 했다. 바로 여기에서 이른바 '위태로운 인심을 안정시키고 은미한 도심을 밝게 드러내어'[95] '벌청존명(伐淸尊明)'의 꿈을 실현하려고 했던 동춘당의 북벌대의 정신과 엄정한 자기실현의 이론적 근거가 드러난다. 이렇게 해서 확립한 주경적 예 사상은 동춘당으로 하여금 도학의 정통을 자임하면서 '예절의 사이와 말과 행동을 하는 데 있어서 천만 번 경계하고 삼가며'[96] 또 '구천에 간들 부끄럽지 않을'[97] 도덕적 지향과 현실성에 투철한 삶을 살게 했고, 그리고 그것은 당파를 초월하여 대의를 추구하는 태도와 정신으로 집약되어 나타났다. 이러한 의식의 밑바탕에는 물론 기의 세계보다 리의 세계를 더 중시하는 사고에 입각하여 경과 의를 아울러 추구하고, 천리와 인욕을 엄격하게 나누면서 인욕보다 천리의 높임을 철학의 궁극 목표로 여기는 기본 전제가 깔려 있다.

그런 뜻에서 동춘당의 이러한 논리는 결국 천명을 받은 존재로서의 인간이 인간으로서 마땅히 걸어가야 할 도리와 명법인 인의가 인간 사회에서 반드시 구현되어야 한다는 가치 지향의 정신과 순수 논

---

93 『別集』, 권9, 附錄, 「春宮致祭文」. "和以克莊, 溫且持敬, 誠者接物, 禮嚴飾躬."
94 『경연일기』, 무술 1월 15일. "持敬之道 …… 內外交相養之功."
95 『경연일기』, 정유 8월 19일. "心之危微, 政要著工, 惟精惟一, 能擇能守.
96 『文集』, 권14, 書, 「與金晦叔」. "禮節之間, 言行之際, 千萬戒慎, 使人稱之曰, 君子之子."
97 『文集』, 권1, 疏箚, 「乞歸疏」. "臣方以廉隅責人, 而自不免無恥之歸, 則寧不爲九泉之羞也."

리 이전의 '실천이성'의 요청에서 정향된 시도로 보아 마땅할 것이다. 이와 같은 예 사상은 다음에 살펴볼 그의 현실 인식과 도덕 사상을 통하여 극명하게 표출되고 전개되었다.

3. 예와 도덕적 이상의 실현

지금까지 논의한 바, 동춘당 예 사상은 '경'을 강조하는 데에서 그 특징을 찾을 수 있다. 그는 형식으로서의 예, 즉 '제도로서의 의' 보다는 인간 본성의 실현으로서의 예를 더 중시하고 그것을 인간 존재 방식이자 실천적 당위의 도덕률인 '경'을 통해 인세에서 구현하려고 노력했다. 따라서 '경'은 한 인간이 존재함에 따라 마땅히 실현하지 않으면 안 될 당위 원리이자 이상적인 삶의 최고 가치이며 사람이 자신의 존재 근원인 천리와 하나가 되게 하는 성스런 힘이기도 하다. 그런 점에서 '경'은 개인의 내면 수양이라는 윤리 · 도덕적인 의미뿐만 아니라 상제나 천을 신앙하는 종교적 의미까지 갖는다고 할 수 있다. 그래서 우리는 동춘당의 예 사상을 주경 철학의 예 사상이라고 명명한 것이다.

그러한 주경 철학의 예 사상은 그의 현실 인식 내지 그 대응에도 반영되었다. 동춘당이 깊이 개입한 '기해예송(己亥禮訟)'이나 『상례비요(喪禮備要)』 교정 또한 이 문제에 관련된다. 그가 숭명벌청의 의리를 통한 근본의 확립을 주장하고 그것을 치도의 요체로 삼아 현실을 인식하고 현실에 대응하고자 했던 것도 이와 무관하지 않다. 그가 궁가(宮家)를 논열(論列)한 대간들에게 죄를 묻고자 하는 효종에게 그들을 변호하면서 "일에는 옳고 그름을 볼 뿐이니 어찌 궁가라는 이유로 핍박을 혐의쩍게 여겨 억지로 따라서야 되겠습니까. 궁가에 과연 잘못이 없다면 비록 대론(臺論)이 무섭게 일어나더라도 따르지 않는 것이 좋습니다.”[98]라고 말한 것은 바로 그 단적인 예이다.

이렇게 볼 때 동춘당의 예학 사상은 40여 년 간격으로 일어난 임진왜란(1592)과 병자호란(1636)으로 인한 전쟁의 후유증의 극복 과정 속에서 나라의 기강이 무너지고 사회적 부조리가 극성을 부리던 혼란된 현실과 시대적 상황에 대한 정직한 성찰과 그 응답의 결과라고 할 수 있다.

이러한 각도에서 동춘당의 예 사상과 실천적 사회사상을 검토할 때 가장 두드러지게 눈에 띄는 것은 주경 철학의 궁극적 목적인 '존천리'와 '도심'의 수호에 대한 강조이다. "천리를 보존하는 일은 사직을 편안하게 하는 소이가 된다."[99]라고 한 말이나, "그 도심이 발한 것을 확충하면 천리의 공심(公心)이 인욕의 사사로움을 이겨 도심이 항상 일신의 주인이 되게 할 수 있다."[100]라고 한 말은 이러한 정황을 무엇보다 극명하게 보여주는 예이다. 바로 여기에서 동춘당의 예 사상과 현실 인식 사이의 특징이 드러나는 것이다. 이 경우 천리나 도심은 한 인간이 존재함에 따라 거부할 수 없는, 실현되지 않으면 안 되는 존재 원리이며 행위의 준거 또는 실천적 당위성으로서의 주체적 진리이다. 그가 인심과 도심을 엄격하게 구별하고, 경과 의를 성학 공부의 핵심 개념으로 주목한 것은 이러한 인식의 소산이다. 그가 석강에서 효종에게 '사람의 마음은 학문에 생각을 두지 않으면 불선에 이르지 않는 경우가 드물다.'[101]고 하면서 현종에게 "일상 사이에 마음이 움직일 때 어느 것이 천리고 어느 것이 인욕인지를 항상

---

98 「경연일기」, 기해 3월 20일. "凡事觀其是非而已, 豈以宮家之故, 有所嫌逼而勉從乎, 宮家果無所失, 則臺論雖或峻發, 不從好矣."

99 『文集』, 권1, 疏箚, 「陳情辭職兼陣所懷疏」. "存天理所以安社稷."

100 「경연일기」, 정유 10월 14일. "因其道心之發而擴充之, 則天理之公有以勝夫人欲之私, 而能使道心常爲一身之主矣."

101 「경연일기」, 경술 4월 21일. "人心若不留念於學問, 則不至於不善者寡矣."

자세히 살피시어 과연 천리이거든 반드시 그 마음을 보존해 기르시고 과연 인욕이거든 반드시 극복해 제거하시기 바랍니다."[102]라고 한 말은 이 점을 보다 분명하게 확인시켜 준다.

그러면 경을 통한 천리의 주체적 자각과 그것의 예적 질서의 수립을 도덕적·정치적 이상으로 생각한 동춘당에게 있어서 현실의 바람직한 모습이란 무엇인가. 그것은 '군신 상하가 스스로 닦고 스스로 힘써서'[103] '위로는 천심에 부합하고 아래로는 민심에 순응하는'[104] 도덕 질서의 세계로 집약된다. 그가 공자의 말을 빌려 "하루라도 사욕을 극복하고 예로 돌아가면 천하 사람이 모두 인으로 돌아간다."[105]라고 말한 이유도 바로 여기에 있다. '천심이 기뻐하지 않아 재이가 거듭되고, 국사가 날로 잘못되어 밖으로는 (오랑캐의) 업신여김을 당하고 안으로는 우환이 끊이지 않아'[106] '굶어 죽는 참상과 도적이 곳곳에서 일어나는 환란이 있는'[107] 시대, 그리하여 믿고 의지할 척도나 가치가 그 밑바탕부터 흔들리는 상황에서 그는 오로지 보편적 가치로서의 준칙이자 행위규범인 천리에 합치되고, 근본을 따르는 현실만을 자신의 참된 현실로 인정했던 것이다.

이를 좀 더 구체적으로 표현하면 덕과 예를 통해 천하의 큰 근본을 세우고 천하의 달도(達道)를 행하여 '사람이나 귀신으로 하여금 각자의 위치에서 편안하게 있도록 하는'[108] 세계라고 할 수 있다. 따라서 동춘당에게 있어서 참된 현실이란 예와 덕이 치도의 근본이 되고

102 같은 책, 무신 11월 16일. "日用之間, 常加省察, 此心之發孰爲天理孰爲人欲, 果天理也, 必存養之, 果人欲也, 必克去之."
103 「연보」, 63세조. "君臣上下汲汲遑遑自修自强."
104 「경연일기」, 정유 10월 19일. "上合天心, 下順民情."
105 같은 책, 같은 곳. "孔子曰, 一日克己復禮, 天下歸仁."
106 『文集』, 권5, 疏箚, 「辭左參贊兼陳進修振作之義疏」. "天心未豫, 災異荐榛, 國事日非, 外侮內憂."
107 「경연일기」, 을사 5월 1일. "餓死之慘, 盜起之患, 比比有之."
108 『국역 현종개수실록』, 현종 7년 9월 24일.

윤리·도덕적 원칙이 엄격히 적용되고 지켜지는 '왕도의 세계'였으며, 그것은 또한 폭력과 강제가 없는 평화의 사회이기도 했다. 다음의 자료가 이런 그의 생각을 선명하게 보여준다.

공자께서 말씀하시길 "법제로써 이끌고 형벌로써 다스린다면 백성들은 형벌만 면하면 부끄러워할 줄 모른다. 그러나 덕으로써 이끌고 예로써 다스린다면 부끄러움을 알고 또 바르게 될 것이다."라고 하셨는데, 주자가 이에 대해 해석하기를 "정사는 다스림을 베푸는 도구이고, 형벌은 다스림을 돕는 법이고, 덕과 예는 다스림을 내는 근본인데, 덕이 또 예의 근본이다." 하였습니다. 성현이 논한 바는 만세토록 행하여도 폐단이 없으니 전하께서는 깊이 유념하셔서 늦추고 서두를 바를 아시기 바랍니다.[109]

그런 의미에서 마땅히 있어야 할 현실이란 법제와 형벌로 강제되는 세계가 아니라, 인간 삶의 본원성인 덕과 그것의 외재적 표현이자 사회 형식인 예에 공동 참여하여 그 안에서 스스로 자신의 정신적·도덕적 가치들을 구현할 수 있는 세계였다. 예컨대 그가 효종에게 올린 상소문에서 "상하가 예를 숭상하여 공경하고 겸양하는 행실이 일어나서 조정과 민간의 일상 언행이 예에서 나오지 않음이 없게 된다면, 소위 나라를 다스리는 데 무슨 어려움이 있겠습니까."[110]라고 말한 것이 그것이다.

이처럼 예에 의한 인륜 질서의 확립을 근본 목표로 하는 동춘당의

---

109 『文集』, 권1, 疏箚, 「應旨兼辭執義疏」. "孔子曰, 道之以政, 齊之以刑, 民免而無恥, 道之以德, 齊之以禮, 有恥且格, 朱夫子釋之曰, 政者爲治之具, 刑者輔治之法, 德禮所以出治之本, 而德又禮之本也, 聖賢所論, 可行之萬世而無弊, 惟殿下深留聖意而知所緩急焉."

110 『文集』, 권1, 疏箚, 「謝特賜儀禮經典通解及圖疏」. "上下崇禮, 敬讓與行, 朝廷閭巷, 日用云爲, 無不由禮, 則所謂爲國何有."

주경적(主敬的) 사고는 원칙과 기강이 무너진 세태를 바로잡고 천하에 바른 도리가 실현되기를 갈망하는 충정의 표현이며, 인위적 욕망을 주체적으로 다스려 하늘이 사람에게 부여해 준 바 천리의 순선함을 투철하게 자각하고 구현하는 일에서 크게 벗어나지 않는다. 따라서 경에 바탕한 '존천리 알인욕'이라는 말은 동춘당 예 사상을 이해하는 핵심적 명제가 된다.

주경적 사고에 기초하여 인욕을 물리치고 천리를 구현하고자 한 동춘당의 노력과 실천은 현종 즉위년에 발생한 기해예송(己亥禮訟)을 통해서도 표출되었다. 주지하다시피 예송(禮訟)은 예론이 정치 쟁점화되어 붕당 간에 논쟁이 일어난 사건으로 현종 대에 두 차례에 걸쳐 진행되었다. 제1차 예송인 기해예송(己亥禮訟)과 제2차 예송인 갑인예송(甲寅禮訟)이 바로 그것이다. 동춘당이 깊게 관여한 예송은 제1차 예송인 기해예송이다. 3년설(三年說)과 기년설(朞年說)로 대립하였던 기해예송은 그 직접적 계기가 국왕의 대상(大喪)에 모후(母后)의 복(服)을 규정하지 않은 『국조오례의(國朝五禮儀)』의 미비점 때문에 발생한 사건이다.[111] 이때 동춘당은 『예경』 기년설과 국제를 참고하여 기년복을 우암과 함께 적극 주장하여 관철시켰다. 예송과 관련한 동춘당의 입장은 허목의 자최삼년설(齊衰三年說)이 '예의 뜻이 결코 그렇지 않은 주장'이며, '국조 전례에 자식을 위하여 3년복을 입는 제도는 사실 없다.'고 비판하면서 다음과 같이 자신의 견해를 체계적으로 해명한 점에서 잘 나타나고 있다.

대신들 뜻 모두 국조 전례로는 자식을 위하여 3년복을 입는 제도는 사실 없고 고례로 하더라도 명명백백하게 밝혀놓지 않았기 때문에, 혹시 후일 후회스러운 일이 있을지 모를 바에야 차라리 국조 전례를 그

---

111 이영춘, 『조선후기 王位繼承 연구』, 집문당, 1998, 215-217쪽 참조.

대로 따르는 것이 낫다고들 하였습니다. 그리하여 신도 다른 소견 없
이 드디어 기년제로 정했던 것입니다. …… 이번에 장령 허목이 그
상소문에 경전을 인용하고 의리에 입각하여 매우 장황한 논설을 하였
습니다. 신이 그의 논설에 대하여 비록 감히 할 말을 다 해가면서 서
로 힐난할 수는 없으나, 그러나 의심되는 곳이 없지 않습니다. 『의례』
에서 '아버지가 장자(長子)를 위하여'라고 한 것은 위아래를 통틀어 한
말입니다. 만약 허목의 말대로라면 가령 사대부의 적처(嫡妻) 소생이
10여 명인데, 첫째 아들이 죽어 그 아비가 그를 위하여 3년복을 입었
습니다. 그런데 둘째가 죽으면 그 아비가 또 3년을 입고, 불행히 셋째
가 죽고 넷째, 다섯째, 여섯째가 차례로 죽을 경우 그 아비가 다 3년을
입어야 하는데, 아마 예의 뜻이 결코 그렇지는 않을 것입니다. 주소에
이미 둘째 적자(嫡子) 이하는 통틀어 서자(庶子)라고 한다는 뜻을 분명
히 밝혀놓았고, 그 아래에는 "체(體)는 체이나 정(正)이 아니라고 한 것
은 바로 서자로서 뒤를 이은 자를 말한다."고 하였습니다. 그런데 허
목은 그 '서자'를 꼭 첩의 자식으로 규정지으려 하고 있습니다. 과연
그렇다면 이는 주소를 낸 이의 말이 앞뒤가 서로 현격한 차이가 있게
되니 아마 그러한 이치는 없을 것 같습니다. 그리고 기년조에서 말한
'장자·장자부' 등도 허목은 모두 첩의 자식으로 단정하였는데 예의
뜻이 과연 그런 것이지, 신은 이해할 수가 없습니다.[112]

서자는 첩자의 호칭이라고 한 것은 그게 바로 주소의 말이고, 정체(正
體)로서 승중(承重)을 할 수 없다고 한 것은 장자이면서 혹 아비에게 죄
를 얻었거나 또는 몹쓸 병이 있어 후사(後嗣)가 될 수 없는 자의 경우
입니다. 신 등의 주장은 비록 적처 소생이라도 둘째서부터는 '서자'라
는 것이고, 허목의 주장은 서자는 '첩자'라고 하기 때문에 말이 그렇게

---

112 『국역 현종실록』, 현종 1년 3월 21일.

서로 상반되고 있는데, 신과 시열은, 둘째 아들은 비록 왕통을 계승하였더라도 3년의 복을 입어서는 안 된다고 주장하는 것입니다.[113]

동춘당에 의하면 질서 원리로서의 예란 '천지의 질서'와 같은 것이며, 의절(儀節)의 배후에 있는 인간 생활을 규제하는 규범, 나아가서는 사회·문화를 관통하는 보편적인 도덕의 양상이다. 따라서 그것은 통시대적이며 불변적이고 보편적인 가치를 지닌다.[114] 여기에서 왕실과 사서인의 예가 기본적으로 다를 수가 없으며, 효종이 아무리 왕위를 계승하였다고 할지라도 둘째 아들로서의 신분에는 변동이 있을 수 없다고 하는 주장이 그 정당성을 갖게 되는 것이다. 그래서 그는 현종에게 "둘째 아들은 비록 왕통을 계승하였더라도 3년의 복을 입어서는 안 된다고 주장하는 것입니다."라고 힘주어 말할 수 있었다. 이처럼 예의 보편성과 원칙을 강조하는 동춘당의 입장이 '존천리 알인욕'을 목표로 하는 주경적 사유체계에 그 바탕을 두고 있음은 더 이상의 설명이 필요치 않다.

이처럼 동춘당은 천리와 인욕을 엄격하게 구별하여 인욕보다 천리를 구현하고 큰 근본을 확립하는 본연의 세계를 추구하였고, 이를 통해 사설(邪說)을 물리치고 정학을 수호하고자 하였으며 '중화(中和)의 성과가 크게 이루어져'[115] 윤리 도덕이 살아 숨쉬는 세상을 만들고자 하였다. 그가 효종에게 치국의 요체는 임금이 체통을 수립하는 데 있다고 하면서,[116] '중도를 세우고 준칙의 확립을 권면한 것'[117]도 같은 이유 때문이다. 이것은 결국 천리와 중화를 강조하고 또 그것을 통해

---

113 『국역 현종실록』, 현종 1년 4월 2일.
114 溝口雄三, 『中國思想文化事典』, 김석근 외 옮김, 민족문화문고, 2003, 454쪽 참조.
115 「경연일기」, 기유 2월 26일. "臣欲以中和極功, 責望於聖上."
116 같은 책, 무술 10월 20일. "以人一身而言, 則各有受疾之處 國家事亦然, 今殿下勵精圖治非不至矣, 而治不從欲者, 體統不立故也." 참조.
117 같은 책, 같은 곳. "上必先建中極, 然後下亦無此弊." 참조.

인간 도리의 표준을 세우고자 한 동춘당의 당연한 표현이라 하겠다. 그러하기 때문에 그는 "나라를 다스리는 도리는 인륜을 밝히는 것이 우선이다."[118]라고 말했고, 또 "어떤 일을 막론하고 그 귀결처는 오직 군상의 한 생각에 달려 있을 뿐입니다. 하늘과 땅의 지공무사를 마땅히 체인하여 작은 결점도 없게 하시고, 병을 살펴 약을 쓸 곳에 대해서는 군상께서 두려워하는 마음으로 점검하십시오. 만약 밖으로 드러나는 잘못이 있으면 신들도 간언을 올리겠습니다."[119]라고 말하였던 것이다.

동춘당은 '존천리 알인욕'의 관점에서 현실의 제반 문제를 보고 해결하려고 하였기 때문에, 사람이 천리를 투철하게 자각하고 그것을 현실적으로 구현해 나가면 누구나 다 요순 임금과 같은 성인이 될 수 있다고 믿었고, 도덕 주체로서의 인간의 자율성과 후천적 노력을 적극 인정했다. 여기에서 이른바 인간의 사회적·정치적 행위를 설명하는 중요한 준거의 틀로 천리로서의 예가 문제 되고, 그것의 근본 바탕이 되는 경, 즉 내면적인 도덕성과 그 수양이 강조되는 것이다. 이와 같은 그의 태도는 '내수외양'을 통한 자강과 춘추대의 정신의 확립으로 간명하게 집약되었다. 그는 이를 통해 민족이 당한 수모와 치욕을 씻고, '세도와 민풍이 날로 분열되고 어그러지는 사회'[120]를 바로잡아 사람들이 자신의 도덕 의무를 다할 수 있는 '도덕 공동체'을 건설하고자 했다. 그가 현종에게 재해를 극복하는 방법은 '예로 시작하고 의로 끝마쳐 상하 사이에 서로 그 도리를 다하는 데 있다.'고 하면서 다음과 같이 말한 것에서 그 점을 확인할 수 있다.

---

118 같은 책, 기유 1월 4일. "爲國之道, 莫先於明人倫."
119 같은 책, 경자 3월 27일. "毋論某事, 其歸宿處, 只在君上一念之間, 宜體天地至公無私, 無少缺缺, 而至於察病加藥處, 則自上當惕念點檢, 若有闕失之見於外者, 則自下亦當進諫矣."
120 『文集』, 권4, 疏箚, 「論時事箚」. "以言乎世道民風, 則分離乖悖."

바라건대 전하께서는 통렬히 반성하여 병의 뿌리가 있는 곳을 깊이 생각하고 마음을 단단히 먹고 분발하여 조금도 해이하지 마시어, 학문을 함에는 몸이 조금 불편하다 하여 폐하지 말고 날씨가 춥거나 덥다 하여 중지하지도 마시고 도덕과 학문을 갈고 닦아 반드시 몸소 실천하여 계속 덕을 밝히고 경 공부에 온 힘을 다 쏟기 바랍니다. 일에 임해서는 반드시 마음을 강하게 먹고 어떤 상황에도 굽히지 말며 성실하고 과단성 있게 처리하여 혹시라도 느슨하게 풀어지거나 방종한 생각을 그 사이에 섞지 말고, 어묵동정(語默動靜)을 순전히 성인(聖人)의 일로써 스스로 기약하여 오랜 세월 동안 조금도 중단하지 말기 바랍니다. 이와 같이 하고서도 덕업이 날로 진보하지 않고 치적이 드러나지 않으며 천심을 누리지 못하고 민업이 이루어지지 않는다면 신이 망언한 죄를 받겠습니다.[121]

그런 점에서 천리로서의 예는 시대 현실의 변화 및 그 속에 있어서의 공과 사, 정과 사, 중화와 이적, 왕도와 패도를 분별하고 비판하는 전범 내지 질서 부여적 가치 원리의 의미를 지닌다. 그가 예학에 남다른 관심을 갖고 일찍부터 예 공부와 그 실천을 위해 진력했던 것도 이와 무관하지 않다. 그가 스승인 사계에게서 "이 사람이 훗날 반드시 예가의 종장(宗匠)이 될 것이다."라는 말을 들은 것이나, 『의례문해(儀禮問解)』에서 문례자(問禮者) 중 가장 많은 예문답을 남기고 있다는 사실은 그 단적인 예이다.[122]

---

121 『文集』, 권4, 疏箚, 「辭憲職兼陳所懷疏」. "誠願殿下反求痛省, 深思病根所在, 刻勵奮策, 毋敢少弛, 典學則勿以微恙而廢, 寒暑而輟, 切磋琢磨, 必踐其實, 以盡緝熙敬止之功, 臨事則必發强剛毅, 誠實果斷, 毋或以舒緩縱弛之意, 參錯於其間, 一語一默一動一靜, 粹然以聖人之事自期, 積以歲月, 無少間斷, 如此而德業不日進, 治效不日著, 天心不克享, 民業不克遂, 則臣當伏妄言之誅矣."

122 『儀禮問解』의 경우 전체 예문답의 44%를 동춘당이 제기했으며 그 예문답 또한 수준이 높고 장문인 경우가 많다. (한기범, 「동춘당 송준길의 禮學思想」, 『한국사상과 문화』, 제18집, 한국사상문화학회, 2002, 101쪽 참조.)

이렇게 볼 때 동춘당의 '존천리'에 대한 강조는 '도통이 실전(失傳)하여 의와 리(利)가 상충하고, 정과 사가 뒤섞여 나라가 멸망할지도 모르는 위기적 상황 속에서,[123] 무도한 세태와 정치적 타락을 바로잡고, 이를 통해 바람직한 예 질서의 확립에 기여하는 올바른 도덕적 의미를 밝히고자 하는 애군 우국의 간절한 충정의 소산이라 할 수 있다. 그래서 그는 "외적을 물리치려면 먼저 안을 잘 닦아야 하고, 국방을 튼튼히 하려면 먼저 양민에 힘을 써야 합니다."[124]라고 말하였고, 현종에게는 "덕을 증진시키고 업을 닦아 지선의 정치를 도모함으로써 신이 죽기 전에 덕화가 이루어지고 치도가 융성해지는 것을 볼 수 있도록 하십시오."[125]라고 말하지 않을 수 없었다.

여기에서 비로소 동춘당이 '존주의 의리를 지닌 까닭에 모든 소장에 청국의 연호를 쓰지 않은 일'[126]이라든가, '불가(佛家)는 득도한 뒤에는 마음 내키는 대로 함부로 행동하고 심신을 가다듬는 데에 전혀 마음을 쓰지 않는다.'[127]고 비판한 일, 그리고 기해예송에서 국제에 의한 기년복을 강조한 일[128] 등의 의미가 선명하게 드러난다. 『현종개수실록』「동춘당 졸기(同春堂 卒記)」의 "일을 대해서는 올바르고 적절하게 처리할 뿐 이해를 돌보지 않았고, 특히 사정(邪正)의 변별에 엄격하여 끝내는 사후에 관작이 추탈되었다."[129]는 한 대목은 이 모두를 간명하게 집약할 만하다.

당시는 천리가 날로 소멸되어 인욕이 천리를 해치고 소인유(小人儒)

---

123 『文集』, 권6, 疏箚, 「遺疏」. "邪正益淆, 朝著愈亂終至於滅亡而後已也." 참조.
124 「경연일기」, 무술 2월 20일. "欲外攘必先內修, 欲治兵必先養民."
125 같은 책, 무신 9월 3일. "殿下進德修業以圖至治, 使臣未死之前, 得見德化之成而治道之隆也."
126 『국역 현종개수실록』, 현종 13년 12월 5일.
127 「경연일기」, 무신 10월 21일. "佛家得道之後, 便猖狂自恣, 專不可工於心身上矣."
128 「경연일기」, 경자 4월 2일. "而仁祖旣用國制, 則今大王大妃之遵依國典亦宜矣." 참조.
129 『국역 현종개수실록』, 현종 13년 12월 5일.

가 군자유(君子儒)를 내모는 '예의 파괴가 극심한 시대'[130]였고, 동춘당이 "민생의 초췌함이 지금보다 심한 적이 없었으니, 지금이야말로 치란존망의 기회입니다. 항상 불을 끄고 물에 빠진 사람을 건지듯이 서두르는 마음을 보존하여 백성 위하는 방법을 급히 강구하여 실질적인 계책을 입을 수 있게 해야 합니다."라고 진언할 수밖에 없는 시대이기도 했다. 동춘당은 이를 바로잡고 극복할 수 있는 유일의 지표가 주경 철학을 통한 '존천리'와 예 질서의 수립에 있다고 확신했다. 유의할 것은 동춘당의 이와 같은 주경적 예 사상이 숭고한 도덕적 의미와 '신성한 예식·거룩한 의식'의 의미를 담은 가치로운 삶에 대한 희구인 동시에 '믿을 만한 것이 하나도 없는' 패덕한 세계에서[131] '성학과 성덕을 밝히고'[132] '대의의 밝힘과 실현을 위해'[133] '한 터럭의 사사로운 뜻도 두지 않았고 또 조그만치도 남을 이기려는 마음이 없으며, 단지 일에 따라 자신의 직분을 다하고자 했던'[134] 한 인물의 필연적 자기 확인이라고 해야 할 것이다. 헌종 5년 지제교 심승택이 동춘당에게 올린 「사제문(賜祭文)」의 한 대목은 여기에 참고할 만하다.

> 만언의 봉사에는 / 『대학』『중용』의 말로 / 대의를 부식하고 / 대계를 경륜했으며 / 자신이 부담한 것은 / 이윤(伊尹)이나 여상(呂尙)처럼 / 예로 세속을 다스려서 / 민의를 바로잡는 것이었다네.…… / 경이 조정에 있을 때는 / 행실이 세상의 표준이었는데 / 경이 죽자 교화가 쇠하여 / 풍속이 시대에 따라 박해졌고 / 사교가 서양에서 들어와 / 우리 백성들

---

130 「경연일기」, 무술 10월 27일. "今之禮壞固已甚矣."
131 『文集』, 권2, 疏箚, 「乞省曾祖母墓兼論君德疏」. "國事無一可恃, 誠可流涕而痛哭." 참조.
132 「경연일기」, 경술 4월 21일. "唯願聖體日蘇, 聖學聖德, 漸至高明也." 참조.
133 「경연일기」, 기해 11월 1일. "明大義於天下."
134 『文集』, 권8, 啓辭, 「以監察月令事引避啓」. "臣元無一毫私意於其間, 又無一毫好勝之心, 只欲隨事盡職."

을 빠뜨려서 / 예의를 헌신짝처럼 버리고 / 사교를 엿처럼 좋아하니 / 정이천의 근심처럼 / 오랑캐가 되었네. / 경이 구천에서 살아온다면 / 지금이 어떤 시대라 하겠소.[135]

그래서 그가 효종에게 "경이직내(敬以直內) 의이방외(義以方外) 여덟 글자를 언제 어디서나 염두에 두지 않아서야 되겠으며, 잠시라도 잊은 채 소홀함이 있어서야 되겠습니까."[136]라고 말한 것도 이 때문이다. 동춘당이 살던 17세기 조선 사회의 역사적 상황은 '천심이 기뻐하지 않아 재이가 거푸 이르고 군민이 함께 원망하여 국사가 날로 잘못되어가는'[137] 심각한 위기였고, 또한 지식인들이 국가적 난국의 치유방법을 놓고 파당을 지어 대립각을 세우던 시대이기도 했다. 당시 조선 사회의 역사적 상황은 수차에 걸친 외환과 내우, 천재지변 등으로 인해 16세기 이래 누적되어 왔던 사회의 제반 모순이 극대화되는 시기였다. 이를 좀 더 부연하면 대외적으로는 왜란(倭亂, 1592 - 1598)·호란(胡亂, 1627 및 1636-1637)과 명청 교체와 같은 국제 질서의 큰 변화가 있었고,[138] 대내적으로는 당쟁이 새로운 국면에 접어들면서 붕당 간의 공존의식이 무너지고 일당전제의 경향이 강하게 나타나고 있었다.[139] 그 결과로 사회 기강은 해이해지고 민생은 극도로 피폐해져 '약으로도 구할 수 없는'[140] 지경에까지 이른 상황이었다. 그래서 동춘당은 성왕의 법을 묻는 효종에게 "천하만사의 근본이 오직 인주의

---

135 『국역 동춘당집 8』, 민족문화추진회, 2007, 240 - 242쪽.
136 『文集』, 권2, 疏箚, 「乞省曾祖母墓兼論君德疏」. "所謂敬以直內義以方外八箇字, 其可不參前而倚衡乎, 其或造次頃刻而有少忽焉者乎."
137 『국역 동춘당집 8』, 161쪽.
138 예컨대, 7년간에 걸친 壬辰倭亂은 중국에서는 왕조의 교체를, 일본에서는 정권의 교체를 가져오게 하였다. 강만길, 『韓國近代史』, 창작과 비평사, 1984, 55쪽 참조.
139 이태진 편, 『조선시대 정치사의 재조명』, 범조사, 1985, 42쪽 참조.
140 「경연일기」, 신축 2월 26일. "國勢日就頹剝莫可藥矣" 참조.

한 마음에 달려 있는 바, 마음 다스리는 공부를 어찌 소홀히 할 수 있겠습니까."[141]라고 하면서 "왕자(王者)가 나라를 다스리는 법은 법제를 너그럽게 하고 예의를 숭상하여 백성들로 하여금 스스로 바른 길을 가도록 하는 데 있을 뿐입니다. 무엇 때문에 금법을 만들어 강제로 수절하게 하겠습니까."[142]라고 말하지 않을 수 없었던 것이다.

그러한 까닭에 그는 당시의 위기적 상황에 대하여 도피하지도 않았고 또한 무기력한 태도를 보이지도 않았다. 오히려 그는 당대의 제반 현실적 모순에 대해 심각한 우려를 표명했고 치밀한 대응책을 강구하기에 고심했다. 이와 같은 태도는 예설(禮說)에 대한 체계적인 연구와 예송(禮訟)에서의 기년복 주장으로 나타났고, 복수설치를 위한 내수외양의 논리로 표출되었다. 그가 효종에게 '먼저 본원을 닦아 마음이 거울처럼 비고 저울대처럼 공평하여 한 점 사욕의 얽매임도 없게 해야 한다.'[143]고 하면서 "안민(安民)이 근본이고 강무(講武)는 말단이니 먼저 하고 뒤에 할 바를 아는 것이 요도입니다. 한갓 강무만을 일삼고 안민을 우선으로 삼지 않는다면 오늘의 인심으로 어찌 큰일을 할 수 있겠습니까."[144]라고 말한 것을 통해서도 이 점은 분명하게 확인된다. 이는 물론 동춘당의 주경 철학의 예 사상에 근거한 것이며, 군주의 정심과 이를 통한 민생 안정, 그리고 올바른 도덕 판단의 능력과 정신 자세를 확립한 사람이 백성들을 도덕적으로 교화·선도함을 정치의 요체로 삼는 유가의 인정(仁政) 사상에 입각한 것이다.

이것은 오늘날에도 매우 중요한 의미를 갖는다. 그러나 이와 같은

---

141 「경연일기」, 무술 1월 15일. "天下萬事之本, 只在人主一心, 治心之功, 其可忽哉."
142 「경연일기」, 정유 10월 20일. "王者之治, 恢其法制, 崇其禮義, 使人自趨於正而已, 何必設禁立法. 勒令守節乎."
143 「경연일기」, 정유 8월 24일. "先修本源之地, 使此心鑑空衡平, 無一點私累."
144 같은 책, 같은 곳. "蓋安民爲本, 講武是末, 知所先後, 是之謂要道, 若徒事講武而不以安民爲先, 以今日之人心, 其可有爲乎."

그의 예 사상이나 현실 대응은 사회적 인간관계나 체제 문제보다는 개인적 도덕 세계에서의 덕성 함양을 지나치게 강조한다는 점과, 또 모든 정치의 근원을 도덕적으로 수양된 군주 한 사람의 마음에서 찾으려고 한다는 점에서 분명 내재적 한계를 지니고 있다. 이는 동춘당 뿐만 아니라 당시 주자 성리학 시대를 살았던 모든 유학자들이 공통적으로 느끼고 해결해야 할 철학적 고민이기도 했다.

　　오늘날 한국 교육의 바탕이 되는 현대 교육 이론은 존 듀이의 교육이론을 기본으로 하고 있으며, 그 핵심은 교육의 내용과 목표가 학습자 개개인의 삶과 관련하여 개인적 흥미나 동기를 충족시키는 것이라고 본다.[1] 그런데 한국의 전통 사회에서의 교육 이론은 교육의 내용과 목표가 개인적 흥미나 동기와 별도로 총체적인 전인교육을 지향하는 것이며, 이를 위해 바람직한 보편적 인간성을 설정하고 개개인이 그러한 보편적 인간성을 현실 생활에 실현하도록 지도하는 교육을 강조했다.

　　이러한 전통 교육의 철학적 기반은 성리학의 사칠이기론(四七理氣論)이었으며, 성리학자들은 사칠이기론을 이론 근거로 하여 인간성을 설명하고, 이를 바탕으로 인간의 본성을 현실 생활에 실현하도록 감정과 욕구를 다스리는 방법론에 근거를 제공했다. 이를 위해 개개인의 감정과 욕구를 다스리고 바람직한 보편적 인간성을 획득하고 실천하는 방법으로서 '경(敬)'을 비롯한 여러 가지 방법을 발달시켰다. 동춘당 역시 이와 같은 문제의식과 방법론을 가지고 전통적인 학문과 교육의 발달에 일조하였다.

---

1 이 문제에 관하여는 정광희, 「존 듀이의 교육사상」, 『교육비평』 제10집, 교육비평사, 2002와 박봉목, 「듀이 교육사상에 대한 비판과 재평가」, 『교육철학』 제27집, 2005 참조.

1. 교육의 목표

동춘당은 당대를 대표하던 예학자이자 의리 사상가였을 뿐만 아니라, 평생 유생들의 사기 진작과 면학을 위해 노력하였으며[2], 종묘사직과 백성의 앞날을 위한 계책은 오직 성학을 보도하는 데에 있다고 주장하는 등 원자(元子) 교육의 중요성을 강조하면서 교육에 남다른 의미와 역점을 두었던 교육자였다.[3] 그가 「차영보소시윤여망운(次英甫所示尹汝望韻)」이라는 시에서 "대업은 내 어찌할 수 없지만 아이들 글은 가르칠 수 있네."[4]라고 노래한 데서도 이 점을 확인할 수 있다. 그런 면에서 보면 그는 분명 타고난 교육자라고 하겠다. 다음에 더 자세히 논하겠지만 동춘당은 인간을 천명 자각의 주체이자 교육의 주체로 이해하고, 정심(正心)·성의(誠意)의 공부를 통한 인격적 완성과 윗사람의 솔선수범을 누구보다 중시한[5] 조선 시대를 대표하는 주경의 교육자였다. 뿐만 아니라 그는 천리와 인욕, 공과 사를 엄격히 구분하고 경과 존천리를 강조하는 도덕적 교육 사상을 제시하면서, 당대의 제반 현실 모순과 사상 문제에 대해 융화적 학문 태도와 염치를 우선시하는[6] 삶의 자세를 실천하여 오늘날에도 선비 정신의 모범으로 일컬어지고 있는 인물이다. 영조 32년 태학생들이 동춘당의 문묘종사를 건의하면서 올린 상소에, "(동춘당은) 민족정기를 우뚝하게 수립하고 인류 도덕을 성대하게 부식(扶植)하여 우주를 지탱하고 영원을 관통해 역사를 빛내고 후세를 계도하였으니, 사람의 윤리가 이로 말

---

2 『국역 현종실록』, 현종 5년 5월 10일 참조.
3 『국역 현종개수실록』, 현종 6년 6월 12일 참조.
4 『文集』권24, 詞, 「次英甫所示尹汝望韻三首」. "大業吾無奈, 程科有小兒."
5 「경연일기」, 경술 4월 24일. "上先加正心誠意之功, 無一毫之未盡然後, 世子方有
　所觀感而成就矣."
6 「경연일기」, 신축 7월 17일. "士大夫行止, 廉恥爲先."

미암아 타락하지 않고 선비의 가는 길이 이로 말미암아 무너지지 않았다."[7]라고 한 예찬은 동춘당의 생애와 일세를 대표하는 사표로서의 위상을 유감없이 보여준다.

동춘당 교육 사상의 내용과 특성은 '세상의 모든 이치를 선천적으로 갖추고 모든 일과 상황에 대응하는'[8] 마음(心)의 주재 기능을 강조하고 그것을 인간의 도덕 본체이자 당위의 도덕률인 '경'을 통해 현실적으로 구현하려고 노력한 데에 있다고 여겨진다. 이때 강조되는 '경'의 의미는 개인의 덕성 수양의 문제보다는 사회적 삶 속에서 나타나는 치인(治人)의 문제로서, 사회·정치적 이데올로기의 의미가 특히 강하다. 그런 점에서 동춘당의 철학을 '주경의 철학'이라고 명명하게 된 것이다.[9] 그리고 그것은 그의 교육 사상에도 그대로 반영되어 나타났다.

그가 "군주의 성학 공부의 요체는 '경'밖에 없다."[10]고 하면서 효종에게 "공경으로 안을 올바르게 하고, 의리로 밖을 절도 있게 한다는 여덟 글자가 어떻게 한 순간이라도 눈앞을 떠나서 조금이나마 소홀해질 수 있겠습니까."[11]라고 한 말이나, "학문의 방도는 다른 길이 없고 오직 경하며 마음을 곧게 하고 의를 행하여 밖을 방정하게 하는 데 있을 뿐이니, 반드시 내외가 서로 길러진 연후에 학문하였다고 할 수 있습니다."[12]라고 한 말은 그 단적인 예라 할 수 있다.

이러한 각도에서 동춘당의 교육 사상을 검토할 때 가장 두드러지게 눈에 띄는 것은 주경 철학의 궁극적 목적인 '천리를 보존하는 일

---

7 태학지 번역사업회, 『太學』, 성균관, 1994. 83-84쪽.

8 「경연일기」, 무신 10월 26일. "虛靈知覺, 心之體, 其曰具象理而應萬事." 참조.

9 이 문제에 대해서는 졸고, 「동춘당의 敬思想과 融和精神」 참조.

10 「경연일기」, 정유 10월 25일. "閑邪之義, 先儒縷縷言之, 其工夫則專柱於敬也." 참조.

11 『국역 효종실록』, 효종 9년 1월 3일.

12 「경연일기」, 무술 1월 15일. "學文之道無他, 惟在敬直義方必也, 內外敎相養, 然後方可謂學文矣."

(存天理)'에 대한 강조이다. 그가 정자의 말을 인용하여 "인욕을 막는 것이 변경을 방어하는 것이고, 천리를 보존하는 것이 사직을 편안하게 하는 것이다."[13]라고 한 말이나, 교육은 '마음속의 천리를 밝히는 일'이라고 하면서 "대체로 하늘이 낸 많은 백성에게는 물(物)이 있으면 반드시 칙(則)이 있으니, 크게는 부자·군신과 작게는 미세한 사물에 이르기까지 천칙(天則)이 있지 않음이 없습니다. 그런데 혹 마음속에 천리가 밝지 않다면 밖에 시행하는 일들이 어찌 이치에 맞을 수 있겠습니까."[14]라고 한 말은 이러한 정황을 무엇보다 잘 보여주는 예이다. 바로 여기에서 동춘당의 교육 사상의 이론적 근거가 그의 주경 철학에 있음을 확인하게 된다.

동춘당은 학문과 교육에 있어서 '경'을 대단히 강조하였으며, '경'이란 한 인간이 그의 인간다운 삶에 있어서 거부할 수 없는 것으로서 일생을 통하여 실현하지 않으면 안 되는 존재 원리이며, 행위의 내적 준거 또는 규범법칙으로서의 주체성이라고 이해했다. 그가 "일신을 주재하는 것은 마음이고, 마음을 주재하는 것은 경이다."[15]라고 하면서 인심과 도심을 엄격하게 구별하고[16] 경과 의를 성학 공부의 핵심 개념으로 주목한 것은 이러한 인식의 소산일 것이다.

그러면 경을 통해 천리를 보존하고 또 천리를 구현하는 일을 교육의 궁극 목표로 삼는 동춘당의 주경적 사유 구조 속에서 바람직한 교육 현실의 모습이란 무엇인가. 동춘당은 그것을 '경이 마음속의 주인

---

13 『文集』, 卷1, 疏箚, 陳情辭職兼陳所懷疏. "以爲遏人欲, 所以捍邊境, 存天理, 所以安社稷."

14 「경연일기」, 기유 5월 15일. "天理不明於內, 一節, 最爲緊切, 蓋天生蒸民, 有物必有則, 大而父子君臣, 小而微事細物, 莫不有天則, 苟或天理不明於內, 則施於外者, 安得以中理乎."

15 같은 책, 정유 10월 19일. "蓋主一身者, 心而主一心者, 敬也."

16 같은 책, 을사 6월 4일. "인심言生, 道心言根, 此二字, 各有其義, 亦有陰陽扶抑之義." 참조.

이 되고 의가 밖의 사악함을 막아서 경과 의가 서로 도와 천덕에 도달하고'[17] 또 그 은택이 세상에 날로 퍼지는 세계로 집약했다. '천심이 기뻐하지 않아 재이가 거듭되고, 군민이 함께 원망하며, 국사가 날로 잘못되어'[18] '아첨하는 무리는 날로 늘어나고 곧고 성실한 사람은 날로 멀어져서 임금이 날로 교만해지고 정사가 날로 피폐해지고',[19] '사대부가의 자제들에게 학문하기를 권하는 자가 있다는 말을 듣지 못하는'[20] 절망적인 상황에서 그는 오로지 보편적 가치로서의 준칙이자 행위규범인 천리에 합치되고, 근본을 따르는 현실만을 자신의 참된 현실로 인정했던 것이다. 그가 효종에게 다음과 같이 말한 것은 이러한 의식의 구체적 대응이다.

> 천하만사에 근본이 없는 것은 없습니다. 임금은 학문을 근본으로 삼아야하고 학문의 근본은 마음에 있으니 위태로운 인심을 안정시키고 은미한 도심을 드러내는 일에 공력을 들여 바르게 살피고 정일하게 지켜 잘 선택해 잘 지킨다면 이 마음이 확립되어 아는 것이 더욱 참되어 하기 어려운 일이 없을 것입니다.[21]

여기서 참된 현실이란 천하의 대본을 세우고 천하의 달도를 행하여 '군신 상하가 정신을 한 곳으로 모으고'[22] '사람이나 귀신으로 하여금 각자의 위치에서 편안하게 있도록 하는'[23] 세계라고 할 수 있다. 따라

---

17 같은 책, 정유 11월 13일. "敬主於內, 義方於外, 敬與義相爲來持以達于天德."
18 『文集』, 권6, 疏箚, 「辭左參贊兼陳進修振作之義疏」. "天心未豫, 災異荐臻, 軍民交怨, 國事日非, 外侮內憂, 靡有絶極."
19 『국역 동춘당집 8』, 135쪽.
20 「경연일기」, 정유 11월 13일. "近來士夫家子弟未聞有勸學者."
21 『국역 동춘당집 7』, 323-324쪽.
22 같은 책, 무술 9월 1일. "君臣上下必須聚精會神."
23 『국역 현종개수실록』, 현종 7년 9월 24일.

서 동춘당은 참된 교육이란 사사로운 욕망에 의해서 조작되거나 굴절됨이 없이, 보편적이고 윤리적 원칙을 엄격히 적용하여 '스스로 천리를 자각하고 구현토록 하는 교육'이라고 여겼으며, 그것은 또한 '예(禮)로 시작하고 의(義)로 끝마치어 상하가 서로 그 도리를 다하는'[24] 교육이어야 한다고 보았다.

그런 의미에서 그가 이해한 교육의 참된 의미는 인간을 도덕적 주체로 보고 도덕 주체의 본원적 존재 방식인 '경'과 '의'를 통하여 사사로운 인욕을 극복하고 스스로 자기의 본래성을 유감없이 드러냄으로써 인간 존재의 존엄성을 확보하고 더 나아가서는 예의와 염치가 살아 숨쉬는 나라를 만들고자 한 교육이었다. 예컨대 경연에서 그가 '국가가 기강을 세우고, 교육하는 일은 사람이 호연지기를 기르는 것과 같다.'고 하면서 효종에게 조정의 명령이 지극히 공정하여 사사로움이 없을 것과 어린아이들을 가르치는 선생을 장려·권면하고 예로써 대접할 것을 진언한 데서도 이 점은 확인된다.[25] 이에 의하면 동춘당이 강조한 올바른 의리의 실천을 전제로 하는 주경 철학의 교육은 천리를 보존하고 대본(大本)을 확립하여 도덕 주체로서의 인간이 도심의 주인이 되도록 하는 데 있으며, 더 나아가서는 공적이며 순선한 형이상학적 본체로서의 천리가 사적이며 악한 인욕을 다스려 '천심을 따르고 백성의 마음을 신복시킬 수 있는'[26] 세상을 만들고자 함에 그 궁극 목표가 있다고 할 수 있다. 그래서 그는 효종에게 다음과 같이 말하지 않을 수 없었다.

삼재(三才)는 하늘과 땅과 사람입니다. 사람의 마음은 잡으면 보존되

---

24 『문집』, 권5, 疏箚, 「辭憲職兼陳所懷疏」. "蓋欲始於禮而終於義, 上下之間, 交盡其道故爾."
25 『국역 효종실록』, 효종 8년 11월 13일 참조.
26 「경연일기」, 정유 10월 13일. "人君能謹獨, 則可以格天心而孚民情."

고 놓으면 없어지는 것이 한 생각〔一念〕 사이에 있기 때문에 잡으면 성인이 되고 순임금이 되지만 놓으면 광인이 되고 도척이 되니 매우 두렵습니다. 이로써 사람이 삼재에 참여하여 온갖 변화를 낼 수 있는 것이 그 본심이 있기 때문임을 알 수 있습니다. 그러나 마음은 잃기가 매우 쉬우니 반드시 본원을 함양하여 이 마음을 잃어버리지 않도록 하여야 할 것입니다.[27]

따라서 '경이직내, 의이방외'라든가 '존천리 알인욕'이란 말은 동춘당의 교육 사상을 이해하는 근본 명제가 된다. 이와 같이 동춘당이 도덕과 교육의 연속적 논리에 기초하여 도덕적 수양을 통한 바람직한 공적 질서를 이루어내고자 한 사상과 실천은 물론 유자(儒者)들의 세계에서 낯선 것이 아니며 멀리는 정·주에까지 소급되는 것으로, 도학의 근본정신에 투철한 것이었다. 그가 효종에게 도통(道統)의 책임자가 될 것을 강력히 권면하면서, "기질의 병통은 사람마다 모두 갖고 있으나, 기질을 변화시키는 방법은 오직 학문에 달렸습니다. 만약 학문을 하고도 기질을 변화시키지 못한다면 학문이 무슨 소용이 있겠습니까."[28]라고 한 말이나, 현종에게 '임금은 백성의 표준'이니[29] "요사이 오랫동안 경연을 열지 않으시니 신은 실로 염려스럽습니다. 옛사람의 말에 건강을 위해 몸을 기르는 것과 심성을 수양하는 것은 그 방법이 같다고 하였습니다. 자주 경연을 열어 학문을 강론하면 덕이 날로 증진되고 마음의 병도 사라질 것입니다."[30]라고 말한 참뜻이

---

27 같은 책, 같은 곳. "三才者, 天地人也, 人心措則存, 舍則亡, 只在一念之間, 操則爲聖爲舜, 舍則爲狂爲跖, 可畏之甚也, 是知人之參三才出萬化, 以其有本心, 而失之甚易, 必也涵養本源, 事是心不放不失也."
28 「경연일기」, 무술 1월 16일. "蓋氣質之病, 人皆有之, 而所以變化, 惟在學問, 若學而不能變化氣質, 則將焉用學問哉."
29 『국역 현종개수실록』, 현종 2년 4월 7일.
30 「경연일기」, 경자 1월 25일. "久未開筵, 臣實悶之, 古人云, 養生養心同一法, 頻數

여기에서 드러난다.

동춘당은 천리와 인욕을 엄격하게 변별하여 인욕보다 천리가 발용된 본연의 세계를 중요시했고, 이를 통해 의와 불의, 정과 사, 중화와 이적을 명변하고 사설을 물리치고 정도를 지키고자 했으며, '경을 주로 하고 근본으로 삼는 교육의 철학'을 구축하고자 했다. 이러한 관점은 그의 교육 사상에도 이어져 '내수외양'의 강조와 '대의 정신의 확립'으로 표출했다. 다시 말하여, 동춘당은 예의와 염치의 교육적 실천과, 중화를 존중하고 이단과 이적을 물리치는 길이 천리의 완전한 회복에 있으며, 그것이 또한 인간이 인간답게 사는 길을 여는 분명하고 확실한 길이고 춘추대의를 수립하는 유일한 방법이라고 믿었던 것이다. 그러하기 때문에 "학자가 그 마음을 다스리지 못하면 그 집을 다스릴 수 없지만, 존귀한 제왕이 그 마음을 다스리지 못하면 반드시 나라가 망하는 화가 있을 것입니다."[31]라고 하였고 또 "전하께서는 본원에 더욱 힘쓰시고 하늘을 대하는 정성을 더욱 독실히 하여 일어일묵과 일동일정을 모두 하늘의 뜻에 부합하기를 구하고 한 터럭의 사의도 끼어들지 않게 하십시오."[32]라고 말하였던 것이다. 이러한 논리를 바탕으로 하여 그는 도덕적 이상 세계의 구현과 인간 존엄성의 확보가 교육을 통해서만이 가능하고, 그것은 근본을 확립하여 가르치는 자가 지행병진하고 '솔선수범'하는 교육을 통해서 성취될 수 있다고 확신하였다. 다음의 대목은 이 문제를 특히 선명하게 보여준다.

근래에 사대부가의 자제에게 학문하기를 권하는 자가 있다는 말을 들

開筵講論學問,則德日新而病日袪矣."

31 「경연일기」, 을사 8월 12일. "學者不能治心, 則無以治其家, 若以帝王之尊而不能自治, 則必有覆亡之禍矣."

32 『文集』, 권1, 疏箚, 「辭召命疏」. "深願殿下益用力於本源之地, 益篤對越之誠, 一語一默一動一靜, 無不求合乎天, 不以一毫私意間之."

지 못했습니다. 그 중에 재주가 있는 자는 변려문이나 짓고 옛사람의 글귀를 따서 시문이나 짓는 것을 일삼는 데 벗어나지 않으며, 요행히 과거 시험에 급제하고 나면 서책을 버리고 다시 펴보지도 않습니다. 이미 근본이 없으니 무엇으로 힘써 공부를 하겠습니까? 인재가 없는 것이 오로지 이에서 연유하니 교양의 방도를 강구하는 것이 마땅합니다.[33]

상께서 『강목』을 강하고 계신데, 만고의 흥망성쇠를 꿰뚫어 보시어 거울로 삼으신다면 진실로 유익할 것입니다. 그렇지 않고 많이 보고 많이 들었다는 것으로써 아랫사람들에게 과시한다면, 이는 곧 위인지학(爲人之學)이니, 무슨 도움이 되겠습니까. 어려서부터 바르게 가르쳐 습관과 지혜가 함께 자라나게 하는 것이 성인이 되는 최고의 공부입니다. 지금 왕세자가 어린 나이에 날마다 『소학』을 강독하고 있는데, 이 과목은 곧 성인이 되는 기본입니다. 그러나 서연의 신하들은 글 몇 줄을 진강하고 물러나는데 지나지 않으니, 어린 왕세자를 가르치는 바는 오직 전하께서 날로 학문에 힘쓰시고 교도하는 데 있는 것입니다. 이것이 신의 소망입니다. 항상 하는 말에 '나쁜 짓을 하고 싶어도 자손들이 본받을까 두렵다.'는 말이 있는데, 전하께서 이 말을 명심하시어 훈육하신다면 비단 세자에게 유익할 뿐만 아니라 성상의 몸에도 유익할 것입니다.[34]

이처럼 동춘당은 인욕을 막고 천리를 보존하여 도심을 확립하여, 근본을 회복하고 확립하는 것이 학문이자 교육이라는 관점에서 교육의 제반 문제를 보았다. 그는 사람이 자신의 본래성을 자각하고 그것

---

33 「경연일기」, 기축 11월 13일. "近來士大家子弟未聞有勸學者, 其中有才者, 不過從事於騈儷尋摘之間, 幸得決科, 則便廢閣書冊, 旣無根本, 何以致用, 人才之凶, 聯由於此, 敎養之道, 宜加講究也."
34 『국역 현종개수실록』, 현종 10년 5월 18일.

을 간단없이 확충해 나가면 누구나 요순과 같은 성인이 될 수 있다[35]
고 믿었고, 인간의 기질 변화의 필요성과 가능성을 적극 인정했다.
다음의 예가 이런 생각을 분명하게 드러내 준다.

> 격물·치지는 지(知)이고, 성의·정심·수신은 행(行)이며, 제가·치국·
> 평천하는 몸으로부터 이루어 나가는 것입니다. 성의는 지와 행을 일관
> 하여 말한 것입니다. 후세의 임금은 좋은 자질을 갖고 있더라도 학문
> 하는 공이 없어서 그 자질을 제대로 확충하지 못했던 것입니다. 비록
> 기질의 병통이 있더라도 과연 참으로 알고 힘써 행한다면 기질을 변
> 화시킬 수 있는데, 그렇게 못한 것은 다만 참으로 알고 힘써 행하지
> 않기 때문입니다.[36]

이로써 보면 동춘당은 인간의 교육적·정치적·사회적 행위를 설명
하는 중요한 준거의 틀로 천리를 문제 삼고, 인간의 내면적인 도덕성
을 온전히 지키고 보존할 수 있는 유일한 방법으로 경을 제시한 것이
다. 그리고 그것은 근본 확립과 지행병진, 솔선수범 등을 강조한 교육
사상으로 표출되었고, 의리 정신의 현실 구현을 통해 공적 질서를 회
복하려는 노력으로 나타났다.[37] 그는 이를 통해 '되놈에게 내준 천하
를 다시 찾고'[38] 야만화된 사회를 바로 세워 기개와 절조를 생명처럼

---

35 『文集』, 卷1, 疏箚, 「應旨兼辭執義疏」. "任道不疑以聖人爲必可學, 以堯舜爲必可
法" 참조.
36 『국역 현종개수실록』, 현종 10년 2월 6일.
37 동춘당은 참된 교육이란 근본을 확립하는 일이며, 배운 것을 몸소 실천하고 또 솔선
수범을 보이는 일이라고 보았다. 그래서 그는 국가의 어려운 의례 문제가 발생할 때
마다 의견을 개진하였고, 성상문·박팽년 등 사육신을 비롯하여 병자호란 당시의 江
華死節人에 대한 追崇 건의에 남다른 관심과 노력을 기울였던 것이다. 이를 통해서
동춘당 교육 사상의 특징 중의 하나가 義理精神의 올바른 구현과 그 실천에 있음을
알 수 있다.
38 『국역 동춘당집 7』, 243쪽.

여기는 '도덕 왕국'을 건설하고자 했던 것이다. 그가 「청음(淸陰) 김선생을 보내는 만사」에서 다음과 같이 노래한 것도 이 때문이다.

> 남긴 소를 읽노라니 눈물이 절로 흐릅니다. / 평생의 심적이 여기에 밝게 실려서지요. / 인간의 대개가 저승으로 돌아갔으나 / 일성 같은 충의는 하늘이 살필 것이오. / 평생 중국 평정하지 못한 것 한탄하신 / 그 명성 영원히 전해질 것입니다. / 선생의 정기 천둥 번개 되어 / 천하를 정돈하고 전란 몰아내실 것으로.[39]

2. 교육 사상의 철학적 기초

무릇 어떤 사상가의 사상을 막론하고 그 사상 체계는 객관적 현실에의 대응이라는 외적 요인과 함께 사상가 자신의 철학 세계와 밀접한 관련을 갖는다. 동춘당의 교육 사상을 이해하는 데 있어 그의 철학 체계를 구명하는 문제가 중요하게 거론해야 하는 것은 바로 이 때문이다.

동춘당의 교육 사상은 그의 철학 이론과 긴밀한 내적 연관성을 지니고 있다. 뒤에 자세히 검토하겠지만, 동춘당은 이기심성론을 바탕으로 형이상과 형이하, 천리와 인욕, 공과 사를 엄격히 구분하고 경과 존천리를 강조하는 도덕적 교육 사상을 전개했다. 동춘당이 현종을 인견한 자리에서, "마음을 수습하고 성품을 수양하여 기질을 변화시킴에는 학문만한 것이 없고, 인군이 학문하는 길은 오로지 경연에 있을 뿐입니다."[40]라고 말한 것이나, "일상 사이에 마음이 움직일 때

---

39 『국역 동춘당집 7』, 247-248쪽.
40 「경연일기」, 신축 2월 26일. "收心養性, 變化氣質, 莫如學問, 人君學問之道, 專在經筵."

어느 것이 천리고 어느 것이 인욕인지를 항상 더욱 자세히 살피시어 과연 천리거든 반드시 그 마음을 보존해 기르시고, 과연 인욕이거든 반드시 극거하시기 바랍니다."[41]라고 말한 데서도 이 점은 분명하게 드러난다.

주지하는 바와 같이, 동춘당의 철학적 입장은 근본적으로 율곡의 이기심성론을 크게 벗어나지 않는다. 이기에 선후와 이합이 없다는 주장이 율곡 철학의 대전제이며 '이기지묘(理氣之妙)'와 '무형재유형(無形在有形)'은 율곡 철학의 일관된 특색이다.[42] 동춘당 역시 퇴계의 이기호발설(理氣互發說)을 비판하고 리와 기의 묘합이응(妙合而凝)의 관계를 특히 강조하고 중요시했다. 그가 자신의 빙부인 우복에게 "묘합이란 이기가 본래 혼융무간(混融無間)함을 말하는 것입니다."[43]라든가, 현종에게 "이기(理氣)가 서로 합하여 사람이 되는데 이것이 이른바 묘합이응이라고 하는 것입니다."[44]라고 한 말을 상기할 때 이 점은 분명하다. 그에 의하면 리와 기는 혼융하여 사이에 틈이 없으며, 서로 떨어져 있지 않다. 따라서 리 없는 기나 기 없는 리는 생각할 수 없다. 그래서 그는 "무릇 사람의 마음은 반드시 느낌이 있은 뒤에 발한다. 발하는 것은 기요 발하게 하는 소이는 리이기 때문이다. 따라서 리·기는 선후도 없고 이합(離合)도 없다. 그러니 이기가 호발한다고 말할 수는 없다."[45]고 설명했다.

그러나 동춘당은 리와 기의 묘합을 인정하면서도 다른 한편으로 리에 더 근원성과 가치를 부여했다. 이것은 '리의 초월성과 존재의

---

41 「경연일기」, 무신 11월 16일. "日用之間, 常加省察, 此心之發孰爲天理孰爲人欲, 果天理也, 必存養之, 果人欲也, 必克去之."

42 이동준, 『유교의 인도주의와 한국사상』, 한울, 1997, 472-475쪽 참조.

43 『愚伏集』, 권13, 「答宋敬甫問目」. "按妙合云者, 理氣本混融無間也."

44 「연보」, 63세조. "理氣相合而爲人, 乃所謂妙合而凝也."

45 「경연일기」, 무술 12월 17일. "大抵人心必有感而後發, 發之者氣也, 所以發者理也, 無先後無離合, 不可道互發也."

원인성'을 높이면서 기를 리의 아래에 두고자 하는 입장이다.[46] 따라서 모든 존재가 리와 기로 이루어진다는 점에 있어서는 하나이지만 리는 기와 결코 동격이 될 수 없다. 이러한 생각에서 그는 '어디에나 있지 않은 곳이 없는〔無所不在〕리가 바로 도이며, 형이상의 이치로서의 도는 형이하의 기와는 본질적으로 다르고 또한 서로 섞일 수 없다고 했고,'[47] 뿐만 아니라 효종에게는 "지금 전하께서 정신을 가다듬어 나라가 잘 다스려지기를 도모하심이 지극하지 않은 것이 아닌데도 원하는 것처럼 다스림이 따라주지 않는 것은 체통(體統)이 서지 않기 때문입니다."[48]라는 말까지 했다.

동춘당은 이러한 입장에서 논리적 의미에서의 이선(理先)을 긍정하고 이를 토대로 근원 존재로서의 리가 형이하적 존재로서의 기 활동의 바탕이며 기준임을 분명하게 주장했다. 예컨대 그가 경연에서 효종에게 "군신 부자의 윤서(倫序)는 천지가 다하도록 영원히 변치 않는 도리입니다."라고 한 말이나, 현종에게 "역(易)은 만 가지 이치의 근본인데, 건괘는 임금의 덕을 가장 잘 형상한 것입니다."[49]라고 한 말을 상기할 때 그러하다. 그러나 동춘당의 철학이 율곡의 입장을 완전히 벗어나고 있는 것은 아니다. 이미 언급한 바처럼 그는 리·기 관계를 불상잡(不相雜) 보다는 불상리(不相離)의 측면에서 파악하고 있기 때문이다. 그래서 그는 인욕과 천리에 대해서도 그 작용은 다르지만 결코 둘로 나뉘는 것은 아니라고 하였던 것이다. 그가 소대에서 『심경』을 진강하면서 현종에게 "배고프면 밥을 먹고 싶어하고 추우면 옷을 입

46 김형효, 앞의 책, 129쪽 참조.
47 「경연일기」, 기축년 11월 20일. "易大全曰, 形而上者, 謂之道, 形而下者, 謂之器, 器卽氣也, 道卽理也, 道器之分, 固如是…則道固形而上之理也, 非雜以形而下之氣也." 참조.
48 「경연일기」, 무술 10월 20일. "今殿下厲精圖治非不至矣. 而治不從欲者, 體統不立故也."
49 「경연일기」, 을사 8월 13일. "易者, 萬理之根本, 而乾卦最象於君德."

고 싶어하는 것은 인심이지만, 이치에 맞고 절도에 맞으면 천리가 되고 이치에 어긋나고 절도가 없으면 인욕이 됩니다."[50]라고 말한 것은 그 단적인 예이다. 이 점에서 동춘당과 율곡의 이기론은 크게 다르지 않다.

그러나 동춘당은 율곡의 이기설을 맹목적으로 좇았던 것은 결코 아니다. 그가 율곡의 이기설을 계승하고 또 그것을 자신의 철학의 근본 문제로 삼고는 있지만 위에서 살펴본 바처럼 리의 일차성·우위성을 어느 정도 인정함으로써 기보다는 리를 더 중시하는 입장을 취했기 때문이다. 이는 그의 학문적 태도와 무관하다 할 수 없다. 그리고 그의 평생에 걸친 퇴계에 대한 존숭과 사모[51], 빙부인 우복의 영향[52] 또한 이 문제에 관련된다.

동춘당은 성학이란 곧 '심학'이라고 전제하고, '마음'을 철학의 핵심 주제로 삼아 자신의 심성론(心性論)를 전개하였다. 그는 심의 미발은 성(性)이고, 이발은 정(情)이며, 심이 발한 다음에 그것에 관해 경영하고 헤아리는 것은 의(意)라고 구분했다. 이를 좀 더 자세히 살피면 다음과 같다.

정(情)은 외부의 사물에 느껴 일어나는 마음을 이르며, 의(意)는 그 일어난 정으로써 상량하고 계교하는 것을 이릅니다. 주자는 '정은 배와 수레(舟車)와 같고 의는 사람이 배와 수레를 부리는 것과 같다.'고 하였습니다. 의에는 선한 의도 있고 악한 의도 있습니다. 여기에서 말씀드린 의는 일어난 생각이 이치에 맞지 않은 것이니 사의(私意)가 바로 그것

---

50 「경연일기」, 을사 6월 8일. "飢欲食寒欲衣, 是人心也, 中理中節, 卽爲天理, 無理無節, 卽爲人欲."

51 『현종 개수실록』의 동춘당 卒去記事에 의하면 동춘당은 퇴계를 종신토록 스승으로 생각하였다고 한다.

52 『文集』, 권19, 行狀, 「愚伏鄭先生行狀」. "浚吉弱冠, 委禽於門下, 雖昏弱之甚, 學而未能, 然其得有今日, 皆先生誘掖之賜也." 참조.

입니다.[53]

이 점에서 동춘당의 철학적 입장은 주자나 율곡과 다르지 않다. 그는 심을 합리기의 구조를 가진, 허령지각하고 중리를 갖추어 만사에 대응하는 존재로 파악하고,[54] 심·성·정을 총괄하여 일체적인 것으로 해석했고,[55] 그것을 통하여 인심과 도심의 내용 구조를 밝히려고 했다. 그런데 심·리·기를 분리하지 않고 총체적으로 보는 논법은 리와 기를 단지 심의 두 가지 양태로 이해·표현하는 것을 뜻한다. 이 경우 리·기는 체와 용이라고 하는 경계를 이루면서 허령지각한 심 속에 포괄된다. 그 핵심 내용을 다음의 예에서 볼 수 있다.

사람의 마음에는 동과 정, 체와 용이 있으니, 정하되 영각(靈覺)의 체를 보존하고, 동하되 유통(流通)의 용을 다한 뒤에야 온전한 마음을 얻을 수 있고, 만약 한갓 정만을 지켜 운용하는 진실을 모른다면 이는 체만 있고 용이 없어 내외가 서로 격리되어 득과 실이 반반이니 그 말류의 폐해가 장차 무부무군(無父無君)에 이를 것입니다.[56]

허령지각이 다 심의 체입니다. 그리고 이른바 심은 중리를 갖추어 만사에 대응한다고 했는데, 이때의 구중리(具衆理)는 체를 가리키고 응만사(應萬事)는 용을 가리키는 것입니다.[57]

---

53 「경연일기」, 무신 11월 5일. "情者感於物之謂, 意者因其情而商量計較之謂, 朱子謂情如舟車, 意如人使舟車, 意有善惡而此所謂意, 發而不當理, 卽私意也."
54 「경연일기」, 무신 10월 21일. "虛靈知覺, 皆心體, 其曰具衆理而應萬事." 참조.
55 같은 책, 무신 12월 16일. "曰程子言心, 是兼已發未發, 橫渠言心統性情, 朱子言心者性情之主, 心爲已發則心但統情而非統性也." 참조.
56 『국역 동춘당집 8』, 55쪽.
57 「경연일기」, 무신 9월 26일. "虛靈知覺, 皆心體, 其曰具衆理應萬事, 具衆理體也, 應萬事用也."

 동춘당은 이를 바탕으로 인심과 도심을 엄격하게 구별하고, 그 안에서 덕성을 함양시키는 공부'를 강조했다. 그가 말하는 덕성 함양의 가장 좋은 공부가 바로 '경'이다. 그는 '경'이란 인간의 인간다움을 드러내주는 도덕성의 내적 기준이며 참다운 삶의 길을 구하는 궁극적·역동적인 목표로서, 개개인이 마땅히 성취해야 할 절대적 윤리 규범이자 정치적 이상이기도 했다. 동춘당이 '하늘이 그 임금의 태만과 공경을 보아 그 나라의 존망을 결정한다.'[58]고 하면서 "예로부터 성학이 경으로써 근본을 삼지 않은 적이 없었는데, 계신공구가 바로 경을 지키는 방법입니다."[59]라고 말한 것은 이런 문맥에서 이해해야 한다. 그런데 이미 앞에서 누차 말했듯이 동춘당이 강조한 '경'은 개인적 심성 수양만을 뜻하지 않으며, 치국·평천하라고 하는 넓은 의미의 사회적 실천까지도 포함한다는 점이다. 그가 경연에서 '경이직내 의이방외'를 논하면서 효종에게 "성현의 학문은 시작할 때 경이 아니면 시작을 이룰 수가 없고 마칠 때 경이 아니면 그 마침을 이룰 수가 없습니다."[60]라고 말한 데서도 이 점은 분명하게 확인된다.

 그런 점에서 경이란 개념은 동춘당 교육 사상에 있어서 가장 중요한 규준이요 가치의 근거라고 할 수 있다. 그래서 그는 "마음을 지키는 법은 오직 경뿐입니다. 그러니 신령스런 거북같이 보배롭고 벽옥처럼 받들어야 할 것은 경이니, 경으로써 마음을 기르면 잡는 것은 간단하나 베푸는 것은 넓으니 경의 공효가 크다고 할 것입니다."[61]라고 했고, 또 "논하건대 성인의 학문은 경으로써 안을 곧게 하는데 있고,

58 「경연일기」, 신축 4월 7일. "觀其怠敬, 國以存亡者."
59 「경연일기」, 정유 8월 19일. "從古聖學未有不以敬爲本, 戒愼恐懼卽所以持敬之方也."
60 「경연일기」, 정유 10월 13일. "聖賢之學, 其始非敬則無以成始, 其終非敬則無以成終."
61 「경연일기」, 정유 10월 14일. "持心之法, 惟敬是己, 若寶靈龜, 若奉拱璧, 卽敬也, 敬以養心, 則所操者約, 而所施者博, 敬之功, 可謂大也."

의로써 밖을 바르게 하는 일은 현인의 학문을 말하는 것입니다. '경이 직내'를 비유한다면 거울과도 같고, '의이방외'를 비유한다면 (거울의) 비침과도 같습니다. 따라서 경은 체가 되고 의는 용이 되는 것입니다."[62]라고도 했다. 따라서 경이란 순일한 마음을 가지고 일상적인 활동이나 일에 임해서는 항상 진실되게 행하여서 한 터럭의 사의(私意)라도 그 사이에 끼어들지 못하게 한다는 의미이며,[63] 사람들이 마땅히 이루어야 하고 따라야 하고 밝혀야 할 그 무엇이 된다.[64] 동춘당이 '마음 다스리는 법'에 대해 묻는 효종에게 '감히 잠시도 경계하고 성찰하는 마음을 소홀히 하지 않아 이 마음을 척연(惕然)·숙연(肅然)하게 하는 것'[65]이며, '일이 있을 때나 일이 없을 때나 나의 경이 잠시의 중단도 없게 하는 것'[66]이라고 대답한 것도 마찬가지 생각의 표현이다. 그리하여 그는 경의 중요성에 대하여 다음과 같이 말하기도 하였다.

일이 아직 이르지 않았는데도 망령된 생각으로 추측하거나 일이 이르렀는데도 고집스럽게 일에 응대하지 않거나 일이 이미 지나갔는데도 마음이 그 일을 따라가거나 하는 것은 모두 경이 아닙니다. 비유컨대 마음은 거울과 같아서 일이 없을 때에는 고요하여 한 티끌의 더럽힘도 없고, 일이 있으면 그 일에 순응하여 곱고 추함을 다 비추며 일이 끝난 뒤에는 비추었던 것이 남지 않고 허명(虛明)의 본체로 돌아가게 하는 것은 바로 이 경이 처음부터 끝까지 주재하기 때문입니다.[67]

---

62 「경연일기」, 무신 10월 18일. "論聖人之學, 敬以直內, 義以方外, 論賢人之學, 敬以直內譬則鏡也, 義以方外譬則照也, 敬爲體而義爲用也."

63 「연보」, 52세조. "以實心行實事, 無一毫私意參錯於其間, 便是主一." 참조.

64 「경연일기」, 정유 10월 13일. "蒙學有若山谿之茅塞, 而主敬則能開明也." 참조.

65 「경연일기」, 무술 1월 15일. "不敢少忽警省之心, 而使此心惕然肅然."

66 「경연일기」, 기해 2월 18일. "有事無事, 吾之敬無少間斷."

67 「경연일기」, 기해 2월 28일. "事未至而忘想縣度, 事方來而頑然不應, 事已過而與之隨往, 皆非敬也. 心譬如鏡, 無事時澹然無一塵之累, 有事而順應使妍媸畢照, 事去而不留, 還其虛明之體, 此是敬爲之終始也.

이와 같은 입장을 취할 때 '경과 의'를 강조하고, 한 나라의 존망·안위의 근본 토대가 되는 천리와 인욕을 엄격하게 변별하는 일은 오히려 자연스러운 일일 것이다. 그가 "천리라고 하는 것은 반드시 존양해야 하는 것이요, 인욕이라고 하는 것은 반드시 극거해야 하는 것이다."[68]라고 말한 것은 이러한 인식의 소산이다. 그리하여 그는 "천리와 인욕은 행위는 같으나 그 뜻은 다르게 나타난다."[69]고 한 호굉(胡宏)의 말에 동조하면서 경을 통해 인욕의 사사로운 구속에서 벗어나 천리를 회복하고 그것을 일상이라는 생활공간에서 밝힐 것을 주장하였다. 이에 따라 그는 경을 인간이 '반드시 먼저 자기 몸부터 닦는[必先修其身]'[70] 수양의 요체로 생각했고, '내수외양'에 의해 달성되는 교육의 궁극적 경지를 가리키는 것으로 이해했다. 뿐만 아니라 그는 경을 가지고 '인정(仁政)을 행하고 민심을 수습하는' 근본 원리로 파악하였다. 그러하기 때문에 그는 경연에서 다음과 같이 말했던 것이다.

> 국가의 치란은 임금의 덕의 수행 여부에 달려 있습니다. 오직 임금의 한 마음에 달려 있으니 마음의 위미(危微)가 정치의 가장 중요한 착수처입니다. 오직 정일(精一)하여 잘 선택해 지킨다면 이 마음이 확립되어 아는 것이 더욱 참되어서 하기 어려운 일이 없을 것입니다. 신의 생각에는 전하께서 심학 공부에 오히려 소루(疏漏)함이 있는 듯합니다. …… 임금은 항상 꺼리는 것 없이 멋대로 행동해서는 안 되니 계신공구하면 무슨 일을 못이루겠습니까. 옛부터 성학은 '경'을 근본으로 하지 않은 적이 없으니, 계신공구는 경을 지키는 방법입니다.[71]

---

68 「경연일기」, 무신 11월 16일. "果天理也必存養之, 果人欲也必克去也."
69 같은 책, 정유 10월 20일. "天理人欲同行異情."
70 「경연일기」, 정유 8월 19일.
71 「경연일기」, 정유 8월 19일. "國家治亂, 君德修否, 惟在人主之一心, 心之危微, 政要著工, 惟精惟一, 能擇能守, 則此心旣立, 所知益眞, 而事無難爲矣, 竊意殿下於心學工夫, 猶有疏漏也……人君常不放肆, 而戒愼恐懼, 則何事不可做, 從古聖學

『주역』「계사전 상편」에 "군자가 집안에서 하는 말이 선하면 천리의 밖에서도 호응해 오지만, 그 말이 선하지 않으면 천리 밖에서 오려던 사람도 떠나간다."라고 하였는데, 이 말은 상·하 모두를 겨냥해 말한 것입니다. 대체로 근본이 확립되면 일상의 언행이 저절로 도리에 맞아 잘못이 없지만, 근본이 확립되지 않으면 아침에 자기의 행위를 뉘우치고도 저녁에 다시 그 잘못을 되풀이합니다. 『시경』「대아탕」에 "처음 태어날 때 착한 성품을 갖지 않은 사람이 없지만 끝까지 그 착한 성품을 보존하는 이가 드물다."라고 하였으니, 예로부터 임금 중에 시종이 한결같았던 이가 몇이나 됩니까.[72]

이처럼 동춘당에게 있어서 심학 공부의 요체는 '경'이고 그것은 또한 근본을 확립하는 일이었다. 따라서 인간이 천리를 보존하고 인욕으로부터 벗어나 일상에서 천리를 구현할 수 있는 길은 '경'보다 좋은 것이 없다. 그 '경'은 사람의 힘을 기다리지 않고 스스로 길을 가리키는 지남차(指南車)와 같은 것으로서,[73] 띠풀이 우거져 길을 막고 있는 좁은 산길에 새롭게 길을 내는 일과 같은 것이기 때문이다.[74] 그런 점에서 동춘당의 교육 사상은 '주경 철학에 바탕을 둔 교육 사상'이라 말해도 좋을 것이다. 따라서 '경'은 스스로 자신을 밝히고 근본을 확립하여 그것을 다른 사람에까지도 미치게 한다는 의미를 갖는다. 그가 경연에서 경과 의를 아우르는 수양을 강조하면서[75] 효종에게 "군

未有不以敬爲本, 戒愼恐懼, 卽所以持敬之方也."

72 「경연일기」, 경자 3월 19일. "君子居室, 其言善則千里之外應之, 其言不善則千里之外違之, 此則通上下言之者也, 盖根本旣立, 則動靜云爲, 自無過擧, 否則朝悔其行, 夕復爾也, 詩云靡不有初, 鮮克有終, 自古人君, 終始如一者有幾哉."

73 「경연일기」, 정유 10월 13일. "指南之車, 不待人力, 而自能指路, 以喩能主敬, 則自能助道也." 참조.

74 같은 책, 같은 곳. "蒙學有若山磎之茅塞, 而主敬則能開明也." 참조.

75 같은 책, 정유 11월 3일. "盖義與敬相資, 內與外交修, 則自能上達天德也." 참조.

왕이 능히 근독(謹獨)하면 천심을 감격시키고 민정(民情)을 신복시킬 수 있지만 근독하지 않으면 이와 반대가 될 것이니 두려워하지 않을 수 있겠습니까."[76]라고 한 말은 이러한 사고방식에 연관이 있다. 그가 현종에게 "아플 때 벗을 모아 글을 강론하며 회포를 풀면 병이 덜해져 마음이 상쾌해짐을 스스로 느낄 수 있지만, 만약 한결같이 병에 맡겨 둔 채 나태와 혼미함 속에 날을 보내면 무익할 뿐만 아니라 도리어 다른 병이 겹쳐 생깁니다. 신은 성명께서 항상 나태와 혼미함 속에 계실까 두렵습니다."[77]라고 말한 것도 이와 무관하지 않다.

여기에서 이른바 위학(僞學)과 음사(淫邪)를 배격하고 수기치인해야 하는 인격 완성에 교육의 목적을 두고 성인의 배움을 교육의 궁극 목표로 삼았던 동춘당 교육 사상의 이론적 근거가 드러난다. 동춘당은 평생 이렇게 확립된 주경 철학의 교육 사상을 바탕으로 도학의 정통을 자임하면서도 늘 분수에 벗어나지 않는 삶을 살고자 하였고,[78] 남다른 도덕적 지향과 현실성에 투철한 삶을 살았고, 예의 차원에서 사회성을 회복·구현하고자 하는 노력을 기울였다. 그러므로 '일이 있을 때나 없을 때를 막론하고 항상 이 마음을 지켜 중단하지 않으면 천심을 감동시킬 수가 있다.'[79]고 하면서 '도심을 주인으로 삼고 인심이 도심의 명령을 듣는'[80] 세상을 구축하고자 했다.

이상에서 살펴본 바와 같이, 동춘당은 주경 철학 사상을 바탕으로 '알인욕 존천리'와 '내수외양'의 정신을 철학과 교육의 궁극 목표로 삼았다. 그는 천(天)의 소생자로서의 인간이 인간으로서 마땅히 걸어

---

76 「경연일기」, 정유 10월 13일. "君能謹獨, 則可以格天心而孚民情, 不然則反是, 可不懼乎."
77 「경연일기」, 을사 5월 1일. "於其病也, 聚友論文, 舒暢情懷, 則自覺蘇快, 若一任頹頓, 昏惰度日, 則不但無益, 反復添病, 臣恐聖明長在昏惰之中矣."
78 「경연일기」, 정유 10월 6일. "小臣無逾於常人, 孱疾且甚, 退伏田野, 乃分之宜." 참조.
79 같은 책, 정유 10월 29일. "無論有事無事之時, 常持此心, 無所間斷, 則天心可格矣."
80 「경연일기」, 기해 11월 23일. "以道心爲主, 而人心聽命焉."

가야 할 도리와 명법으로 주어진 인의를 인간 사회에서 구현해야 한다는 가치 지향의 정신을 가지고 사람을 개과천선하게 하는 것이 교육이라는[81] 확고한 믿음을 지니고 있었다. 그리고 그것은 다음 장에서 검토할 그의 현실 인식과 교육 사상을 통하여 극명하게 표출·전개되었다.

3. 내수외양(內修外攘)과 지행병진(知行幷進)의 교육

동춘당은 지행병진과 솔선수범의 교육을 중시하고, 그것을 인간의 도덕 본체이자 당위의 도덕률인 경을 통해 인간 세상에 구현하려고 노력했다. 따라서 주경(主敬)은 동춘당 교육 사상의 핵심 개념이다. 그것은 인간이 자신의 실존적 자각에 기초한 주체성을 확립하는 내적 원리이자, 인간이 하늘로부터 받은 본연지성을 회복하여 남김없이 구현할 수 있는 실천 원리라고 여겼기 때문이다.

그리고 그러한 주경의 교육 사상은 동춘당의 현실 인식과 그 대응에도 반영되었으니, 그의 화이의식(華夷意識)에 입각한 북벌대의 정신 또한 이 문제에 관련된다. 그가 천리·인욕을 엄격하게 분별하여 인륜과 인심을 밝히고 그것을 양이적(攘夷狄)과 벽이단(闢異端)과 같은 이념의 기초 내지 근거로 삼은 사실이 그것이다. 그가 소대에서 "우리 유가는 먼저 체를 세운 뒤에 운용하지만 도가는 그 마음만을 수렴할 뿐 운용하는 일이 없습니다. 이것이 오도(吾道)와 이단의 차이입니다."[82]라고 하면서 다음과 같이 말한 것은 이 점을 보다 분명하게

---

81 같은 책, 무술 1월 20일. "人能遷改, 則可以爲堯爲舜."
82 「경연일기」, 기해 2월 18일. "吾儒則先立體以運用, 道家則只收斂其心而無運用之功, 此是吾道異端之分也."

시사해준다.

> 소위 양기(養氣)를 하는 데는 두 가지 방법이 있습니다. 맹자가 기른
> 바 기는 바로 집의(集義)에서 나온 것이고, 도가가 기르는 기는 단지
> 주렴을 내리고 방 안에 앉아 색태(塞兌)만 할 뿐입니다. 호연지기(浩然
> 之氣)가 집의에서 나온다는 것은 (백지에 물이 젖어들듯이) 조금씩 점차
> 적으로 쌓이는 효과를 말한 것입니다. 국가가 기강을 세우는 것도 기
> 를 기르는 것과 같습니다. 기강은 형체가 있는 것이 아니니, 오늘 한
> 가지 선정을 행하고 내일 한 가지 선정을 행하여 오래도록 그치지 않
> 으면 기강이 스스로 확립될 것입니다.[83]

　동춘당은 치국(治國)의 요체를 나라의 기강 수립에 있고 그것은 기
를 기르는 일(養)과 동일하다고 보았다. 그것은 그의 철학이나 교육이
나 정치가 모두 본체를 세우고 근본을 확립하는 일에 목표를 두고 있
기 때문이다. 기강은 형체가 없으나 선정을 행하는 일과 불가분의 관
계가 있으며, 또 그것을 확립하려면 오랜 시간과 노력이 필요하다.
그런데 이단인 도가에는 그런 것이 없다. 즉 도가에는 개인만이 있고
인륜 질서나 미래에 대한 희망은 없다는 것이다. 동춘당이 이단을 배
척하고 유가를 높인 가장 큰 이유가 바로 여기에 있다. 그가 당시의
학술과 사상을 주자학으로 순정(純正)하게 귀일시키고자 한 일이나,
국왕이나 왕세자 교육에 남다른 애정과 관심을 기울인 것도 이러한
이유이다. 다음의 예문은 이 점을 이해하는 단초를 제공한다.

　임금이 덕을 기르도록 도와주는 것은 오로지 경연에 달렸으니, 지금

---

83 같은 책, 같은 곳. "所謂養氣, 亦有二道, 孟子所養之氣, 乃集義所生者, 道家所養
之氣, 只是垂簾塞兌而已, 浩然之氣生於集義者, 言其積漸之效也, 國之立紀綱, 亦
猶養氣, 紀綱非有形體也, 今日行一善政, 積久不已, 則紀綱自立矣."

비록 행궁(行宮)에서 조섭 중이지만 침전이나 문 밖에서 자주 유신(儒臣)을 접견하시어 경전을 토론하신다면 성상의 덕에 어찌 도움이 없겠으며, 또 어찌 병을 조섭하는 데 방해가 되겠습니까. 옛사람은 비록 전쟁 중에도 강송(講誦)을 폐하지 않았다고 합니다. 전하께서는 배(舟) 안에서 『대학』을 강론했다는 일을 듣지 못하셨습니까.[84]

신이 생각하건대 오늘날 종사와 생민(生民)을 위한 만세의 계책은 오직 성상의 학문을 보도(輔導)하는 데 달렸으나 세자를 교양하는 것이 더욱 막중합니다. 성상의 덕이 이미 이루어졌다 하여 규계(規戒)하는 도움이 없어서도 안 되며 세자가 현재 강보에 있다 하여 보익(輔翼)하는 도를 소홀히 해서도 안 됩니다.…… 소공(召公)에 의하면 갓 태어난 어린아이는 그 유년기의 교육으로 인해 스스로 명철한 운명을 만든다고 합니다. 이는 대개 아이가 처음 태어났을 때에 교양(敎養)함이 그 도리를 얻으면 명철하게 되고 그 덕을 잃으면 어리석게 된다는 것을 말한 것입니다. 보통 사람도 모두 삼가지 않아서는 안 되는데 하물며 막중한 책임이 있는 세자이겠습니까.[85]

이처럼 동춘당은 국왕 교육이나 왕세자 교육은 한 나라의 치란·존망에 결정적인 영향을 미치는 일이라고 생각했다. 그가 경연과 서연 활동을 통해 자신의 교육 사상을 열심히 개진하고자 했던 것도 여기에 그 이유가 있다. 그가 효종 즉위년에 징소되어 시강원 진선이

---

[84] 「경연일기」, 을사 5월 1일. "輔養君德, 專在經筵, 今雖於行宮調攝之中, 或臥內或戶外, 頻接儒臣, 使之討論經傳, 則其於聖德, 豈無所補, 亦何妨於調病之道乎, 且古人雖在干戈之際, 不廢講誦, 殿下獨不聞舟中講大學之事乎."

[85] 『文集』, 권5, 疏箚, 「論輔養元子箚」. "臣竊惟方今爲宗社生靈萬世之計, 惟在於輔導聖學, 而尤莫大於敎養儲宮, 不可以聖德已成而無規戒之益, 不可以方在, 襁褓而忽其輔翼之道也.……召公又曰, 若生子, 罔不在厥初生, 自貽哲命, 蓋言子之初生, 敎養之得其道則哲, 失其德則愚, 凡人皆不可不謹, 而況儲貳之重乎."

된 이래 관직 생활의 태반이 경연과 서연에 관련된 직무들이었다고 하는 점[86]은 시사하는 바가 매우 크다.

그런 점에서 동춘당의 교육 사상은 고려 말 이래로 발전한 성리학적 교육 전통을 계승하면서 40여 년 간격으로 일어난 임진왜란(1592)과 병자호란(1636)으로 인한 전쟁 후유증의 극복 과정 속에서 '임금의 마음을 바로잡지 않으면 모든 일이 잘못되어 버릴'[87] 혼란된 현실과 시대적 상황에 대한 교육적 대처 방안의 결과물이라고 할 수 있다. 그는 '녹봉이 매우 박하여 먹고 살기를 꾀하느라 염치를 돌아볼 겨를이 없는'[88] 절박한 상황 속에서도 올바른 예 질서를 수립하고 정학에 입각한 교육 강화를 통해 '천명에 순응하고 백성을 안정시키고자 하는'[89] 노력을 계속하고자 했다. 그래서 그는 현종에게 '임금의 한 마음이 교화의 근원'이라고 하면서 "먼저 이 마음부터 세우고 분발하여 큰일을 도모하고 옛 병통을 제거하여 새로운 공부에 더욱 힘쓰시며, 천수(天數)에 돌리지도 마시고 시세에 핑계하지도 마시면서 의연히 나라의 근본을 공고히 하는 세도(世道)를 만회할 것을 스스로 기약하기 바랍니다."[90]라고 권면했던 것이다.

따라서 그는 왕명을 받들어 『심경』의 구두를 교정하여 바치기도 하고, '억만 년 기업(基業)의 막중함이 원손(元孫)에게 있고, 억만 겨레 신민들의 희망도 원손에게 있다.'[91]고 하면서 원손 교육의 중요성을 설파하였으며, 태학 유생들의 청에 의해 『백록동규(白鹿洞規)』와 『사물심잠(四勿心箴)』을 써서 태학에 보냈고, 홍석(洪錫, 1604-1680)이 짓고 우암

86 김세봉, 「17세기 湖西山林勢力연구」, 단국대학교 박사학위논문, 1995, 121쪽 참조.
87 「경연일기」, 기유 5월 15일. "君心未格, 則安得每事而正之乎."
88 같은 책, 신축 4월 18일. "方今士夫祿俸甚薄, 爲營口腹, 未暇顧廉隅."
89 『文集』, 권6, 疏箚, 「應求言別論仍乞解職疏」. "應天安民之道."
90 같은 책, 같은 곳. "人主一心, 萬化之源……伏願聖明先立此心, 奮發有爲, 革去旧病, 勉加新功, 勿歸之方天數, 勿諉之於時勢, 毅然以鞏固邦本, 挽回世道自期."
91 『국역 인조실록』, 인조 23년 5월 20일.

과 자신이 교정한 「태극절기도(太極節氣圖)」를 지어 바치기도 하고,[92] 태학에 들어가서 향음주례(鄕飮酒禮)에 대하여 공부하는 것을 관람하고 그들과 더불어 「태극도설」을 읽는 등[93] 많은 노력을 기울였던 것이다. 이로써 알 수 있듯이 동춘당은 조정 출사 기간에는 주로 경연이나 서연에 출입하면서 국왕의 보필이나 세자의 보도에 진력하였고, 낙향하여 '독선기신(獨善其身)'하는 삶을 살 때는 동학이나 제자들과의 강학 활동을 통해 산림 유자의 면모를 여실히 보여주었다.[94] 남궁원 (南宮垣, 1642-?)이 기록한 『동춘선생언행록(同春先生言行錄)』에 "사람을 가르침에 있어 순순히 잘 일깨워주시고, 열심히 노력하시어 게을리하지 않으시고, 학문으로써 널리 닦고 경서를 배우도록 권하시고, 예의 (禮儀)로써 행실을 삼가도록 하고, 그 말과 행실을 조심하고 조심하도록 하시니 어린 자는 깨달음을 얻고 어리석은 자는 힘써 익혔다. 알지 못하지만 퇴계·우계·사계 모든 선생들도 또한 선생과 같았을까."[95] 라는 한 대목은 이 모두를 간명하게 집약해 주고 있다.

동춘당이 살았던 시대는 예의의 파괴가 극심하여 의리와 기강의 확립이 다른 어느 때보다도 더 긴요했던 시대였다. 또한 의리와 기강이 밑바탕에서부터 흔들리고 위협받는 국면이었다. 따라서 동춘당의 교육 사상은 시대를 광정한다는 목표에 주된 관심이 있었다. 동춘당은 천리가 날로 소멸되어 인욕이 천리를 해치고 '천재지변과 인요물괴(人妖物怪)가 연달아 나타나서'[96] '믿을 곳이라고는 오직 성상(聖上) 밖에 없는'[97] 상황으로 자신의 시대를 인식하고, 이를 바로잡고 극복

---

92 『가장』, 63세조.
93 『가장』, 64세조 참조.
94 김세봉, 앞의 논문 123쪽 참조.
95 남궁원, 『동춘선생 언행록』, 송창준 역, 향지문화사, 1999, 5쪽.
96 「경연일기」, 무신 9월 3일. "天災地變, 人妖物怪, 疊見層出."
97 「경연일기」, 무술 1월 15일. "今日國勢無一可恃而所恃者惟我聖上耳."

할 수 있는 유일한 지표가 '알인욕 존천리'이며, 그것을 실천하는 인간 주체성의 확립과 그 핵심적 근거가 되는 주경 철학을 통한 교육을 강화하고자 했다. 이와 같은 동춘당의 주경적 교육 사상은 숭고한 도덕과 조화를 추구하는 삶에 대한 희구인 동시에, '덕은 힘쓰지 않고 문장만 앞세우는',[98] 세계에서 '성학과 성덕을 밝히고'[99] '천하에 대의의 밝힘과 실현'[100]을 향해 올곧게 나아가고자 했던 한 인물의 정직한 자기 성찰의 결과물이라고 해야 할 것이다. 이러한 생각에서 그는 효종에게 "만약 학문을 통해서 기질을 변화시키지 못한다면 학문을 하지 않음과 무엇이 다르겠습니까."[101]라고 말하면서 치자의 주경·강학을 통한 정심의 확립과 체득 실천의 중요성을 진언했던 것이다.

유학의 학문이란 '존덕성(尊德性)'과 '도문학(道問學)'의 양면을 다 완수하는 공부를 가리키는데, 동춘당은 '존덕성은 본원을 함양하는 공부이고, 도문학은 의리를 강구하는 공부'라고 설명했다.[102] 이 둘의 관계는 상호 의존적이고 연속성을 갖는 것으로서 수레의 두 바퀴, 새의 두 날개와 같은 것이라고 했다. 이와 같은 관점에서 학문의 중요성과 이 둘의 통합을 강조하는 논리는 그의 다음 말에서도 분명하게 나타난다.

> 경과 의는 내외 공부로 서로 용(用)이 됩니다. 동은 정을 근본으로 하고 정은 동을 근본으로 하는 것입니다.…… 경·의 공부는 다 성인을 바라는 중요한 공부지만 경이 의의 근본입니다.[103]

---

98 같은 책, 정유 10월 14일. "不務德而先文."
99 같은 책, 경술 4월 21일. "唯願聖體日蘇, 聖學聖德, 漸至高明也." 참조.
100 같은 책, 기해 11월 1일. "明大義於天下."
101 같은 책, 무술 1월 16일. "若學而不能變化氣質, 與不學何異."
102 같은 책, 정유 10월 13일. "尊德性者, 涵養本源工夫也, 道問學者, 講究義理工夫也."
103 같은 책, 정유 12월 4일. "敬與義而內外工夫交相爲用, 動爲靜本, 靜爲動本矣.……
敬義工夫皆希聖之樞要, 而敬乃義之本也."

위에서 본 존덕성·도문학의 개념이 여기서는 경과 의로 등장한다. 그는 이를 통해 대의를 밝히고 인심을 바르게 하는 데 그치지 않고, 이단을 배척하고 정학을 지키는 논리로 연결시켰다. 그래서 그는 도 문학을 외면하고 존덕성만을 일삼는 육왕학(陸王學)의 학문 태도를 비 판하고 배척하였던 것이다.[104]

존덕성과 도문학의 공부는 상호 불가분의 관계를 갖는다. 이 둘을 하나로 통합시키는 것이 다름아닌 경이다. 앞에서도 언급한 바처럼 '경은 내외를 합하고 동정을 겸하고 시종을 일관하고 상하에 통달하 는 것'[105]이기 때문이다. 그가 『주역』 27번째 괘인 「산뢰이괘(山雷頤卦) 대상전(大象傳)」에 "언어를 삼가고 음식을 절제한다[愼言語, 節飮食]"라 는 말을 원용하여 현종에게 "음식을 절제함은 몸을 보양하기 위함이 고 언어를 삼감은 덕성을 수양하기 위함인데 덕성을 수양하는 방법 에 더욱 힘써야 하니 성명께서는 유의하시기 바랍니다."[106]라고 촉구 한 것도 이와 깊은 관계가 있다.

앞에서도 언급한 바 있지만 동춘당은 당시의 위기적 현실과 시대상 황에 대한 대응책으로 경연과 서연 활동을 통한 교육 분야에서의 많 은 활약과 예설(禮說)의 정립을 위한 노력을 하였으며, 내수외양을 통 한 북벌대의의 이념을 포기하지 않았다. 그리고 또 그것은 '위로는 천 명(天命)에 순응하고 아래로는 인심을 좇는다.'는 치민(治民) 원칙으로 간명하게 집약되었다. 그러니 동춘당이 인군이 스스로를 다스리는 길 은 다만 경연 하나밖에 없다고 하면서 현종에게 "세자가 지금 몽양(蒙 養)할 때가 되었습니다. 독서하는 이외에 습관이 지혜와 함께 자라고 (몸의) 변화가 마음과 함께 이루어지는 방법을 조금도 늦추어서는 안

---

104 같은 책, 정유 10월 13일. "陸則以爲惟當事德性而已, 不必爲問學支離之事矣." 참조.
105 같은 책, 같은 곳. "盖敬者, 合內外兼動靜貫始終通上下."
106 「경연일기」, 무술 10월 25일. "頤卦大象曰, 君子以愼言語節飮食 …… 節飮食所以 養生, 愼言語所以養德, 養德之方, 尤所當勉, 願聖明留意焉."

될 것 같습니다. 성상께서 반드시 먼저 몸을 스스로 닦으시어 본보기로 보여주신다면 실로 성상과 세자께 서로 유익한 방도가 될 것입니다. 예로부터 임금에게는 스스로를 다스리는 방법이 매우 많았으나, 지금은 남아 있는 것이 없고 단지 경연 한 가지 일만이 남았을 뿐입니다. 지금 만약 경연을 폐하신다면 어찌 애석하지 않겠습니까.”[107]라고 한 진언이나, ‘사람으로서 해야 할 일을 다하면 천수(天數)도 돌릴 수 있다.’[108]고 한 말을 긍정하지 않을 수 없다.

이는 물론 그의 주경의 교육 사상에 근거한 것이지만, 더 멀리는 올바른 도덕 판단의 능력과 사심 없는 마음을 지닌 군주가 민생을 안정시키고 또 그 바탕 위에서 백성들을 도덕적으로 교화·선도함을 교육의 요체로 삼는 유가의 민본주의 사상에 입각한 것이기도 하다.

그러나 이와 같은 그의 교육 사상이나 현실 대응은 개인적 윤리 세계에서의 덕성의 함양을 너무 강조한다는 점에서, 또한 인욕보다는 천리의 보존을 더 중시한다는 점에서 ‘몸’이 모든 분야의 담론 주제가 되고 있고, 욕망의 실현을 적극적으로 충동하는 오늘의 문화 구조와는 근본적으로 상치된다.

그러나 인간의 인간다움이 몸보다 마음의 세계에 있고 또 그것이 윤리·도덕이라는 당위를 통해 현실적으로 구현되고 입증되는 것이라면, 동춘당의 경을 주로 하는 교육 사상의 의미는 가치관의 혼란과 진정한 의미의 인간 교육이 부재하고 있는 오늘날의 지식 기반 정보화 사회 속에서도 충분히 되새겨보아야 할 가르침이라고 여겨진다. 그렇다고 한다면 동춘당의 주경 철학의 교육 사상이야말로 현대의 교육이 회복하고 실천하지 않으면 안될 인간으로서 인간의 도리를

---

107 「경연일기」, 기유 5월 19일. “世子正當蒙養之時, 讀書之外, 習與智長, 化與心成之方, 不可少緩, 自上必先自修, 以爲表率, 則實兩朝相益之道也, 自古人君自治之方甚多, 而今無存者, 只經筵一事獨存, 今若廢閣, 豈不可惜.”
108 같은 책, 경자 3월 13일. “能盡人事, 則天數亦可回也.”

밝히고 인간적인 완성을 도모하는 인성 교육의 중요한 내용 중의 하나라고 할 수 있다. 동춘당이 '온갖 질병이 모여 여생이 위태로우니 스스로 슬퍼하는 마음 더욱 견딜 수 없다.'[109]고 하면서도 제자에게 "예절의 사이와 언행의 즈음에 천만 번 경계하고 삼가서, 사람들에게 군자의 아들이라는 칭찬을 받는다면 매우 다행이겠네."[110]라고 말한 것은 바로 그러한 교육 사상의 한 예증이 아닌가 생각된다.

---

109 『동춘당국역집 7』, 97쪽.
110 『文集』, 권14, 書,「與金晦叔」. "禮節之間, 言行之際, 千萬戒愼, 使人稱之曰, 君子之子, 不勝幸甚."

제5장 역학적(易學的) 관점에서 본 동춘당 사상

동춘당의 철학 사상에 대하여는 지금까지 적지 않은 연구가 이루어 졌으나 이를 역학과 관련시켜 검토한 연구는 아직 전무한 실정이다. 물론 동춘당이 역에 관하여 체계적인 글을 남겨놓은 학자는 아니다. 그럼에도 불구하고 동춘당의 철학 사상을 역학적 관점에서 살펴보고 자 하는 것은 다음과 같은 두 가지 이유에서이다. 첫째는 그의 『주역』 에 대한 언급이 「경연일기」를 위시하여 문집 도처에서 산견되고 있다 는 점이고, 둘째는 그는 『주역』을 점서(占書)나 철학서가 아니라 도덕 적인 인격 수양서로 파악하여 그것을 체득·실천하는 데 남다른 노력 을 기울였다고 하는 점이다. 동춘당이 스승인 사계 김장생의 시장(諡 狀)을 쓰면서 "항상 『소학』·『심경』·『중용』·『대학』·『주역』 등의 글 을 밤낮으로 계속해 돌려가며 복습하고 비록 위급한 사이라 하더라도 잠시도 중단한 적이 없었다"[1]라는 말과 정봉휘에게 준 편지글의 한 대목 "이곳에 있는 몇 질의 『주역』은 모두 선본(善本)이 아니고 근래 안화증(眼花症)으로 눈이 날로 어두워져서 찾아볼 수가 없으니, 그곳에 만약 선본이 있다면 서로 바꾸어 보지 않겠는가."[2]라는 말이나, 또는 현종에게 『주역』 곤괘와 복(復)괘의 뜻을 논하면서 "이것은 학자에게 유익할 뿐 아니라, 임금에게도 가장 요긴한 것입니다. 음(陰) 가운데

---

1 『文集』, 권21, 諡狀, 「嘉義大夫刑曹參判贈資憲大夫吏曹判書沙溪金」. 先生, "常
　默誦小學·心經·庸·學·易等書, 循環熟復, 夜以繼晝, 雖造次顚沛之頃, 未嘗
　或間也."
2 『문집』, 권14, 書, 「與鄭鳳輝」. "此有周易數件, 而皆非善本, 年來眠花日昏, 不得尋
　看, 其處如有善本, 可蒙換看否."

양(陽)이 있고, 양 가운데 음이 있는데 음은 소인에 속하고 양은 군자에 속합니다. 임금 된 자는 마땅히 잘 살펴야 됩니다."[3]라고 한 진언을 통해서도 이 점을 어느 정도 확인할 수 있다.

이 글은 동춘당 역 사상 전반에 대해 상세하게 분석하는 일을 목적으로 하지 않는다. 여기에서 중점적으로 살펴보려고 하는 것은 동춘당 역 사상의 기반은 무엇이며, 또 그 내용과 특징은 무엇인가, 그리고 그것이 그의 철학 사상과 어떻게 관련되고 있는가 하는 등의 문제이다. 이 물음은 동춘당의 철학과 삶 전체를 올바로 이해하는 데 근본적인 중요성을 가지는 것으로서, 이러한 문제들에 대한 검토에서 얻어지는 성과 여하에 따라 동춘당의 다른 국면들에 관해서도 보다 깊고 새로운 전망을 확보할 수 있으리라 믿는다.

1. 주자의 역 사상

동춘당의 역(易) 사상에 대한 본격적 논의에 앞서 먼저 주자의 역설(易說)을 간략하게나마 언급하고자 한다. 동춘당이 경연의 자리에서 효종에게 "주자의 주설(註說)이 더없이 친절한데 무엇 때문에 다른 의견을 낼 필요가 있겠습니까."[4]라고 말할 정도로 주자는 동춘당의 학문과 사상에 있어서 결정적인 영향을 미친 인물이다. 동춘당에 의하면 주자는 공맹의 도통을 잇고 그것을 다시 세상에 새롭게 밝힌 성인이며, 따라서 정학(正學)을 공부하기 위해서는 주자를 존신함보다 앞설 것이 없다. 그렇게 본다면 동춘당의 역 사상은 주자의 『주역』에 대한 입장·해석의 기반을 고려하지 않고서는 온전하게 이해할 수 없다는

---

3 『국역 현종실록』, 현종 9년 10월 18일.
4 「경연일기」, 기축 11월 20일. "朱子註說十分親切, 何必要生他見."

결론에 도달하게 된다. 그 내용은 기존의 연구 성과를 토대로 본 연구의 진행에 필요한 최소한의 윤곽을 마련하는 데 그치고자 한다.

주지하다시피 역리(易理)를 파악하고 표현하는 데에는 두 가지 방법이 있다. 역수 원리(曆數論理)와 괘상 원리(卦象論理)가 바로 그것이다. 역수 논리는 하도낙서(河圖洛書)에 의하여 일월변역(日月變易) 원리를 역수(曆數)로 추연(推衍)하는 방법이고, 괘상 논리는 괘효의 상에 의하여 만물의 생성 변화 원리를 괘효로 표상하는 방법이다.[5] 여기에서 이른바 상수역학과 의리역학의 구별이 나오게 된 것이다. 주자는 이 둘을 겸하여 역학 연구의 새로운 지평을 마련하였고, 또 이를 통해 송대의 새로운 시대 이념과 윤리관을 정립하고자 하였다. 그 결과로 나타난 것이 다름 아닌 『역학계몽(易學啓蒙)』과 『주역본의(周易本義)』라는 저서이다. 『역학계몽』은 주자가 『주역』을 복서(卜筮)의 책으로 규정하고 정이천의 『역전』에서 결여되었다고 보여지는 상수역을 보완·강화시킨 것이다. 『주역본의』는 의리에 중점을 두면서도 도서학(圖書學)과 상수학(象數學)을 받아들여 정이천의 의리학을 발전시킨 책이다.

재언할 필요도 없이 주자는 기본적으로 복서의 시각에서 『주역』을 이해하였다. 다음의 예문들은 이를 입증하는 좋은 단서가 된다.

역은 본디 복서의 책이라서 후인들은 다만 복서에 그쳤다. 왕필(王弼)에 이르러서는 (역을) 노장(老莊)의 학으로 풀이하였다. 그 뒤로는 사람들은 단지 리만을 위주로 하고 복서로는 여기지 않게 되었다. 이것은 역시 잘못된 일이다.[6]

---

5 柳南相,「正易의 圖書象數原理에 관한 연구」,『논문집』, 제Ⅷ권 제2호, 충남대학교 인문과학연구소, 1981, 184-185쪽 참조.

6 『朱子語類』, 권66, 易二, 綱領上之下,「卜筮」. "易本卜筮之書, 後人以爲止於卜筮, 至王弼用老莊鮮, 後人便只以爲理, 而不以卜筮, 亦非."

성인이 상을 살펴서 괘를 그리고 시초를 셈하여 효의 이름을 지어, 천
하의 후세 사람으로 하여금 모두 의심스러운 것을 해결하고 망설임을
결정하여 길한 것과 흉한 것, 후회함과 인색함에 미혹되지 않게 하였
으니 그 공은 대단하다 할 것이다.[7]

문왕(文王)의 괘사와 주공(周公)의 효사는 모두 복서를 위한 것이었다.
후대에 공자는 이 책이 있는 것은 반드시 어떤 이치가 있어서일 것이
라고 보았다. 그래서 음양이 소장(消長)하고 영허(盈虛)하는 이치로부
터 진퇴 존망의 도리를 이끌어내었다.[8]

위에서 보듯이 주자는 『주역』을 복서의 책으로 인정하였고, 또 그
것을 통하여 성인이 작역(作易)한 뜻과 우주 생성 변화 원리를 파악하
고자 하였다. 주자에 의하면 복희가 작괘(作卦)하고 문왕·주공이 괘효
사를 짓고 공자가 십익(十翼)을 지었는데, 그것은 공자의 십익을 빼고
는 모두 점서를 위한 것이다. 그래서 주자는 "내가 보기에 성인이 역
을 지으신 것은 오로지 복서를 위해서였다. 후대의 선비들이 이것이
복서의 책임을 말하기 꺼려하고 그것이 가진 복서의 뜻을 전적으로
추구하지 않음으로써 정력을 낭비하였던 것이다."[9]라고 말하지 않을
수 없었던 것이다. 그렇다고 주자가 역이 가진 의리적 측면을 전적으
로 무시하거나 배척하고 복서의 기능만을 강조한 것은 결코 아니다.
그가 괘효상과 괘효사로 이루어진 『역경』과 공자의 십익을 구분해야
한다고 하면서 "공자가 전(傳)을 찬함에 이르러서는 한결같이 의리를

---

7 『易學啓蒙』序. "聖人觀象以畵卦, 揲著以命爻, 使天下後世之人, 皆有以決嫌疑,
  定猶豫, 而不迷於吉凶悔吝之途, 其功可謂盛矣."
8 『朱子語類』, 권66, 「卜筮」. "文王周公之詞皆是爲卜筮, 後來孔子見得有是書, 必有
  是理, 故因那陰陽消長盈虛說出個進退存亡之道理來."
9 같은 책, 권67, 「程子易傳」. "據某看得來, 聖人作易, 專爲卜筮, 後來儒者諱道是卜
  筮之書, 全不要恁他卜筮之意, 所以費力."

가르침으로 삼게 되고, 복서만을 오로지 하지 않았다."[10]라고 한 말
은 그 단적인 예가 된다. 여기서 주자가 강조하고자 한 것은 역이 본
래부터 지니고 있는 복서 기능의 회복과 그것의 철학화에 있다고 할
수 있다. 주자의 다음 말은 이를 이해하는 데 좋은 참고가 된다.

> 역이란 책은 본래 복서를 위해 지어졌다. 그러나 의리가 정미하고, 광
> 대하게 모든 것을 갖추어 하나의 방법으로 논의할 수 없다. 대개 이
> 리가 있으면 이상(象)이 있고, 이상이 있으면 이수(數)가 있으니 각각
> 묻는 자에 따라 뜻을 느껴서 통하게 해준다. 예컨대 '이섭대천(利涉大
> 川)'이란 말은 강을 건넌다는 의미일 수도 있고 혹은 험난을 헤쳐나간
> 다는 뜻이 될 수도 있다. 그러니 미리 고정시켜 설명할 수 없다.[11]

그런 의미에서 우리는 주자의 역 이해가 복서와 의리와의 종합을
시도하고 그것을 통하여 획괘(劃卦) 작역(作易)한 성인의 참뜻을 밝히
려고 한 데 있음을 확인하게 된다. 이 경우 의리가 체가 되고 복서가
용이 됨은 물론이다. 주자가 의리역의 입장에 서 있으면서도 '한역(漢
易) 상수학(象數學)을 배격하고 상수에 의해 점을 치는 풍조를 배척하
여 『주역』을 점복술에서 해방시켰다.'[12]는 정이천의 『역전』을 비판적
으로 평가한 것도 이와 무관하지 않다. 그리하여 주자는 '역은 다만
하나의 빈 사물'[13]이고, 역을 읽을 때는 먼저 물상과 괘·효사와의
관계를 살펴 경문의 본래 의미를 파악해야 한다고 하면서 이천 역학
의 문제점을 아래와 같이 비판하였다.

---

10 같은 책, 권66, 「卜筮」. "至於孔子之贊, 則又一以義理爲敎而不專於卜筮也."
11 『朱子大全』, 권56, 「書」, 答鄭子上. "易之爲書, 本爲卜筮而作, 然其義理精微, 廣
　大悉備, 不可以一法論, 蓋有此理卽有此象, 有此象卽有此數, 各隨問者意所感通,
　如利涉大川, 或是渡江, 或是涉險, 不可預爲定說."
12 廖明春 外, 『주역철학사』, 심경호 옮김, 예문서원, 1994, 373쪽.
13 『朱子語類』, 권66, 「卜筮」. "若易只則是個空底物事, 未有是事" 참조.

정자는 "리는 형체가 없으므로 상을 빌려 뜻을 나타낸 것이다."라고
하여 선유의 고착되고 지리한 폐단을 깨뜨려 후학들이 괘효사와 점을
완미할 수 있는 방도를 열어주었으니 매우 훌륭하다고 할 것이다. 그
러나 그 풀어놓은 뜻을 살펴보면 직설적일 뿐 역에서 상(象)을 취한
근거가 없어 『시경』의 비(比)·흥(興)이나 『맹자』의 비유와 같이 여겼
을 뿐이다. 그러나 만약 이와 같다면 「설괘전(說卦傳)」의 지음이 『주
역』과 관계없는 것이 되고, "가깝게는 몸에서 취하고 멀게는 사물에
서 취하였다."라는 말이 또한 군소리가 되고 말 것이다.[14]

주자에 의하면 역의 괘효사는 '공설(空說)의 도리(道理)', 즉 추상적
의미이므로 『주역』의 해석은 반드시 상을 취한 근거에 따라 해석해
야 한다는 것이다. 여기서 주자는 이천과 달리 괘변론(卦變論)과 십이
벽괘론(十二辟卦論) 및 호체(互體) 등의 양한(兩漢) 상수역학(象數易學)의
이론들을 괘효사 해석에 과감하게 수용하게 된 것이다.[15] 그렇다고
주자가 한대 상수역 이론을 전부 받아들이거나 긍정적으로 평가한
것만은 아니다. 그가 생각한 바 한대(漢代) 역학자들은 「설괘(說卦)」의
물상(物象)에만 고집한 결과 역학과는 무관한 번쇄한 이론적 천착이라
는 문제를 야기시켜 역학의 본의를 왜곡시키고 말았기 때문이다.[16]
그리하여 주자는 한대의 상수학자나 왕필 이후의 의리학자나 "둘 다
모두 한쪽에 치우쳐서 의심나는 것까지 억지로 해석하고자 한 병폐
가 있다."[17]고 혹평하였다.

---

14 『周易傳義大全』, 「易說綱領」. "而程子亦曰, 理無形也, 故假象以顯義, 此其所以
  破先儒膠固支離之實, 而開後學玩辭玩占之方, 則至矣, 然觀其意, 又似直以易之
  取象, 無復有所自來, 但如詩之比興, 孟子之譬喩而已, 如此則是說卦之作, 爲无所
  與易, 而近取諸身遠取諸物者, 亦剩語矣."
15 金永友, 「丁若鏞의 易學思想研究」, 서울대 박사학위 논문, 2000. 8, 36쪽 참조.
16 『周易傳義大全』, 「易說綱領」. "然兩漢諸儒必欲究其所從, 則旣滯泥以不通" 참조.
17 같은 책, 같은 곳. "二者, 皆失之一偏, 而不能闕其所疑之過也."

 앞에서도 언급한 바 있지만 주자에게 있어서 『주역』은 복서이며, '역이란 하나의 비어 있는 사물'일 뿐이다. 주자는 이를 바탕으로 하여 특히 복서 기능에 대하여 비교적 합리적인 해설을 가하였고,[18] 또 점치는 방법에 대하여 남다른 관심을 기울였다. 그가 『주역』, 「계사전(繫辭傳)」에 근거하여 옛 서법(筮法)을 새롭게 복원시켜 이를 『역학계몽』, 「명시책제삼(明蓍策弟三)」에서 자세히 기술하고 있는 점은 그 좋은 예가 아닌가 생각된다. 이와 같은 주자의 관심과 노력이 물론 복서 그 자체에만 있는 것은 아니다. 주자의 주된 관심은 복서역이 내포하고 있는 철학적 원리를 해명하는 데 있었다. 그가 『주역』, 「계사전 상」 11장의 '신이지래, 지이장왕(神以知來, 知以藏往 ; 신으로써 미래를 알고 지혜로써 지나간 일을 간직한다)'을 풀이하면서 다음과 같이 한 말에서도 이 점을 어느 정도 확인할 수 있다.

> 한 괘 속에는 무릇 효괘에 실려 있는 성인이 말한 내용이 모두 이미 드러나 있다. 바로 그 도리가 곧 '지난 일을 온축함'〔藏往〕이란 말이다. 그리고 점쳐 이 괘를 얻어서 이 도리로 말미암아 미래의 일을 추리할 수 있다. 이것이 바로 '미래를 앎'〔知來〕이란 말이다.[19]

 이처럼 주자는 역을 '비어 있는 사물'로 간주하고, 점사 속에 숨겨져 있는 도리를 밝혀내는 작업을 통해 『주역』에 온축된 추상적 도리로부터 자연법칙과 사회법칙에 관한 인식'[20]을 끌어내려고 노력하였다. 그래서 주자는 성인들이 역도(易道)를 드러내는 방법에 있어서는 시대적 상황에 따라 각각의 차이가 있지만 보편적 원리, 즉 도리를

18 廖明春 外, 『주역철학사』, 517쪽.
19 『朱子語類』, 권75, 「上繫下」. "一卦之中, 凡爻卦所載, 聖人所已言者, 皆具已見底 道理, 便是藏往, 占得此卦, 因此道理以推未來之事, 便是知來."
20 廖明春 外, 『주역철학사』, 517쪽 참조.

말한 점에 있어서는 차이가 없다고 하였다. 이 점은 주자의 다음 말에서도 선명하게 나타난다.

> 역이란 책은 세 분 성인을 거치면서 체재가 달라졌다. 복희씨의 상(象), 문왕의 사(辭)는 모두 복서에 의거하여 가르침을 삼았으나 그 법은 각각 다르다. 공자가 전(傳)을 찬함에 이르러서는 한결같이 의리를 가르침으로 삼게 되고, 복서만 오로지 하지를 않았다. 세 분 성인이 어찌 고의로 달리한 것이겠는가. 세속의 순박함과 잡박함, 안정과 난리의 상태가 달랐으므로, 그 교법으로 삼는 내용도 달라지지 않을 수 없었던 것이다. 그러나 그 도는 미상불 같다.[21]

위의 예문을 통해서도 알 수 있듯이 역학을 연구하는 근본 목적은 괘효상과 괘효사에 갖추어져 있는 '사물에 보편적으로 적용되는 추상적 도리'를 밝혀내는 데 있다. 주자는 이 문제의 해결을 위해 유목(劉牧)의 도서역(圖書易)과 소강절(邵康節)의 상수역(象數易)을 자신의 역철학 체계에 포함시키고 그것을 심도 있게 탐구하였다. 그 바탕에는 역을 변역과 교역의 두 가지 뜻을 지닌 것으로 보는 주자의 역학관이 숨어 있다. 주자에 의하면 역은 변역이고 교역일 뿐이다. 변역이란 유행한다는 뜻이고, 교역이란 서로 상대한다는 뜻이다.[22] 이 경우 유행변역(流行變易)이란 전화(轉化)를 가리키고, 대대교역(待對交易)이란 대립을 가리킨다. 『주역』을 논하면서 변역을 강조한 사람은 정이천이고, 교역을 강조한 사람은 소강절이다. 주자는 이 둘의 설, 즉 변역설

---

21 『朱子語類』, 권66, 「卜筮」. "易之爲書, 更歷三聖而制作不同, 若庖犧氏之象, 文王之辭, 皆依卜筮以爲敎, 而其法則異, 至於孔子之贊, 則又一以義理爲敎而不專於卜筮也, 是豈其故相反哉, 俗之淳漓旣異, 故其所以爲敎法者不得不異, 而道則未嘗不同也."

22 『朱子語類』, 권65, 「陰陽」. "易有兩義, 一是變易, 便是流行底, 一是交易, 便是對待底." 참조.

과 교역설을 자신의 역학 체계 안에 끌어들여 종합하였다. 주자의 하도낙서와 선후천역에 대한 탐구 또한 이와 무관하지 않다. 이를 좀 더 부연한다면 주자는 이론적 배경을 달리하는 하도낙서와 선후천역을 자신의 역학 체계 안에서 통합하고 이의 연구를 통해 역도(易道)를 밝히고,[23] 천하 만물의 당연 법칙과 소이연 법칙인 리를 우주 만물의 본원이자 총칙으로 보는 이학(理學)의 철학 체계를 더욱 확고히 하고자 하였다.[24] 그래서 그는 『주역』 64괘 384효에는 이미 만사만물의 이치가 다 들어 있다고 하면서[25] 제자인 황현자(黃顯子)에게 "성인이 역을 만드신 것은 오직 하나의 리를 말씀하시기 위한 것이었을 뿐 많은 일이 있는 것이 아니었다."[26]라고 말하지 않을 수 없었던 것이다. 여기서 말하는 리는 물론 우주의 궁극자이며 만물의 존재 근거를 지칭하는 개념이다. 이것이 그의 역학에서는 "태극은 다만 리라는 한 글자일 뿐이다."[27]라는 말로 표현되었고, 이학에는 '리'라는 말로 규정된 것이다.

다음 장에서 살펴볼 동춘당 역 사상 역시 이 범위를 크게 벗어나지 않는다. 동춘당은 주자의 『역』이 리를 근거로 하여 만들어졌다는 주장을 계승하여 이기론(理氣論)에서 기보다 리를 더 중시하는 가치 지향성을 갖는 철학 체계를 수립하였고, 음양 변화 원리와 중정(中正) 사상을 터득하여 경으로 내·외를 일관했고 또 그것을 통해 도덕적 지향과 시대 의식을 잘 조화시킬 수 있었기 때문이다.[28]

---

23 金永友, 「丁若鏞의 易學思想 硏究」, 38쪽 참조.

24 廖明春 외, 『주역철학사』, 525쪽 참조.

25 『朱子語類』, 권68. "所以三百六十四爻而天下萬事無不該, 無不周遍, 此易之用所以不窮也." 참조.

26 같은 책, 권67. "聖人作易, 只是說一理, 都未曾有許多事."

27 같은 책, 권1. "太極只是一箇理字."

28 이 문제에 대하여는 필자의 논문 「同春堂의 敬思想과 融和精神」 참조.

2. 주경 철학의 역학적 특성

위에서 살펴본 바와 같이 주자 역학의 특성은 그가 『주역』을 점서의 책으로 인식하고, 그 바탕 위에서 의리역과 상수역을 종합하고 또 그것을 통하여 역리를 해명하려고 노력한 데에서 찾을 수 있다. 이는 주자가 '상수'를 떠나 '의리'만을 고집하거나, 괘효상과 괘효사에 천착하여 역리를 견강부회하는 식으로 해석하는 태도 또한 찬성하지 않았음을 의미한다. 주자는 하도낙서와 선후천역의 연구를 통해 만물의 존재 구조를 밝히고 거기에서 리를 근본으로 하는 철학 체계를 완성시키고자 하였다. 이 논문의 주제가 되고 있는 동춘당 역시 리를 중시하는 시각에서 만물의 존재 구조와 인간 심성의 문제를 해명하고 기보다 리를 더 가치 있는 것으로 여기는 철학 체계를 수립하였다. 즉, 모든 존재가 리와 기로 이루어진다는 점에 있어서는 하나이지만 각기 고유한 특성에 있어서 양자는 가치론적으로 서로 구별이 된다는 것이다. 이러한 생각에서 동춘당은 '무소부재의 리'[29]가 바로 도이며, 형이상의 이치로서의 도는 형이하의 기와는 본질적으로 다르다고 하였다.

> 역대전(易大傳)에 말하기를, 형이상자를 일컬어 도라 하고 형이하자를 일컬어 기(器)라 했으니, 기(器)가 바로 기(氣)요, 도는 바로 리입니다. 도와 기(器)를 나누는 것이 진실로 이와 같아서 자사도 도라는 글자를 가지고 일관되게 비은(費隱) 두 자를 설명한 것입니다. 도는 본래 형이상의 이치이므로 형이하의 기와는 섞일 수 없는 것입니다.[30]

---

29 『別集』, 권3, 書, 「上愚伏鄭先生」. "蓋大而莫能載, 小而莫能破者, 無非器也, 而理無所不在." 참조.

30 「경연일기」 기축 11월 20일. "易大傳曰, 形而上者, 爲之道, 形而下者, 謂之器, 器卽氣也. 道卽理也, 道器之分, 固如是, 子思旣以一道字串費隱說, 則道固形而上之

위의 예에서 보듯이 동춘당이 인용한 것은 『주역』, 「계사전 상편」의 12장이다. 그는 여기에서 리를 도로, 기(氣)를 기(器)로 해석하고, 도는 진실로 형이상의 리이므로 형이하의 기와는 섞일 수 없다고 주장하였다. 이는 곧 그가 가치론적 의미에서의 리선(理先)을 긍정하고 이를 토대로 근원 존재로서의 리가 형이하적 존재로서의 기 활동의 바탕이며 기준임을 분명하게 보여주고 있음을 시사한 것이다. 예컨대 동춘당이 경연의 자리에서 효종에게 "형(形)이란 기고, 성(性)이란 리이니, 이른바 유물유칙(有物有則)이 바로 이것입니다. 리를 비유하면 사람과 같고, 기를 비유하면 말(馬)과 같습니다. 리가 기를 타고 운행하는 것이 마치 사람이 말을 타고 가는 것과 같습니다."[31]라고 한 말이나, 상소문에서 주자의 말을 원용하여 "강학이라고 하는 것은 이른바 리를 밝히는 것으로 앞에서 인도하는 것이고, 정계(定計)는 이른바 기를 기르는 것으로서 뒤에서 감독하는 것입니다."[32]라고 한 말을 상기할 때 그러하다. 이런 점에서 동춘당의 입장은 주자와 별 차이가 없다. 그는 기보다 리를 중시하는 사고를 가지고 『주역』을 이해하였을 뿐만 아니라, 특히 그것을 자신의 학문과 삶에 연계시키고자 많은 노력을 기울였기 때문이다.[33] 그가 효종에게 상나라 고종과 주나라 선왕처럼 훌륭한 정치를 이룩하여 거룩한 중흥의 선군이 될 것을 권

理也, 非雜以形而何之氣也."

31 「경연일기」, 기해 11월 24일. "形者, 氣也, 性者, 理也, 所謂有物有則是也, 理譬則人也, 氣譬則馬也, 理之乘氣而運, 猶人之乘馬而行矣."

32 『文集』, 권 16, 雜著, 「寫進春宮先賢格言屛幅跋」. "講學, 所以明理而道之於前, 定計, 所以養氣而督之於後."

33 예컨대, 浦渚 趙翼이 『同春堂題詠』, 「記」에서 "무릇 하늘의 덕에는 4가지(元・亨・利・貞)가 있는데 元이 첫째이고, 그 氣의 흐름 또한 넷(春・夏・秋・冬)이 있는데 봄이 그 첫째이다. ……宋君이 東春으로 그 堂의 이름으로 한 것은 仁을 구하는데 있음을 알겠다. 무릇 仁은 천지의 공변됨이요 모든 착함의 근본인 것이다. 宋君의 뜻이 여기에 있으니 그 뜻이 어찌 크지 않은가."라고 한 말에서도 이 점을 확인할 수 있다.(宋正熙 編, 송창준 역, 『德恩家乘 (2)』, 향지문화사, 1998, 198쪽.)

면하면서 다음과 같이 한 말은 바로 이 생각의 또 다른 표현이었다고
할 수 있다.

> 반드시 예의로서 검속하고 쓸데없이 영웅호걸로 자처하지 말며, 일상
> 의 모든 행위를 반드시 천리에 부합하기를 구하시어 황극(皇極)을 세우
> 고, 장구한 계려(計慮)를 품으소서. 먼저 표준을 세워 마음으로 전수하
> 여 자손을 도와 편안하게 하고, 강관(講官)을 선발해서 그 임무를 오래
> 맡기소서. 외척을 물리치는 데는 내치가 근본이고 군사를 다스리는 데
> 는 안민(安民)이 우선이니, 『주역』의 '순수정(純粹精)' 세 글자를 부신
> (符信)으로 삼아 말을 반드시 삼가고 형벌을 반드시 신중히 하소서.[34]

이처럼 동춘당이 지향하는 것은 근원적 삶의 원리이며 근본이 바
로 서는 세계이다. 위에서 언급한 천리, 황극, 표준, 내치 등의 말들이
이를 단적으로 요약해 준다. 이렇게 본다면 동춘당의 주된 관심의 세
계는, 변화하는 현상의 경험적인 세계, 즉 기적인 세계가 아니라 모
든 존재의 궁극적 원인이며 동시에 모범적 원인이기도 한 리적인 세
계임을 알 수 있다. 이와 같은 생각은 『주역』을 대하는 그의 태도에
도 그대로 반영되어 나타났다. 그가 효종에게 『주역』의 '순수정' 세
글자를 부신으로 삼아 선정을 펼 것을 권면한 것도 이와 무관하지 않
다. 여기서 '순수정'이란 말은 건괘 문언전의 한 구절 '대재건호, 강
건중정, 순수정아(大哉乾乎, 剛健中正, 純粹精也; 위대하다, 건이여 강건하고
중정함이 순수하고 정미하다)'를 요약한 것으로서, 하늘(天)의 큰 덕을 찬
미하면서 건괘 구오효의 내용을 설명한 것이다. 주지하다시피 건괘는

---

34 『동춘당집』, 권2, 「辭賜米乞解職兼申揚前陳戒之意疏」, "必以禮制檢束, 毋徒以英
豪自居, 日用凡百, 必求合乎天, 則以建皇極, 以存長慮, 先立標準, 必傳翼子, 選
置講官, 專久其任, 欲外攘則內修爲本, 欲治兵則安民爲先, 以易中純粹精爲三字
符, 言必謹刑必愼等語."

『주역』 64괘 중에서 첫 번째 괘이자 하늘과 아버지·인군을 상징하는 괘이고, 특히 구오효는 하늘을 대표하고 세상을 다스리는 군왕의 의미를 상징하고 있는 효이다. 이 경우 하늘은 물론 리를 가리키는 또 다른 이름이고, '순수정'은 순선무악한 리의 가치적 측면을 강조한 말이다. 이렇게 본다면 동춘당은 기보다는 리를 더 중시하는 논리로 자신의 철학 사상을 일관했고, 이를 통해 인간의 선의지에 대한 확고한 믿음을 갖고 있었던 것이 분명하다. 그가『주역』, 「건괘·단전」의 한 대목 '건도변화각정성명(乾道變化各正性命 ; 건도가 변화하여 각각의 성명을 바르게 한다)'이란 말을 원용하고 그것을 인(仁)과 서(恕)로 풀이한 것[35]에서도 이 점은 확인된다.

'천도에는 음이 소멸하고, 양이 회복되는 이치가 있다.'고 하면서 그가 「양복일진계소(陽復日陳戒疏)」에서 효종에게 다음과 같이 진언한 것 또한 이와 무관하지 않다.

산지박(山地剝)괘는 9월의 괘이고 중지곤(重地坤)괘는 10월의 괘인데, 박괘의 양이 다 소멸되어 곤괘가 되면 천지 사이에 음기가 충만하여 일원이 만물을 내는 마음도 거의 멸식됩니다. 그러나 양은 다 없어지는 이치가 없어서 위에서 변하면 아래에서 생겨나기 때문에 11월 동지일이 되면 일양(一陽)이 다시 땅속에서 생겨납니다. 그러므로 복괘(復卦)의 단사(彖辭)에 '복에서 천지의 마음을 볼 수 있다.'고 하였습니다.[36]

여기서 특히 주목되는 부분은 '양은 다 없어지는 이치가 없다.'라

---

35 「경연일기」, 기축 11월 20일. "易曰乾道變化, 各正性命, 此卽天之恕也, 恕與仁相近." 참조.
36 같은 책, 권2, 「陽復日陳戒疏」. "剝爲九月之卦, 坤爲十月之卦, 剝盡而坤, 則天地之間, 陰氣充積, 一元生物之心, 幾乎滅息, 而然陽無可盡之理, 變於上則生於下, 至十一月冬至, 一陽復生於地中, 故復之彖曰, 復其見天地之心乎."

는 말이다. 동춘당은 이를 10월 음이 극성한 때를 지나 11월 동짓달 하나의 양이 처음 움직이기 시작하는『주역』24번째 괘인 지뢰복(地雷復)괘와 연계시켜 설명하고 있다. 복괘는 박괘의 도전괘로서, 박괘 상구의 '석과불식(碩果不食 ; 큰 열매는 먹지 아니한다)'의 효가 초구로 복귀하여 이루어진 괘이다. 초효만이 양이고 나머지 다섯 효는 모두 음이며, 그 주된 효는 초구가 된다. 이 괘는 '위에서 극에 달하면 아래로 돌아와 생한다.'라고 하는 역리(易理)에 근거를 두고 성립된 것이다. 이 점을 「단전」에서는 "복에서 '천지의 마음'을 볼 수 있다."라고 말한다. 이때의 '천지의 마음'을 정자는 '천지생물지심(天地生物之心 ; 천지가 만물을 낳는 마음)'[37]이라고 했고, 주자는 '천지생생불이지심(天地生生不已之心 ; 천지가 낳고 낳는 것을 끊이지 않는 마음)'[38]이라고 했고, 이광지는『주역절중』에서 '도심(道心)'[39]이라고 풀이하였다. 그렇게 볼 때 '천지의 마음〔天地之心〕'이란 다른 것이 아니라 '양이 회복되는 이치〔陽復之理〕'이며,[40] 인간의 본래성인 '도심' 그 자체라고 할 수 있다. 그렇다면 '천지의 마음'은 리란 개념이 탈바꿈된 것으로 이해해도 무방할 것 같다. 주자에게 있어서 우주의 궁극자이며 만물의 존재 근거를 지칭하는 개념이 태극으로 규정되기도 하고, 천·천리 또는 리·도심 등으로 설명되었기 때문이다.

이에 유의하여 위의 예문을 다시금 살필 때 우리는 동춘당이 '리는 만물에 선재(先在)한다.'는 입장에서 인간의 선천적인 도덕성을 밝히고 그것을 통해 인간 존재의 가치론적 존엄성을 확보하고자 노력하였음을 확인하게 된다. 그가 효종에게 "천도에는 음이 소멸하고 양이

---

37 『周易折中』, 권9, 象上傳, 「程傳」
38 같은 책, 같은 곳, 「集說」
39 같은 책, 같은 곳, 「案」
40 『朱子語類』, 권74, 易十, 上繫上, 제5장. "易說一陰一陽之謂道, 這便兼理與氣而言, 陰陽, 氣也, 一陰一陽, 則是理矣." 참조.

회복되는 이치가 있고, 시운에는 난(亂)이 극에 이르면 치(治)를 생각하는 운수가 있으며, 인사에는 선으로 돌아와 스스로를 새롭게 하는 뜻이 있습니다."[41]라고 말한 것이나, 이보다 한 걸음 더 나아가 "전하께서는 본원에 더욱 힘쓰시고 하늘을 대하는 정성으로 더욱 독실히 하시어 일어일묵과 일동일정을 모두 하늘의 뜻에 부합하기를 구하시어 한 터럭의 사의도 끼어들지 않게 한다면 인자한 하늘이 어찌 노여움을 자애로 돌리고 재앙을 상서로 바꾸어 나라의 운명을 무궁하게 연속시켜 주지 않겠습니까."[42]라고 말한 것에서 이 점을 분명하게 확인할 수 있다.

앞에서 본 '천지의 마음'이나 '양복의 이치'가 여기서는 '본원(本源)·천(天)·공(公)' 등의 개념으로 바뀌어 등장한다. 그는 이를 통해 리의 일차성·우위성을 긍정하는 데 그치지 않고 그것을 현실의 인간 행위를 규제할 수 있는 보편적이고 절대적인 도덕 기준으로 간주하여 '존재와 당위'를 하나로 연결하는 논리를 제시하였다. 이와 같은 생각이 리를 '사물의 규율과 도덕 원칙 즉 모든 존재의 궁극적인 근원자이며 모든 선의 근원자'[43]로 이해했던 주자의 입장에 근거한 것임은 재언을 요하지 않는다. 『주역』 11번째 괘인 지천태괘(地天泰卦) 구이효만이 난세를 구할 긴요한 방책이 된다고 하면서 동춘당이 이단하(李端夏, 1625-1689)에게 준 편지글에서 "본원이 확립되지 않으면 뭇사람의 마음도 따라서 해이해져 만사가 이로 인해 폐추(廢墜)될 것이다."[44]라고 말한 것도 이런 점과 긴밀한 관계가 있는 듯하다. 그것은

---

41 『文集』, 권2, 「陽復日陳戒疏」. "蓋在天道則有陰陽消復之理, 在時運則有亂極思治之數, 在人事則有反善自新之義."
42 같은 책, 권1, 「辭召命疏」. "殿下益用力於本原之地, 益篤對越之誠, 一語一默一動一靜, 無不求合乎天, 不以一毫私意間之, 則仁愛之天, 豈不回怒爲慈, 反災爲祥, 以迓續邦命於無疆."
43 陳來, 『송명성리학』, 안재호 옮김, 예문서원, 1997, 239쪽.
44 『문집』, 권13, 「與李季周端夏」. "本源之地不立, 群心從而懈惰, 萬事由是廢墜."

태괘 구이효가 양(陽)으로써 중을 얻었고 또 위로는 육오와 정응(正應)이 돼서 태평한 세상을 다스리는 주체가 되는 효이기 때문이다. 구이효는 천하태평의 도리를 말하면서 위정자가 통치하는 데 꼭 필요한 4가지 덕목, 즉 관대한 포용력, 과단 결행할 수 있는 용기, 먼 데까지 미치는 총명예지, 공명정대한 마음 등을 거론하고 있는 것이 그 특징이다. 이 경우 4가지 덕목이란 포황(包荒)의 인(仁), 용빙하(勇憑河)의 용(勇), 불하유(不遐遺)의 지(知), 붕망(朋亡)의 의(義)를 의미한다.[45] 태괘 여섯 효 중에서 특히 주효가 되는 구이에 대한 동춘당의 관심은 기보다 리를 강조하는 그의 입장을 간명하게 보여준다. 그것은 곧 리를 통하여 '존재와 당위, 지와 행'을 하나로 엮어내고자 하는 의지의 또 다른 표현이다. 그가 경연에서 현종에게 "천리가 만물의 본체가 되어 빠뜨린 물건이 하나도 없듯이 인도(仁道)도 만사의 체가 되니 있지 않는 곳이 없습니다."[46]라고 말한 것이나, "격물은 공부이고, 물격은 성과입니다. 대체로 사물의 이치를 연구하여 밝게 관통하는 데 미치면 사물의 이치가 각각 그 극치에 이르니, 격물치지와 물격지지가 한가지일일 뿐입니다. 사물의 이치로 말하면 사물의 이치를 궁구하여야 사물의 이치를 알게 되고, 내 마음으로 말하면 나의 앎을 지극히 하여야 앎이 이르는 것이니, 이는 내외의 도를 합한 것입니다."[47]라고 말한 것도 이와 같은 의미일 것이다.

이렇게 표명된 관점은 그의 심성론이나 수양론에도 그대로 적용되어 나타났다. 그가 석강의 자리에서 『주역』 27번째 괘인 산뢰이(山雷

---

45 南東園, 『주역해의 1』, 나남출판, 2003, 289-290쪽 참조.

46 『경연일기』, 무신 11월 16일, "天理爲物之體而無所遺, 猶仁道爲事之體而無所不在也."

47 같은 책, 경자 3월 27일. "格物者工夫也, 物格者功效也, 蓋窮究事物之理, 及其曉然貫通, 則事物之理, 各有以詣其極也, 格物與致知, 物格與知至, 只是一事, 以物理言之, 則曰格物物格, 以吾心言之, 則曰致知知至, 此合內外之道."

頤) 대상전의 "산 아래 우레가 있는 것이 이(頤)이니 군자는 이로써 언어를 삼가고 음식을 절제한다."[48]라는 말을 인용하여 몸보다 마음 닦는 일의 중요성을 역설한 데서도 이를 확인할 수 있다. 그래서 그는 효종에게 "음식을 절제하는 것은 생(生)을 기르는 방도이고 언어를 삼가는 것은 덕을 기르는 방도이오니 덕을 기르는 방도에 더욱 마땅히 힘을 써야 할 것입니다."[49]라고 진언했던 것이다.

이러한 리 중시적 사고의 바탕 위에서 동춘당이 추구한 양덕(養德)의 지표가 곧 '마음 지키고 다스리는 공부'였다. 그러면 그가 말하는 마음 지키고 다스리는 공부란 무엇인가. 이것은 '경'이라는 한 글자로 답할 수 있다. '경'은 그가 생각한 바 인간의 인간다움을 드러내주는 최상의 가치, 즉 도덕적 주체로서의 삶에서 그 중심을 차지하는 개념이다. 동춘당이 석강의 자리에서 효종에게 "근본이 청명하지 않으면 일을 접할 적에 어찌 이치에 합당할 수 있겠습니까. 그러므로 선유들은 항상 '경'이라는 한 글자로 주를 삼았습니다."[50]라고 한 말에서도 이 점을 분명하게 확인할 수 있다. 이때의 '경'은 동춘당도 언급한 것처럼 '경으로 내면을 곧게 하고, 의로 외면을 바르게 한다〔敬以直內, 義以方外〕'라는『주역』곤괘 문언전에 근거를 두고 있는 말이다. 이는 '경'으로써 본심을 곧게 하고, 의리로써 행동거지를 절도에 맞게 한다는 뜻이다.[51] 이 구절에 대해 일찍이 주자는 '정〔正 ; 곧 직(直)〕은 본체를 말한 것이고, 의는 재단해서 제어함을 말한 것'이라고 하면서 '경'은 본체를 지키는 일이라고 주해한 바 있다.[52] 동춘당은 이

---

48 『周易』,「頤卦 · 大象傳」. "象曰 山下有雷, 頤, 君子以愼言語, 節飮食."
49 『경연일기』, 무술 10월 25일. "節飮食所以養生, 愼言語所以養德, 養德之方, 尤所
　　當勉."
50 『국역 효종실록』, 효종 8년 10월 14일.
51 『周易』,「坤卦 · 文言傳」, 程子註. "君子主敬, 以道其內, 守義, 以方其外." 참조.
52 같은 책, 같은 곳, 朱子註. "正謂本體, 義謂裁制, 敬則本體之守也."

에 따라 "'경'은 인간 주체에 있어서 세계·존재의 이법 및 인륜의 이
법의 성립을 가능하게 하는 근거"[53]로 파악하여 '내외를 합하고, 동
정을 겸하고, 시종을 일관하고, 상하를 통달하는 것'이라고 하였다.
다음의 자료에서 이 점을 분명히 읽을 수 있다.

> 경이직내는 『주역』에서 나오는 말로 정자는 늘 말하기를 '만약 경으로
> 써 안을 곧게 하려면 곧 곧아지지 않는다. 대저 경하면 안은 저절로 곧
> 아지는 것이다. 만약 경으로써 안을 다스려 곧아지게 하는 것이라면 조
> 장을 거쳐야 하는 것으로 도리어 곧아지지 않는다.'고 하였습니다. 정
> 자는 사람을 가르칠 때 언제나 '경' 자를 말했고 또 주경 철학 공부가
> 『소학』의 빠진 것을 보충해 준다고 하였습니다. 대개 경은 내외를 합하
> 고, 동정을 겸하고, 시종을 일관하고, 상하에 두로 통달하는 것이므로
> 단지 이 한 글자로써 학문에서 잃은 것을 보충할 수 있다고 한 것입니
> 다. 성현의 학문은 그 처음에 경이 아니면 처음이 될 수 없고 그 마침도
> 경이 아니면 마칠 수 없는 것입니다.[54]

동춘당에 의하면 '경'이란 내외를 합하고, 동정을 겸하고 시종을 일
관하고, 상하에 두루 통달하는 것으로서 성학의 가장 근본이 되는 것
이며, 인간의 인간다운 삶을 가능하게 하여 주는 개념이다. 즉 그것은
덕성의 내적 기준이며 참다운 삶의 길을 구하는 궁극적·역동적 목표
로서, 사람이 마땅히 지키고 이루어내야 할 절대적 윤리·도덕규범의
근거이다. 이 점에서 그가 효종에게 "옛부터 성학은 경을 근본으로 하

---

53 高橋進, 『李退溪와 敬의 철학』, 안병주·이기동 역, 신구문화사, 1986, 248쪽.
54 『경연일기』, 정유 10월 13일. "敬以直內出周易, 程子常曰若以敬直內, 則便不直矣,
  蓋能敬則內自直, 若以敬治內而使之直, 則便涉助長, 而反不直矣, 程子教人每說
  敬字, 又謂主敬工夫, 可以補小學之闕, 蓋敬字, 合內外兼動靜貫始終通上下, 故只
  此一字可補其失學也, 聖賢之學, 其始非敬, 則無以成始, 其終非敬, 則無以成終."

지 않은 적이 없으니 계신공구는 경을 지키는 방법입니다."[55]라고 한 말은 많은 참고가 된다. 뿐만 아니라 동춘당은 '경'을 개인적 심성수양의 문제로만 한정시키지 않고 그 범위를 치국·평천하라고 하는 넓은 의미의 정치적 문제로까지 확대시켜 이해했다. 예컨대 그가 "학문의 방도는 다른 것이 아니라 오직 경이직내, 의이방외에 있으니 반드시 내외가 서로 길러진 연후에 학문하였다고 할 수 있다."[56]라고 하면서 경을 한 나라의 존망을 결정짓는 근본 요인으로 이해한 것[57]이 바로 그것이다. 그 결과 그는 '경'을 도덕적 자기완성〔修己〕을 통한 사회적 실천 즉 정치적 활동〔治人〕에의 논리로까지 확대하여 이해하게 되었던 것이다. 그런 점에서 '경'은 '수기치인'의 출발점이자 귀착점이 된다. 이와 같은 논법은 '경이직내, 의이방외'를 내외와 체용의 문제로 나누어 해석하는 방식에서 다시 한 번 선명히 볼 수 있다.

공자는 건괘를 성인의 학으로 곤괘를 현인의 학으로 여겼습니다. 항상 말함에 믿음 있고 항상 행함에 삼감은 성인의 학문을 논한 것이고 '경이직내, 의이방외'는 현인의 학을 논한 것입니다. '경이직내'는 비유하면 거울이고, '의이방외'는 비추는 것이라고 할 수 있으니 경은 체가 되고 의는 용이 되는 것입니다. '경이직내, 의이방외' 이 여덟 글자는 일생 동안 써도 다함이 없는 것이며 '경이직내'가 근본이 됩니다.[58]

---

55 같은 책, 정유 8월 19일. "從古聖學未有不以敬爲本, 戒愼恐懼卽所以持敬之方也."

56 같은 책, 무술 1월 15일. "學問之道無他, 惟在敬道義方必也, 內外相養, 然後可謂學問也."

57 『경연일기』, 신축 4월 7일. "災異之作出於欲凶, 未凶之際, 觀其怠敬, 國以存亡者, 乃古之言也." 참조.

58 같은 책, 무신 10월 18일. "孔子以乾卦爲聖人之學, 坤卦爲賢人之學, 庸言之信, 庸行之謹, 論聖人之學, 敬以直內, 義以方外, 論賢人之學, 敬以直內, 譬則鏡也, 義以方外, 譬則照也, 敬爲體而義爲用也, 敬以直內, 義以方外八箇字, 一生用之不窮, 而敬以直內爲根本."

앞에서도 언급한 바 있듯이 동춘당이 말한 '경'이란 단지 개인의 도덕 수양만을 의미하는 것이 아니다. 그것은 개인의 도덕적 수양을 넘어 도덕의 사회적 구현이라고 하는 정치적 의미까지도 포함한다. 물론 그 강조의 초점은 인간의 사회적 관계성에 앞서 개인적 윤리 세계에서의 실천적 주체성의 확립에 대한 것이었다. 그가 '경'을 일심의 주재요, 만사의 근원이라고 하면서 효종에게 "마음을 지키는 것은 오직 '경' 뿐입니다. 그러니 신령스런 거북같이 보배롭고 벽옥처럼 받들어야 할 것은 '경'이니 '경'으로써 마음을 기르면 잡는 것은 간단하나 베푸는 것은 넓으니 '경'의 공이 크다고 할 것입니다."[59]라고 한 진언에서 이 점을 분명하게 읽을 수 있다. 또 동춘당이 『주역』 건괘 문언전 구이효의 '한사존기성(閑邪存其誠 ; 간사한 것을 막고 참됨을 보존한다)'이라는 구절을 원용하여 지경(持敬)하는 방법을 설명하면서 "간사함을 그치게 하면 욕심이 막히고 참됨이 보존되어 경을 지키게 된다."[60]라고 한 것도 이 때문이니라. 건괘 구이효는 하늘의 양(陽)이 두 번째 자리에 있는 것을 뜻하며 용(龍)의 덕이 지상으로 나온 현룡재전(見龍在田 ; 나타난 용이 밭에 있다)의 상이다. 구이가 비록 중을 얻었고 구오와는 상응 관계이지만 아래에 처하였으므로 신하에 해당하는 자리이다. 때문에 이 효는 정중한 덕으로 간사한 마음을 막고 참된 본성을 지키는 데 쉼 없이 노력해야 구오의 신임을 받을 수가 있는 자리이기도 하다. 동춘당이 '경'을 논하면서 건괘 구이효에 주목한 것도 여기에 그 이유가 있다고 본다. 이는 '경'을 한 마음의 주인이요 만사의 근원으로 보아 사회적 실천에 앞서 개인의 내면적 성찰과 완성을 강조하는 동춘당 생각의 당연한 표현이라 하겠다. 그리하여 그는 객관적 타당성이나 도

---

59 같은 책, 정유 10월 14일. "持心之法, 惟敬是以, 若寶靈龜, 若奉拱璧, 卽敬也, 敬以養心."
60 같은 책, 같은 곳. "閑邪卽窒慾, 存誠持敬."

덕적 합당성보다 개인의 내면적 도덕성을 더 중요하게 생각하였다. 그 단적인 예가 "경의(敬義) 공부는 다 성인을 바라는 공부의 주축이나 '경'이 '의'의 근본이 된다."[61]라는 말이나, "인욕이 거칠게 흘러 치솟고 뒤집힘은 강물보다 심하나 오직 '경'만이 그것을 이길 수 있다"[62]라고 한 말일 것이다. 결국 그가 기보다 리를 더 중시하는 사고에 입각하여 의보다는 경을 더 강조하고, 음과 양을 엄격하게 나누면서 음보다 양을 애써 높이려 했던 것도 이에 기인한 것이 아닌가 한다.[63]

3. 조화와 균형의 정신

위에서 논한 바와 같이 동춘당 역 사상의 특성은 역을 통해 기보다 리를 더 중시하는 철학 체계를 수립하고 그 기반 위에서 주경 철학 사상을 제시한 데에서 구해진다. 이런 면에서 동춘당은 '상수'와 '의리'를 종합한 주자의 역학 사상에 충실하면서도 내심 상수역보다는 의리역을 더 긍정한 것처럼 보인다. 그가 현종에게 "천수가 스스로 오기를 기다려서는 안 됩니다. 천수는 이를테면 추위와 더위이고 인사는 이를테면 갖옷(裘)과 갈옷(褐)이니 갖옷과 갈옷을 준비하지 않으면 어찌 추위와 더위를 막을 수 있겠습니까."[64]라고 한 말이나, 소옹의 상수학에 밝았던 이단상(李端相)[65]에게 답한 편지글의 한 대목

---

61 같은 책, 정유 12월 4일. "敬義工夫皆希聖之樞要, 而敬內義之本也."

62 같은 책, 정유 10월 13일. "人慾之橫流掀倒甚於河水, 而惟敬可以勝之."

63 예컨대 그가 주자의 말을 인용하여 "양은 반드시 강하니 강하면 반드시 밝고 밝으면 알기 쉬우며, 음은 반드시 유하니 유하면 반드시 어둡고 어두우면 헤아리기가 어렵다."라고 한 말은 많은 참고가 될 것이다.(『문집』, 권1, 疏箚, 「應旨兼辭執養疏」, "朱夫子之言曰, 凡陽必剛, 剛必明, 明則易知, 陰必柔, 柔必闇, 闇則難測.")

64 『문집』, 권4, 疏箚, 「請留判中樞宋時烈箚」. "天數之自至, 夫天數者寒暑也, 人事者裘褐也, 裘褐不備, 豈能禦寒暑也."

65 이단상은 소옹의 『황극경세서』를 가지고 明·淸 교체를 해석하고 또 청이 곧 망할

"왕년에 망처(亡妻)의 장사 때 술객이 말하기를 '장손의 생년에 구기(拘忌)가 있으니 발인할 때 뒤따르지 말게 하고, 또 하관할 때에도 보지 말게 하라.'고 하였지만, 모두 따르지 않았습니다. 그러나 그 뒤에 털끝만 한 해도 입지 않았습니다."[66]라는 말을 통해서도 이 점을 어느 정도 확인할 수 있다. 이것만을 근거로 단언을 내리기는 어려우나, 동춘당이 상수역을 외면하고 의리역에 더 관심을 둔 것은 아마도 역을 통하여 리를 투철히 인식하고 또 그것을 도덕적으로 구현하는 일이 인간의 책무라고 믿었기 때문이었다. 이는 현실적 명리(名利)보다는 인간의 내면세계의 진리에 더 근본적인 가치를 두고 역을 이해하려고 하는 태도이다. 다시 말하여 동춘당은 리라는 형이상학적 원리에 의해 정당화되는 도덕적 가치를 절대화하고 그러한 가치를 추구하는 삶을 인간의 진정한 의무요 사명이라고 여겼던 것이다. 여기에서 제기된 것이 다름 아닌 그의 주경 철학 사상이다. 동춘당에게 있어 '경'이란 '자신을 닦고서 남을 다스리는 학'의 중추를 이루는 개념으로서 인간이 천명으로 주어진 자신의 본래성을 자각하고 그것을 현실적으로 구현하는 존재 원리이자 당위 원리이다.

이러한 관심은 그의 역 사상에도 이어져 개인적으로는 끊임없이 자신을 반성하고 덕을 닦는 노력으로 전개되었고 사회적으로는 조화와 균형을 지향하는 정치의식으로 표출되었다. 다음의 두 예는 이를 입증하는 좋은 단서가 된다.

① '도불가수유이(道不可須臾離)'는 정조(精粗)가 없어 은미하거나 드러

것이라고 예언할 정도로 상수역에 경도되었던 인물이다. 그래서 송시열과 박세채(1631-1695)로부터 易에 너무 빠져 있다는 지적을 받기도 하였다. 조성산, 「조선후기 낙론계 학풍의 형성과 경세론 연구」, 고려대학교 박사학위논문, 2003, 28-33쪽.

66 같은 책, 권 14, 書, 『答李幼能』. "昔年亡妻葬時, 術人言長孫生歲有拘忌, 使勿隨於發引, 亦勿臨窆時, 而皆不能從, 厥後未見毫毛所害."

나거나 간에 모두 떠날 수 없다는 것입니다. 그래서 보이지 않는 데서 경계하고 삼가며 들리지 않는 데서 두려워한다는 말로써 그것을 풀이 한 것입니다. 만약 말하기를, 그 사려가 아직 일어나기 전부터 이미 '계신공구'하여야 할 따름이라고 해야지 들리고 보이는 데서는 계신공 구하지 않고 다만 보이지 않고 들리지 않는 곳에서 계신공구한다는 말은 아닙니다. '계신공구' 두 구절은 '불가수유리(不可須臾離)'의 뜻을 결론지은 것입니다.[67]

② 신은 항상 성인의 일로써 전하께 기대하였는데, 애석하게도 전하의 학문이 중화의 공부에 지극하지 못하시어 감정이 드러나기 전에 이미 치우쳐서 그 중을 잃고 감정이 드러난 뒤에는 또 어그러져서 그 화(和) 를 잃으시니, 어찌 천하의 대본(大本)을 세우고 천하의 달도(達道)를 행 하시어 기대하는 신민의 지극한 뜻에 부응하시겠습니까. 신은 은근히 걱정이 됩니다.[68]

위에서 보듯이 동춘당이 가장 긴절한 일로 생각한 것은 덕을 잘 닦아 대본(大本)을 확립하고 구현하는 문제였다. 그것을 ①의 예에서 는 '계신공구'하는 일로 설명하였고, ②의 예에서는 '중화'를 현실적 으로 드러내는 일로 논하였다. 이 둘의 문제는 동춘당에게 있어 새의 양 날개와 같은 것으로, 그 어떤 것도 가벼이 하거나 소홀히 해서는 안 되는 것이었다. 그러나 앞에서도 살핀 것처럼 그가 더 관심을 기

---

67 『경연일기』, 기축 11월 5일. "道不可須臾離卽是無精粗, 隱見之間, 皆不可離, 故言 戒懼乎不覩不聞以該之, 若曰自其思慮未起之時, 早已戒懼云爾, 非謂不戒懼乎所 覩所聞, 而只戒懼乎不覩不聞也, 戒愼恐懼兩句, 是結不可須臾離一句意思."
68 『문집』, 권7, 疏箚, 「請還收承旨臺諫罷職之命箚」. "臣常以聖人之事, 日望於殿下, 而惜乎聖明之學, 於中和極功, 有所未至, 情之未發, 旣不能無所偏倚而失其中, 其 發也, 又不能無所乖戾而失其和, 其何以立天下之大本而行天下之達道, 以副臣民 祈望之至意乎, 臣竊悶之."

울인 것은 ①의 문제였다. 즉, 그는 '계신공구(戒愼恐懼)'의 측면을 주로 하여 인세에 구현되는 '중화'의 의미를 해석하였던 것이다. 이런 생각에서 그는 "임금은 항상 꺼리는 것 없이 멋대로 행동해서는 안 되니 '계신공구'하면 무슨 일은 못 이루겠습니까."[69]라고 했다. 이때의 '계신공구'는 『주역』 51번째 괘인 중뢰진(重雷震) 대상전의 '상왈 천뢰진 군자이 공구수성(象曰 洊雷震 君子以 恐懼修省 ; 거듭된 우레가 진괘이니 군자는 이것을 본받아 두려운 마음으로 수양하고 반성한다).'라는 말에 근거한 것으로서 그 요지는 스스로 반성하고 수양하여 재주와 덕을 기른다면 어떠한 험난과 위험도 극복할 수 있다는 의미이다. 대상전의 이 구절 즉 '공구수성'은 유교 수양론의 기저를 이루는 바 '계신공구'와 상통하는 개념으로서 인간이 절대자 앞에 섰을 때 느끼는 원초적 정감을 표현한 것이다.[70] 이에 대해 정자는 일찍이 "군자는 하늘의 위엄을 두려워하여 몸을 닦고 바루어서 그 허물을 살펴 고칠 것을 생각한다."[71]라고 말한 바 있다.

이렇게 이해할 때 '계신공구'하는 일은 동춘당의 삶을 지탱하여 주고 구제하는 최종적 행동이며 유교의 근본이념에 입각한 이상적 세계, 즉 '중화의 세계'로 나가는 유일한 통로라고 할 수 있다. 이 점은 『주역』 49번째 괘인 택화혁(澤火革)괘 구삼효와 지천태(地天泰)괘 구이효를 원용하여 효종에게 '변통'과 '경장'을 촉구한 것에서도 선명하게 나타난다.

> 『주역』 혁괘의 구삼효에 "개혁해야 한다는 말이 세 번 나오면 믿을 수
> 있다[革言 三就 有孚]"라고 하였고, 태괘의 구이효에 "거칠고 사나운

---

69 『경연일기』, 정유 8월 19일. "人君常不放肆, 而戒愼恐懼, 則何事不可做."
70 최영진, 『原典으로 읽는 周易』, 민족문화문고, 2005, 234쪽 참조.
71 『주역』, 震卦, 大象傳, 程子註. "君子畏天地威, 則修正其身, 思省其過咎而改之."

사람까지 포용하는 넓은 도량이 있으며, 황하를 맨 몸으로 건너는 용기가 있으며, 멀리 궁벽한 지역에 사는 사람도 버려두지 않고, 사사로운 붕당을 없애면, 중도에 맞을 것이다.〔包荒, 勇憑河, 不遐遺知, 朋亡得尙于中行〕"라고 하였는데, 그 전(傳)에 정자가 말하기를 "크게 변혁하면 크게 이롭고 조금 변혁하면 조금 이롭다." 하였고, 동자(董子)도 "정사를 행하였으나 행해지지 않음이 심하면 반드시 변혁하고 경장하여야만 정사를 할 수 있다."고 하였으니, 이것은 모두 변통해야 할 것을 변통하고 경장해야 할 것을 경장해야 한다는 것을 말한 것입니다.[72]

　여기서 동춘당이 논한 문제의 핵심은 '변통과 경장'이 실은 '계신공구하는 일'의 또 다른 표현이며 그것의 궁극적 목표가 '중행(中行)'에 있다는 것이다. 즉, '계신공구하는 일'을 동적인 측면에서 정치·사회화한 것이 '변통과 경장'이며 그 최종 목표가 중도의 실현이라는 것이다. 이를 경과 의로 나눈다면 '계신공구 하는 일'은 경이 되고 '변통과 경장'은 '의'가 될 것이다. 이 둘을 하나로 묶어 주는 것이 다름 아닌 '중행'이다. 이렇게 본다면 '경'과 '의'가 지향하는 세계는 '중도'이며, 그리고 그 둘은 '중행'에 의해 하나로 통합되면서 현실로 구체화된다고 하겠다. 이렇게 생각할 수 있는 것은 '경'과 '의'가 유순중정(柔順中正)한 곤괘 육이효에 그 바탕을 두고 있기 때문이다. 주지하다시피 『주역』에 있어서 중(中)은 하괘의 중효와 상괘의 중효를 말하며 그 위(位)로는 2위와 5위를 가리킨다. 이 위를 얻는 것을 '득중(得中)'이라 하며 매우 길한 것으로 판단한다. 이때의 '중'은 상반자들의 균형 있는 조화성 자체라는 의미만이 아니라 인간의 본질인 동시

---

72 『문집』, 권1, 疏箚, 「應旨兼辭執義疏」. "易革之九三曰, 革言三就有孚, 泰之九二曰, 用憑河, 不遐遺, 朋亡, 得尙于中行, 程子曰, 大變則大益, 小變則小益, 董子亦云, 爲政而不行, 甚者必變而更張之, 乃可爲也, 此皆言當變通, 不可不變通, 當更張不可不更張也."

에 세계의 본원이며 조화의 근거로 이해되는 '중(中)'이다.[73] 동춘당이
거상(居喪) 중에 있는 효종에게 "공자 말씀에 '지나친 것은 미치지 못
한 것과 같다.'고 하셨고, 『주역』 주석에 '정(正)이 반드시 중(中)은 아
니다.'고 하였습니다. 거상 중에 슬퍼하지도 않고 쌀밥 먹고 비단 옷
입는 것은 진실로 불초한 자로서 중도에 미치지 못하는 것이지만, 지
나치게 슬퍼하여 생명을 해치는 것도 현자로서 지나쳐서 중도에 맞
지 않는 것이니, 효자 되기에 부족하고 교훈으로도 삼을 수 없습니
다."[74]라고 한 말에서도 이 점은 어느 정도 확인된다.

이를 통해 동춘당은 개인의 도덕적 완성을 기약하는 '계신공구 하
는 일'이나 치국의 대요가 되는 '변통과 경장'이 별개의 일이 아니며
그 귀착점은 모두 중도의 실현임을 강조하였던 것이다. 그가 "나라의
자강책은 내부를 닦는 것보다 먼저 할 것이 없고, 내부를 닦는 도는
중도를 바로잡고 근원을 밝히는 것보다 급한 것이 없습니다."[75]라고
한 것이나, "재앙을 늦추는 계책은 계신공구하는 것으로 근본을 삼아
야 합니다. 이것이 비록 진부한 설이지만 이것을 버리고서는 다른 방
법이 없습니다."[76]라고 한 말도 이 범위를 크게 벗어나지 않는다고
하겠다. 그 결과 그는 "재해를 당한 지방에 백성들의 곤궁함이 극박
한데 어찌 후일을 기다리겠습니까. 이것은 진실로 작은 일이니 시행
하든 시행하지 않든 무슨 관계가 있겠습니까만 백성들에게 미치는
국가의 은택이 적은 것이 염려될 뿐입니다. 바라건대 성상께서는 매
양 〔『주역』 42번째 괘인 풍뢰익괘(風雷益卦) 단전의〕 '손상익하(損上益下 ; 위를

73 최영진, 「유교의 중용사상에 관한 고찰」, 『동서사상의 대비적 조명』, 인문과학연구
　　소편저, 성균관대학교 출판부, 1994, 60쪽 참조.
74 『문집』, 권8, 계사, 「百官請從權制啓」. "孔子之言曰, 過猶不及, 大易之訓曰, 正未
　　必中, 夫不哀而安於食稻衣錦, 固爲不肖之不及, 而過哀而傷生滅性, 亦賢者之過
　　而不中, 不足以爲孝, 不可以爲訓."
75 『국역 효종실록』, 효종 7년 3월 12일.
76 같은 책, 효종 8년 10월 29일.

덜어서 아래에 보태준다)'라는 네 글자를 가슴속에 담아두고서 일상생활을 하시는 사이에도 생각하고 또 생각하시어 잠시도 잊지 마시기 바랍니다."[77]라는 말을 하기에 이르렀다. 여기에서 비로소 '경'으로 내외를 일관했고 그것의 성취를 일생의 과제로 삼았던 동춘당 역 사상의 참뜻이 드러난다. 그것은 한마디로 자신을 비움으로써 더 큰 조화와 균형을 얻고자 하는 정신이다. 이를『논어』,「자로」에서는 '화이부동(和而不同 ; 서로 어울리면서도 부화뇌동하지 않는다)'이란 말로 요약하고 있다. 이는 도덕 주체로서의 자신을 철저히 지키면서 타인과 함께 조화를 추구하는 정신을 뜻한다. 거기에는 이해관계나 감정에 의한 결합보다 의리에 의한 결합이 더 중시된다.[78] 그래서『주역』13번째 괘인 천화동인괘(天火同人卦)에서도 '사람들과 열린 공간에서 사심 없이 그 뜻을 같이하면 형통하여 큰일을 이룰 수 있다'[79]고 말하였던 것이 아닌가 생각된다. 동춘당이 영남의 예설이나 예제까지 과감하게 수용하여 기호예학의 지역적 한계를 극복하려고 노력한 점[80] 또한 이와 무관하지 않다. 이렇게 해서 확립된 역 사상의 '조화와 균형'의 정신은 동춘당으로 하여금 주자학적 도학의 정통을 자임하면서 남다른 도덕적 지향과 현실성에 투철한 삶을 살게 했고[81], 그리고 그것은 '초

---

77 「경연일기」, 정유 9월 5일. "被災之地, 民困方急, 何待他日, 此固小事, 行不行何關, 第念國家德澤及於民者鮮矣, 竊望聖上每以損上益下四字存諸胸中, 日用施措之間, 念念不忘也."

78 『論語集註』,「子路」. "尹心曰君子尙義, 故有不同, 小人尙利, 安得而和." 참조.

79 『周易』,「同人卦」, 卦辭. "同人于野, 亨, 利涉大川, 利君子貞."

80 『별집』, 권3, 書師友講論,「上沙溪先生」. "忌日服色, 古今異宜, 未知何以則不遠於禮意耶, 答, 當以張子朱子說及退栗諸先生之敎, 參酌行之." 참조.

81 그런 점에서『동춘선생 언행록』의 다음 말은 시사하는 바가 매우 크다. "선생이 평생에 스스로「옳다」라고 하는 성격이 없으시고, 이기기를 좋아하는 마음이 없으시고, 일찍이 사람이 각각 門戶를 내세우는 것을 미워하시고, 자기주장을 내세워 높은 체하시지 않으시고, 겉면에만 힘써 명예를 요구하지 않으시고, 먼저 실천하시고 후에 의논하시었다. 사람을 취하되 반드시 먼저 겸양하고 공손한 것을 본받고, 억지로 꾸미고 만들어서 헐뜯고 칭찬하며 엎치락뒤치락하는 자는 끊고 더불어 내 마음을 터놓지 말도록 하였다. 이러므로 선생 문하에서 실패하는 자가 드물었다. 남궁원,『동춘선생

당취의(超黨就義; 당파를 초월하여 대의를 취하는)'의 태도와 정신으로 집약되어서 나타났다. 그가 당색이 다른 권시(權諰, 1604-1672)를 현종에게 추천한 일이라던가[82], 정적인 윤선도(尹善道, 1587-1671)를 변호하며 "선도가 예법을 논하며 이론을 세움은 오로지 분하고 노여운 데서 나왔으니 진실로 무례하기는 하나 광해조 때 이이첨(李爾瞻, 1560-1623)을 통렬히 배척한 기상이 있으니 여기에서 보더라도 오히려 속죄할 수 있는 사람이다."[83]라고 한 말이나, 효종에게 "인재를 등용하는 방법은 단지 어진지 간사한지를 살펴보고 등용하거나 물리칠 따름이요, 당론을 가지고 미리 아랫사람들을 의심해서는 안 됩니다."[84]라고 한 진언의 참뜻이 명료하게 밝혀진다. 이러한 의식의 밑바탕에는 그가 기보다 리를 더 중시하는 사고에 입각하여 역의 조화와 균형의 정신을 강조하고, 천리와 인욕을 엄격하게 나누면서 인욕보다 천리가 발현되는 세상을 철학의 궁극 목표로 여기는 기본 전제가 깔려 있다. 그래서 그는 경연에서 『주역』 41번째 괘인 산택손(山澤損) 대상전의 '산 아래에 연못이 있는 것이 손괘이다. 군자는 이것을 본받아 분노를 그치게 하고 욕심을 막는다〔象曰山下有澤損 君子以懲忿窒欲〕'는 말을 원용하여 효종에게 다음과 같이 말했던 것이다.

산택손괘는 아래는 못이고 위는 산입니다. 산은 높고 못은 깊은 것이 바로 '아래 것을 덜어서 위에 보태는〔損下益上〕' 상입니다. 아래 것을 덜면 위도 덜리고, 아래에 보태면 위도 보태집니다. 그러므로 괘를 만들어 손과 익으로 명명하여 지극한 경계의 뜻을 담았습니다. 사람이 마땅히 줄여야 할 것은 분노와 욕심보다 긴절한 것이 없기 때문에 군

언행록』, 송창준 역, 향지문화사, 1999, 50쪽.

82 『국역 현종실록』, 현종 13년 5월 11일.

83 남궁원, 『동춘선생 언행록』, 송창준 역, 향지문화사, 1999, 22쪽.

84 『국역 효종실록』, 효종 8년 8월 19일.

자가 이 손괘의 상을 본받아 분노를 징계하고 욕심 막기를 산을 허물어서 못을 채우듯이 하는 것입니다.[85]

바로 여기에서 동춘당 역 사상의 특성과 그 '조화와 균형'의 정신이 유감없이 드러난다고 하겠다. 그런 점에서 우암이 「동춘당묘지문(同春堂墓誌文)」에서 "(동춘당은) 경연의 자리에서 항상 징분질욕(懲忿窒慾)과 천선개과(遷善改過)를 성학의 절실하고 긴요한 방법으로 삼았고, 천리와 인욕의 사이에 대하여는 더욱 반복해서 간곡하고 자상하게 은미한 뜻을 분석하였다."[86]라고 한 말은 이 점을 보다 분명하게 설명해 준다고 볼 수 있다.

이상의 고찰을 통해, 본 연구가 시도하고자 했던 동춘당 철학 사상의 역학적 이해는 종래의 동춘당 철학 연구에서 미비하게 다루어졌던 동춘당 철학 사상의 특성을 밝히는 연구에 일단은 유용하였다고 생각되나 충분한 것이라고는 할 수 없다. 동춘당 역 사상에 대한 자료의 부족이나 선행 연구가 전무한 까닭으로 해서 얼마간은 무리한 추론을 감행하지 않을 수 없었던 것은 가장 큰 문제라고 할 수 있다. 그런 의미에서 본고의 작업은 동춘당 역 사상 연구에 대한 기초를 마련하고 다음 단계의 본격적 탐구를 위한 가설로서의 예비적 의의를 지닌다고 할 수 있을 것이다.

---

85 「경연일기」, 무술, 1월 16일. "損之爲卦, 下澤上山, 山高澤深, 乃損下益上之象也, 損下則上亦損, 益下則上亦益, 故設卦命名爲損爲益, 深寓至戒也, 人之所當損者, 莫切於忿與慾, 故君子以之, 懲忿窒慾, 當如摧山塡澤也."

86 『別集』, 권9, 附錄, 「墓誌文宋時烈」. "公於筵席, 常以懲忿窒慾遷善改過, 爲聖學切要之道, 至於天理人欲之際, 則尤反復丁寧, 剖析微密."

제 **3** 부

동춘당 관련 자료와 연구 성과

1. 행장(行狀)

■ 1606년 (1세, 선조 39)

12월 28일 진시(辰時)에 서울 정릉, 외조부 황강(黃岡) 김은휘(金殷輝)의 집에서 태어나다. 이 집은 사계(沙溪) 김장생(金長生 ; 1548-1631), 신독재(愼獨齋) 김집(金集 ; 1574-1656)이 태어난 곳으로 세상 사람들이 다 기이한 일이라고 하였다.

■ 1614년 (9세, 광해군 6)

부친 청좌공(淸坐公)이 어린 나이에 공부하면 몸과 마음을 상할까 염려하여 9세에 비로소 독서를 시작하게 하였다. 이해에 『사략(史略)』을 다 읽고, 글씨가 능해 죽창(竹窓) 이시직(李時稷 ; 1572-1637, 김장생의 문하, 병자호란 때 순절함)에게 자신보다 낫다는 칭찬을 들었다. 이때 우암(尤庵)과 같이 수학하였다. 우암의 부친 송갑조(宋甲祚)는 청좌공과 함께 쌍청당(雙淸堂)을 동조(同祖)로 하고 정헌(正獻) 이윤경(李潤慶)의 외손이었다. 우암은 공보다 한 살 아래였다. 뒷날 우암이 항상 권상하〔權尙夏 ; 1641-1721, 호 수암(遂庵), 송시열의 문하〕에게 말하기를 "선생님〔沙溪〕께서 돌아가신 뒤로 나는 다른 사우(師友)에게 크게 힘을 얻은 것이 없고 오직 동춘(同春)께 힘입은 것이 가장 많았다. 어려서부터 늙을 때까지 그 형의 공이 아닌 것이 없었다."라고 하였고, 또 "동춘의 천품은 매우 고매하고 성품이 투명하시어 심학(心學) 공부에 힘이 소진되지 않음은 내가 따를 수 없었다."라고 하였다.

■ 1620년 (15세, 광해군 12)

2월, 사계가 관(冠)을 씌우고, 신독재가 찬(贊)을, 죽창을 빈(儐)으로 하여 관례(冠禮)를 올리다.

■ 1621년 (16세, 광해군 13)

어머니 김 부인의 상을 당하다.

■ 1623년 (18세, 인조 원년)

5월, 사계 문하에서 수학하다. 사계가 "이 사람이 다음에 반드시 예가(禮家)의 종장이 되리라."라고 하였다. 10월, 문장공(文莊公) 우복(愚伏) 정경세(鄭經世 ; 1563-1633, 유성룡(柳成龍)의 문하)의 딸과 혼인하다. 생원진사 초시(生員進士初試)에 합격하다.

■ 1624년 (19세, 인조 2)

생원진사 회시(生員進士會試)에 합격하고 성균관에서 수학하였는데, 유생들의 시기 질투를 받음에 이해창(李海昌)이란 유생이 "자네는 보통사람들과 달리 과거에 급제하여 국록이나 먹을 사람이 아닌데 어찌하여 여기에 머물러 다른 사람들의 곁눈질 대상이 되는가."라고 함에 즉시 귀향하다.

■ 1625년 (20세, 인조 3)

별시 초시(別試初試)에 합격하다. 9월, 장남 광식(光栻)이 출생하다.

■ 1627년 (22세, 인조 5)

5월, 부친상을 당함에 그 슬픔이 지나쳐 병환을 얻으니 평생 쇠약함의 원인이 되다.

■ 1630년 (25세, 인조 8)

3월, 익위사 세마(翊衛司洗馬)에 제수되었으나 사양하고 학문에만 전념하기로 하다. 이해 우암 또한 상을 마치고 옥천에서 이사하여 공과 함께 사계 선생에게 수학하다.

■ 1631년 (26세, 인조 9)

8월, 사계 선생이 돌아가심에 곡하다.

■ 1632년 (27세, 인조 10)

겨울, 내시교관(內侍教官)에 제수되었으나 나가지 않다.

■ 1633년 (28세, 인조 11)

5월, 동몽교관(童蒙教官)에 취임하다. 6월, 장인 문장공의 상을 당하자 사임하고 귀향하다. 10월, 우암이 다시 사마시(司馬試)에 합격하여 재랑(齋郎)에 부임하는 길을 전송하다.

■ 1634년 (29세, 인조 12)

3월 창석(蒼石) 이준(李埈 ; 1560-1635, 류성룡의 문하)과 함께 도남서원(道南書院)을 방문하다. 4월, 우암과 함께 선산(善山)으로 해서 인동(仁同)으로 가 여헌(旅軒) 장현광〔張顯光 ; 1544-1637, 시호 문강(文康), 성리학자〕을 방문하고 야은(冶隱) 길재(吉再 ; 1353-1419)의 묘와 사당을 참배한 후, 다시 사계 선생을 돈암서원(遯巖書院)에 봉향하는 일로 연산으로 가 향례의절(享禮儀節)을 초안하다. 6월, 8살 된 딸이 죽다.

■ 1635년 (30세, 인조 13)

정월, 자경어(自警語)를 쓰다. 율곡 선생의 자경문(自警文)을 벽에 걸어두고 보았다. 영남학파에서 공이 쓴 사계 선생의 제문에 '사도취율(舍陶取栗 ; 퇴계를 버리고 율곡을 취함)'이라 한 말을 가지고 소란하여 정헌세(鄭憲世 ; 정경세의 동생)가 편지로 그에 대해 물은 즉 「논퇴율이기설(論退栗理氣說)」이란 편지로 답하였다. 이 편지에서 사단칠정(四端七情)에 대한 견해에 있어 퇴계의 호발설(互發說)보다 율곡의 일도설(一途說)을 사계나 정경세도 따랐으며, 율곡의 설은 백세 후라도 의혹이 없는 것으로 그를 높이는 것은 그 도를 높이는 것이지 사사로운 감정에 의한 것이 아니며, 피차간에 논증을 통해 지당함을 찾는 것이 바른 논쟁이지 말의 소재를 잘 살피지 않고 퇴계를 헐뜯는다고 비방만 한다면 군자의 도리가 아니라고 하는 것이 요지였다. 4월, 병을 치료하기 위해 상경하다. 이때 병환이 위중하여 의원들이 행전을 풀고 기혈을 유통하게 하기를 청했으나 풀지 않고 '그러면 산만하여 조섭하는데 도리어 병이 더한 듯하다.'고 하였다. 우암은 선생이 의관을 검속하는 행실은 다른 사람들이 미칠 수 없었다고 술회하였다. 10월, 익위사 대직(翊衛司待直)에 제수되었으나 사양하다. 청음(淸陰) 김상헌〔金尙憲 ; 1570-1652, 시호 문정(文正), 윤근수(尹根壽)의 제자〕을 제자의 예로 뵙다.

■ 1636년 (31세, 인조 14)

2월, 어린 아들을 잃다. 3월, 귀향하다. 6월, 대군사부(大君師傅)에 제수되고 바로 예산 현감(禮山縣監)에 제수되었으나 부임하지 않다. 12월, 호란(胡亂)이 나 도로가 막혀 임금이 있는 곳으로 가지 못하게 되자 가묘(家廟)를 받들고 사한리(沙寒里)로 들어가다.

■ 1637년 (32세, 인조 15)

정월, 영남(嶺南) 안음현(安陰縣) 노계촌(蘆溪村)으로, 다시 2월에 영승촌(迎勝邨) 원학동(猿鶴洞)으로 이주하였다. 8월, 정온〔鄭蘊 ; 1569-1642, 인조 때의 명신, 시호 문간(文簡)〕이 남한산성에서 화의를 반대하며 할복하였으나 죽지 못하고 안음현으로 내려와 있었는데 그에 대해 선생은 '비록 죽지 못하였으나 당대의 제일인자'라고 높이며 찾아 만났다. 거창현(居昌縣) 동쪽 천석(泉石)의 한훤당(寒暄堂) 김굉필(金宏弼 ; 1454 - 1504), 일두(一蠹) 정여창(鄭汝昌 ; 1450 - 1504)의 유적을 둘러보다.

■ 1638년 (33세, 인조 16)

정월, 사한리로 돌아오다. 이때 많은 학도들이 선생에게 수학하였다. 신독재도 문생을 보내어 선생에게 수학케 하며 말하기를 "후생을 간곡히 계발하고 종용하여 성취시키는 것은 명보(明甫 ; 선생의 자)만 한 사람이 없다."라고 하였다. 죽창이 강화도에서 순절함에 제문을 쓰다. 그 영연(靈筵)이 회덕에 있다. 4월, 아들 정랑공(正郎公)을 황간에 있던 우암에게 보내 수학케 하고 8월에는 신독재에게 보내 수학케 하다.

■ 1639년 (34세, 인조17)

2월, 송촌 비래동에서 학도를 모아 강의하다. 폭포 위에 작은 암자를 짓고 공부하는 곳으로 삼았다. 9월, 형조좌랑에 제수되었으나 취임하지 않다.

■ 1641년 (36세, 인조 19)

죽창 이시직과 야은(野隱) 송시영〔宋時榮 ; 1588 - 1637, 시호 충현(忠顯)〕의 충절사(忠節祠)를 숭현서원(崇賢書院) 옆에 세우다.

■ 1642년 (37세, 인조 20)

『연평문답(延平問答)』을 교정하다.

■ 1643년 (38세, 인조 21)

정월, 사헌부 지평(司憲府持平)을 제수받았으나 사직하다. 2월, 사당

(祠堂)과 동춘당(同春堂)을 세우다. 7월, 한성부 판관(漢城府判官)을 제수 받았으나 나가지 않다.

■ **1644년 (39세, 인조 22)**

6월, 명나라 황제의 부음에 비래암(飛來庵)에서 곡하였다. 11월, 우 상(右相) 김자점(金自點), 홍문관 김익희(金益熙) 등의 천거로 경연(經筵) 에 출입하게 하기 위해 지평(持平)에 제수되었으나 사직하였다. 이때 우암도 사간원(司諫院) 대직(臺職)에 함께 추천되었다.

■ **1645년 (40세, 인조 23)**

5월, 소현세자(昭顯世子)가 청에서 귀국한 후 2년만에 죽자 현청(縣廳) 에 가 곡하였다. 4월, 지평에 다시 제수되었으나 사양하면서 올린 「진 정사직겸진소회소(陳情辭職兼陳所懷疏)」에서 김상헌을 원손(元孫)의 사부 (師傅)로 명하고 원손을 세손(世孫)으로 정할 것을 청하였으나 인조가 효종에게 마음을 두고 있어 비답을 받지 못하고 단지 면직만 허락되 었다. 쌍청공(雙淸公)의 행장을 짓다.

■ **1646년 (41세, 인조 24)**

3월, 문장공의 연보를 쓰다. 5월, 황간 옥천에 있던 우암이 와서 함 께 『주역』을 돌려가며 강론하다.

■ **1647년 (42세, 인조 25)**

우암과 함께 비래암에서 강론하다.

■ **1648년 (43세, 인조 26)**

5월, 청좌공의 연보를 쓰다. 우암과 함께 『근사록석의(近思錄釋疑)』

를 교정하다. 9월, 시남(市南) 유계〔兪棨 ; 1607-1664, 시호 문충(文忠), 김장생의 문하〕가 찾아와 우암 등과 함께 비래암에서 만나다.

■ **1649년**(44세, 인조 27)

6월, 효종이 즉위하자 신독재, 우암과 함께 천거되어 부사직(副司直)을 제수받았으나 병으로 사양하다. 이에 왕이 도(道)에 특명을 내려 약을 하사하였다. 이때 우암은 소명을 받들고 올라감에 우암에게 '대행대왕(인조)의 행장(行狀)에 청음(淸陰)을 두고 청나라 왕을 칭송한 마비(麻碑)를 찬술한 이경석〔李景奭 ; 1595-1671, 시호 문충(文忠), 청나라에서 삼전도비를 요구하여 왕이 장유(張維), 조희일(趙希逸) 등이 쓴 글을 보냈으나 물리치자 다시 이경석에게 명해 비문을 쓰도록 했다〕이 지은 것은 통탄할 일'이라고 하였다. 다시 시강원 진선(侍講院進善)에 제수되었으나 병을 이유로 명을 받을 수 없다고 대죄(待罪)하는 소(疏)를 올렸으나 효종은 병에 차도가 있으면 올라오라고 하였다. 8월, 서울에 올라가 어전에서 사은숙배(謝恩肅拜)하다. 사헌부 장령(司憲府掌令)에 취임하다. 9월, 사헌부 집의(司憲府執義)로 승진하다. 권세를 부리던 김자점〔金自點 ; ? -1651, 성혼(成渾)의 문하, 인조반정의 1등공신〕을 귀양 보낼 것과 그의 무리 이시만(李時萬), 이행진(李行進), 이해창(李海昌) 등의 파직을 상소하다. 현궁봉폐관(玄宮封閉官)으로 인조의 묘에 가다. 모화관 장전(慕華館帳殿)에 다시 임명되다. 10월, 면직을 청하였으나 윤허되지 않다. 이때 대사헌 이기조(李基祚)가 선생의 상소가 지나쳐 조정을 바로잡고자 한 것이 오히려 어지럽게 되었다고 평함에, 선생이 면직을 스스로 청하였으나 왕은 도리어 전에 선생이 변척한 이들을 귀양 보내고 또 선생의 발론에 반대하며 자신의 당을 옹호한 이들의 관직을 삭탈하였다. 이때 우암이 장령이 되고 신독재가 대사헌이 되어 그들에 대한 문책이 심하다고 상소하여 죄를 감하였다. 포저(浦渚) 조익(趙翼 ; 1579-1655, 효종 때 좌의정)이 차를 올려 선생을 머물게 할 것을 청하다. 통정대부(通政大夫) 경연 참찬관(經筵參贊

官)에 제수되었으나 대간(臺諫)이 가자(加資)의 등급과 관직이 맞지 않는
다 하여 바뀌다. 11월, 부호군(付護軍)에 임명되자 물러가기를 청하였으
나 허락되지 않다. 경신(庚申)일, 경연에 참여하기를 명하여 『중용』을
시강(侍講)하다. 여기서 선생은 『중용』 주자(朱子) 서문의 고대 성왕들의
도통(道統)의 요전(要傳)인 '인심유위(人心惟危) 도심유미(道心惟微) 유정유
일(惟精惟一) 윤집궐중(允執厥中 ; 인심은 위태롭고 도심은 은미하니 정밀하고
한결같게 하여 진실로 그 중을 잡으라'을 제시하며 왕께서 이를 실천하여
도통을 자임할 것을 강론하였다. 이어 도탄에 빠진 백성을 위하는 계
책을 급히 강구하고, 국법을 엄하게 하여 기강을 바로잡고, 암행어사
를 모든 도에 파견하여 수령들의 행실을 살필 것을 권하고 자신은 병
을 들어 귀향할 것을 청하였으나 임금이 거듭 자신을 보도해줄 것을
요구하였다. 신유(辛酉)일, 낮 경연에 들어 『중용』, '회지위인야(回之爲人
也)' 장을 강의함에 학자들이 정자(程子), 주자(朱子)의 이름은 말하면서
안회(顔回), 증자(曾子), 자사(子思), 맹자(孟子)의 이름은 말하지 않는 것을
지적하고, 심현(沈誢 ; 1568-1637, 인조 때 문신), 이시직, 송시영에 대한 포
숭(褒崇)을 청하다. 을해(乙亥)일, 낮 경연에 들어 『중용』, '비이은(費而
隱)'에 대해 세상에서 비(費)를 기(氣)라 하고 은(隱)을 이(理)라 하는 설을
반대하며 다 리(理)의 체용(體用)이라고 강의하다. 변란 때 포로가 되었
던 부녀를 받아들이라고 한 법을 파기하기를 청하다. 내수사(內需司)를
혁파하지 못하는 형편에 그 중 내사노비복호진고법(內司奴婢復戶陳告法)
을 파할 것과 출납을 승정원에서 할 것을 청하다. 임오(壬午)일, 낮 경
연에서 『중용』 18장을 강의하며 임금께서 예서(禮書)를 숙독할 것을 청
하다. 상소하여 귀향할 것을 청하였으나 윤허되지 않다. 진선(進善)에
특명되었으나 재차 상소하여 사직하다.

■ 1650년 (45세, 효종 원년)

정월, 진선(進善)에 다시 제수되자 이를 사양하면서 천재지변을 만

났을 때 살펴야 할 일에 대해 상소하다. 이에 효종은 재변이 거듭 생기는 것이 자신의 소치라고 하며 병을 조리하고 사직하지 말 것을 명하였다. 이에 사은숙배하고 서연(書筵)에 입시하다. 말미를 받아 귀향하였다가 사직하다. 5월, 신독재 등 제현들이 인조의 소상에 참여하였으나 선생은 가지 않았고 현청에서 곡을 하다. 이에 효종이 충청감사로 하여금 약을 보내며 병세를 물었다. 이에 선생이 부임하지 못하는 대죄소를 올리다. 7월, 다시 진선으로 불렀으나 사양하다. 8, 9월에 거듭 사직소를 올리다. 진잠에 가 우암을 만나다. 이때 유계(兪棨)가 방문하였다. 11월, 『상례비요(喪禮備要)』를 교정하다. 우암과 함께 『율곡연보(栗谷年譜)』를 교정하다.

■ **1651년** (46세, 효종 2)

9월, 광주(廣州)에 가 조익(趙翼)을 만나다. 진선을 제수받다. 12월, 관직이 만기되다.

■ **1652년** (47세, 효종 3)

2월, 조약정(趙藥靜)이 내방하다. 4월, 우암과 함께 숭현서원에서 회합하다. 5월, 진선에 제수되었으나 면직을 청하다. 7월, 김상헌의 부음에 위패를 모시고 곡하다. 8월, 사계 제사에 참례하다.

■ **1653년** (48세, 효종 4)

정월, 집의를 제수받았으나 면직을 청하는 소를 올리다. 3월, 쌍청공(雙淸公) 비(碑)를 세우다. 4월, 학도들과 함께 향음주례(鄕飮酒禮)를 행하다. 집의를 다시 제수하니 다시 상소를 올려 사양하다. 5월, 문장공이 편집한 『주문작해(朱文酌海)』의 발문을 짓다. 6월, 선조비유씨(先祖妣柳氏)의 정문(旌門)을 세우고 종족회(宗族會)를 하다. 9월, 우암과 계룡산을 유람하다. 11월, 우암과 함께 『근사록석의(近思錄釋疑)』를 재차 교정하다. 12월, 사도사정선(司導寺正旋)을 제수하였다가 곧 면직되다.

■ **1654년**(49세, 효종 5)

4월, 문인들과 함께 백마강 일대를 유람하다.

■ **1655년**(50세, 효종 6)

3월, 보은에 가 우암 대부인 상에 조문하다. 조익의 부음에 위패를 설치하고 곡하다. 5월, 효종이 『의례경전(儀禮經傳)』을 하사하니 이에 대한 감사의 상소를 올리다. 7월, 정(鄭) 부인이 졸하다. 10월, 집의를 제수받고 통정대부 승정원 동부승지(通政大夫承政院同副承旨)에 승진되었으나 거듭 상소하여 사직하다. 조약정(趙藥靜)의 부음에 곡하다.

■ **1656년**(51세, 효종 7)

정월, 시강원 찬선(侍講院贊善)을 제수받았으나 사직하다. 2월, 이조참의 겸 찬선(吏曹參議兼贊善)에 제수받았으나 사직하다. 윤 5월, 신독재가 사망함에 우암과 더불어 3개월 동안 상복을 입다. 7월, 신독재의 행장(行狀)을 짓다. 8월, 신독재 선생 제문을 지어 장례에 참여하다. 문장공의 행장을 짓다. 9월, 임금의 부름을 사양하는 상소와 더불어 하늘을 섬기고 재앙을 막는 도리에 대한 일을 아뢰다. 사계의 시장(諡狀)을 짓다. 12월, 창주(滄洲) 김익희(金益熙 ; 1610-1656, 김장생의 손자)의 부음에 곡하다.

■ **1657년**(52세, 효종 8)

3월, 중봉(重峰) 조헌〔趙憲 ; 1544-1592, 선조 때의 학자, 의병장, 시호 문열(文烈)〕의 묘를 참배하다. 4월, 이조참의에 제수되었으나 사직하다. 5월, 상소를 올려 사계 선생의 시호를 논하다. 6월, 특명으로 찬선(贊善)을 제수하고 따로 명하여 가마를 타고 올라오게 함에 사양하였으나 윤허되지 않다. 이에 선생은 임금의 정성과 의리에 더 이상 사양하지 못하고 8월에 상경하다. 상경 길에 이조참의를 다시 제수하다. 서울에 도착해 임금이 고기와 쌀을 대주라는 명을 내리자 사양하는 소와 더불어 직을 바꿔줄 것을 청하다. 이에 특명으로 찬선(贊善)을 제수받다. 임금이 불러 온주(醞酒)를 하사하며 반기다. 이후 서연(書筵)과 주강(晝講), 석강(夕講)에 참여하여 『시경(詩經)』, 「심학도(心學圖)」, 『심경부주(心經附注)』 등을 강의하고, 임금과 동궁도 수시로 사람을 보내어 안부를 묻고 음식과 약을 보내다. 또 숙직할 때는 매번 독대하고 그 내용을 기록치 않게 하다. 9월, 물러가기를 청하였으나 임금은 윤허하지 않고 의원을 보내어 간호케 하다. 상소하여 왕세자가 어가를 따라 대성전(大成殿)에 참례할 때의 의례에 대해 논하다. 임금이 왕세자에게 선생을 접견할 때는 빈객의 예우로 같이 읍례를 행하라 명하다. 10월, 동궁의 회강(會講)에 참여하여 『맹자』의 왕도(王道)와 패도(覇道)의 구분에 대해 자상히 강의하다. 갑오(甲午)일, 소대(召對)에 입시하여 소매 속에 차자(箚子)를 숨겨 가지고 가 명(明)의 유민들과 함께 청나라를 치는 일을 논하다. 이 차에서 선생은 당시 명 황제의 자손이 광동(廣東) 복주에 있는 것을 말하고, 제주도가 청나라의 관심 밖에 있으며 중국의 상선이 수시로 왕래하는 곳이니 제주도를 거점으로 하여 명 황제 자손들과 사신을 비밀리 왕래하여 천하 대사를 도모할 것을 청하였다. 성삼문(成三問), 박팽년(朴彭年)의 사당을 건립할 것을 청하다. 11월, 귀향할 것을 청하였으나 윤허되지 않다. 12월, 소대(召對)에 입시하여 물러나게 해달라고 청하였으나 허락되지 않다. 다시 천장(遷葬)을 이유로 고향에 갔다 오겠다 했으나 허락되지 않다. 임금이 세찬(歲饌)과 자탄(紫炭)을 하사하다.

■ 1658년 (53세, 효종 9)

정월, 광주 선산에 성묘를 청하며 신하의 간함을 듣는 도리에 대해 논하다. 성묘를 핑계로 선생이 귀향할 것 같자 옥당의 여러 관리들이 머물 것을 청하다. 성묘를 마치고 사직을 청하였으나 허락되지 않다. 2월, 귀향을 청하자 휴가를 주며 온주(醞酒)와 모피 옷과 약을 하사하다. 3월, 임금이 관찰사에 명하여 음식을 보내고 현감으로 하여금 안부를 묻게 하다. 세자가 선생에게 선현들의 격언을 써서 주면 아침저녁으로 살필 것이라고 청하다. 이에 주렴계(周濂溪), 정명도(程明道), 정이천(程伊川), 장횡거(張橫渠), 주희(朱熹) 등과 퇴계, 율곡의 말을 가려 뽑아 입지(立志), 궁리(窮理), 정심(正心), 수신(修身), 제가(齊家), 치국(治國)하는 도리를 갖추고, 끝으로 힘써 실천할 것을 당부하는 발문을 써서 바치니 세자가 병풍을 만들어 항상 살피었다. 4월, 가선대부(嘉善大夫) 호조참판(戶曹參判)으로 승차하였으나 거듭 상소하여 직을 사양하다. 7월, 임금이 병환이 있다는 말을 듣고 서울로 가다. 8월, 서호(西湖)에 있으면서 퇴직을 원했으나 허락되지 않다. 입성할 것을 명하였으나 다시 귀향을 청하면서 규계(規戒)를 올리다. 9월, 우암과 함께 입시하다. 이때 효종이 이르기를 두 사람이 같이 조정에 있으니 천직(天職)을 다할 때라 나라와 백성을 위한 말을 숨김없이 하라고 하였다. 이에 우암과 선생은 먼저 임금의 병을 다스리고 다음으로 백성의 굶주림을 구제하는 것이 급선무임을 아뢰었다. 이후 임금의 병세를 살피며 동궁의 서연(書筵)에 참여하였다. 유계(兪棨)를 동궁의 강원관(講院官)으로 삼을 것을 청하다. 사헌부(司憲府) 대사헌(大司憲)에 임명되어 세 번 사양하였으나 허락되지 않다. 10월, 각 부에 사친경장(事親敬長), 원죄천선(遠罪遷善)하는 도리를 통고하다. 이조참판에 임명되어 두 번 사양하였으나 허락되지 않다. 계속된 직과 품계를 사양하였으나 허락되지 않다. 12월, 성균관 좨주를 겸하다. 성균관에서 『대학』을 강의하다. 대사헌에 임명되다. 찬선 겸직을 면직해줄 것을 청하였으나 허락되지 않다. 각 도 감사에게 명하여 굶주린 백성을 구제할 것을 청하다.

■ 1659년 (54세, 효종 10)

정월, 면직을 청했으나 임금은 허락하지 않고 의원을 보내 문병하였다. 둔전(屯田)의 폐단을 혁파할 것을 청하다. 2월, 성균관에 서적이 부족함을 들어 서책을 내려줄 것을 청하다. 차자(箚子)를 올려 학교 제도의 개선에 대해 논하다. 호포제(戶布制)와 군역(軍役)의 문란상에 대해 논하다. 3월, 자헌대부(資憲大夫) 병조판서(兵曹判書)로 승차하다. 윤3월, 지중추부사(持中樞府事)를 제수받다. 임금이 경옥고를 하사하고 의원을 시켜 문병케 하다. 의정부 우참찬(右參贊)에 임명하다. 세자가 동관을 보내 문병하다. 5월, 효종이 승하하다. 이때 선생은 우암과 함께 주자가 정한 군신 복제를 행할 것을 청했으나 대신들이 국가의 의례를 급하게 바꿀 수 없다 하여 시행치 못하였다. 대왕대비의 복제 의례를 바치다. 세자가 염을 함에 우암과 함께 들어 염례(斂禮)를 치르다. 현종이 왕위를 이음에 어압(御押), 묘시(廟諡), 능호(陵號)에 관한 일 등을 의논하다. 6월, 대사헌에 임명되다. 능 역사와 제례에 대해 논하다. 대신들이 수원(水原)의 능 역사를 그칠 것을 청했으나 듣지 않다가 선생이 차를 올리니 임금이 따랐다. 이조판서에 임명되다. 7월, 효종의 시책(諡冊) 쓰는 것을 명받다. 10월, 효종의 만장을 지어 바치다. 효종의 시호에 대해 논하다. 11월, 명을 받아 『중용』의 구두를 교정하여 올리다. 12월, 우암이 귀향함에 선생도 돌아갈 뜻을 더욱 굳혔으나 임금과 대신들이 간절히 머물 것을 청하여 머물기로 하다. 입시하였을 때 송시열에 대한 세간의 평가에 대해 논하였다. 이어 물러갈 것을 청하였으나 재상 이시백(李時白), 승지 강백년(姜栢年)이 "유신(儒臣)이 조정에 있는 것은 호랑이가 산에 있는 형세와 같으니 돌아갈 것을 허락하지 마옵소서."라고 진언함에 허락되지 않았다.

■ 1660년 (55세, 현종 원년)

정월, 7번 상소에 면직을 허락받고 경연에만 참석하다. 2월, 우재(迁

齋) 이상공(李相公)이 사망함에 곡하다. 이공과는 서로 사모하여 대소
사를 자문하였으며 의복, 음식도 때에 맞추어 서로 보내는 사이였다.
후에 묘표를 지었다. 입시하여 성균관 유생들이 등과가 늦은 것을 지
적하고 수시로 시험을 보아 등용할 것을 청하여 허락받다. 김일손(金
馹孫)과 정인수(鄭麟壽), 오윤겸(吳允謙)의 추증(追贈)과 시호(諡號)를 하사
할 것을 청하다. 3월, 우참찬에 임명되다. 장령(掌令) 허목(許穆)이 자의
대비(慈懿大妃)가 효종 상에 자최 3년복을 입어야 한다고 청함에 선생
이 그의 부당함을 들며 다시 자세히 검증할 것을 청하다. 4월, 윤선도
(尹善道)가 복제의 일로 선생과 우암을 무고함에 서호로 나가니 임금
이 사관을 급히 보내 머물 것을 명했다. 성균관 생원 이재(李栽) 등 수
백 인이 소를 올려 선생을 머물게 할 것을 청하다. 현종이 승지를 세
번 보내 유지를 전하였다. 이에 거듭 상소를 올리고 귀향하다. 6월,
대사헌에 제수하고 사관을 보내 불렀으나 소를 올려 거듭 사양하다.
9월, 임금이 태의(太醫)를 보내 병을 돌보게 하다. 10월, 우참찬(右參贊)
을 명하여 사양하는 소를 올리다. 12월, 임금이 액정서(掖庭署)에 시켜
문안케 하고 음식과 약을 내리다. 이조판서를 명함에 사양하다.

■ 1661년 (56세, 현종 2)

정월, 우참찬에 임명되어 2월에 상경하다. 승려의 수를 엄격히 제한
하고, 환속을 종용하며, 북학(北學)의 근거지였던 절을 서당으로 고칠
것을 청하다. 3월, 성균관에 사학의 유생들을 모아 공부하게 하다. 4월,
집의(執義) 심세정(沈世鼎)이 상소를 올려 선생을 부른 것은 선생의 말과
도를 행하기 위한 것이니 법식에 얽매이지 말고 자주 불러 성덕을 도
울 것을 청하였다. 정사를 심의함에 선생을 부른 자리에서 선생은 윤
선도의 죄를 감해줄 것을 청하다. 주강(晝講)에 참여하여 언로(言路)를
넓힐 것을 청하다. 5월, 참찬(參贊) 조경(趙絅)이 윤선도를 옹호하는 상
소를 올리고, 이어 윤선도가 「혹문설(或問說)」을 지어 그에 화답하니 선

생은 대죄소(待罪疏)를 올리고 귀향할 것을 결심하다. 이에 성균관 유생 이희택(李喜澤) 등이 상소를 올려 선생을 만류할 것을 청하였다. 7월, 여러 번 사직과 휴가를 청한 끝에 휴가를 허락받고 귀향하다. 8월, 대사헌에 임명하니 소를 올려 사양하다. 9월, 좌참찬에 임명하니 소를 올려 사양하였으나 윤허받지 못하다. 12월, 대사헌에 임명되다.

■ 1662년 (57세, 현종 3)

정월, 면직해줄 것을 청하였으나 허락받지 못하다. 5월, 상소하여 거듭 사양하니 윤허하다. 사계 선생의 유고를 정리하고 우암과 회합하다. 6월, 임금이 사관을 보내어 다시 부르면서 천재지변에 대한 일을 묻다. 7월, 대사헌에 제수하니 상소를 올려 사양하다. 11월, 겸직을 해직해줄 것을 청하는 상소를 올리다. 이에 성균관 좨주는 선생밖에 할 사람이 없다는 이유로 허락되지 않았다. 진사(進士) 이영원(李榮元)이 소를 올려 선생이 사는 곳에 정사를 짓고 쌀을 내려 강학하게 해주기를 청하다.

■ 1663년 (58세, 현종 4)

정월, 임금이 정사에 권태로움을 느낌이 심함을 알고 우암에게 서찰을 보내 연명으로 임금의 나태를 경계하는 상소를 올리다. 2월, 대사헌을 명받다. 사직 상소를 올리며 송나라 이연평과 율곡, 우계를 문묘에 배향할 것을 청하다. 4월, 광주에 있는 죽은 딸의 묘에 가 곡하다. 9월, 부학(副學) 이경휘(李慶徽)와 옥천(沃川) 김익렬(金益烈)과 함께 화양동(華陽洞), 선유동(仙遊洞), 속리산(俗離山)을 탐방하다. 11월, 대사헌 임명을 사양하는 상소를 올림에 허락되다.

■ 1664년 (59세, 현종 5)

2월, 대사헌 임명에 대해 면직해줄 것을 청하다. 7월, 아들 정랑공

(正郎公)의 상을 당해 곡하다. 9월, 정승 반열에 오르다. 10월, 대사헌을 임명하고 다시 부르다. 사양하는 상소와 함께 임금의 덕에 대해 논하는 글을 올리다.

■ 1665년 (60세, 현종 6)

4월, 대사헌에 임명되었으나 사양하는 상소를 올리다. 5월, 임금이 온천 행궁(行宮)에 행차해 부르니 우암과 함께 입시하였다. 임금이 같이 상경할 것을 명하였다. 도성 밖에 도착하였을 때 면직을 청하여 허락받다. 우참찬에 임명되었다. 6월, 명을 받고 입시하여 『심경』을 강론함에 퇴계와 율곡설이 다른 연유를 말하다. 김좌명(金佐明), 홍명하(洪命夏) 등이 선생이 성균관에 머물면서 가르침을 펼 것을 임금께 청하다. 원자 보양관(元子輔養官)에 임명되어 사양하였으나 허락받지 못하다. 7월, 휴가를 거듭 청하다. 8월, 태묘(太廟)에서 행하는 악장(樂章)에 대해 논하는 차를 올리다. 9월, 원자 상견례를 행하다. 명을 받아 『심경』의 구두를 교정해 바치다. 강학청에서 원자에게 강론하다. 10월, 여러 차례 온천 목욕 휴가와 귀향을 청하였으나 윤허하지 않자 병진(丙辰)일에 소장을 올리고 서울에서 나와 과천에서 관직을 다 벗겨줄 것을 청하자, 임금은 태의를 보내 호행(護行)케 하고 도에는 말을 내주라고 명하고 사관을 보내 겨울에 잘 조섭하여 봄이 오기 전에 돌아올 것을 바란다고 하였다. 고향에 돌아와 사직을 청하였으나 윤허되지 않았다. 임금이 별유(別諭)를 보내 구민(救民)하는 계책을 묻다. 대사헌에 임명되자 이를 사양하는 상소를 올림에 임금은 고통받는 백성을 위해서라도 사양하지 말 것을 종용하였다.

■ 1666년 (61세, 현종 7)

정월, 임금이 음식을 보내고 사관을 보내 별유를 내려 부르다. 2월, 「백록동규(白鹿洞規)」를 써서 성균관에 보내다. 4월, 임금이 온천에 행차해서 사관을 두 번 보내 부르다. 승지를 보내 좌참찬에 임명하고 부르다. 행궁에 도착해 임금을 뵙고 온천욕 하게 해줄 것을 청하다. 임금이 도승지를 통해 같이 서울로 갈 것을 명했으나 소를 올리고 귀향하다. 8월, 청나라 사신이 와서 삼공(三公)을 공갈 협박하니 임금이 직접 고두이청(叩頭而請)을 하여 그 기세가 누그러졌다는 소식을 듣고 분통함에 임금이 더욱 노력하여 나라를 새롭게 진작시켜 자강(自强)할 수 있도록 하라는 소를 올리다. 홍문관의 청에 따라 임금이 사관을 보내 부르다. 11월, 대신들과 승정원, 대사헌이 소나 장계를 올려 선생을 소환할 것을 청하여 사관을 보내 다시 부르다. 12월, 찬선을 제수하여 소를 올려 사양하다. 『연평문답(延平問答)』의 발문을 짓다.

■ 1667년 (62세, 현종 8)

정월, 임금이 사관을 보내 춘궁(春宮) 책봉례(冊封禮)로써 불렀으나 상소를 올려 사양하다. 2월, 명을 받고 『소학언해(小學諺解)』를 교정해 올리다. 3월, 영남 사람 황연(黃墕)이 선생에 대해 당을 만들어 이름을 높이려 하고, 지난번 청국 사신에 대한 상소로 원한을 사서 화를 부른다는 말로 상소하다. 이에 대사헌 이경억(李經億) 등이 황연을 귀양 보낼 것을 청했으나 임금이 따르지 않았고, 이어 성균관 유생 수백인이 무고를 변론하는 글을 올렸으나 살피지 않아 선생이 직접 대죄상소를 올리다. 이에 대해 임금은 "세도(世道)와 인심(人心)이 한심하다. 미친 서생의 글을 어찌 괘의할 필요나 있겠는가. 경을 볼 면목이 없다. 크고 넓은 도량을 보전하고 급히 올라오라."라는 비답을 내리다. 다시 상소를 올려 해직을 빌었으나 윤허되지 않다. 4월, 임금이 온천에 행차하여 사관을 두 번 보내 불렀으나 사양하고 가지 않다. 좌참찬을 제수하였으나 상소를 올려 사양하다. 6월, 대사헌에 임명하였으나 면직을 청하다. 11월, 대사헌에 다시 임명되었다가 바로 면직되다. 12월, 찬선에 제수되다.

254

■ **1668년** (63세, 현종 9)

　정월, 임금이 음식을 보내니 상소를 올려 사양하면서 면직을 청했으나 윤허되지 않다. 2월, 임금이 사관을 보내 부르다. 홍명하의 부음에 곡하다. 4월, 대사헌에 제수되어 면직을 청하다. 5월, 찬선에 제수되다. 8월, 이조판서에 임명되자 상소를 올려 사양하니 임금이 승지를 보내 유지를 전하며 허락하지 않다. 다시 사양하는 상소를 올리니 또 사관을 보내 유지를 전하다. 고비(考妣)와 조고비(祖考妣)의 묘표석을 세우다. 9월, 온천 행궁에서 임금을 배알하다. 이때 세자가 병이나 임금이 급히 환궁하는 길에 따라갔는데, 선생이 말을 타고 달리는 것을 염려하여 천천히 뒤에 올 것을 명하였다. 선생은 소사(素沙)에서 세자의 병후를 보아 물러가고자 마음먹었는데 임금이 사관을 보내 올라올 것을 명하였다. 임금이 과천에 이르렀을 때 상소하고 귀향하였다가 천안에 도착하여 세자의 병환이 깊음을 듣고 서울로 올라갔다. 10월 신미일, 우암과 함께 입시하여 임금이 경연에 참석해 공부할 것을 청하다. 계미일에 소대하여 『심경』을 강론하다. 병술일에 소대하여 '극기복례(克己復禮)'에 대해 강론하다. 신묘일에 소대하여 심(心)에 대해 우암과 같이 강론하다. 우암이 김장생이 인조 때 임금의 얼굴을 보며 강론한 예를 들어 고개를 들고 강의할 것을 청해 허락받다. 11월 기해일, 소대에서 '불원복(不遠復)'에 대해 강의하다. 경자일, 좌참찬에 임명되다. 신해일, 소대에서 '안자호학론(顏子好學論)'에 대해 「태극도(太極圖)」와 표리가 된다고 강의하다. 『태극절기도(太極節氣圖)』와 차를 올리다. 병진일, 소대에서 권시(權諰)를 기용할 것을 청하다. 12월 을축일, 서연에 입시하다. 기사일, '중궁문인장(仲弓問仁章)'을 강의하다. 갑술일, 입시하여 죄인을 처결하는 데 죽는 가운데 삶을 구하는 도리를 아뢰다. 특명으로 세자 찬선에 임명되다. 신사일, 차를 올려 광주 선산에 성묘 갈 수 있기를 청하다. 임금이 제물을 하사하다. 선묘에 갈(碣)을 세우다.

■ 1669년 (64세, 현종 10)

정월, 조정으로 돌아오다. 기해일, 소대에서 강의를 마치고 정암 조광조에 대해 말하고 이어 우암이 을사 명현(乙巳名賢)인 정희등(鄭希登), 곽순(郭珣) 등에게 표창하여 관직 추증할 것을 청하다. 경자일, 소대에서 성의장(誠意章)을 강의하고 본직과 겸직을 면직하고 강의에만 전념하게 해줄 것을 청했으나 윤허되지 않다. 전의 제조에 임명되자 이를 사양하다. 2월 기사일, 소대에서 정심장(正心章) 부주를 강의하다. 3월, 제관으로서 영릉에 배알하다. 갑진일, 입시하여 임진왜란 때 절사(節死)한 조영규(趙英圭), 홍명형(洪命亨)의 포상을 청하다. 무신일, 임금의 온천 행차를 송별하는 길에 이단상, 박세채의 학문을 높여 찬선과 진선의 직을 겸하여 서연에 참석케 할 것을 청하다. 또 온천에서 충청도의 학술 있는 사람을 불러 채용할 것, 천재지변에 대해 대처할 것, 행차의 폐단을 금할 것을 청하다. 성균관에 들러 향음주례를 시찰하고 학생들과 함께『태극도설』을 통독하다. 4월, 어가가 환궁한 후 소를 올려 귀향할 것을 청하고『어록해(語錄解)』발문을 올리다. 계속『심경』에 대한 강의와 더불어 귀향을 청하였으나 허락되지 않다. 5월, 문학 신정, 이단하, 설서 홍만종 및 성균관 학생들이 상소를 올려 선생을 머물게 할 것을 청하다. 우참찬 조복양이 상소를 올려 선생이 머물러 임금을 보좌하고 세자를 더 가르칠 것을 청하다. 신해일, 귀향하는 길에 임금이 경연을 쉬지 않고 개최할 것과 세자의 학문에 대해 논하고 조복양과 박장원의 충성심을 들어 서연에 출입하게 할 것을 청하다. 임금은 요전상(澆奠床)과 약을 하사하고 태의로 하여금 호행케 하다. 6월, 면직을 청하는 상소를 올렸으나 사관과 태의를 보내 간병케 하다. 8월, 세자가 성균관에 입학하게 되어 대신들이 선생을 박사로 청하다. 신덕왕후를 종묘에 올리는 일을 논의하다. 9월, 문의현에 금담소정(黔潭小亭)을 짓다.

■ **1670년** (65세, 현종 11)

정월 대사헌에 임명되자 상소하여 사양하다. 2월, 임금이 세자의 관례를 논의하기 위해 사관을 보내다. 윤 2월, 임금이 좌참찬을 제수하며 관례로 급히 부르다. 3월, 상경하여 세자의 관례에 참석하다. 귀향을 청했으나 허락하지 않다. 국혼(國婚)에 대해 논하다. 이단상의 상에 곡하다. 4월, 거듭된 귀향 청원이 허락되지 않자 서호(西湖)로 나가 면직을 청하다. 과천에 이르니 승지가 좇아와 머물라는 유지를 전하다. 세자가 궁관(宮官)을 보내 머물 것을 권하다. 정미일, 서울로 돌아와 잠시 머물다 귀향을 허락받다. 서울 남쪽 연지에서 재상들과 송별연을 베풀다. 이때 동작진까지 따라온 사람이 많았으며 성균관의 유생들이 배 위에서 전송하였다. 8월, 대사헌에 제수되어 사양하다. 9월, 옥천 사람 이세직(李世直)이 선생과 우암을 무고한 일로 임금이 승지를 보내 위로하는 유시를 내리다. 수원에 가 소를 올려 죄를 청하니 임금이 사관을 보내 급히 들어오라고 하였으나 다시 상소하고 귀향하다. 11월, 좌참찬에 제수되니 상소하여 면직을 청하다.

■ **1671년** (66세, 현종 12)

정월, 임금이 사관을 보내 부르다. 조복양의 부음에 곡하다. 5월, 지중추에 제수되자 사양하다. 6월, 대사헌에 제수되자 상소를 올려 사양하니 사관을 보내 비답을 내려 허락하다. 9월, 좌참찬에 제수되자 상소를 올려 사양하다. 10월, 겨울에 우레가 치는 변괴가 있자 임금이 사관을 보내 부르다. 11월, 지중추를 제수하자 상소하여 면직받다.

■ **1672년** (67세, 현종 13)

정월, 권시(權諰; 1604-1672)의 부음에 곡하다. 삼산[三山; 보은(報恩)]으로 가 우암 손자의 관례에 참석하다. 4월, 『삼절유고(三節遺稿)』(문열공

윤지와 그 양손 충간공 유계, 충정공의 유고)에 발문을 짓다. 11월, 병환 중에도 강학을 쉬지 않고 드디어 약도 못 먹는 지경에 이르렀음에도 문인이 찾아뵈면 그의 기질을 따라 가르치고 「서명(西銘)」 가운데 '수길패흉, 존순몰영(修吉悖凶 存順沒寧 ; 닦으면 길하고 어기면 흉하다. 살아서는 천리를 따르고 죽음에 편안히 가노라)' 여덟 자를 손수 쓰니 마지막 글씨였다. 선생은 병환 중에도 우암을 심히 생각하였다. 문인들에게 벽 위에 있는 '고산앙지, 경행행지(高山仰止 景行行止 ; 높은 산을 우러르며 큰길을 따라간다)'라는 글을 가리키며 문인에게 이르기를 "이는 우암이 감당할 수 있는 글인데, 눈 덮인 산중에 누워 있으니 내 마음을 힘들게 하는구나."라고 하였다. 또 '일조청수(一條淸氷 ; 한 조각의 맑은 얼음)' 네 글자를 가리키며 "이것은 내 선배들이 사암(思菴) 박순(朴淳 ; 1523 - 1589)과 율곡을 평한 말인데 오늘날 그런 사람을 보지 못했다."라고 하였다. 문인들에게 부축케 하여 옷을 바로잡고 바르게 앉자 문인들이 평좌할 것을 청했으나 "이렇게 하지 않으면 편치 않다."라고 하였다. 우암이 선생의 병환을 듣고 밤새 달려와 손을 잡고 눈물을 흘리니 선생이 웃으며 "대감이 어찌 마음이 약해졌는가." 하였다. 우암이 "형님은 소요부(邵堯夫)가 임종 때 농한 것 같구려." 하니 선생은 "그런 역량은 없네." 하고 벽 위의 '고산앙지, 경행행지'의 글자를 가리키며 문인들에게 한 말과 같이 하니 우암이 사양하면서 "고산청빙은 형님이 감당할 일입니다." 하였다. 선생은 아니라고 하자 우암은 "형님이 아니시면 누가 감당할 수 있겠습니까." 하고 임금을 위해 하실 말씀을 청하자 선생은 다시 기운을 가다듬고 "마음속에 가득 차 있으나 어찌 감히 말할 수 있겠는가. 어찌 감히 말할 수 있겠는가." 하였다. 이때부터 자손들의 얼굴도 알아보지 못하면서도 숨이 차 간간이 말하는 것은 다 국사를 염려하는 것뿐이었다. 12월, 도승지 이은상, 대사헌 민정중, 우상 김수항이 상소를 올려 선생의 병이 위중하다고 하였으나 임금이 돌아보지 않았다. 이어 호조판서 김수흥이 소를 올려 "효종

대왕께서 큰일을 하시고자 함에 조정에 합당한 사람이 없어 지성으로 송준길 등을 불러 같이 국가의 계책을 도모하였는데 대업을 마치지 못하고 떠나셨습니다. 지금 송(宋)의 병환이 위급하여 조석을 보전하지 못하는 지경에 이르렀는데 전하께서 그를 끊어버리려 하십니까." 하니 임금이 곧 어의 권유에게 즉시 약을 들고 가 치료하여 구완하라고 하였다. 의관이 도착했을 때는 선생은 사람을 알아보지 못하였다. 12월, 초이틀(癸卯) 진시(辰時)에 회덕 동춘당에서 고종명(考終命)하였다. 우암이 3개월 복을 입고 문인 중 복을 입은 이가 110여 명이었다. 임금이 감사에게 명하여 관곽 등 상례품을 하사하고 예랑을 보내 조문하였고, 세자는 궁관을 보내 치조(致弔)하고 치제(致祭)하였다. 성균관 유생들이 위패를 설치하고 곡하였다.

▪ 1673년(현종 14)

정월, 대광보국(大匡輔國), 숭록대부(崇祿大夫), 의정부(議政府), 영의정 겸 영경연(領議政兼領經筵), 홍문관(弘文館), 예문관(藝文館), 춘추관(春秋館), 관상감사(觀象監事), 세자사(世子師)에 추증되었다. 3월, 장례에 우암, 이유태, 관찰사 남이성(南二星)이 참여하였고, 문인 이상(李翔), 홍득기(洪得箕) 등 팔도 유생 천여 명이 모였다.

▪ 1675년(숙종 원년)

11월 허적, 윤휴, 허목 등의 문하인 장령 남천한, 정언 이수경이 합계하여 '송준길이 송시열과 더불어 효종의 특별한 대우를 받으며 진퇴를 같이하고, 기해년 대상에 기년복으로 복제를 정하여 효종의 은혜를 입고도 폄하하였으니 예를 무너뜨려 국통을 어지럽게 하였으며, 조정의 권세를 장악하여 아랫사람을 부리고 윗사람을 막은 죄가 같으니 관작을 삭탈하라.'고 하였다. 이에 우암을 덕원으로 귀양 보내고 선생의 관작은 삭탈하지 않았으나, 윤선도의 외손 심단이 대관이 되어 유명천 등과 함께 다시 상소하자 그 청을 받아 관작을 삭탈하였다. 우암이 유배소에서 묘지를 지었다.

■ 1680년 (숙종 6)

5월 허적, 윤휴가 복선군 추대의 모반으로 사사되고 우암이 석방되었고, 이어 관작이 회복되었다. 임금이 예랑을 보내 묘에 제사하였다. 승지 이동명이 상소하여 효종 묘에 배향하기를 청하여 여러 차례 조정에서 논의되었으나 이루어지지 않았다.

■ 1681년 (숙종 7)

3월 숭현서원에 봉향되었다. 이후 연기군 봉암서원, 공주 춘현서원, 연산 돈암서원, 금산 용강서원, 옥천 창주서원에 봉향되었다. 6월 문정공〔文正公 ; 도덕이 널리 알려짐을 '문(文)'이라 하고 옳은 의리를 행하는 것을 '정(正)'이라 한다〕으로 시호를 받다. 충청 전라의 유생들이 상소하여 문묘에 배향할 것을 청하였다. 이때 사계 선생의 문묘 배향을 청하여 선생을 아울러 천거하였다. 우암이 사제 간에 함께 청함이 좋지 않다 하여 세 번 소를 올리는 것으로 그쳤다.

■ 1682년 (숙종 8)

임금이 예문관에 명하여 선생의 문집을 간행하게 하였다. 24편으로 판각이 금담서원에 있다.

■ 1686년 (숙종 12)

2월, 연시례(延諡禮)를 거행하였다. 시호례가 늦어진 것은 연속된 상고(喪故)로 인해서였다. 조정에서는 낭관(郎官) 조상우(趙相愚)가 참여하였고, 경향 각지에서 모인 자의 수는 무려 천여 명이었다.

■ 1694년 (숙종 20)

금담서원이 완성되었다. 연기, 문의, 청주, 공주, 회덕의 선비들이
정사 옆에 사당을 세우니 그 다음 해 나라에서 편액을 내렸다.

■ 1756년 (영조 32)

2월, 문묘(文廟)에 종사(從祀)되었다. 임금이 예관에게 명하여 선생의
사당에 치제(致祭)하게 하였으며, 특별히 부조(不祧)를 명하였다.

2. 묘지(墓誌)

🌼 동춘당(同春堂) 송공(宋公) 묘지(墓誌)

　숭정(崇禎 ; 명 의종(毅宗)의 연호) 임자년(1672, 현종 13) 12월 초이틀에 자(字)가 명보(明甫)인 동춘 선생(同春先生) 송공(宋公) 준길(浚吉)이 회덕현(懷德縣)의 시골집에서 역책(易簀)하였다. 공이 운명할 무렵 '명장(銘狀)이나 행장(行狀) 따위를 구하지 말고 다만 작은 표석(表石)에 성명(姓名) 석 자만 새겨 두라.'고 유언하였으므로 그 손자 병문(炳文)·병하(炳夏)·병원(炳遠)·병익(炳翼) 등이 감히 유명을 어기지 못하여 비록 문인(門人)이나 친지들이 말하여도 모두 듣지 않았다. 시열(時烈)이 이르기를, "공의 도덕(道德)과 사실(事實)은 이미 사람의 귀와 눈에 익어 있으니 앞으로 오래될수록 더욱 나타날 것이고, 또 사관(史官)들이 기록하여 놓은 것이 있고 나도 일찍이 유사(遺事) 한 통을 만들어 대소사를 다 기록해 두었으니, 본디 금석(金石)에 새기려 할 필요는 없다. 그러나 이른바 유지(幽誌)란 것은 주자(朱子 ; 주희)도 일찍이 '산의 능선과 골짜기가 변천한다고 하더라도 이 지(誌)가 먼저 나타날 것'이라고 하였다. 아, 공자(孔子)의 무덤도 사수(泗水)에 가까이 있었으니, 이를 영원히 전하기를 도모하려면 마땅히 묘지를 새겨두어야 한다. 묘지가 있고서 능곡의 변천이 없는 것은 괜찮지만 불행히도 능곡(陵谷)이 변천하여 무덤에 이상이 있을 경우에 묘표마저 나타나지 않게 된다면 나는 백대(百代) 후라도 내가 그 책망을 들을까 두렵다."라고 하였다. 병문(炳文) 등이 울며 말하기를, "감히 명(命)을 어기겠습니까." 하였다. 나는

● 동춘당 묘소
대전광역시 서구 원정동 산 60-2번지 소재. 대전광역시 문화재 자료 제15호이다. 원래 충남 연기군에 있었으나 여러 차례 이장한 후에 숙종 26년(1700) 이곳에 이르렀다.

마침 대례(大禮)를 망령되이 논의하다 여토(癘土 ; 나쁜 지방)에 귀양 가서 형벌을 기다리고 있는데 병문(炳文) 등이 이 일을 내게 부탁하므로 나는 감히 만번 죽을 죄를 무릅쓰고 서술한다.

　공은 은진 사람이다. 동방(東方)의 송씨(宋氏)는 유익(惟翊)·천익(天翊)에서부터 시작되는데 유익(惟翊)은 여산(礪山)이 관향(貫鄕)이고 천익(天翊)은 은진(恩津)이다. 고려 때에 판원사(判院事) 대원(大原)이 있어서 이때부터 명백하게 세대가 족보에 기록되었다. 회덕(懷德)으로 온 이는 집단공(執端公) 명의(明誼)이고 그 손자는 쌍청당(雙淸堂) 유(愉)이고 그 현손(玄孫) 세영(世英)이 군수(郡守) 응서(應瑞)를 낳았고 이분이 영천 군수(榮川郡守) 이창(爾昌)을 낳았다. 영천공(榮川公)이 첨추(僉樞) 김은휘(金殷輝)의 딸에게 장가들어 만력〔萬曆 ; 명 신종(明神宗)의 연호〕 병오년(1606, 선조 39) 12월 28일에 공을 한양(漢陽) 우사(寓舍)에서 낳았는데 이웃집의 한 관인(官人)이 와서 축하하기를, "공이 얻은 아이는 반드시 귀인(貴人)이 될 것이다. 지난밤 꿈에 한 사람이 출산(出産)할 때의 도구를 가지고 말하기를 '나는 천인(天人)인데 이것을 송씨 집에 줄 것이다.'라고 했다." 하였다. 이때 영천공(榮川公)의 나이 이미 46인데 아들이 없다가 이렇게 되니 종족과 이웃이 서로 경하하기를, "공이 늦게서야 득남(得男)하고 또 이상한 일이 이와 같으니 어찌 적선(積善)한 보답이 아니겠느냐." 하였다.

공은 지각(知覺)이 있게 되자 어른의 말을 공경하여 믿고 어른을 보면 반드시 용모를 단정히 하여 꿇어앉았다. 영천공(榮川公)이 일찍이 방 안을 청소하고 공(公)을 손님의 자리에 앉히고 마주하니 공은 곧 움츠리고 불안해 하며 피하였다. 점점 자라매 글 읽기를 좋아하였는데 어른이 어쩌다 일이 있어 일과를 빠뜨리면 공이 반드시 요청하였고 비록 밤중이라도 해득하지 못하면 잠을 자지 않았다. 또 글씨 쓰기를 좋아하였는데 열 살도 못 되어 글씨를 잘 쓰는 죽창(竹窓) 이시직(李時稷)이 보고 말하기를, "네가 이미 나보다 낫다." 하였다. 이웃 아이와 사귀면서 반드시 서찰로 주고받았는데 글과 글씨가 모두 법도에 맞았다. 그것을 가지고 가서 두고 보는 사람이 많았다.

신유년에 김 부인(金夫人)이 돌아가니 영천공(榮川公)은 그 파리하고 약한 것이 마음에 걸려 음식과 거처에 대한 간호를 평소보다 배로 하였다. 그 어린 상제로서 근본 마음과 밖에 나타난 예절이 스스로 볼 만한 것이었다. 상을 마치고는 문원공(文元公) 김장생(金長生) 선생을 찾아가 『소학(小學)』과 『가례(家禮)』 등의 책을 배웠다. 천계〔天啓 ; 명 희종(熹宗)의 연호〕 갑자년(1624, 인조 2)에 사마(司馬) 양시(兩試)에 합격하였고, 정묘년에 부친상을 당하여 상(喪) 치르기를 한결같이 의례(儀禮)의 법도에 따랐다. 조금이라도 의심스럽고 모르는 점이 있으면 반드시 선생님에게 질문하니 문원공(文元公)이 기뻐하며 답해주고, "이 사람은 앞으로 예가(禮家)의 종장(宗匠)이 될 것이다." 하였다. 이에 앞서 계해년에 공이 문숙공(文肅公) 우복(愚伏) 정경세(鄭經世)의 집안에 장가들 었는데, 문숙공 또한 학문을 크게 이룰 것을 기대하고 항상 공경하며 대하였다. 이때에 조문을 와서 서로 상례(喪禮)를 자세히 논란하였다.

숭정(崇禎) 경오년(1630, 인조 8)에 익위사 세마(翊衛司洗馬)를 제수받았 으나 나아가지 않았다. 문원공(文元公)은 그 취지를 가상히 여기었는 데, 문숙공이 나아가기를 권한다는 말을 듣고 서신으로 책망하기를, "송 모(宋某)는 학문에 뜻이 있어 벼슬하기를 좋아하지 않으니 그 뜻 이 매우 훌륭한데, 공은 그의 뜻을 깎아내리려 하니 아마도 남의 자 식을 해치는 데 가깝지 않겠는가." 하니, 문숙공이 부끄러워 사례하 는 말을 하였다. 공은 이로부터 학문에 더욱 몰두하여 두 분의 문하 에 왕래하니 나날이 진보되었다. 신미년에 문원공(文元公)이 졸하니 공은 인하여 문경공(文敬公) 김집(金集)을 스승으로 삼았다. 공이 일찍 이 말하기를, "내가 김 선생 부자(父子)의 문하에 종유(從遊)한 지 오래 되었는데 망령된 말일지 모르나 규모가 크기는 노선생(老先生 ; 김장생 을 가리킴)만 한 이가 없고 조리가 정밀(精密)하기는 소선생(少先生 ; 김집 을 가리킴)만 한 이가 없다." 하였는데, 논의하는 자들이 잘 지적한 말 이라 하였다. 임신년에 동몽교관(童蒙敎官)을 제수받았으나 공은 말하 기를, "번번이 제명(除命)을 사양하다가는 물러나려고 한 것이 승진을 위해서 그런다는 혐의가 생길까 걱정된다." 하고, 억지로 직위에 나 아갔다. 계유년에 문숙공(文肅公)이 졸(卒)하니 즉시 벼슬을 그만두고 돌아가 장례(葬禮)에 참석하고 사제(師弟)의 복(服)으로 상(喪)을 입었다.

병자년에 상이 인재(人才)를 찾아 맞아들이니 대신(大臣) 이하 공을 추천하는 이가 많았다. 또 중신(重臣) 중에 차자(箚子)를 올려 공의 학 행(學行)의 실상을 열거하여 논의하니, 상이 특별히 예산 현감(禮山縣 監)에 제수하였으나 공은 나아가지 아니하고 "감히 감당할 바가 아니 다."라고 하였다. 이해 겨울에 병란을 피하여 안음(安陰)에 갔는데 그 곳의 산 높고 물 맑음을 사랑하여 1년을 살다가 비로소 고향으로 돌아오니 학도가 나날이 많아졌다. 이때 대란(大亂)을 겪은 지 얼마 안 되고 오랑캐 청이 참람하게 황제(皇帝)로 호칭하니 현사 대부(賢士大夫)가 많이 강호(江湖) 생활을 하면서 날마다 공의 집에 찾아와 질문도 하고 또 도(道)를 강론하였다.

계미년에 사헌부 지평(司憲府持平)에 제수되었으나 사양하여 체직되었다. 이로부터 소명(召命)이 자주 있었다. 을유년에 소현세자(昭顯世子)가 죽었는데 공이 마침 소명(召命)을 받고 글을 올려 사양하면서 인하여 원손(元孫)을 속히 책봉하여 백성의 여망에 응할 것을 청하였고 겸하여 문정공(文正公) 김상헌(金尙憲)을 불러 세손의 교양(敎養)과 보도(輔導)의 책임을 맡길 것을 건의했다. 상은 이때 이미 효종 대왕(孝宗大王)에게 뜻을 두었으므로 회답하지 아니하고 미안해 하는 뜻을 보였다. 백강(白江) 상공(相公) 이경여(李敬輿)도 그 뜻이 공과 같았는데 먼 곳으로 귀양 가게 되니 사람들은 더욱 공을 위하여 두려워하였으나 공은 그래도 태연하였다. 이로부터 인조조(仁祖朝)가 끝나도록 일체 벼슬하지 않고 들어앉았는데 낙정(樂靜) 조석윤(趙錫胤)이 일찍이 공을 위하여 그 충성스럽고 곧음을 송변(訟辨)하였으나 역시 받아들여지지 아니하였다.

기축년에 효종 대왕이 즉위하였다. 사람들은 '화(禍)를 장차 헤아릴 수 없다.'고 하였으나 상은 맨 먼저 별유(別諭)로 타이르며 공을 부르니, 경외(京外)가 놀라지 아니함이 없었고 하례하기를, "이는 백왕(百王)에 으뜸가는 훌륭한 일이니 국가의 다행한 일이다." 하였다. 공이 드디어 상의 명을 받드니, 연이어 진선(進善)·장령(掌令)에 제수하고 특별히 월급으로 곡식을 하사하였다. 또 승진하여 집의(執義)가 되었다. 공이 상의 총애에 감동하여 스스로 생각하기를, "새 임금께서 크게 나라를 잘 다스릴 의사가 있으셔서 사류(士流)를 불러들이니 만약 이 시기에 심력(心力)을 다하여 성덕(聖德)을 돕지 아니하고 이러니저러니 하는 사이에 세월이 흘러 이 좋은 기회를 저버린다면 어찌 천추의 큰 한이 되지 않겠는가. 그러나 사유(四維 ; 예(禮)·의(義)·염(廉)·치(恥))가 시행되지 않으면 국가를 운영할 수가 없다. 지난번 권신(權臣)이 왕명을 잡고 조정을 어지럽혀 높은 벼슬아치들이 거기에 붙은 자가 많으니 만약에 격양(激揚)시키지 않는다면 끝내 맑아질 날이 없을 것이다." 하고 마침내 동료(同僚)들과 상의하여 김자점(金自點)과 거기에 붙은 무리를 논핵하여 귀양 보내기를 청하였다.

체직되었다가 다시 임명되어 명을 받아 능묘(陵墓)를 봉축(封築)하고 예에 따라 통정대부(通政大夫)에 승직되었다. 대간(臺諫)에서, 옥당〔玉堂 ; 홍문관(弘文館)〕으로 개정하고 경연관(經筵官)을 겸임하여 강론(講論)에 출입하게 하라고 청하니 윤허되었고, 또 의류와 모자와 말을 하사받았다. 상의 뜻에 답하여 상소(上疏)하고, 또 병자호란 때 행실을 잃은 부녀(婦女)들의 남편들로 하여금 이혼하고 다시 장가드는 것을 허락하기를 청하였다. 이때 마침 주상이 『중용(中庸)』을 공부하고 있었는데 공의 풀이가 심오(深奧)하였고 또 그것을 비유로 간하니 주상은 하나하나 모두 귀를 기울여 들었다. 함께 입시(入侍)한 제공(諸公)들은 물러나면 반드시 침이 마르도록 탄상하기를, "경서의 의미에 대하여는 본디 그의 본업(本業)이거니와 어쩌면 조정의 의식에도 익숙하기가 이와 같은가." 하였다.

경인년 정월에 휴가를 얻어 집으로 돌아왔다. 대개 소명에 응하면서부터 지금까지 제배(除拜)하고 하사함이 많았으나 공은 모두 굳이 사양하고 부득이한 경우에 비로소 받아들였다. 이때 김자점(金自點) 등이 공을 원망하여 노인(虜人 ; 청나라 사람)에게 참소하여 죄를 뒤집어쓰게 하였다. 그래서 오랑캐가 군사를 파견하여 국경에 주둔케 하고 사신이 일곱 번이나 연속으로 와서 위협하니 앞으로의 사태를 예측할 수 없게 되었으나 다행히 상이 직접 담당하는 바람에 마침내 풀리었다. 그러나 이로부터 사기(事機)는 또 크게 변하였다. 공이 돌아오자 상은 공의 추성스러운 말의 도움을 생각하여 소명하는 글을 연속으로 내리고 때로는 간절한 내용의 별유(別諭)를 내렸으며 또 쌀과 콩 따위를 하사하기도 하였다.

을미년에 통정대부에 올려서 승정원 승지(承政院承旨)와 이조참의(吏曹參議)에 임명했는데 상은 반드시 공을 올라오게 하려고 4개월이 지난 다음에야 참의(參議)를 갈아 주었다. 이보다 앞서 인조 대왕이 문경공(文敬公)을 위하여 특별히 시강원 찬선(侍講院贊善)을 두었는데 이때에 공에게 이조참의(吏曹參議)를 제수하면서 이 직을 겸하게 하고 별유(別諭)로 불러 가마를 타고 오라는 특명을 내렸다. 공은 상의 뜻이 간절함을 알고 정유년 7월에 마침내 서울로 들어갔다. 상은 공이 왔다는 말을 듣고 매우 기뻐하며 즉시 접견하고 주안을 베풀었다. 세자도 술과 음식으로 위로하였다. 이때부터 세자는 학문에 매우 힘썼다. 상은 직접 대하여 이르기를, "세자의 학문이 진취됨은 찬선(贊善)의 공이다."라고 하였고, 궁의 하인들도 모두 그렇게 말하였다. 또 동지(冬至)를 인하여 양(陽)을 기르고 선(善)을 회복하는 도리를 지극하게 진술하니 상이 비답(批答)하기를, "나날이 새롭게 하는 조목 여덟 가지를 적었는데 그것은 이른바 책난(責難)하여 진선(進善)토록 하고자 하는 뜻이다." 하였다.

12월에 밀소(密疏)를 올려 '극비리에 명나라와 내통하여 명나라를 위한 의(義)를 펴자.'고 하였으나 그 일은 비밀이라 남은 알 수 없었다. 무술년 2월에 휴가를 얻어 남쪽으로 돌아가니 상은 입고 있던 초의(貂衣)를 하사하고 인하여 타이르는 뜻을 천신(賤臣) 시열(時烈)에게 말씀하였다. 공이 또 호조참판(戶曹參判)을 제수받았다. 두 번이나 사양했으나 허락되지 않았다. 7월에 상이 편찮다는 말을 듣고 대궐에 달려가 기거(起居)하였다. 사헌부 대사헌(司憲府大司憲)에 제수되고 찬선(贊善)과 성균관 좨주(成均館祭酒)를 그대로 겸임케 하였다.

기해년 3월에 병조판서(兵曹判書)에 특배(特拜)되었으나 누차 사양하였다. 또 차자(箚子)를 올려 시무(時務)를 논의한 다음 나아가 사례하고 다시 사직의 뜻을 표명하여 직을 면하였다. 대사헌(大司憲)을 거쳐서 의정부 참찬(議政府參贊)을 제수받았다. 5월에 효종 대왕이 승하(昇遐)하고 현종(顯宗)이 즉위하였다. 대사헌으로서 산릉(山陵) 등의 일을 논의하였고 이조판서를 제수받았다. 이때 재궁(梓宮)이 빈소에 있고 상하가 슬퍼 어찌할 바를 모르는데 오히려 힘써 사양하기를 마지않았으나 상이 공을 의지함이 매우 중하였으므로 감히 끝내 사양하지 못하고 배명(拜命)하고 차자(箚子)를 올려 오례의절목(五禮儀節目)을 논의하였다. 효종 때부터 정(楨)·남(柟) 등을 마치 자기 친자식같이 사랑하고 길렀으므로 이때에 이르러 기세가 점점 커져서 출입을 다시 막을 수 없게 되었다. 공이 급히 억제를 가하라는 소(疏)를 올려 청하였으나 소장을 그냥 두고 정원(政院)에 내리지 아니하였다. 산릉(山陵)에 가토(加土)하게 되자 공에게 명령이 내렸으나 사양하였기 때문에 바꾸어서 참찬(參贊)이 되었다.

경자년에 대왕대비(大王大妃) 자의대비(慈懿大妃) 조씨(趙氏)의 복제(服制)를 논의하였는데 그 대략은, "모든 대신의 뜻이 '우리나라 전례에 실제는 자식을 위하여 3년복을 입는다는 제도가 없고 고례(古禮)에도 십분 명백하지 아니하여 혹 후일에 뉘우침이 있게 된다면 차라리 국전(國典)을 준용(遵用)함이 낫지 않겠느냐.'고 하니 그 때문에 신도 다른 의견이 없이 마침내 기년제(期年制)로 정하였습니다. 요즈음 장령(掌令) 허목(許穆)의 소(疏)에 경(經)을 인용하고 의(義)를 증거하여 매우 열심히 논설하니 신이 이 의논에 비록 감히 따지고 서로 힐난할 수 없으나 역시 의심나는 것이 없을 수 없습니다. 대저 『의례(儀禮)』에 '아비가 장자(長子)를 위하여[父爲長子]'라 함은 상하를 통틀어서 말한 것입니다. 만일 허목(許穆)의 설처럼 한다면 가령 대부(大夫)나 사(士)의 적처(適妻) 소생의 아들이 10여 명이라면 제1자가 죽으면 그 부친은 그를 위하여 삼년복을 입고, 제2자가 죽으면 그 부친은 또 3년을 입어야 하며 불행히 제3자·제4자·제5자·제6자에 모두 그들을 위하여

3년을 입어야 할 것이니, 제 생각은 아무래도 『의례(儀禮)』의 뜻이 결단코 이와 같지는 않을 것입니다. 그리고 주소(注疏)에 '제2적자(弟二適子) 이하는 통틀어 서자(庶子)라고 한다.'는 뜻을 분명히 말하였고, 그 아래 글에 '체이부정(體而不正)이란 말은 바로 서자(庶子)로서 입후(立後)된 자다.' 하였는데 이 서자(庶子)를 허목(許穆)은 반드시 첩의 아들이라고 해석하였습니다. 또 과연 그렇다면 상소한 사람의 설은 앞뒤가 서로 모순되니 아마도 그럴 리가 없을 것 같습니다. 기년(期年) 대목에 이른바 장자(長子)·장자부(長子婦) 등도 허목은 또 모두 첩자(妾子)로 단정하니 『의례(儀禮)』의 뜻이 과연 이러하였는지 알지 못하겠습니다. 이것이 바로 신이 잘 이해할 수 없는 점입니다. 생각건대 소(疏)에 이른바 '제1자가 죽었다.〔第一子死者〕'는 말은 바로 아래 글에서 말한 '적자(適子)가 폐질(廢疾)이 있거나, 또는 다른 까닭이 있거나, 아니면 죽고 자식이 없는 자로서 수중(受重)하지 못하여 삼년복(三年服)을 받지 못한 자이다.'라고 하였으니 제1자로서 수중(受重)하지 아니한 자가 죽으면 적처(適妻) 소생의 제2장자(弟二長子)를 입후(立後)하고 역시 장자라고 부릅니다. 불행히 이 아들이 또 죽으면 이미 제1자를 위하여 삼년복(三年服)을 입지 않았기 때문에 마땅히 제2의 입후된 자를 위하여 삼년복을 입어야 할 것입니다. 만약 제1자가 폐질(廢疾)이나 아들이 없지 아니하고 이미 그를 위하여 삼년복(三年服)을 입었다면 제2자가 비록 다른 날 올려서 입후(立後)를 하였다 하더라도 역시 삼년복은 입지 않고 다만 기년복(期年服)만 하는 것이니 바로 아래 글에서 말한 체이부정(體而不正)이 이것입니다. 만약 첩자(妾子)로 입후(立後)하였다면 비록 제1자가 폐질(廢疾)이 있거나 아들이 없이 죽고 삼년복(三年服)을 입지 않았다 하더라도 역시 첩자(妾子)를 위하여는 삼년복(三年服)을 입지 않습니다. 그렇기 때문에 위 글에 '적처(適妻) 소생'이란 것을 특별히 말하여 밝힌 것입니다. 신이 비록 감히 잘라 말하지는 못하지만 아마도 『의례(儀禮)』의 뜻은 이러하지 않은가 싶습니다." 하였다.

또 연제(練祭)의 변례(變禮)를 논하다가 윤선도(尹善道)의 무함(誣陷)을
받아 글을 올려 대죄(待罪)하였으며 마침내 고향으로 돌아갔다. 상은
사관(史官)을 보내어 만류하고 또 도승지(都承旨)를 특명하여 속히 따
라가 만류하라 하였다. 성균관과 사부학당(四部學堂)의 선비들도 글을
올려 만류시키기를 청하니 주상의 비답은 더욱 융중(隆重)하였으나 공
은 끝내 감히 머물지 못하였다. 연이어 사헌부(司憲府)와 이조판서(吏曹
判書)의 명이 내렸다.

신축년에 또 참찬(參贊)으로 부르자 드디어 서울로 왔고, 3월에 글
을 올려 시사(時事)를 논하였다. 4월에는 조경(趙絅)이 상소하여 공을
심히 공박하였다. 이에 공이 또 상소하여 스스로를 탄핵하였다. 5월
초나흘은 바로 효종 대왕 대상(大祥)이었다. 5일에 물러나기를 청하니
상이 매우 간절하게 만류하므로 차자(箚子)를 올려 시사(時事)를 아뢰
어 7월에 비로소 돌아갈 것을 허락받았다.

계묘년 정월에 시열(時烈)과 연명으로 상소하여 규간(規諫)하였고, 또
상소하여 대사헌(大司憲)의 직을 사양하면서 인하여 연평(延平) 이 선생
〔李先生 ; 주희의 스승인 송나라 학자 이통(李侗)〕을 문묘(文廟)에 배향하고 우
리나라의 문성공(文成公) 이이(李珥)・문강공(文簡公) 성혼(成渾)을 종사(從
祀)하자고 청하였다. 홍우원(洪宇遠)이 윤선도(尹善道)의 상소를 이어서
헐뜯으므로 공은 스스로를 탄핵하였다. 갑진년 여름에 상소하여 경계
할 것을 아뢰었고, 겨울에 또 임금의 덕을 논의하였다. 을사년 여름에
상이 온천(溫泉)에 행행할 때 대사헌(大司憲)으로 행궁(行宮 ; 임금이 나들
이 때에 머물던 별궁)에 들어가 뵙고 왕을 따라 서울로 돌아왔다. 직책이
변경되어 참찬(參贊)을 제수받았으며, 차자를 올려 원자(元子) 보양(輔養)
하는 도리를 논하였다. 마침내 보양관(輔養官)을 설치하면서 공에게 맡
기니 사양하였으나 윤허하지 않았다. 또 문정공(文正公) 조광조(趙光祖)
와 문원공(文元公) 이언적(李彦迪)이 논한 보양(輔養)의 요점을 차자(箚子)
로 올리고 종묘악(宗廟樂)의 차이를 논하였고 『심경(心經)』의 구두(句讀)

를 교정하여 올렸다. 원자(元子)가 부지런히 배우므로 공도 정성을 다하여 지도하였다. 10월에 물러나 돌아왔다.

병오년 봄에 유세철(柳世哲) 등이 윤선도(尹善道)의 뜻을 부연하여 상소하여 핍박하기를 더욱 급하게 하였다. 공이 온천(溫泉)의 행궁(行宮)에 들어가 스스로 탄핵하고, 어가를 호위하고 가다가 중도에서 병으로 뒤떨어졌다. 8월에 소명(召命)을 사양하고 인하여 분발(奮發)하는 요지를 논하였는데 그 대략은 이러하다. "아, 신민(臣民)들이 평소 성명(聖明)께 기대하고 바라는 것이 어떠하다고 생각하십니까. 마땅히 쇠퇴한 것을 일으키고 어지러운 것을 다스려 국가를 아름답고 안정되게 하며 구명(舊命)을 오직 새롭게 하여 귀신과 사람의 희망에 보답할 것이라 하였는데, 오늘에 이르기까지 8년 동안에 천심(天心)이 편하지 못하여 재앙과 변괴가 거듭 닥치고 군민(軍民)이 서로 원망하며 국사가 날로 글러져서 오랑캐의 업신여김과 국내의 근심이 끝이 없으니 이대로 가다가는 장차 어느 곳에 가서 탈이 날지 모르겠습니다. 지난번 7월 초순에 갑자기 괴풍(怪風)의 변이 있었는데 지난번 청병(淸兵)의 핍박이 그 시기의 달에 있었으니 그 들어맞고 틀리지 아니함이 이와 같습니다. 사람들의 말에 '바람의 재앙은 빨리 부응된다.'고 하였는데 아마도 헛말이 아닌 것 같습니다. 근세(近歲) 이래로 크고 작은 이변이 수를 셀 수 없이 많았으니 그 부응함이 더딜수록 그 화(禍)가 더욱 클지 어찌 알겠습니까. 이것이 신의 더욱 두려워하는 바입니다. 전(傳)에 이르기를 '수치를 느낀 후에야 능히 분발할 줄 알게 되고, 분발할 줄 안 뒤에야 능히 스스로 강하여지고, 스스로 강한 후에야 능히 그 정령(政令)을 행하고 그 국가를 보존한다.'고 하였으니 금번 전하께서 겪으신 곤액은 실로 병자년 이후에는 없던 것입니다. 이로써 인심이 참담(慘憺)하여 두려워하고 국세(國勢)가 더욱 꺾이었습니다. 일이 지난 뒤에도 여전히 게으르고 안일함만 추구하기를 한결같이 전일의 방식대로 따르시니, 전하가 경연(經筵)에 납시지 않는 것도 옛날과 같고, 신하들을 자주 접견하지 않음도 옛날과 같고 시들하고 나약해져 그럭저럭 무사안일하기를 옛날과 같이 할 뿐 아직 한 가지 정책도, 한 가지 정령도 수치를 분하게 여기어 스스로 강해지는 의사가 있다는 말을 듣지 못하였습니다. 아, 하늘이 우리나라를 새롭게 하려 하지 않는 것입니까. 어쩌면 전하의 의지가 맥없이 남에 의하여 신축(伸縮)됨이 이렇게까지 되었습니까. 오늘날 보필(輔弼)하는 신하들이 스스로 보존하지 못하는 것도 물론 통탄할 일이옵니다마는 만일 다른 때에 침욕(侵辱)당함이 이보다 심할 때가 있게 되면 장차 어떻게 대응하며 어떻게 처리하겠습니까." 하였다. 아마도 당시에 오랑캐가 들어와 협박하여 수치와 모욕이 매우 심하였기 때문에 공의 소(疏)가 이러하였을 것이다.

정미년 정월에 벼슬에서 물러나기를 빌고 『소학언해(小學諺解)』를 교정하여 올렸고, 글을 올려 시사를 논하였다. 또 황연(黃㙉)의 날조한 무고로 인하여 스스로 탄핵하여 진정(陳情)하였다. 무신년 9월에 온천 행궁(行宮)에 들어가 사례하고 인하여 모시고 가다 중도에서 병이 났다. 세자의 병이 위독하다는 말을 듣고 입궐(入闕)하였고, 세자의 병이 낫자 공이 경연(經筵)과 서연(書筵)에 자주 들어가니 상과 세자가 모두 허심탄회한 태도로 경청하였다.

기유년에 태극도설(太極圖說)을 올려 조화(造化)의 근본을 밝혔다. 제관(祭官)에 차출되어 영릉(寧陵 ; 효종의 능)을 배알하여 추모의 정을 폈다. 임금의 수레가 남으로 온천에 행행하면서 공을 뒤따르라고 하였다. 서연(書筵)에 들어가 강론하고 틈나는 날은 제생(諸生)과 함께 반궁〔泮宮 ; 성균관(成均館)〕에서 향음례(鄕飮禮)를 행하였다. 행차가 환궁하자 휴가를 청하여 돌아가는데 갈 때 상이 인견하여 은혜와 예모가 다정하고 흡족하였다.

경술년에 세자가 관례(冠禮)를 행하므로 마침내 소명에 응하였다. 그때 마침 호남의 관찰사 김징(金澄)에 대하여 시비(是非)가 있었다. 공이 그를 위하여 억울하다는 장계를 올려 하소하다가 많은 비난을 받게 되었다. 관례(冠禮)를 마치고 즉시 돌아가려고 한강을 건넜다. 상과 동궁(東宮)이 모두 유지(諭旨)를 내리고 관학(館學) 제생(諸生)이 또 글을 올려 상에게 만류하기를 청하므로 공이 다시 들어와 조금 머물렀다. 그러나 상은 이미 간사한 사람에게 빠져 있었다. 마침내 앞서 한 간청을 거듭하여 돌아감을 허락받았다. 얼마 후 흉인(凶人)의 무고변(誣告變)을 당하였고 시열(時烈)에게는 또 후한(後漢) 사람 풍이(馮異)가 함양왕(咸陽王)을 자칭한다고 무고(誣告)를 당했듯이 역모설까지 씌우니 상은 승지(承旨)를 보내어 열심히 위로하였다. 그러나 공은 감히 스스로 편안할 수 없어서 궁궐 가까이까지 가서 죄를 청하여 비답을 받고 돌아왔다.

임자년 4월에 병이 들었는데 스스로 치료하기 어려운 줄을 알고 드디어 소(疏)를 올려 소인이 임금을 현혹하는 폐해를 극력 주장하여 아뢰었으니 곧 "전하께서 윤경교(尹敬敎)의 일로 노여움이 너무 과도하고 음성이 너무 높으시며, 명령도 잘못되고 처리도 두서가 없으시니, 전하께서는 어찌 이 같은 음성과 기색을 대각(臺閣)의 직언(直言)하는 신하에게 행하십니까. 형세에 따라 온 조정이 바람에 쏠리듯 아첨하는 것이 앞을 다투고 달래는 것이 차례로 일어나, 결국은 전하께서 천고에 없던 은례(恩例)를 베풀어 저 겁 많고 약삭빠른 무리들을 도리어 백료(百僚)의 위에 앉혀놓으시니, 그 행상[倖相 ; 허적(許積)을 가리킴]의 입장은 잘된 일이 되지만, 전하에게는 천만고(千萬古) 천만인(千萬人)의 비난과 조소를 거듭 받게 되었으니, 어찌겠습니까. 지난 기유년에 대간(臺諫) 권격(權格)이 크게 전하의 노여움을 사서 견책한 그 여덟 자의 꾸중은 신하들이 실색(失色)하지 않음이 없었습니다. 신과 상신(相臣) 정태화(鄭太和)가 그 잘못됨을 극력 주장하여 마침내 승정원(承政院)에 명하여 표를 붙여 고치게 하였으니, 지금 윤경교(尹敬敎)의 일에 성교(聖敎)가 분노(忿怒)에서 나온 것이 한둘이 아닙니다. 마치 이른바 '훙악하고 약삭빠른 금수(禽獸) 같고 귀축(鬼畜) 같은 마음으로 동류를 끌어들인다(兜狡禽獸鬼心引類).’는 등의 말로 궁중 안팎이 모두 놀랐습니다. 충심으로 바라건대 속히 명지(明旨)를 내려서 권격의 예에 의하여 통쾌히 뉘우치고 깨닫는 뜻을 베풀어 윤경교를 소환하여 다시 대직(臺職)에 두어 곧은 기개를 표창한다면 국가도 여망이 있을 것입니다. 신이 일찍이 『당사(唐史)』를 읽다가 덕종(德宗)이 이필(李泌)에게 이른 말 가운데 ‘사람들이 모두 노기(盧杞)를 간사하다고 말하는데 짐(朕)은 알지 못한다.’ 하니, 이필(李泌)은 대답하기를 ‘그런 말을 하는 사람도 간사함이 되는 것입니다.’ 한 것을 보고 신은 일찍이 책을 덮고 탄식하지 않을 수 없었습니다. 덕종(德宗)이 간사한 아첨에 현혹된 것은 정말 후대 임금이 경계할 거울이 되겠지만 이필(李泌)의 대답도 어쩌면 그렇게 절중하고 의미가 있습니까. 아, 오늘날 전하는 비단 그 간사한 것을 알지 못할 뿐이 아닙니다. 신이 매번 삼대〔三代 ; 하(夏)·은(殷)·주(周)〕 성왕(聖王)의 유정유일(唯精唯一)의 전통을 전하께 기대하였는데 지금은 도리어 말세의 일에 차츰차츰 빠져드니 이것이 어찌 신이 평소에 전하께 기대하였던 것이겠습니까. 정말 통곡해도 부족할 일입니다.” 하였는데, 상은 기뻐하지 않았다.

11월에 병이 더욱 위급하여지자 또 유소(遺疏)를 초(抄)하여 학문에 힘쓸 것을 권하고, 인하여 군자를 친하고 소인을 멀리하는 도리를 극력 아뢰었다. 이때 호조판서(戶曹判書) 김수홍(金壽興)이 은례(恩禮)의 명이 있어야 한다고 아뢰니, 상은 태의(太醫)를 보냈으나 공은 이미 알아보지 못했다. 부음(訃音)을 듣고 상은 놀라 슬퍼하면서 특별히 영의정(領議政)에 추증하고 장사(葬事) 물자를 넉넉히 내렸다. 이에 성균관과 학당(學堂)의 유생(儒生)이 잇달아 거애(擧哀)하였고 관직에 있는 자나 벼슬하지 않은 자를 막론하고 조문(吊問)하였다.

아들 광식(光栻)은 먼저 죽었고 병문(炳文) 등이 문인(門人)과 친구와 함께 예대로 염습하여 계축년 2월에 연기(燕岐) 죽안리(竹岸里) 손향(巽

向)의 자리에 안장하였다. 정 부인(鄭夫人)은 먼저 졸하였는데 공주(公州)에 별도로 장례를 지냈다. 딸은 둘인데 맏이는 사인(士人) 나명좌(羅明佐)에게, 다음은 판서(判書) 민유중(閔維重)에게 출가하였다. 광식(光栻)은 관직이 정랑(正郞)인데 그의 딸은 사인(士人) 원몽익(元夢翼)에게 출가하였다.

공은 타고난 자질이 뛰어나서 정밀하고 밝으며 온화하고 순수하며 밝게 통하여 흠이 없고 얼굴빛은 화평하고 기운은 온화하여 보는 사람이 마음속으로부터 도취하였다. 일찍부터 유현(儒賢)을 좇아 학문의 방향을 얻어듣고 부지런히 힘써 늙어도 그만두지 아니하였다. 대체로 공은 찌꺼기, 즉 탁(濁)함이 본디 적었으므로 매우 힘쓰지 않아도 쉽게 융화되는 경지에 이르렀고 식견이 정밀하고 투철하였기에 괴롭게 힘쓰지 않아도 스스로 이치를 깨달았다. 마음에 이미 아무런 티가 없기에 아는 것이 매우 밝았다. 때문에 그가 가정에서 행하는 것이 어버이에게 효도하고 아내에게 모범 되고 자식을 가르치고 아랫사람을 부림에 각각 그 마땅한 바를 얻었다. 상제(喪制)의 예절에 있어서 가장 근신하였다. 대저 인애(仁愛)를 주로 삼고 예로써 다스렸기에 윤리가 극히 바르고 은의(恩義)가 매우 독실하니 모두 후세의 모범이 될 만하다.

병자년·정축년 이래 세상의 도가 크게 변하니 행적 감추기를 더욱 긴밀하게 하여 확고하여 빼앗을 수 없는 지조가 있었다. 을유년에 올린 소(疏)는 세상의 꺼리는 바가 되어 사람들은 심히 위태롭게 여기었으나 공의 원칙을 지키는 뜻은 위대하였다. 효종이 등극하게 되자 조금도 개의치 않고 초빙하여 예우(禮遇)함이 상규(常規)를 벗어나니, 공도 형적(形跡)을 두지 않고 지극 정성으로 보필하며 자신을 돌보지 않아 성덕(聖德)은 더욱 빛나고 공의 어짊도 더욱 현저하게 되었다.

경인년의 변고(김자점이 오랑캐에게 참언하여 일어난 변)는 나라에 화를 끼칠 것이 뻔하여서 공도 주저하다가 물러나 다시 선비의 신분으로 돌아갔다. 효종 말년에 이르러 은총과 예우가 더하여지니 감격하여 더욱 보답할 것을 생각하고 스스로 존주(尊周)의 의리와 복수의 뜻을 자신의 책임으로 삼아서 국력의 쇠약함도 돌아보지 않고 우리 형세의 고단함도 걱정하지 않고 시종일관 한결같이 마치 해와 달의 밝음과 황하와 한수가 언제나 동쪽으로 흐르듯이 마음을 명나라의 회복에 두었다. 이는 신명을 두고 물어보아도 부끄러울 것이 없다.

현종(顯宗)은 스승으로 높이는 예를 더욱 다하여 국인에게 법이 되게 하려 하였고, 공도 마음과 지혜를 다하여 들어가서는 도덕을 논의하고 나가서는 원대한 계책을 도왔다. 때때로 유생들과 반궁(泮宮)에서 강송(講誦)하니 선비들이 경하하고 서로 벼슬길에 나오려 하였다. 공이 경연 석상에서 항상 '분노를 억제하고 욕심을 막으며, 개과천선(改過遷善)하는 것이 성학(聖學)의 긴요한 도리'라고 하였고, 천리와 인욕(人慾)의 간격에 이르러서는 더욱 반복하고 친절히 분석하여 설명하였다.

효종조(孝宗朝)에 '순(舜)과 도척(盜跖)의 간격과 선(善)과 이(利)의 간격은 사실 머리카락 하나도 용납할 수 없다.'는 교훈을 논하며 아뢰었다. "오늘날 전하의 백성을 긍휼히 여기는 정치가 지극하오나 만약에 털끝만큼이라도 칭찬을 요구하는 마음이 그 사이에 있다면 그 일이 비록 선(善)하다 하더라도 실제는 거짓입니다. 이것은 천리·인욕(人慾)의 분기(分岐)가 매우 미미하지만 공(公)과 사(私)의 도와 왕(王)과 패(霸)의 책략(策略)처럼 서로 멀어지는 것입니다." 하니, 효종이 송연(悚然)히 머리를 숙이며 답하기를, "이것은 과인이 일찍이 맹렬히 반성하던 바이다." 하였다. 대체로 공이 여기에 깊이 마음을 썼기 때문에 임금에게 아뢴 바가 이러하였으니, 이 일단(一段)에 의거하여 공이 학문하는 요령을 알았음을 알 수 있다.

공이 벼슬에 어렵게 나아가고 쉽게 물러가는 의(義)는 우러러 주자(朱子)의 성법(成法)을 이어받았다. 전후하여 지평(持平)에 3번, 진선(進善)에 6번, 집의(執義)·찬선(贊善)에 7번, 대사헌(大司憲)에 26번, 참찬(參贊)에 12번, 이조판서(吏曹判書)에 3번이나 임명되었다. 30년간에 은지

(恩旨)가 있지 아니한 때가 없었으나, 공은 반드시 시기를 헤아리고 의리를 살핀 다음에야 움직였으므로 조정에 있는 날짜는 겨우 1년 남짓밖에 안 되었다. 그러나 군덕(君德)과 세도(世道)에 도움됨은 매우 컸다.

공이 가장 힘쓴 것은 『심경(心經)』·『근사록(近思錄)』 등의 책에 있었고 일체를 낙민〔洛閩 ; 정자(程子)와 주자(朱子)를 말함〕의 연원(淵源)에 소급하였으며, 또 선유(先儒)로는 이연평(李延平)의 질박하고 정명(精明)한 것을 가장 사모하여 항상 문묘(文廟)에 배향되지 못함을 유감으로 여겼다. 우리나라에 있어서는 문순공(文純公) 이황(李滉)을 종신(終身)토록 스승으로 생각하였다. 졸(卒)하던 해에는 꿈에 보았다는 작품도 있으니 어찌 정신이 감통되어 그런 것이 아니겠는가. 이런 것에서 공의 심지(心志)와 기상(氣象)의 대개를 볼 수 있다. 그러나 일의 정의(正義)에 봉착하면 일신의 이해를 돌아보지 아니하였으니 분육(賁育)도 빼앗지 못하는 절개가 있었다. 그러므로 간혹 임금의 뜻에서 벗어났고 또 소인들은 원수처럼 미워하기도 하였다. 이는 온후 화평한 속에서도 스스로 정직 강대한 기운이 있어서가 아니겠는가.

아, 공과 같은 학식 덕행은 마땅히 백세의 종사(宗師)가 될 것인데 무덤의 풀이 두 번이나 묵었는데도 예설(禮說)의 시비가 그대로 재앙의 함정이 되어, 추후하여 행하는 처벌이 황천에까지 미쳐서 효종의 성덕 지선(盛德至善)도 그 때문에 박식(剝蝕)당하니 어찌 가슴 아픈 일이 아니겠는가.

나와 공은 8, 9세 때부터 옷을 나누어 입고 한 책상에 공부하여 머리가 흴 때까지 학문을 강마(講磨)하였다. 옛날 사마온공(司馬溫公)이 말하기를, “나와 경인(景仁)은 성(姓)이 같지 않은 형제다.”라고 하였는데, 지금 공과 나는 성(姓)도 같다. 단지 부모만 다를 뿐이다. 그러나 나의 성품은 편벽되고 응체되어 공을 좋아하지 않는 것은 아니었으나 끝내 비슷하지도 못하였으니 이것은 대개 기질이 한 번 정하여져 바꿀 수 없기 때문인 것 같다. 그러나 사마온공(司馬溫公)과 촉공(蜀公)도 종률(鍾律)에는 끝내 합하지 아니하니 나는 억지로 이를 인용하여 때때로 변명하기를, "구차스레 같으려고 하지 아니한 것은 바로 공의 높은 경지이지만 내게 있어서는 성품이 편협해서 그런 것이다." 하였다. 아, 정이천(程伊川)이 일찍이 온공(溫公)이 죽은 뒤에 말하기를, "『시경』에 '만약 생명을 대신해 줄 수만 있다면, 그를 위해서 죽어줄 사람이 수없이 많다.' 하였는데, 사람들이 공의 죽음을 슬퍼하고 삶을 영광되게 여기는 마음은 극을 이루었고 공의 명성과 덕은 길이 고금(古今)에 높을 것이다."라고 하였는데, 나도 공에 대해 그렇게 말할 수 있겠다. 숭정(崇禎) 을묘년(1675, 숙종 1) 10월 일 송시열(宋時烈)이 쓰다.

— 동춘당(同春堂) 송공(宋公) 묘지(墓誌) 추기(追記) —

공이 잠들어 있는 연기(燕岐)의 묘소는 지세가 낮고 습기가 많아 장구한 계획이 못 되므로 병진년 11월 18일에 회덕(懷德)의 남쪽 흥농리(興農里) 갑좌(甲坐) 경향(庚向)의 언덕으로 옮기고 부인을 부장(祔葬)하였다. 그후 5년 되던 경신년에 상이 간흉(奸凶)의 죄를 물어 죽여 없애고 준량(俊良)을 등용하였다. 대신의 말에 따라 공의 관작이 복구되고 증직이 내렸다. 또 장곡강(張曲江)의 고사를 적용하여 묘소에 직접 제사를 지내주니 대개 공이 일찍이 적신(賊臣 ; 허적을 가리킴)을 극론(極論)한 것을 생각하여서이다. 뒤에 문정(文正)이란 시호를 추증하고 상례보다 넘치게 병문(炳文)을 녹용(錄用)하였다. 병하(炳夏)와 병원(炳遠)이 모두 관직에 올랐고 민판서(閔判書)가 성녀〔聖女 ; 인현왕후(仁顯王后)를 말함〕를 탄강하여 신유년에 왕비(王妃)가 되었고, 판서는 봉하여 여양부원군(驪陽府院君)이 되고 부인은 은성부부인(恩城府夫人)이 되었다. 이는 공의 남은 경사에 힘입은 것으로 아, 훌륭하고 훌륭한 일이로다. 계해년(1683, 숙종 9) 윤6월 24일에 시열(時烈)이 추서(追書)하다.

― 同春堂宋公墓誌 ―

―『宋子大全』, 卷一百八十二,「墓誌」

崇禎壬子十二月初二日。同春先生宋公諱浚吉。字明甫。易簀于懷
德縣之村舍。公治命曰。勿求銘狀誄文等。只以小表揭姓名。其孫炳
文, 炳夏, 炳遠, 炳翼等不敢違。雖門人知舊有言而皆不聽也。時烈獨
謂曰。公之道德事實。旣在人耳目。將愈久益顯。而又書在史官。余又
嘗爲遺事一通。以收其細大。則固無事於金石之鐫刻。然所謂幽誌
者。朱夫子嘗曰。陵谷變遷。此誌先見。嗚呼。孔子之墓泗水尙逼。則
其欲爲無窮之圖者。宜在於此。有此而不見猶可也。不幸焉有可見之
日而無見焉。則吾恐百世之後。有受其責者矣。炳文等泣而言曰。敢不
惟命。余方以妄論大禮。待刑癘土。而炳文等以其事屬余。余敢犯萬死
之罪而爲之敍曰。公恩津人也。東方之宋。始自諱惟翊, 天翊。惟翊籍
礪山。而天翊則恩津云。高麗有判院事諱大原。自是斑斑而譜於世。其
來懷德者執端諱明誼。其孫曰雙淸堂諱愉。其玄孫諱世英。生郡守諱
應瑞。是生榮川郡守諱爾昌。榮川公娶僉樞金殷輝女。以萬曆丙午十
二月廿八日。生公于漢師寓舍。隣舍有一官人來賀曰。公所得兒必貴
人也。夜夢有一人持産時具曰。我天人也。將以此遺宋氏家云。時榮川
公年已四十六而無嗣。及是宗黨相慶曰。公晚暮得男。而又絶異如
此。豈非積善之報也。洎有知。敬信長者言。見長者。必斂容危坐。榮
川公嘗灑掃室堂。坐公於客位而對之。公輒縮瑟不安而避之。稍長喜
讀書。長者或以事闕課。則公必請之。雖夜不得則不寢。又好習字。未
十歲。李竹窓時稷素善書。見之曰。汝已勝我矣。與隣兒交。必以書札
往復。辭筆俱中度。人多取去而觀玩焉。辛酉。金夫人沒。榮川公恐其
淸弱。凡飮食居處看護倍於平日。而其情文。亦自有可見者矣。沒喪。
就學於文元公金先生長生。受小學家禮等書。天啓甲子。中司馬兩
試。丁卯丁外憂。執喪一如儀文。少有疑晦。必稟於師門。文元公喜而

酬答曰。此哥將作禮家宗匠也。先是癸亥。公委禽於鄭愚伏文肅公經世之門。文肅公亦期以遠到而常敬待焉。及是來弔。相與論難喪禮。殊覃覃焉。崇禎庚午。除翊衛司洗馬。不就。文元公嘉其志趣。聞文肅公勸之就。以書責之曰。宋某有志於學而不肯仕。其意甚善。而公欲降其志。無乃近於賊夫人之子乎。文肅公有媿謝語。公自是益委己於學。往來於二氏之門。日以進益。辛未。文元公歿。公仍師金文敬公集。公嘗曰。吾游金先生父子門久矣。妄謂規模宏大。無如老先生。條理精密。無如少先生。論者以爲知言云。壬申。差童蒙教官。公以爲輒辭除命。不無求退獲進之嫌。遂黽勉就職。癸酉。聞文肅公捐館。卽謝歸會葬。喪之以師弟之服。丙子。上延訪人才。大臣以下薦公者多。又有重臣陳箚論列其學行之實。上特除禮山縣監。公不赴曰。非所敢當也。是冬。避兵至安陰。愛其山高水淸。居一年。始還鄉里。學徒日衆。時新經大亂。戎虜僭號。賢士大夫多處江湖間。日造公廬。質疑講道焉。癸未。有司憲府持平之命。辭遞。自是召旨頻仍。乙酉。昭顯世子薨。公適被召命。上疏辭。因請亟冊元孫。以繫人望。兼陳召致金文正公尙憲。委以教養輔導之責。上時已屬意於孝宗大王。不報。顯示未安之意。白江李相公敬輿其意與公同而遠謫。人益爲公懼。而公固悠然也。自是終仁祖朝。一切廢置。樂靜趙公錫胤嘗爲公訟辨其忠讜而亦不入。己丑。孝宗大王卽位。人謂禍將不測。上首先別諭召公。京外莫不驚賀曰。此卓冠百王之盛事也。國其庶幾乎。公遂拜命。連除進善掌令。特賜月廩。陛拜執義。公感戴恩眷。自念新寧有大有爲之志。而收召士流。若不以此時殫竭心力。以輔聖德。則因循遷就之間。日失歲亡。負此好幾會。豈不爲千載之大恨乎。然四維不張。則不可以爲國。而曩者權臣執命。濁亂朝廷。而搢紳之趨附者頗多焉。若無激揚之學。則終未有淸明之日矣。遂與同僚相議。請竄金自點及論其附麗之徒。遞復拜。承命封陵。例陛通政。臺諫以資格改正。玉堂請使兼經筵官。出入講論。允之。又賜衣資及帽掩廄馬。應旨上疏。又請虜變時失

行婦女。許其夫離異改娶。時上方講中庸。公開析深奧。仍進規諷。上
一皆傾聽。同入諸公。退必嘖嘖嘆曰。文義固其本業。何其於朝儀閑習
如此也。庚寅正月。乞暇南歸。蓋自應召至是。除拜繹續。賜賚便蕃。
公皆固辭不得然後始受。時自點等怨公讒構。虜人遣兵壓境。七使連
續來嚇。事將不測。賴上以身自當。竟以解釋。然自是事機又大變矣。
公旣歸。上思公啓沃之益。召旨連降。間有別諭。辭旨懇惻。又有米豆
之賜。乙未。陞通政拜承政院承旨，吏曹參議。上必欲公上來。歷四月
然後始遞參議。先是仁祖大王爲文敬公。特置侍講院贊善。至是除公
吏議。俾兼是職。而別諭召之。特命乘轎。公知上意繾綣。丁酉七月。
遂入京。上聞公至喜甚。卽引見宣醞。世子亦以酒饌勞之。世子自是課
學甚勤。上面諭曰。世子進學。贊善之功也。宮掖人皆言之矣。又因冬
至。極陳陽長復善之道。上批有曰。日新之目有八。誠所謂責難陳善之
義。十二月。上密疏請以　計潛通中朝。以伸拱北之義。其事祕。人不
得而知也。戊戌二月。乞暇南歸。上賜以所御貂衣。仍命諭意於賤臣時
烈。已而特陞戶曹參判。再辭不許。七月。聞上違豫。赴闕起居。除司
憲府大司憲。仍帶贊善兼成均館祭酒。己亥三月。特拜兵曹判書。屢
辭。又上箚論時務然後出謝。復辭得遞。由大司憲遞拜議政府參贊。五
月。孝宗大王昇遐。顯宗卽位。以大司憲。論山陵等事。拜吏曹判書。
時梓宮在殯。上下哀遑。而猶力辭不已。上倚公亦甚重。不敢終辭。遂
拜命。箚論五禮儀節目。自孝廟朝。撫養楨，柟等如己出。至是氣勢益
張。出入無復防限。公亟以疏請加抑損。疏留中不下。山陵復土。又辭
遞爲參贊。庚子。論大王大妃服制。其略曰。諸大臣之意皆謂我朝典
禮。實無爲子三年之制。其在古禮。倘不十分明白。或有他日之悔。則
無寧遵用國典之爲愈。故臣亦無異見。遂以期制爲定矣。今者掌令許
穆之疏。引經據義。論說甚勤。臣於此論。雖不敢索言相難。而亦有所
不能無疑者。蓋儀禮父爲長子。通上下而言者也。若如穆之說。則設令
大夫士適妻所生有十餘子。而第一子死。其父爲之服三年。第二子

死。其父又服三年。不幸而第三死。第四第五六死。皆爲之服三年。竊恐禮意決不如此也。且註疏。旣明言第二適子以下。通謂庶子之義。而其下文謂體而不正。卽庶子爲後者也。此庶子。穆必以妾子當之。果爾則疏家之說。前後自相逕庭。似無是理。而期年條所謂長子長子婦等處。穆亦皆以妾子爲斷。未知禮意果如是否。此臣之所未能曉也。竊疑疏所謂第一子死者。卽下文所謂適子有廢疾。若他故若死而無子。不受重。不得三年者也。第一子之不受重者死。則取適妻所生第二長者。立以爲後。亦名長子。不幸而又死。則旣不爲第一子服三年。故應爲第二爲後者服三年。若第一子不至有廢疾無子。旣爲之服三年。則第二子雖他日陞爲後。而亦不服三年。只服期。卽下文所謂體而不正是也。若妾子爲後。則雖第一子廢疾無子而死。不服三年。而亦不爲妾子服三年。故上文特言適妻所生以明之。臣雖不敢質言。而無乃禮意自如是也耶。又論練祭變禮。被尹善道搆誣。上疏待罪。遂南歸。上遣史官勉留。又特命都承旨疾速追往挽止。館學章甫。亦上疏請留。則御批益隆重。而公終不敢留連。有司憲府吏曹之命。辛丑。又以參贊召。遂入京。三月。疏論時事。四月。趙絅疏斥甚深。公以疏自劾。五月初四日。卽孝宗大王大祥也。初五日乞退。上留之甚懇。遂上箚陳時事。七月。始許歸。癸卯正月。與時烈聯名疏進規諫。又以疏辭大憲之命。因請以延平李先生從祀文廟。幷及本朝文成李公，文簡成公。洪宇遠紹述善道。上疏詆毁。公遂自劾。甲辰夏。上疏陳戒。冬。又論君德。乙巳夏。上幸溫泉。以大司憲入對行宮。隨駕還都。遞拜參贊。箚論輔養元子之道。遂置輔養官。以公處之。辭不許。又引文正公趙光祖，文元公李彦迪所論輔養之要。爲箚以進。及論廟樂之差。校進心經句讀。元子受學不懈。公亦盡心開導。十月退歸。丙午春。柳世哲等推演善道意。上疏持之益急。公入溫泉行朝自劾。扈駕行中路。以疾落後。八月。辭召旨。仍論奮發之要。其略曰。嗚呼。臣民之平昔蘄望於聖明者如何。謂宜興衰撥亂。嘉靖邦國。以維新舊命。慰答神人之望。而至今八年之間。天心未豫。災異荐臻。軍民交怨。國事日非。外侮內憂。
靡有紀極。率是以往。其將稅駕何地。往歲七月之旬。忽有怪風之變。
向來北塵之來逼。恰在其期月之時。其符驗之不僭。有如是者。人言風
災應速。似亦非誣。近歲以來。多少變異。不知其幾。則又安知其應遲
者。其禍愈大耶。此臣之所尤懼也。傳曰。有恥而後能知憤。知憤而後
能自強。自強而後。能行其政令。保其國家。今番殿下所遭之困厄。實
丙子以後所未有者。人心慘怛。國勢愈挫。而事過之後。恬嬉偸安。一
循前套。殿下之不御經筵如舊。罕接臣隣如舊。委靡頹塌。因循姑息。
又如舊。曾未聞一施措一政令。有憤恥自强底意思。噫。天未欲作新我
東耶。何殿下之志氣茶然。甘聽伸縮於人至是耶。今日股肱之不能自
保。固可痛哭處。萬一異時侵辱有大於此。則不知將何以應之。將何以
處之。時蓋虜人來喝。羞辱備至。故公疏如此。丁未正月。乞致仕。校
進小學諺解。以疏論事。又因黃墟捏誣。陳情自劾。戊申九月。入謝溫
宮。因扈駕行中路移疾。聞世子疾劇遂入。世子疾瘳。公頻入兩筵。兩
宮皆虛己以聽焉。己酉。進太極圖說。以明造化之本源。圖差祭官謁寧
陵。以伸追慕之情。大駕南幸溫泉。命公後。進講書筵。暇日與諸生行
鄉飲禮於泮宮。幸還。乞暇歸。歸時上引見。恩禮款洽。庚戌。世子行
冠禮。遂膺召命。時適有湖南伯金澄是非之爭。公爲訟其冤狀。以致
詆訶多端。冠禮畢。卽歸以渡江。大朝及東宮皆下諭。館學諸生又上章
請上勉留。公遂還入少留。然已有左腹之入矣。遂申前懇。竟蒙許歸。
俄遭凶人誣告之變。至於時烈則又加以馮異咸陽之說。上遣承旨慰諭
勤至。然公猶不敢自安。詣近畿請罪。承批卽還。壬子四月感疾。自知
難醫。遂上一疏。極言小人熒惑之害曰。殿下以尹敬敎之事。怒太暴聲
太厲。命令失當。舉措顚錯。殿下何用如此聲氣於臺閣直言之臣乎。形
勢所在。舉朝風靡。阿諛競進。慝吳迭作。終使殿下施之以千古所無之
恩例。俾彼委蛇盤礴。還坐於百僚之首。其爲倖相地則至矣。其於聖明
重貽千萬古千萬人譏且笑何哉。往在己酉。臺臣權格大觸天怒。其譴

責八字。臣隣無不失色。臣與相臣鄭太和力言其非。遂命政院付標改之。今於敬敎之事。聖敎之發於忿懥者。非止一二。如所謂兇狡禽獸鬼心引類等語。中外共駭。誠願亟下明旨。依權格例。快施悔悟之意。召還敬敎。復置臺職。以旌直氣。國家其庶幾乎。臣嘗讀唐史。至德宗謂李泌曰。人言盧杞奸邪。朕則不知。泌對曰。此所以爲奸邪也。臣未嘗不掩卷而歎。德宗邪媚之惑。誠可爲後王之鑑戒。而泌之所對。何其切中而有味也。噫。今殿下不但不知而已也。臣每以三代聖王精一之傳。望於殿下。而今反駭駭於叔世事。此豈臣平昔所期者也。可爲痛哭之不足也。上不悅。十一月。疾尤革。又草遺疏。勸勉聖學。因極言親君子遠小人之道。時戶曹判書金壽興上言宜有恩命。上乃遣太醫。而公已不能知矣。訃聞。上驚悼。特贈領議政。優給葬需。於是館學儒生。相率舉哀。官居野處。無不相弔。子光栻先逝。炳文等與門人知舊以禮襲斂。癸丑二月。葬于燕岐竹岸里巽向之原。鄭夫人先歿而別葬于公州。女二人。長適士人羅明佐。次適判書閔維重。光栻官正郎。其一女爲士人元夢翼妻。公天資絶異。精明溫粹。瑩澈無瑕。色夷氣和。見者心醉。早從儒賢。得聞學問之方。孳孳勉勉。至老不已。蓋公渣滓自少。故不甚用力而易至融化。識見精透。故不費勤苦而自詣理致。心旣無疵。而所知克明。則其行於家者。孝親刑妻。敎子御下。各得其道。而最謹於喪制之節。大抵仁愛爲主。而禮以治之。故倫理克正。恩義克篤。皆可以爲後世法矣。丙丁以來。世道大變。則斂藏愈密。有確乎不拔之志。而乙酉一疏。爲世所諱人。甚危之。而公之守經之意則大矣。及孝廟臨御。少不介意。延聘禮遇。逈出常規。而公亦不存形跡。盡誠裨輔。匪躬蹇蹇。聖德益光。而公之賢愈著矣。庚寅之變。幾禍宗國。而公亦徊徨却步。復尋初服矣。逮孝廟末年。恩遇有加。由是感激。益思報效。自以尊周之義復讎之志。爲己任。不顧國力之萎弱。不憂吾勢之單寡。終始一心。如日星之昭。如河漢之東。此則可質於神明而無媿矣。至於顯考。則益盡隆師之禮。要使國人矜式。公亦竭心殫

智。入論道德。出贊謨猷。時與靑衿在泮講誦。士類慶喜。相與彈冠
矣。公於筵席。常以懲忿窒慾遷善改過。爲聖學切要之道。至於天理人
欲之際。則尤反復丁寧。剖析微密。嘗於孝廟朝論舜，跖善利間不容髮
之訓。公曰。今殿下恤民之政至矣。然如有一毫要譽之心參錯於其
間。則其事雖善而其實則僞也。此天理人欲之分岐至微。而公私之道
王伯之略所以相遠也。孝廟竦然俯答曰。此寡昧之所嘗猛省者也。蓋
公於此着力旣深。故所以告於君者如此。據此一段。可以知公爲學之
知要也。公難進易退之義。仰承朱門成法。前後爲持平者三。爲進善者
六。爲執義贊善者皆七。爲大司憲　者廿六。爲參贊者十二。爲吏書者
三。三十年之間。恩旨未嘗不在。而公必每時揆理義然後動。故在朝之
日。僅一歲餘矣。而其有輔於君德世道者大矣。公得力最在心經近思
諸書。一切沿遡於洛閩之淵源。而又於先儒。最慕延平之質慤精明。常
以不得祀於聖廟爲歉。於本朝則以李文純公滉爲終身師法之地。故卒
逝之年。有夢見之作。豈精神感通而然歟。於此可見公之心志氣象之
大槩也。然遇事正義。不顧利害。則又有賁育不可奪之節。故或失君上
之志。而一番人仇嫉亦已極矣。豈其溫厚和平之中。自有正直剛大之
氣耶。噫。以公之學之德。宜爲百世之宗師。而墓草再宿。禮訟仍爲禍
阱。追謫之律。遽加於泉壤。而孝廟之盛德至善。亦爲之剝蝕。豈不痛
哉。余與公自八九歲時傳服同案。以至白首而相與切磨。昔溫公有言
吾與景仁。姓不同兄弟也。今公與余姓又同焉。則是但父母不同而已
也。然余性偏駁滯泥。非不悅公。而終不能近似。是蓋氣質一定而不可
易也。然溫公蜀公於鍾律。終不能相合。故余强引此自誘曰。不苟同是
公高處。而在余則性相遠而然也。嗚呼。伊川嘗稱溫公曰。如其可贖。
人百其身。死生旣極於哀榮。名德永高於今古。余於公亦云爾。崇禎乙
卯十月日。宋時烈撰。

— 同春堂宋公墓誌 追記 —

公所藏燕岐墓地勢卑濕。懼非久計。乃以丙辰十一月十八日。奉遷
于懷德治南興農里甲坐庚向之原。以夫人祔焉。後五年庚申。上誅除
奸凶。登崇俊良。用大臣言。復公官贈。又依張曲江故事。賜祭于墓。
蓋思公嘗極論賊臣也。後贈諡文正。錄用炳文。有蹤常例。炳夏，炳遠
皆登仕籍。閔判書克誕聖女。歲辛酉。正位坤極。封判書爲驪陽府院
君。夫人爲恩城府夫人。蓋公餘慶與自存焉。嗚呼盛哉。癸亥閏六月二
十四日。時烈追書。

3. 자료집

● 헌직을 사임하고 겸하여 소회를 전달하는 소
$$(辭憲職兼陳所懷疏)$$

— 임인(현종 3, 1662) 7월

삼가 아룁니다. 신(臣)은 얼마 안 있으면 곧 죽게 될 몸인데도 깊으신 은총을 더욱 입었습니다. 멀리에까지 근시(近侍)가 특별한 유지(諭旨)를 받들어 전한 지 얼마 되지 않아서 또 성비(聖批)를 받들어 보니, 그 내용이 지극히 간곡하며, 새로 관직에 제수(除授)하시고서 속히 소명에 달려오라고 하셨습니다. 열흘 동안에 은혜의 물결이 넓고 깊으며 예로 대접하시는 뜻이 근독(勤篤)하십니다. 이는 진실로 천고(千古) 이래로 드물게 듣는 일입니다. 신이 어떠한 사람이기에 감히 이러한 은총(恩寵)을 받겠습니까. 내려다 보나 우러러보나 황공하고 불안하여 몸 둘 곳이 없습니다.

생각하건대, 신은 지식이 짧고 천박하며 용렬하고 고루하며 그저 잔약하고 못생긴 일개 서생일 뿐입니다. 하늘이 백 가지 병통을 내리시어 일찍 학업을 포기하였사옵고, 평생에 기약한 것이라고는 분수를 지키고 옹졸함을 길러서 조화(造化)의 옛 물건으로 돌아가려는 것뿐이요 진실로 털끝만한 여념이라도 다른 데 미칠 겨를이 없었습니다. 그런데 무슨 까닭인지 헛된 이름이 잘못 상달되어 특이한 은총이 매우 잦게 내려, 어진 사람들 대우하는 예를 써서 벼슬을 팔좌(八座)[1]에까지 오르게 하였으니, 신이 목석(木石)이 아니고서야 어찌 감격하여 보답하기를 도모할 생각이 없겠습니까. 그러나 오직 신은 학식과 재능이 분수 밖의 일은 알기 어려워서 전후에 직임을 받았으나 가는 곳마다 그르쳐서 한갓 공조(公朝)로 하여금 편안하지 못하게 하고 성상의 마음에 걱정을 끼쳐드렸사오며, 신의 몸 또한 더욱 쇠하고 신의 병도 더욱 깊어졌으니 관직을 내놓고 돌아가서 만년(晩年)을 보전하는 것이 여러 성조(聖朝)에서 특별히 알아주신 은혜에 거의 저버림이 없을까 합니다. 이 마음이 참으로 간절하여 자나깨나 잊지 못합니다.

아, 옛날 제왕들은 그 신하의 나가고 물러남에 있어서 예절에 맞게 하겠다는 소원에 따라 그 퇴거(退去)를 허락하기도 하였고, 혹은 노병(老病)으로 직무를 감내하지 못함으로써 물러가겠다는 청을 들어주기도 하였으며, 혹은 처사(處士)를 불러보고 실용에 적합하지 않음을 알아서 그 뜻대로 물러감을 허용하기도 하였고, 혹은 연령이 아직 일흔이 되지 않았어도 그 정세를 양찰하여 치사(致仕)를 허락하기도 하였는데, 이와 같은 사례는 이루 다 낱낱이 헤아릴 수 없습니다. 이것이 어찌 신하가 그 임금을 잊는 것이며, 임금이 그 신하를 버려서 그런 것이겠습니까. 이것은 대개 예에서 시작하여 의리로 끝내어 상하간에 서로 그 도리를 다하기 때문입니다. 그 사람을 쓰고 버리는 것이 시정(時政)에 관계됨이 있다 하여도 당시의 임금이 편의에 따라 처리하여 뜻을 통하고 업무를 성취하였는데, 하물며 허명(虛名)을 도적질하고 실용(實用)이 없는 자이겠습니까. 또 더구나 늙고 병들어 위태하고 파리한 실상이 지난번에 소계(疏啓)로 진달한 것과 같으니, 말할 나위도 없는 것입니다. 삼가 원하건대, 성자(聖慈)께서는 신의 병이 심하여 거의 죽게 된 형상을 살피시고, 신이 그른 것을 알아서 허물을 보충하려는 뜻을 가엾게 여기셔서, 신의 본직(本職)과 겸임하고 있는 모든

---

1 한 대(漢代)에는 육조(六曹)의 상서(尙書)와 일령(一令)·일복(一僕)을 일컬어 팔좌라고 하였으며, 위 대(魏代)에는 오조·일령·이복야(二僕射)를, 그리고 수당(隋唐) 이후에는 좌·우복야 및 6상서를 팔좌라고 하였는데, 여기에서는 대사헌을 말함.

관직을 일체 교체하시고 소명(召命)을 거두시어 죽기 전에 하늘을 기망한 죄를 면할 수 있게 하여 주십시오. 그러면 그보다 다행한 일이 없겠습니다.

또 신이 일전에 사관(史官)이 구술(口述)로 전하는 것을 듣자오니, 요사이 수재(水災)와 한재(旱災)로 인하여 성상께서 근심하고 두려워하시어 이를 소멸·극복하는 방도를 생각하신다고 하였습니다. 그리고 우매한 신에게까지 묻도록 하시었으나, 신의 학식이 하늘과 사람을 궁구하지 못하고 재능은 시무(時務)를 알지 못하니, 어찌 입을 열어 논설하여 성의(聖意)를 도와 발동하게 해서 천지의 원기(元氣)를 조화하고 화육(化育)을 참찬(參贊)하는 묘도(妙道)에 보익(補益)하는 것이 있겠습니까. 그러나 물음에 응답하지 않는 것은 또한 의리상 하지 못할 것이므로, 감히 마음속에 품고 있는 생각을 다하여 성명(聖明)의 재량과 선택에 이바지하려 합니다.

신이 유악(帷幄)[2]에서 전하를 모신 지도 이미 여러 해가 되었는데, 항상 요순(堯舜)의 지극한 다스림을 전하에게서 바라고 성현의 도통(道統)을 전하에게서 기대하면서, 역대 선왕의 뜻과 일을 계술(繼述)하여 빛내시기를 바랐습니다. 그런데 생각지 않게도 보위에 올라 정사를 돌보신 지 4년이 되었는데도 치적이 나타나지 않아서, 위로는 천심(天心)이 편안하지 못하여 변괴가 겹쳐 생기고, 아래로는 생민이 유리(流離)하여 주려 죽어서 8도가 쓸쓸하게 되었는데, 금년에 수재와 한재가 또 심상하지 않습니다. 신이 백방으로 생각하여 보았으니 진실로 왜 이렇게 되었는지 그 까닭을 모르겠습니다. 옛사람의 말에 "하늘과 사람 사이에는 정기(精氣)와 요기(妖氣)가 서로 움직이고 선과 악이 서로 밀치어, 일이 아래에서 만들어지는데 기상(氣象)이 위에서 동하여, 음양(陰陽)의 이치가 각각 느낌에 따라 응하고 수재와 한재가 종류에 따

---

2 기밀을 의존하는 곳[帷幕] 또는 작전 계획을 세우는 참모부(參謀部).

라 이른다." 하였습니다. 이 말에 의하여 논하건대, 오늘의 변괴는 비록 어떤 일의 응험이라고 지적하지는 못하지만 천도(天道)는 의심스럽지 않아서 변괴가 공연히 생기는 것이 아니니, 공경하여 두려워하고 정성껏 닦고 살펴서 이에 응하기를 실상으로 하고 문구(文具)로 하지 않아야 할 것입니다. 그러니 잠깐 사이라도 털끝만큼이라도 게을리할 수 있겠습니까.

널리 지난날의 사실(史實)을 상고하여 보건대, 재이(災異)가 처음으로 일어날 때에는 비록 용렬하고 평범한 임금이라 할지라도 놀라고 두려워서 분연히 용동(聳動)하지 않음이 없었습니다. 그러나 재이가 여러 번 일어나도 조석에 어떠한 응험을 볼 수 없는 데 이르러서는, 그것을 대수롭지 않게 여기고 다시 두려워하지 아니하여, 밖으로는 두려워하는 모양을 보이나 안으로는 닦고 살피는 사실이 없었습니다. 이것은 실로 요괴스러운 재앙의 응험이 혹은 늦고 혹은 빨라, 빠르면 재앙이 작고 늦으면 재앙이 크다는 것을 알지 못한 것입니다. 환란이 이미 발작하면 위태하고 망하는 것이 함께 따라서 이르게 되어 비록 마음을 고치고 덕을 닦으려고 하나 이미 미칠 수가 없는 것입니다.

동중서(董仲舒)[3]는 이르기를 "천심(天心)은 임금을 인애(仁愛)하는지라 스스로 크게 무도(無道)한 세상이 아니라면 모든 것을 다 붙들고 유지하여 온전히 편안하게 하려고 하는 것이니, 사람이 할 일을 힘써 하

---

3 동중서(董仲舒) ; 기원전 179-104. 중국 전한의 유학자·정치가로, 호는 계암자(桂巖子)이다. 일찍부터 『춘추공양전(春秋公羊傳)』을 공부하여 경제(景帝) 때 박사(博士)가 되었다. 무제(武帝)가 즉위하여 국가 부흥의 대책을 널리 구하자 현량책(賢良策)을 올려 신임을 받은 후 많은 헌책을 올렸다. 그가 무제에게 올린 현량책은 '전숭공자(專崇孔子)'와 '파출백가(罷出百家)'에 대한 주장으로 일관되어 있는데, 한나라가 유교를 국교화하는 데 결정적인 영향을 미쳤다. 그는 춘추학(春秋學)에 근거하여 천인감응설(天人感應說)·재이설(災異說)·삼통설(三統說)을 주장하고, 이를 근거로 덕치를 설득하고 관리와 지식인으로 하여금 유교적 교육을 받게 하여 유교를 정통적인 국가 통치 이념으로 만들었다. 저서에 『춘추번로(春秋繁露)』『동자문집(董子文集)』이 있다.

는 데 있을 따름이다." 하였고, 호 씨(胡氏)는 또 이르기를 '하늘의 경계를 삼가면 비록 그 상형(象形)이 나타난 것은 있어도 그 응험은 없고, 하늘을 두려워하여 공경하지 않으면 재앙이 반드시 온다.'고 하였으니, 이 말들은 진실로 천고의 지론(至論)입니다. 신은 병으로 궁벽한 향리에 엎드려 있어서 모든 조정(朝政)의 잘못과 민생의 원망과 괴로움이 재앙을 부르고 변이(變異)를 이르게 할 수 있는 것을 모두 상세히 알지 못하는데, 더구나 구중궁궐의 깊고 먼 곳에서 성덕(聖德)이 비록 잘못된 것이 있다 한들 또 어떻게 측량하여 알아서 규간(規諫)을 드릴 수 있겠습니까. 그래서 다만 외부에 표현된 것만으로 논하여 보건대, 옛적의 성제(聖帝)와 명왕(明王)은 조심하고 공경하여 조금도 태만하지 않아서, 앞에는 의(疑)가 있고 뒤에는 승(丞)이 있으며, 왼편에는 보(輔)가 있고 바른편에는 필(弼)이 있으며,[4] 거처하는 침실과 개인적으로 한가하게 지내는 곳에 이르기까지 잠언(箴言)이 있고 공송(工誦)[5]이 있지 않음이 없으며, 대야와 식기며 궤장(几杖)에도 명(銘)과 계(戒)가 있지 않음이 없었으니, 이 마음을 유지하며 그 몸을 방비하고 한계를 지우는 것이 이와 같이 지극하였습니다. 후세에 이르러 이러한 제구가 전부 폐지되고 오직 이 경연(經筵)의 강독(講讀)만이 대략 옛날의 의의를 지니고 있을 뿐이니, 이것마저 또 폐지되면 이 마음을 유지하는 일이라고는 아무것도 없게 되는 것입니다.

신이 연전에 조정에 나가서 관저(官邸)에 머문 지 반년 동안 강석(講席)에서 입시(入侍)한 것이 겨우 몇 번 있었을 뿐이었으니, 중외(中外)의 신민(臣民)이 뉘라서 근심하고 민망하게 여기지 않았겠습니까. 그리고 신의 지나친 염려는 실로 그보다 갑절이나 되었습니다. 신은 진실로

---

4 의(疑)·승(丞)·보(輔)·필(弼)은 중국 고대의 관직 이름으로, 천자(天子)의 사린(四隣)이라 하여 천자의 공경의 마음이 풀리지 않도록 경계하는 뜻에서 두었음.
5 공송(工誦) ; 천자에게 잠언을 읽어 들려주는 관원.

전하께서 옥후(玉候)가 편안하지 못하신 것을 항상 괴로워하시고 안질이 글자를 보시는 데에 더욱 방해가 되어서 이와 같은 결과를 초래한 것임을 알고 있습니다. 그런데 어찌 또한 성지(聖志)가 조금이라도 태만함이 있어서 그러한 것이겠습니까. 옥당(玉堂)에서 하명을 받아 『중용(中庸)』, 『대학연의(大學衍義)』 등을 크게 써서 올린다고 하는 말을 듣고서는 신은 진실로 기뻐하고 다행하게 여기어 필사(筆寫)가 끝나면 개강(開講)이 반드시 매우 잦을 것이라고 기대하였는데, 그 후에도 폐강하여 궐하는 것이 이전이나 같았습니다. 얼마 전에 저장(邸狀)을 얻어 보았는데 또 두어 번만 불러서 대하시고 중지하였다고 하니, 신은 진실로 그 까닭을 알지 못하겠습니다. 만기〔萬幾 ; 임금의 정사(政事)〕를 절도에 맞게 감하고 정신을 조섭하여 쉬는 데에 전념하시면, 옥후(玉候)가 비록 완전히 편안하시지는 못하다 하더라도 어찌 전연 편안할 날이 없겠으며, 춘추가 한창이시고 정력이 바야흐로 건장하시니 스스로 면강(勉强)만 하신다면 어찌 강론을 들으시지 못하겠습니까. 또 여러 승지들이 공사(公事)를 가지고 들어가 품달하는데, 그것이 성체(聖體)를 수고롭게 하는 것이 강연(講筵)에 임하시는 것에 비교하면 차이가 얼마나 됩니까. 그런데 이것은 간혹 하시고 강연은 완전히 폐지하시니, 이것이 바로 신이 밤에 잠을 이루지 못하고 개탄하며 항상 전하께 호소하려 해도 방법이 없어 안타까워하는 바입니다.

대저 사람의 마음이란 남을 대할 때에는 장엄하여지고 혼자 있게 되면 방자하여지며, 나보다 나은 사람과 함께 있으면 공경하는 마음이 생기고 나만 못한 사람과 함께 있으면 교만한 마음이 생기는 것입니다. 뜻이 있는 말입니다. 정자(程子)가 이르기를 '임금이 하루 동안에 어진 사대부(士大夫)와 접촉하는 시간이 많고 환관(宦官)과 궁첩(宮妾)을 친근히 하는 시간이 적으면, 기질(氣質)을 함양(涵養)하고 덕성(德性)을 훈도할 수 있다.'고 하였습니다. 이제 전하께서 강경(講經)을 폐지하신 지도 거의 수년이 되었으니, 비록 덕성이 이미 성취되어서 훈도하는 데에 의뢰할 것이 없다 하더라도 깊은 궁중에 홀로 거처하여 함께 있는 사람들이 환관과 궁첩뿐이라면, 공경하고 엄숙한 마음이 점점 해이하여지고 안일을 즐기는 마음이 점차로 자라서, 혹 사람이 미처 알지 못하는 것이 있더라도 하늘이 이미 내려다보고 견책하여 고하며 경계하여 움직여서 전하를 옥같이 만들려는 소지(素地)가 되는 일이 없다고 또 어찌 보증하겠습니까.『시(詩)』에 이르기를 "넓고 큰 하늘은 밝아서 네가 출행하는 데에 미치며, 넓고 큰 하늘을 밝아서 네가 노니는 데에 미친다." 하였고, 또 이르기를 "상제(上帝)가 너에게 임하였으니 너의 마음을 둘로 하지 말라." 하였으니, 아! 참으로 두렵다 하겠습니다.

신이 옛일을 두루 살펴보니, 강연(講筵)을 여느냐 폐하느냐 하는 것은 진실로 치란(治亂)의 관건이 되는 것입니다. 또한 반드시 멀리 옛일을 인용할 것도 없습니다. 인조(仁祖) 말년에 강연을 완전히 폐지하였는데, 그때의 궁중과 부중(府中)의 모든 일이 어떠하였습니까. 그리고 선왕 말년에 날마다 강연을 두 번씩이나 열었었는데, 그 한때의 아름답고 밝은 기상이 또한 어떠하였습니까. 이것은 전하께서 친히 들으시고 직접 보신 것입니다.

신이 보건대, 전하께서는 덕성(德性)이 순수하고 아름답지 않은 것이 아니나 혹 떨쳐 일어나고 분발하는 기백이 적으며, 정령(政令)이 신중하지 않은 것이 아니나 위미(萎靡)하고 퇴타(頹惰)하여 소극적인 기상을 면하지 못하시는 것이 아닌가 합니다. 이 두 가지 병통에 걸려서 실심(實心)이 능히 서지 못하고 실덕(實德)이 능히 닦아지지 못하므로 조정의 기강은 날로 더욱 퇴폐하여지고 나라의 정사는 날로 더욱 그릇되니, 문호를 무엇으로 견고하게 하며 백왕(百王)에게 무엇으로 보답하겠습니까. 그러나 지금이라도 할 수 있으니, 진실로 원하건대, 전하께서는 이런 일들을 자신에게 돌려서 생각하고 통절히 성찰하여 병폐의 근원이 있는 곳을 깊이 생각하시어, 각고(刻苦)·면려(勉

勵)하고 분연히 채찍질하여 감히 조금도 늦추지 마십시오. 그리하여 학문을 닦는 데에는 작은 병환으로 인하여 폐한다거나 춥고 더운 것으로 인하여 거두어 치우지 말고 절차탁마(切磋琢磨)하여 반드시 실천하며, '밝은 덕을 계속하여 빛나게 하고 공경한다.'는 공부를 다 할 것이며, 일에 임하면 반드시 의리(義理)를 주로 해서 굳건하고 굳세며 성실하고 과단하여, 혹시라도 늦추어 게으르고 방자하여 해이한 뜻을 그 사이에 섞이게 하지 마십시오. 그리하여 일어(一語)·일묵(一默), 일동(一動)·일정(一靜)을 순수하게 하여, 성인의 일을 스스로 기약해서 오랜 세월을 두고 쌓고 쌓아 조금도 끊임이 없게 하여야 할 것입니다. 이와 같이 하고서도 덕업(德業)이 날로 진보되지 않고 치적(治績)이 날로 나타나지 않으며, 천심(天心)이 흠향하지 않고 민업(民業)이 이루어지지 않는다면, 신은 마땅히 망령된 말을 한 죄로 복주(伏誅)하여야 할 것입니다. 혹 그렇지 아니하여 물이 더욱 내려가는 것 같고 해가 서산으로 기울듯이 국운이 더욱 기운다면, 하늘이 인애(仁愛)하는 것을 또한 어찌 매양 바라겠습니까. 그리고 장차 어지러워져 멸망하는 것이 얼마 남지 않아서 군신(君臣) 상하가 눈물을 흘리며 울어도 미칠 바가 없을 것이니, 아! 또한 위태롭습니다.

신이 듣자온 바, 요사이 이시술(李時術)[6]의 일이 족히 변이(變異)를 부르는 일단(一端)이 될 것입니다. 먼 외방에서 서로 전하여 말하기를, 저쪽(청나라를 말함) 사자(使者)가 왔을 때 조정에서 잘 대처하지도 못하고 잘 처리하지도 못한 탓에 이 지경에 이르렀다 하며 분개하여 눈물을 흘리는 사람도 있으니, 신은 비록 그 곡절을 상세히 알지는 못하나 몹시 슬퍼지고 마음이 지극히 아픔을 금하지 못하겠습니다. 지금부터

---

6 이시술(李時術) ; 1606-1671. 조선 중기의 문신으로, 좌의정 이항복(李恒福)의 손자이다. 1659년 교리를 지내고 사은사(謝恩使)의 서장관(書狀官)으로 청나라에 다녀왔다. 이어 의주 부윤(義州府尹)으로 있을 때 관하 백성이 청나라에 불법 월경한 사건으로 청나라로부터 책임 추궁을 당하였다. 벼슬이 이조참판에 이르렀다.

변방의 일을 도모하는 자들이 다시 믿을 바가 없어서 모두 장차 말하기를 "국가가 나를 살리지 못하리라." 할 것이니, 누가 지성으로 국가를 위하여 목숨을 버릴 마음을 가지려 하겠습니까. 이는 비단 시술(時術) 한 사람만 불쌍하게 되는 것이 아닙니다. 신이 듣건대, 조정에서 장차 중신(重臣)을 파견하여 목숨을 살려달라고 빌겠다 하니, 이러한 처사는 사람의 마음을 약간 위로할 수 있을 것입니다. 또한 바라건대, 전하께서는 여러 사람들의 의견을 널리 수집하시어 신기(神機)를 잘 운용하여 반드시 할 수 있는 일을 강구해서 사사로운 이해관계에 구애되지 마시고 과단성 있게 행하고 묘당(廟堂)에만 맡기지 마십시오. 그리고 시술의 생명을 구할 수 있는 것이라면 최선의 방법을 다하십시오. 그렇게 하고서도 면하지 못한다면 또다시 무엇을 어떻게 하겠습니까마는, 오직 성명(聖明)께서는 여기에 마음을 더하십시오.

또 신이 길에서 듣자오니, 궁가(宮家)와 내수사(內需司)의 일에 관계되는 것은 대신(臺臣)들이 힘을 다하여 바른 공론을 주장하여도 전하께서 한결같이 난색을 보이며 결단을 미루고 간언(諫言)을 따르는 성대한 마음을 볼 수 없다고 하는데, 진실로 그러합니까. 신은 지금 요순(堯舜)의 덕을 전하께 기대하고 있사온데, 전하께서는 사(私)라는 한 글자로 중외(中外)에서 의심하는 것을 면하지 못하니, 이는 신이 탄식하고 개연히 한스럽게 여기지 않을 수 없는 일입니다. 근래에 모든 궁가(宮家)에서 둔전(屯田)[7]을 절수(折受)[8]하는 폐단은 참으로 백성을 괴롭히는 고질이 되어서, 그 이익은 모조리 궁노의 수중으로 들어가고 그 원망은 전부 국가에게로 돌아가는데, 전하께서는 어찌하여 굳이 남을 대신해서 원한을 거두어 비방하는 의론을 금일과 후일에 남기려 하십니까. 이러므로 신이 더욱 개탄하고 슬퍼하는 것입니다. 여러

---

7 각 관(官)과 관아에 소속된 밭으로, 그 소출로 경비에 충당케 하였음.
8 봉록(俸祿)으로 토지 또는 결세(結稅)를 떼어 받음.

해 전에 탑전(榻前)에서 신이 첫머리로 직전(職田)의 논(論)을 발하여 인가를 받았으므로 수일 동안에 실행하여 결말을 얻을 수 있을 것으로 생각하였는데, 지금 몇 해가 되었어도 처분을 듣지 못하였습니다. 이런 작은 일로 의심하고 주저하여 결단하지 못하는 것이 이와 같으니, 이러한 것은 이웃 나라에 들리게 해서는 안 되는 것입니다. 또 몇 해 전에 북학(北學)의 설치 같은 결정적인 명령이 이미 내렸는데도 여러 관사(官司)에서 끝내 시행하지 않아 옥사(屋舍)와 여러 시설물이 전부 도적이 훔쳐가는 자료가 되고 말았는데, 얼마 전에 남구만(南九萬)[9]의 상소문에 그 곡절을 빠짐없이 진달하여 원근에 전파되어서 웃음거리가 되고 있으니, 어찌 해괴함이 심하지 않습니까.

신은 이러한 일들을 가지고 재변(災變)을 소멸하는 방도에 관계시키는 것이 아닙니다. 다만 원하건대, 전하께서는 오늘날 정령(政令)이 퇴폐하고 해이하며 완만(緩慢)한 것이 대개 이와 같이 많음을 알아서, 어떤 일이든지 유추(類推)하여 헤아리고 병통을 진찰하여 약을 맞게 써서 여러 신하들이 깨우쳐 움직이고 모든 법도가 잘 거행되게 하면, 또한 반드시 징계하고 삼가게 하는 하나의 도움이 되지 않을 수 없을 것입니다. 흉년이 계속되어 백 가지 일이 모두 폐지되었는데, 그 중에서도 이 병정(兵政)이 소홀함과 태만함이 더 심할 수 없으니, 만약 급변이라도 있다면 어떻게 대처하겠습니까. 금년의 가을 농사가 조금 풍작이 된다면 모든 일을 시행함에 있어 완급(緩急)의 순서를 더욱 십

---

9 남구만(南九萬) ; 1629-1711, 인조 7년-숙종 37년. 조선 중기의 성리학자, 자는 운로(雲路), 호는 약천(藥泉) 또는 미재(美齋)이며, 본관은 의령(宜寧)이다. 송준길의 문인으로 박세당(朴世堂) 등과 교유하였다. 1656년(효종 7년) 과거에 급제, 정언·대사간·승지·안변(安邊) 부사·전라도 관찰사 등을 지냈다. 1674년(현종 15) 함경도 관찰사가 되어 북방의 유학을 진흥시켰으며, 이어 대사성 등을 거쳐 1638년 병조판서를 지냈다. 서인이 노론과 소론으로 분열되자 소론의 영수가 되었으며, 이후 우의정·좌의정·영의정을 지냈다. 시호는 문충(文忠)이며, 저서에『약천집』,『주역참동계주(周易參同契註)』등이 있다.

분 살피고 삼가지 않을 수 없습니다.

신이 전년에 사임하고 돌아가던 날 탑전(榻前)에서 경계의 말을 진달한 것이 많아서 거의 수백 어(語)나 되는데, 모두 거짓 없는 성심에서 나온 것이었습니다. 그러나 물러난 후에 냉정하게 상고하여 보니한 가지 일도 채택하여 시행한 사실이 보이지 않았습니다. 그러므로신은 항상 자신의 정신과 충성이 성상(聖上)의 충심(衷心)을 감동시켜깨우치지 못함을 슬퍼하였습니다. 그런데 하물며 먼 외방에서 소장(疏章)을 진달하는 것으로 어찌 성심(聖心)에 재량(裁量)이 있을 것을 바라겠습니까. 문사(文辭)가 부족하고 난삽하며 말이 용졸(庸拙)하고 고루하여 지면을 대하매 눈물이 떨어져서 더욱 부끄럽고 두려움을 견디지 못하겠습니다. 또 생각하건대, 신이 일찍이 성교(聖敎)를 받들었을때 이유태(李惟泰)[10]의 상소를 시행할 만한 것이라고 하시었는데, 만일시행할 만한 것이라면 아마 이것이 오늘날 마땅히 하여야 할 것인가하오니, 또한 성명(聖明)께서는 헤아려주십시오.

辭憲職兼陳所懷疏 壬寅七月

―『同春堂先生文集』, 卷五, 「疏箚」

伏以臣行將就木。受恩采深。纔蒙近侍遠宣別諭。又奉聖批。丁寧懇至。新除繼下。申命催召。一旬之內。恩波汪濊。禮意勤篤。斯誠千古以來所罕聞之擧。臣是何人。敢膺斯寵。俯仰跼蹐。容身無地。念臣

---

10 이유태(李惟泰) ; 1607-1684, 선조 40-숙종 10. 조선 중기의 성리학자로, 자는 태지(泰之), 호는 초려(草廬)이며, 본관은 경주이다. 어려서는 민만희(閔晩喜), 김장생에게 배우고 40세에 김집에게서 수학하였다. 서인(西人)으로서 송시열, 송준길, 유계(兪棨) 등과 교유하면서 예송(禮訟) 등에 있어서 행동을 같이하였다. 천거로 인조 때세자 사부(世子師傅)를 거쳐 이조참의를 지냈고, 효종 즉위 후 송시열, 송준길과 함께 북벌계획에 참여하였다. 시호는 문경(文敬)이며, 저서에 『초려집』이 있다.

空疏庸陋。只屑劣一揩大。天畀百病。早抛學業。平生所期。不過守分
養拙。以還造化舊物而已。實無毫髮餘念暇及於它。不知何故虛名誤
達。異恩便蕃。禮用待賢。官躋八座。臣非木石。豈無感激圖報之念。
惟其學識才能。分外難開。前後受任。觸地顚頓。徒使公朝不靖。聖念
貽疚。而臣身亦已益衰。臣病亦已益深。乞身退歸。以保晚景。庶無負
累朝知遇之恩。此心眞切。寤寐耿耿。噫。古昔帝王。或以其臣有進退
以禮之願而許其去。或以老病不堪供職而聽其歸。或以處士召致而知
其不適實用。許遂其志。或有年未及七十而諒其情勢。許其致仕者。如
此之類。不可枚數。是豈臣忘其君。君棄其臣而然哉。蓋欲始於禮而終
於義。上下之間。交盡其道故爾。彼其用捨有關於時者。時君世主。猶
且隨宜處之。以通志而成務。況於盜虛名蔑實用者乎。又況於癃屑危
苶之狀。一如前日疏啓所陳者乎。伏願聖慈察臣病欲垂盡之形。矜臣
知非補過之志。將臣本職及兼帶諸銜。一倂褫改。仍收召旨。庶及未死
之前。得免欺天之罪。不勝幸甚。且臣於日者。伏聞史官口宣以近日水
旱之災。聖心憂懼。思所以消弭之道。至令詢問於愚臣。臣學未究天
人。才不識時務。安能開口論說。以助發聖意。有所裨補於調元贊化之
妙乎。然叩而不應。亦義之所不敢出也。茲敢竭其所懷。以備聖明之裁
擇焉。臣之昵侍帷幄。亦旣有年。常以堯舜至治。望於殿下。聖賢道
統。期於殿下。庶幾繼述志事。于光有耀。而不謂臨御四年。治效未
著。上則天心未豫。變異層生。下則民生流殍。八路蕭然。今年水旱之
災。又不尋常。臣常俯思仰惟。誠不知所以致此之由。古人之言曰。天
人之際。精祲有以相盪。善惡有以相推。事作於下。象動於上。陰陽之
理。各應其感。水旱之災。隨類而至。以此而論之。今日之變。雖不敢
指爲某事之應。而天道不慆。變不虛生。則其恐懼修省應之以實而不
以文者。其可造次毫忽而少有所懈焉乎。歷攷前史。當災異之初作
也。雖庸君凡主。亦無不驚懼而聳動焉。及乎災異屢作。不見朝夕之
應。則又狃玩而不復畏。外示恐懼之容。內無修省之實。殊不知妖孽之

應或緩或速。速則禍小。緩則禍大。患難旣作。危亡隨至。雖欲革心修德。已無及矣。善乎。董仲舒之言曰。天心仁愛人君。自非大無道之世。盡欲扶持而全安之。事在强勉而已。胡氏亦曰。克謹天戒。則雖有其象而無其應。不克畏天災咎之來必矣。斯誠千古之至論也。臣病伏窮鄕。凡朝政之闕失。民生之怨苦。有可以召災而致異者。皆不得而詳也。況九重深遠之地。聖德雖有所失。又安能有所測知而進規乎。第以表現於外者論之。古之聖帝明王。兢兢業業。不敢少懈，前有疑後有丞。左有輔右有弼。以至居寢宴處。無不有箴有誦。盤盂几杖。無不有銘有戒。所以維持此心。防範其身者。若是其至矣。及乎後世。此具盡廢。惟是經筵講讀。略有古義。此而又廢。則都無事矣。臣前歲赴朝。留邸半年。入侍講席。纔有數番。中外臣民。孰不憂悶。而臣之區區過慮。實有倍焉。臣固知玉候常苦未寧。眼患尤妨看字。以致如此。豈亦聖志有少偸惰而然耶。及聞玉堂承命。大書中庸及大學衍義等書以進。則臣實喜幸。佇待寫訖。開講必頻。而厥後廢闕猶夫前也。頃見邸狀。又只數番召對而止。臣實未曉其故。節省萬幾。專精調息。則玉候雖未全安。亦豈全無安日。春秋鼎盛。精力方壯。苟能自强。何至不得聽講。且諸承旨持公事入稟。其勤勞聖體。視御講筵。所爭幾何。此則或時爲之。而講筵則專廢焉。此臣之所以中宵慨惜。常欲籲天而無從也。凡人之情。對人則莊。獨居則肆。與勝己者處則敬心生。與不若己者處則驕心生。旨哉。程子之言曰。人主一日之間。接賢士大夫之時多。親宦官宮妾之時少。則可以涵養氣質而薰陶德性。今殿下廢講殆數年。雖德性已成。無藉於薰陶。而深宮獨居。所與處者。只宦官宮妾。則又安能保無敬畏之漸弛。宴安之漸滋。或有人不及知而天已降監。譴告之警動之。以爲玉成之地者乎。詩曰。昊天曰明。及爾出往。昊天曰朝。及爾游衍。又曰上帝臨汝。無貳爾心。吁其嚴矣。臣歷觀古昔。講筵之開廢。實爲治亂之所關。亦不必遠引古事。如仁祖末年。專廢講筵。那時宮府凡百如何。先王末年。日再開筵。一時休明氣象。亦如何。此則殿下之所親聞而目睹者也。臣竊覸殿下德性非不純美。而或少振發奮勵之氣。政令非不慎重。而不免委靡頹惰之象。坐此兩病。實心不能立。實德不能修。朝綱日益頹。國事日益非。牖戶何以固。百王何以酬。然及今猶可爲也。誠願殿下反求痛省。深思病根所在。刻勵奮策。毋敢少弛。典學則勿以微恙而廢。寒暑而輟。切磋琢磨。必踐其實。以盡緝熙敬止之功。臨事則必發强剛毅。誠實果斷。毋或以舒緩縱弛之意。參錯於其間。一語一默一動一靜。粹然以聖人之事自期。積以歲月。無少間斷。如此而德業不日進。治效不日著。天心不克享。民業不克遂。則臣當伏妄言之誅矣。苟或不然。如水益下。如日益昧。則天之所以仁愛者。亦安可每蘄乎。將見亂亡無日。君臣上下。泣涕漣如而無所及矣。嗚呼亦危矣。臣竊聞近日李時術之事。足應變異之一端。遠外相傳。彼使之來。朝家不善周旋。不善處置。以至於此。或有憤慨流涕者。臣雖未詳其曲折。竊不勝痛傷之至。蓋自今以往。籌謨邊事者。無復有所恃。皆將曰國家不能活我云爾。則誰肯有至誠徇國之心。斯不但一時術爲可憐而已。伏聞朝廷將遣重臣。以爲乞命之地。是擧也稍慰人意。亦望殿下廣採群議。仍運神機。求其必可爲者。毋拘拘於利害。斷而行之。毋專委於廟堂。凡可以爲時術求生者。無所不用其極。然而猶不得免焉。則亦復奈何。惟聖明加意焉。且臣聞之道路。凡係宮家內司等事。臺啓雖竭力論執。殿下一例持難。未見有轉圜之盛。不識此言誠然乎哉。臣方以堯舜之德。望於殿下。而殿下不免以私之一字。見疑於中外。此臣之所以歎息慨恨而不能已者也。近來諸宮家折受屯田之弊。誠爲病民之痼疾。其利則盡入於宮奴之手。其怨則都歸於國家。不識殿下何苦而替人斂怨。自貽譏議於今與後耶。此臣之尤所慨恨者也。向歲榻前。臣首發職田之論。大蒙印可。謂於數日之間。可得勘了。而秖今幾年。猶未聞處分。如許小事。尚且遲疑不斷如此。此不可使聞於隣國也。且如年前北學之設。成命旣下。而諸司終不擧行。使屋宇諸物。盡爲儓兒竊取之資。日者南九萬之疏。備

陳曲折。遠邇傳爲笑咞。豈不怪駭之甚。臣非以此等事。爲係於弭災之
道。只願殿下知今日政令之頹弛緩慢。率多如此。觸類而長之。察病而
加藥。令群下警動。百度修擧。亦未必不爲懲怠之一助也。凶歉連歲。
百務俱廢。最是兵政。疏懶莫甚。脫有警急。何以應之。今年秋事。儻
或少稔。施措緩急之宜。尤不可不十分審愼。臣於前歲退歸之日。陳戒
於榻前者。縷縷殆數百語。悉出於片片赤心。而及退而夷考之。未見有
一事採施之實。臣常自悼精神忠悃。無以感悟聖衷。況此遠外陳章。豈
望有槩於聖心。文辭短澁。語言拙陋。臨紙涕零。益不堪愧慄。仍念臣
曾承聖敎。謂李惟泰之疏可施。如可施也。恐是今日之所當爲者。亦惟
聖明財之。

🏵 헌직을 사임하고 겸하여 군덕을 논한 소(辭憲職兼論君德疏)

— 계묘(현종 4, 1663) 11월

삼가 아룁니다. 신은 자식을 잃은 슬픔으로 상심(傷心)하여 사정이
대단히 박절합니다. 이제 겨우 장사 지내고 나니 간과 폐를 도려내는
것 같아 상심(喪心)하고 실성(失性)한 사람이 되었으며, 죽음이 가까운
시일의 일임을 확실히 알겠습니다. 그런데 뜻밖에도 새로 벼슬을 제
수하신 은명(恩命)이 이러한 계제에 갑자기 이르니, 비애와 영광으로
그저 멍청하여 혼백이 안정되지 않습니다. 계속하여 특별한 유지(諭
旨)가 수일 동안에 거듭 내려, 온화하신 교서(敎書) 열 줄에 담긴 말뜻
이 간절하고도 지성스러우니, 진실로 신과 같이 용렬하고 비루한 자
로서는 감히 그 뜻을 받아들이고 감당할 바가 아니므로 자신을 돌아
보고 분수를 살펴보매 보답하여 드릴 길이 없습니다. 아, 신이 죽음
이 임박한 나이에 이렇듯 참혹한 화(禍)를 만났으니, 이른바 '은총이
지극하면 패망이 되고 복록이 지나치면 재앙이 된다.'는 것이 아님이

없습니다. 융숭한 은혜와 특이한 덕택이 가면 갈수록 지극하니 어찌 그 병통을 더하여 죽음을 독촉하는 것이 되지 않겠습니까. 신은 이에 더욱 마음이 졸여지고 송구스러움을 견디지 못하여 몸 둘 곳을 모르겠습니다. 신은 비록 상고(喪故)와 질병에 겪이고 상하여 만사가 다 식은 재와 같이 냉하나 임금을 사랑하고 나라를 걱정하는 일념은 마음에 가득 차 잊지 않고 있습니다. 더구나 지금 재변이 거듭 이르러 전하께서 더욱 두려워하여 '어진 대부 백(伯)을 청하여 나를 조력하게 한다.'는 뜻이 애연(藹然)히 말 밖에 넘치는데, 신이 이미 명령을 받고 달려나가 단의(丹扆)[11]앞 가까운 자리에서 다소의 의견이라도 다 하지 못하고, 또 생각한 것이 있어도 말하지 않아서 조력을 구하시는 성명(聖明)의 지극한 뜻을 저버린다면 천지신명이 반드시 벌을 주어 죽일 것입니다. 신은 만 번 죽음을 무릅쓰고 오로지 근본이 되는 것을 논하여 하늘에 응하기를 충실하게 하는 도리에 조금이라도 도움이 되기를 바라오니, 전하께서는 유의하고 성찰(省察)하시어 보통으로 성지(聖旨)에 응하는 상소(上疏)로 보지 않으신다면, 신이 비록 갑자기 죽더라도 절대로 한이 없겠습니다.

천도(天道)는 현묘(玄妙)하고 심원(深遠)하여 진실로 엿보아 측량하기 어려우나, 옛날 역사를 관찰하여 보건대, 치란(治亂)의 현상이 이미 정하여지면 재변이 일어나지 않는 것입니다. 재변이 일어나는 것은 반드시 장차 다스려지느냐 어지러워지느냐 하는 계제에 있는 것입니다. 천심(天心)은 임금을 인애(仁愛)하는지라 재변으로 인하여 생각을 두렵게 하고 힘을 다하여 수행(修行)해서 치안(治安)의 도모를 하게 하려는 것입니다. 호 씨(胡氏)가 이르기를 "임금이 하늘의 경계를 삼가면 비록 재변의 상(象)이 있다 하여도 그 응험이 없고, 하늘을 두려워하지 않으면 재변과 책벌(責罰)이 오는 것은 틀림없다." 하였으니, 아, 두렵

---

11 천자(天子)가 제후를 대할 때 뒤에 치는 머릿병풍.

지 않습니까. 하늘의 뜻에 응하고 때를 따르는 기틀은 진실로 임금의 한마음에 있습니다. 주자(周子)는 "그 근본을 바르게 하면 만사가 잘 다스려진다." 하였고, 주자(朱子)는 '그 근본을 바르게 하는 것이 비록 우원하고 완만한 것 같지만 진실로 힘이 되기에 쉽다.'고 하였는데, 근본이라는 것은 임금의 한 마음입니다. 옛말에 '대접의 물은 받들 수 있어도 뜻은 유지하기 어렵고, 육마(六馬)[12]는 길들일 수 있으나 기(氣)는 제어(制御)하기 어렵다.'고 하였습니다. 보통 사람도 그러한데 더구나 임금의 마음이야 만 배나 더하니 말할 것이 있겠습니까. 그러므로 옛날에 제왕이 마음을 유지하여 막고 한계를 지운 도리는 남김없이 상세하고 곡진하여 더할 수가 없었는데, 후세에 이르러서는 그법이 다 폐지되고 다만 경연(經筵) 한 가지 일만이 있어서 간략하나마옛 뜻을 보존하고 있을 뿐이니, 그것마저 행하지 않는다면 다시 기대할 곳이 없습니다. 전하께서 즉위하신 초기에 경연을 열어 강독(講讀)하신 것도 선왕의 부지런하고 면려하시던 것만 못하였는데, 그 후에 날로 점점 폐지하여 해이해져서 수년 이래에는 완전히 없어져 버리고 말았습니다. 아, 성상의 학문이 무엇으로 말미암아 진보되며 성상의 마음이 무엇으로 말미암아 바로잡아지겠습니까. 사람의 마음이란 살아 움직이는 것이어서 활용하지 않을 수 없는 것인데, 이것을 학문에 쓰지 않는다면 그 쓰이는 대상을 알기가 어렵지 않습니다. 그것은 환관(宦官)·궁첩(宮妾)·편폐(便嬖; 임금에게 아첨하여 사랑을 받는 신하)나 잡스러운 희롱에 불과할 것입니다.

전하께서는 위로 종묘사직의 무궁한 기업(基業)을 계승하셨고 아래로는 신민(臣民)의 적지 않은 기망(祈望)에 응하고 계시는데도 성상의 몸을 사사로이 외설(猥褻)되고 황망(荒亡)하여 일락(逸樂)하는 곳에 두고서 그런대로 답습하여 유지할 수 있다고 생각하여 세월을 구차하게

---

12 천자가 타는 수레를 끄는 여섯 필의 말, 육룡(六龍)이라고도 한다.

보내면서, 이와 같이 하기를 그치지 않는다면, 난망(亂亡)이 이르는 것이 물이 날로 이르는 것과 같아서 지혜스러운 자가 있다 하더라도 어떻게 할 수 없음을 알지 못하시니, 아, 위태로운 일입니다. 조정에 있는 모든 신하들이 누가 이것을 근심할 줄 모르겠습니까마는, 감히 빨리 경연을 열기를 청하지 못하는 것은 오직 성상의 몸이 건강하시지 못한 까닭입니다. 신도 일찍이 이것을 염려하지 않은 것이 아니나, 몇 해 전에 대묘(大廟; 종묘)에 부(祔)[13]할 때 제사를 받드는 열(列)에서 입시(入侍)하여 전하를 우러러뵈오니, 걸음걸이가 강건하고 민첩하며, 정신과 기력이 엄숙하고 맑아서, 강장(强壯)하다고 자칭하는 여러 신하들도 모두 따르지 못하였습니다. 이에 신은 비로소 전하께서 하시지 아니하는 것이지, 하려고 해도 하시지 못하는 것이 아님을 알았습니다. 그러므로 전하께서 병이라고 핑계 대시는 것은 다만 뜻(志)이 기(氣)를 통솔하지 못하여 마음이 쇠퇴해져서 진작(振作)하지 않는 때문입니다. 그러나 신의 어리석은 의견은 전하께서 법연(法筵)[14]을 여실 적에 반드시 그 예모를 정제(整齊)하고 그 과정(課程)의 한도를 엄격하게 하시도록 하여 순편한 방도를 방해하려는 것은 아닙니다.

지난 무술(戊戌; 1658)년 겨울에 우리 효종 대왕(孝宗大王)께서는 성체(聖體)가 평상으로 회복되지 않으셨는데도 일찍이 신 등을 대조전(大造殿) 침실로 불러들여 강론하고 상량하기를 극히 태연하게 하였으며, 귀양 가 있는 신하까지도 불러들이는 것을 쾌히 허락하셨습니다. 그때 홍중보(洪重普)가 승지(承旨)로서 탑전(榻前)에 입시(入侍)하였는데, 지극히 엄숙한 자리인데도 너무 기뻐서 자제(自制)를 잃는 것을 깨닫지 못하고 사사로이 서로 경하의 말을 하였습니다. 신은 그날의 일을 생

13 임금의 3년상이 끝난 뒤에 그 신주(神主)를 종묘에 모셔 한곳에서 제사 지냄.
14 예식을 갖추고 임금이 신하를 접견하는 자리. 편안한 자세로 임하는 경연(經筵)과 구별됨.

각할 때마다 감격하여 눈물을 흘리곤 합니다.

신이 또 원하건대, 전하께서는 위로 선왕의 탁월했던 일을 본받아서 성상의 옥체가 비록 강녕하시지 못하더라도, 모름지기 뜻을 분발하여 힘써 일어나서 날마다 유신(儒臣)을 침실로 조치하시되, 전하께서는 마음대로 앉거나 누우시기도 하고 안석에 의지하기도 하는 등 예모를 갖추지 마시고 편안하신 대로 하시며, 입시(入侍)한 자에게 경사(經史)를 강독하게 하시고 혹은 고금의 일을 담론하게 하여 함께 도유우불(都兪吁咈)[15] 하십시오. 그러면 이것이 환관·궁녀와 더불어 구중궁궐 안에 깊이 거처하시는 것과 견주어 그 손익이 어떠하겠습니까. 이렇게 하신다면 성상의 학문에만 크게 이익이 있는 것이 아니라 또한 답답한 심사가 다 펴져서 질병도 다 없어질 것이며, 아랫사람이 된 자들도 자연히 정의(情意)가 친밀하여 고무(鼓舞)되고 흠앙하여 움직여서 충애(忠愛)의 마음이 구름 피어오르듯 하여 막을 수 없게 될 것이니, 성상의 옥체가 비록 완전히 회복되지 않는다 할지라도 이 일이 어찌할 수 없는 일이겠습니까. 그런데도 행하지 아니하시니 신으로서는 이해하지 못하겠습니다.

모든 관사(官司)의 공사(公事)와 여러 신하들의 소장(疏章)에 대해서도 쌓아두고 지연시키지 않는 것이 없어서 혹은 수십 일이나 되어도 처결하지 않으며, 약방(藥房)의 문안에 대한 비답(批答) 같은 것은 '알았다[知道]'는 두 글자에 불과한 것인데도 아침이 다 지나도록 내리지 아니하여 대신으로 하여금 새벽에 들어와서 한낮이 되어서야 물러가게 하시니, 안팎이 서로 전하여 말하기를, 나라가 선 이래로 있지 않았던 일이라고 합니다. 신은 그 까닭이 무엇인가를 모르겠으므로 이것을 답답하게 여깁니다.

---

15 도유(都兪)는 찬성, 우불(吁咈)은 반대의 뜻. 요임금이 여러 신하들과 정사(政事)를 의논할 때에 쓰인 말인데, 전하여, 군신(君臣) 간의 토론·심의의 뜻으로 쓰임.

　본조(本朝)의 역대 임금께서 대신을 대우하신 예절은 절대로 소홀하지 않아서, 대신들의 말이 있으면 공경하고 믿어서 너그럽게 용납하지 않는 것이 없었으므로 옛일을 잘 아는 노인들이 미담으로 삼아 전해오고 있는 것이 하나둘뿐이 아닙니다. 우리 왕조의 가법이 아름다움은 이와 같았습니다. 신이 듣자옵건대, 지난번에 대신이 박장원(朴長遠)[16]의 일을 연명(聯名)하여 차자(箚子)를 올렸는데, 전하께서 곧 비답을 내리시지 않았으므로, 전하는 말이 분분하여 전하께서 대신의 차자에도 비답하지 않는다 하니, 먼 외방에서 해괴하게 듣는 것이 어떠하겠습니까. 또 박장원은 전하께서 이미 발탁하여 총재(冢宰)의 직임에 두었고, 또 이미 정승으로 선정하셨으니, 그 가볍지 않고 중함이 어떠합니까. 그런데도 전하께서 작은 일 때문에 아전에게 내리시어 조금도 어렵게 생각하는 바가 없으시니 중신(重臣)을 예로 대접하는 도리는 마땅히 이와 같지 않아야 할 것입니다. 전하께서 만약 지금에 있어서 임금의 위엄이 서지 않고 기강(紀綱)이 날로 퇴폐하여 가니 이와 같이 하지 않고서는 신하들을 진작(振作)하고 엄숙하게 할 시기가 없다고 생각하신다면, 신으로서는 더욱 이해하지 못할 것이 있습니다. 대개 기강이 서는 것은 위엄과 강맹(强猛)에 있지 않고 다만 극기(克己)하여 사사로움이 없어서 사람들로 하여금 비방하여 논할 것이 없게 하는 데에 있을 따름입니다.

　신이 향리의 한구석에 살면서 항상 보니, 수령(守令)된 자가 자기 자신을 단속하기를 엄정하게 하고 정사를 공변되게 하면, 그 이속(吏屬)들이나 백성이 자연히 경복(敬服)하여 엄한 형벌을 쓰지 않아도 일이 좋은 결과를 거두지 않는 것이 없고, 그렇지 아니한 자는 이와 반

---

16 박장원(朴長遠) ; 1612-1671. 조선 중기의 성리학자로, 자는 중구(仲久), 호는 구당(久堂)이다. 판서·대사헌·한성부 판윤 등을 역임한 후 자청하여 개성부 유수로 부임하여, 재직 중에 죽었다. 시호는 문효(文孝)이며, 저서에 『구당집』이 있다.

대로 비록 심한 형벌을 마구 써서 사람을 죽이는 데까지 이르러도 사람들은 그럴수록 더욱 복종하지 않았습니다. 작은 것은 큰 것의 영향을 받는 것이니, 그 이치가 어찌 다르겠습니까. 전하께서 이러한 위엄으로써 기강을 진작시키고 엄숙하게 하는 소지로 삼으려 하신다면, 신의 생각에는 기강이 더욱 서지 않고 한갓 역대 성군(聖君)의 충후한 가법(家法)만을 무너뜨릴 것입니다. 또 전대(前代)를 예로 들어 말한다면, 한(漢)의 애제(哀帝)는 한나라의 왕업이 쇠퇴하여 감을 보고서 개연히 전열[前烈; 전대(前代)의 공업(功業)]을 회복하려는 뜻이 있어 형법(刑法)을 마음대로 사용하여 여러 번 대신을 죽였는데도 한나라는 필경에 망하고 말았으니, 이것은 그 요령을 얻지 못하고 한갓 말단의 일에만 치중했기 때문입니다. 또 주(周)의 세종(世宗)은 오계(五季)[17]의 쇠미한 말기에 일마다 다 잘하였지만, 그 성품이 강하고 박절하여 관대한 기상이 없었으므로 주자(朱子)가 이것으로서 주(周)나라의 운수가 짧은 징조로 삼았습니다.

　대개 임금이 관대한 기상이 없다면 하는 일이 비록 좋다 하여도 또한 걱정스러운데, 하물며 반드시 좋지 못함이겠습니까. 이것이 마땅히 두렵게 생각하여야 할 점입니다. 신이 듣건대, 남의 임금이 된 자는 반드시 천지와 일월(日月)의 무사(無私)함을 받들어서 천하를 위로하기 때문에 아울러 임하고 널리 베풀어 멀어도 통하지 않는 것이 없는데, 조금이라도 사의(私意)가 있어서 그 사이에 개재된다면 좁고 작으며 시기하고 의심하여 해독이 있지 않은 것이 없습니다. 사(私)라는 것은 백 가지 병통의 근원이기 때문입니다. 보통 사람이 이 사를 가지고 있어도 수신(修身)·제가(齊家)의 도리에 방해가 되는데, 하물며 임금은

---

17 오계(五季); 중국의 후오대(後五代)를 다섯 왕조가 자주 갈린 계세(季世)라는 뜻으로 간단히 이르는 말. 양(梁)·당(唐)·진(晋)·한(漢)·주(周) 5대의 문란하던 시대로, 당(唐)나라 이후 송(宋)나라 이전임.

그 부험(符驗)이 밖에 나타나서 열 눈이 보고 열 손이 지적하니 어떠하 겠습니까. 전하께서 즉위하신 이래로 모든 정사를 처리하는 것이 모 두 사(私)에 관련되어 중외(中外)의 사람들이 모두 말하기를 '사(私)라는 한 글자가 진실로 전하의 고질이 되었다.'고 합니다.

신이 일찍이 통절히 개탄하여 탑전(榻前)에서 직접 진달하기를 "전 하의 덕의(德義)가 지금 신민(臣民)들에게 믿음을 주지 못하니, 이 혐의 스러운 때에 조심하지 않을 수 없습니다. 비록 스스로 사가 없다고 믿더라도 남들이 믿으려고 하지 않는데, 하물며 반드시 사가 없지도 않으니 어떻겠습니까." 하였더니, 성상께서 매우 즐거운 마음으로 받 아들이는 것 같았습니다. 신이 그 뒤에 자세히 살펴보니 신의 말은 조금도 효과가 없었으며, 대간(臺諫)은 전하의 노여움을 촉발할까 두 려워 그 잘못을 명백히 말하는 자가 전연 없고, 혹 일로 인하여 조금 이라도 그른 것을 시정하는 것이 있으면 전하께서 노기로서 덮어 누 르며 신하로서 차마 듣지 못할 하교를 내리시니, 이대로 나아간다면 장차 다시 어느 곳에 이르러 그칠지를 신은 알지 못하겠습니다.

또 조종조(祖宗朝)에서는 살인자와 재물을 탐하는 관리에 대한 법이 가장 엄하여서 살인자는 사형에 처하고 재물을 취득한 관리는 법에 따라 처결하였는데, 신이 일을 살핀 이래로 살인자와 재물을 탐하는 관리가 처벌을 받았다는 말을 듣지 못하였습니다. 아, 나라의 기강이 허물어진 지가 오래인데, 지금에 와서는 형정(刑政)이 날로 어지러워 지고 사의(私意)가 날로 횡행하여 재물이 많은 자와 세력이 있는 자는 각각 길을 뚫어서 요행수로 모면하기를 도모합니다. 이른바 법이라는 것은 헛되이 베풀어 놓은 것이 되고 말았으니, 식자가 한심스럽게 여 기는 것이 이에서 극도에 이르렀습니다. 『대학(大學)』의 전(傳)에 이르 기를 "나라는 이(利)를 이(利)로 삼지 아니하고 의(義)를 이(利)로 삼는 다." 하였고, 맹자(孟子)는 세 성인[18]의 덕을 논하여 이르기를 "한 사 람일지라도 죄 없는 자를 죽여서 천하를 얻는다고 한다면, 모두들 하지 않는다." 하였습니다. 신이 들자오니, 지난번에 한 소민(小民)이 노비(奴婢)에 대한 말을 하였다 하여, 전하께서 갑자기 명하여 장살(杖殺)하였다 하는데, 그 정상이 비록 대단히 밉기는 하지마는 당초부터 반드시 죽을죄가 아니며, 더구나 반드시 그러한 것이 아니라면 역시 이(利)를 이익으로 삼아서 죄 없는 한 사람을 죽이는 것에 가깝지 않겠습니까. 먼 지방에 있는 어리석은 백성들이 곡절은 알지 못하고 다투어 서로 전하여 말하기를 "마땅히 죽어야 할 자는 죽지 않고 마땅히 죽지 않아야 할 자가 갑자기 죽었으니, 이것은 하나의 사(私) 자가 그렇게 시킨 것이다." 하니, 이것이 성상의 덕에 누(累)가 됨이 어떠하겠습니까. 또한 상서와 화기(和氣)를 인도하여 맞아들이는 도리가 아니니, 신은 그윽이 개탄하고 애석하게 여깁니다.

또 근래에 여러 궁가(宮家)에서 조세(租稅)를 횡포하게 거두어들여 백성의 원한을 맺는 폐단은 실로 이루 다 말할 수 없습니다. 전하께서 비록 심하게 막고 단속하더라도 고치기 어려울까 두려운데, 때로 혹 이런 행위를 조장하여 그 욕망을 이루게 하시니, 통탄할 일입니다.

---

18 백이(伯夷), 이윤(伊尹), 공자(孔子)를 말한다.
　　백이(伯夷)는 중국 고대 상(商) 왕조의 현자(賢者)인데, 이름은 윤(允)으로, 고죽군(孤竹君)의 아들이며, 숙제(叔齊)의 형이다. 고죽군이 임종 때 숙제에게 위(位)를 이을 것을 명하였는데, 고죽군이 죽은 후 숙제는 형 백이에게 양보하였다. 이에 백이는 아버지의 명에 따라야 한다면서 사양하고 도망하였으며, 숙제도 계위(繼位)하지 않고 도망하였다. 『사기』, 『백이숙제열전』에 의하면, 그들은 서백(西伯) 창(昌; 뒤에 周文王)이 노인을 잘 봉양한다는 소리를 듣고 함께 그에게로 갔는데, 그러나 그들이 도착하기 전에 문왕은 이미 죽고 아들 무왕이 주(紂)를 정벌하고자 하였다. 그들은 말고삐를 잡고서 불충·불효라고 말렸으나 마침내 무왕은 주왕을 멸하고 주(周)나라를 세웠다. 그들은 주나라의 곡식을 먹는 것이 수치스럽다고 하여 수양산(首陽山)에 은둔, 고사리를 캐어 먹고 살다가 굶어 죽었다. 이 때문에 수양 군자(首陽君子)라고도 불린다. 이윤은 중국 은대(殷代) 초기의 재상으로, 윤은 자이며, 이름은 지(摯)이다. 신야(薪野)에서 농사를 짓다가 탕왕(湯王)의 부름을 세 번 받고 나아가, 탕왕을 도와 중국을 평정하였다. 탕왕의 손자인 태갑(太甲)이 왕위를 계승하였으나 무도하여 탕왕의 법을 어지럽히자 동(桐)으로 추방하고 스스로 천자의 일을 섭행(攝行)하였다. 3년 후 태갑이 잘못을 깨닫고 덕을 닦자 왕위에 복위시키고 보좌에 힘썼다. 맹자는 이윤을 성인 중에서도 중책을 자임한 사람〔聖之任者〕으로 평가하였다.

전하께서는 일찍이 왕자와 부마(駙馬)가 춥고 굶주려 죽은 이가 있는 것을 보았습니까. 더구나 그 거처와 모든 용도가 지나치게 사치하고 화려하여, 그들과 친하게 지내며 출입하는 사람들도 또한 한심하게 여기지 않는 이가 없어서, 서로 말하기를 '스스로 대복(大福)이 아니면 좋게 누리기를 바라기는 어렵다.'고 한다 하니, 이 또한 어찌 모든 궁가들이 복록을 영원히 보전하는 길이겠습니까. 또 듣자옵건대, 새로 탄생한 공주가 지금 강보(襁褓)에 있는데도 또한 급급하게 자산을 마련하는 조짐이 있다고 하니, 그것이 과연 사실인지 아닌지 모르겠습니다. 설혹 있다고 하여도 반드시 전하께서 아시는 것이 아닐 터인데, 사방 사람들의 비방하는 의론은 모두 돌아가는 곳이 있으니 신은 그윽이 개탄하고 애석하게 여깁니다.

신은 앞서 선왕조(先王朝)와 전하께서 즉위하신 초기에 자주 편전(便殿)에서 모시었는데, 굵은 베로 장막을 만들고 해진 자리로 칸막이를 만들어서 검소한 덕이 전고(前古)를 훨씬 넘는 것을 보고 감탄을 금하지 못하였습니다. 일찍이 선왕께 진계(陳啓)하기를 "전하의 궁중에서의 검소한 덕은 이와 같은데, 외부에서는 모두 말하기를, 여러 궁가(宮家)의 분에 넘는 사치가 대궐 안보다도 지나치다고 하며, 사대부(士大夫)들이 다투어 부러워하고 본받아서 여염(閭閻)의 사치하는 풍습이 날로 심해가니, 어찌 이른바 윗사람이 행하면 아랫사람이 본받는다는 것이 헛말이 되겠습니까. 또한 전하께서 인도하는 것이 아직도 이르지 못한 것이 있습니까." 하였습니다. 선대왕께서 온화하신 안색으로 문답하신 것이 역력하게 어제의 일인 듯한데, 지금의 사치하는 풍습은 물이 더욱 깊어지는 것과 같으므로 식자들이 모두 이것을 어지러워져서 망할 징조라고 합니다. 원하옵건대, 선조(先朝)에게 진계하였던 것을 거듭 성명(聖明)께 아뢰겠사오니 성명께서는 이에 유념해주십시오.

옛적에 부열(傅說)[19]이 은(殷)나라의 고종(高宗)에게 고하기를 "나무는 먹줄을 따르면 곧아지고 임금은 간(諫)하는 것을 따르면 성스러워진다." 하였습니다. 부열이 새로 재상(宰相)의 책임을 맡고 서둘러 이것을 말하였으니, 간언(諫言)을 따르는 것은 임금의 어려운 것이며, 또한 임금의 요도(要道)요, 급무(急務)인 것을 알 수 있습니다. 전하께서 즉위하신 이래로 귀에 거슬리는 말을 하는 자는 마치 못(淵)에 떨어뜨릴 것 같이 대하시고, 마음에 맞는 말을 하는 자는 무릎 위에 올려 앉힐 것 같이 하기 때문에, 아첨하는 무리는 날로 나아오고, 곧고 신실한 사람들은 날로 멀어지며, 군도(君道)는 날로 억세어지고 정사는 날로 쇠미해져서, 오늘날에 이르러 극에 달하였습니다. 신이 멀리 오랜 옛일을 인용할 것 없이 다만 신이 직접 본 것을 말씀드리겠습니다.

인조(仁祖) 말년에 적신(賊臣)들이 임금의 뒷줄과 결탁하여 안팎을 다 가로막아서 여러 신하들의 말이 조금이라도 강직하면 견책(譴責)이 계속되었습니다. 그러므로 그 당시 이름과 지위가 세상에 드러난 자는 모두 아첨하는 용렬한 무리들이었습니다. 성고(聖考 ; 효종을 말함)의 세대에 이르자 큰 도량으로 너그럽게 용납하여 마치 1천 문(門)을 활짝 열어놓은 것 같았습니다. 한때에 혹 좌절당한 자도 있었으나, 바른 말을 하는 신하들이 되풀이하여 진달하면 곧 번연(飜然)히 지난 잘못을 고치셨고, 고치는 데에서만 그친 것이 아니라 즉각 온화한 말씀으로 이르시기를 "내가 미처 생각하지 못하였는데 이제 잘못된 것을 바로잡아 주니 그 다행함이 깊도다." 하였습니다. 대개 이와 같았으므로 사람마다 감격하고 기뻐서 모두 스스로 그 충성을 다하기를 생각하여 기풍(氣風)이 곧 변하고 강기(綱紀)가 점점 신장되었으니, 이 어찌 전하께서 마땅히 본받아야 할 것이 아니겠습니까. 옛적에 주공(周公)[20]

---

19 부열(傅說) ; 중국 은나라의 재상이다. 고종이 꿈에서 열(說)이란 이름을 가진 성인(聖人)을 보았는데, 그 당시 그는 부암(傅巖) 가운데 은거하면서 서미형인(胥靡刑人)과 함께 붕괴된 길을 보수하고 있었다. 고종이 그를 보고는 재상으로 삼았는데, 이에 나라가 크게 다스려지게 되자 그에게 부(傅)라는 성을 내렸다.

20 주공(周公) ; 중국 주(周)나라의 성군(聖君)으로, 성은 희(姬), 이름은 단(旦)이며, 주공

이 「무일편(無逸篇)」을 지어서 성왕(成王)을 경계하면서 문왕(文王)을 지극히 칭송하였는데, 선유(先儒)들이 이르기를 "할아버지 문왕을 자세히 말한 것은 손자인 성왕이 직접 듣고 본 것이기 때문이다." 하였습니다. 주공의 뜻이 어찌 '성왕이 비록 어리다 할지라도 자신의 이목(耳目)이 미친 바이니 그 사모하여 감발(感發)하는 마음이 스스로 일어날 것이다.'라고 여겨서가 아니겠습니까. 성명(聖明)께서는 유의하시기를 간절히 바랍니다.

신이 금년 여름에 전하의 한두 가지 처사가 도리에 마땅하지 못한 것이 있음을 듣자옵고 우려됨을 견디지 못하여 감히 그 소루하고 비천함도 잊고서 죽음을 무릅쓰고 말씀드렸사온데, 전하께서 죄를 주시지 않았을 뿐만 아니라 도리어 온정의 유고(諭告)를 내려주셨으니, 신은 진실로 감격하여 보답할 바를 알 수 없었습니다. 그러나 그때에 말씀드린 것이 하나도 채택되어 시행되지 않았으니 신으로서는 실로 성의(聖意)의 소재(所在)를 알지 못하겠습니다. 만일 신의 말을 그르다고 하신다면 전하께서 즉각 그르다는 뜻을 가르치실 것이요, 만일 옳다고 생각하신다면 마땅히 그 말을 폐기하시지 않아야 할 터인데, 그 처리는 이와 같으니, 이것은 속으로는 그르게 여기면서 겉으로는 옳은 것으로 여기는 것입니다. 신의 부끄러움과 송구함은 족히 말할 것이 못 되지마는, 전하께서 신하를 대우하시는 도리가 너무나 성실하지 못한 것이 아니겠습니까. 당(唐)나라 태종(太宗)은 말세의 임금이었는데도 "나는 지금 지성으로 천하를 다스린다."라고 말하였습니다.

은 그의 존칭이다. 주 문왕의 아들이며, 무왕의 동생으로, 무왕을 도와 주(紂)를 정벌하고 주실(周室)을 건립하였다. 그는 예(禮)·악(樂)·형(刑)·정(政)을 정리하고, 정전(井田)·병제(兵制)·관제(官制)·화폐제도 등을 반포하여 주대 문화를 흥성하게 했으며, 제후(諸侯)의 직분을 밝혀서 가장 완비된 봉건제도를 제정하였다. 후에 무왕이 죽고 어린 성왕(成王)이 즉위하자 기원전 1115년 총재(冢宰)가 되어 섭정(攝政)을 하였다. 유가(儒家)의 이상적 인물로서, 공자는 자신의 도(道)도 역시 주공의 도를 계승하였다고 자임하였다.

보잘 것없는 신이 평일에 성명(聖明)께 바란 것이 어찌 당 태종 정도의 것이겠습니까. 그러나 지금 그 위치가 도리어 당 태종의 아래에 있으니 어찌 개탄하지 않을 수 있겠습니까. 국사를 말하는 신하가 말로 인하여 죄를 얻는 것은 성세(盛世)의 아름다운 일이 아닙니다. 윤선도(尹善道)[21]가 위로 선왕을 무함(誣陷)하였는데도 신이 지난해에 상소로 방면하여 주실 것을 청한 것은, 진실로 그 사람이야 죄를 줄 만하지만 임금의 넓고 큰 덕은 과오가 있는 사람도 용납하는 도리가 있기 때문이었습니다.

옛적에 우리 선조 대왕(宣祖大王)께서 참소하는 말이 크게 행하는 것을 대단히 미워하셔서 세 신하를 먼 지방으로 내치셨는데, 그때에 문성공(文成公) 신(臣) 이이(李珥)와 문간공(文簡公) 신(臣) 성혼(成渾)이 뒤를 잇는 이에게 보여줄 만한 처사가 못 된다 하여, 이이가 곧 죄를 풀어 돌아오게 하기를 청하였으니, 그 뜻이 우연한 것이 아니었습니다. 곽제화(郭齊華), 이규령(李奎齡), 조성보(趙聖輔) 등이 함께 언관(言官)으로서 죄를 얻어 폄적(貶謫)[22]되어 오래도록 소환되지 않았는데, 이 세 신하들은 일은 비록 각각 다르나 일을 말하다가 죄를 얻은 점은 한가지입니다. 언사(言事)를 잘못한 자도 오히려 용납하는 도리가 있

---

21 윤선도(尹善道) ; 1587-1671, 선조 20-현종 12. 조선 중기의 문장가・정치가로, 자는 약이(約而), 호는 고산(孤山) 또는 해옹(海翁)이며, 본관은 해남(海南)이다. 허목(許穆), 윤휴(尹鑴)와 함께 남인(南人) 계열로, 그들과 교유하였다. 1616년(광해군 8) 성균관 유생으로 이이첨(李爾瞻) 등의 횡포를 상소했다가 경원(慶源)에 유배되고, 이어 기장(機張)으로 이배되었다가 인조반정으로 풀려났다. 1628년 과거에 급제, 예조 정랑・참의, 동부승지를 역임하였다. 자의대비(慈懿大妃)의 복상(服喪) 문제로 예송이 일어나자 3년설을 주장하여 송시열, 송준길 등 서인과 충돌, 그로 인해 삼수(三水)에 유배되고 위리안치되었다. 1675년(숙종 1) 제2차 예송에서 남인이 이겨 집권하자 신원되었다. 그는 예론에 밝았을 뿐 아니라, 20여 년간 유배 생활을 통해 「어부사시사(漁父四時詞)」 등의 시가를 지었는데, 이로써 그는 정철과 더불어 조선 시가의 쌍벽을 이루며 시조 문학의 제1인자 위치를 차지하였다. 시호는 충헌(忠憲)이며, 저서에 『고산유고(孤山遺稿)』가 있다.
22 벼슬을 감등시키고 멀리 옮겨 보냄.

는데, 하물며 말한 것이 반드시 그르지 않은 것이겠습니까. 지난 여름에 신이 규령(奎齡), 성보(聖輔) 등의 일을 상소 가운데서 누누이 말씀드렸는데도 전하께서는 들어주지 않았습니다. 성상의 뜻은 진실로 소인의 국량으로는 감히 엿볼 수 있는 바가 아닙니다마는 규령 등이 아직 죄인 명단에 있기 때문에 송시열(宋時烈)이 항상 황공하고 근심하는 마음을 품은 나머지 관직을 사양하는 글까지도 당돌하게 진달하지 못하고 있습니다. 신은 항상 이 일을 생각하면 마음이 편하지 못합니다. 설사 당초에 관직을 깎아 내치신 것이 어지러움을 진정시키려는 뜻에서 나온 부득이한 처사였다고 하더라도, 지금은 이미 세월이 오래되었으니 어찌 도로 불러들여서 당초의 일이 곧은 것을 미워하는 마음에서 나온 것이 아님을 알게 하는 것이 사리에 마땅하지 않겠습니까. 이 일은 비록 작으나 관계되는 것은 크니, 신이 어찌 먼저의 말이 채납되지 않았다 하여 다시 말하지 않겠습니까.

신이 일찍이 보건대, 주자(朱子)는 천변(天變)이 일어나는 것을 부모가 자식에게 노하는 것에 비교하였으니, 이는 진실로 적실하고 지당한 논설입니다. 가령 부모가 그 자식에게 노하여 꾸짖는다면 자식 된 자는 마땅히 두려워하고 공경하여 감히 털끝만큼이라도 안일한 생각을 하지 말아야 할 것입니다. 그렇게 한 다음에야 거의 부모의 마음을 즐겁게 해드릴 희망을 가질 수 있을 것입니다. 만약 그렇지 아니하여, 더욱 이목의 좋아하는 바 향락에만 방종해서 집 가운데에 처박혀서 안일하게 있으면, 부모는 더욱 노하고 자식은 더욱 죄를 얻을 것입니다. 제(齊)나라의 광장(匡章)을 두고 온 나라 사람이 다 불효라 일컬었어도 맹자(孟子)는 그를 불쌍히 여겨 거절하지 않았는데, 그것은 그 아비의 뜻에 맞게 하지 않았다 하여 아내를 내보내고 자식을 물리쳐서 종신토록 그 봉양을 받지 않았기 때문입니다.

신이 이전의 역사를 널리 보건대, 임금이 처음으로 재변(災變)을 만났을 때에는 경계하여 마음을 분발하지 아니함이 없어서 참으로 이런 것을 소멸하여 버릴 것 같다가도, 그것이 하루 이틀 지나가서 경계하는 마음이 점점 해이하여지고, 게다가 좌우의 가까운 사람들이 서로 다투어 아첨하여 좋은 말로 위로하면 그 말을 듣고 기뻐하여 드디어 전일에 경계하던 마음을 완전히 잊어버리게 되어 어지럽고 망하는 일이 따르게 되니, 이것을 전하께서 알지 않으면 안 될 것입니다. 신이 길에서 들었사온데, 전하께서 자신을 꾸짖는 자책의 교서를 내리시고 나서 곧 궁녀를 뽑아 들이라는 명령을 하셨으며, 여기에 대해 대간(臺諫)이 말을 하여도 살피시지 않는다 하니, 이것은 전하의 두려워하고 공경하는 마음이 한 달 동안도 순일(純一)하지 못함을 나타내는 것입니다. 이와 같이 하면서도 천심(天心)이 기뻐하고 재변이 소멸되기를 바라고자 한다면, 뒤로 물러서면서 앞으로 나아가기를 도모하는 것에 가깝지 않겠습니까. 신은 그윽이 두렵습니다.

아, 오늘날 말씀드릴 만한 일이 어찌 한정이 있겠습니까마는, 신이 궁벽한 향리에 엎드려 있고, 겸하여 애고(哀苦) 때문에 외부의 일을 자세히 알지 못하므로 다만 길에서 얻어들은 말 가운데 근본 대체(大體)에 관계되는 것만을 진달하였으며, 저 굶주리고 굶어 죽어 원망하고 탄식하는 세궁민의 상태와 소홀하여 믿기 어려운 병정(兵政) 같은 것은 모두 언급하지 못하였습니다. 아, 남송(南宋) 시대에는 그 나라가 위태로웠다고 할 수 있습니다. 그러나 주자(朱子)가 위태로운 나라를 부지(扶持)하는 계책으로 삼은 것이란 임금의 한 마음을 돌리는 것에 불과하여, 주리고 떠는 군사가 나무를 채취하고 신을 삼으며 썩고 더러운 땅을 차지하여 아침저녁을 지내는 것까지도 당시의 임금의 한 마음이 바르지 못한 데에 유래한 것이라고 하였으니, 어찌 이치가 없는 것을 두고 주자가 지나치게 우활(迂闊)한 말을 하겠습니까. 삼가 원하건대, 전하께서는 이제부터 계속 깊이 생각하고 자주 반성하여 날마다 하시는 언어 동작과 사물 처리 등 일체에 있어서 통렬히 반성하는 공부를 하십시오. 그리하여 모든 생각이 발동할 때 반드시 그

사(邪)와 정(正)의 분기점을 자세히 살펴서, 과연 그것이 바르다면 넓히어 충실하게 하되 그래도 더 넓히지 못할까 염려하며, 과연 그것이 바르지 못한 것이라면 억눌러 제거하되 그래도 다 제거하지 못할까 염려하십시오. 이와 같이 한다면 자연 옛 교훈을 기쁘게 여기지 않을 수 없으며, 유신(儒臣)을 앞에 초청하지 않을 수 없으며, 정사(政事)를 부지런히 하지 않을 수 없으며, 민생을 사랑하지 않을 수 없어서, 정리(正理)를 그르치고 정사를 해치는 모든 실마리가 자연히 소멸하여 없어져서 인심이 기뻐하고 천의(天意)가 만족한 데에 이를 것입니다. 태무(太戊)[23]가 덕을 닦으니 재앙의 조짐인 뽕나무가 사흘 만에 말라 죽었고, 경공(景公)이 어진 것을 말하니 형혹(熒惑)[24]이 제자리에서 1도(度)를 옮기었으니, 이 이치는 속일 수 없는 것입니다.

　신의 이 소(疏)는 한 자 한 구절이 모두 범연하게 말한 것이 아니니, 진실로 원하건대, 전하께서는 특별히 경계하고 두려워하시어 항상 유념하시면 신의 다행이 아니라 실로 국가의 다행일 것입니다. 아, 오늘은 마침 양(陽)이 다시 돌아오는 동지(冬至)여서 천심(天心)은 변경이 없고 만물은 다시 살아납니다. 신은 북으로 대궐을 바라보매 백 가지 감회가 가슴을 꽉 메워 구구(區區)한 송축(頌祝)의 정성을 금하지 못하겠습니다. 신의 병세가 이미 이 지경에 이르러 다시 천안(天顔)을 우러러 뵈옵기는 실로 기약하기 어려우나 소지(疏紙)를 다하매 눈물이 떨어져 회포를 다하지 못하겠습니다. 풍교(風敎)와 헌장(憲章)을 관장하는 직책은 오래 비워놓은 것이 옳지 않으니 속히 체임(遞任)을 허락하시면 공사(公私) 간에 다행이겠습니다.

---

23 상(商)나라의 제7대 임금으로, 태갑(太甲)의 손자이며 천강(天康)의 아들이다. 왕실(王室)을 다시 일으켜 75년 동안 재위하였다.
24 화성(火星)을 말하는데, 옛사람들은 화성을 천재(天災)·병란(兵亂)을 예보하는 흉성(凶星)으로 보았다.

辭憲職兼論君德疏 甲辰十一月

─『同春堂先生文集』, 卷五, 「疏箚」

伏以臣哭子悲傷。私計痛迫。今纔掩土。肝肺如割。作一喪心失性
之人。懸知就木不遠伊邇。不料新除恩命。遽及於此際。哀榮怊悅。魂
魄靡定。繼有別諭荐降於數日之間。溫綸十行。辭旨懇惻。實非如臣庸
陋所敢承當。撫躬省分。報答無路。噫。臣臨死之年。遭此酷禍。無非
所謂寵極而踏。福過而災者。而隆恩異渥。愈去愈至。則豈不益其疾而
促之亡耶。臣於是尤不堪震灼悚慄。罔知置身之所也。臣雖喪病摧
傷。萬緣灰冷。如其愛君憂國。一念耿耿。況今災異疊臻。聖心警惕。
將伯助予之意。藹然溢於辭表。臣旣不得承命赴召。罄討多少於丹宸
咫尺之地。如又有懷不言。以負聖明求助之至意。則神明必殛之矣。臣
請冒萬死。專論根本之地。蘄以少補於應天以實之道。惟殿下留神省
察。毋視以尋常應旨之疏。臣雖溘死。萬萬無恨矣。夫天道玄遠。誠難
窺測。第以古史觀之。治亂之形已定。則災異不作。災異之作。必於將
治將亂之際。蓋天心仁愛人君。欲使因 災惕念。側身修行。以爲治安
之圖也。善乎。胡氏之言曰。人君克謹天戒。則雖有其象而無其應。不
克畏天。災咎之來必矣。嗚呼。可不懼哉。惟其應天撫時之機。亶在於
人主之一心。周子所謂正其本萬事理。朱子所謂正其本者。雖若迂緩
而實易爲力。本者何。人主一心是也。古語有之。盤水可奉而志難持。
六馬可調而氣難御。常人尙然。況人主之心。有萬倍焉。古昔帝王所以
維持防範之道。纖悉曲盡。無以尙之。及至後世。其法盡廢。只有經筵
一事。略存古義。此厥不爲。更無所望矣。殿下臨御之初。開筵講讀。
已不能如先王之勤勵。厥後日漸廢弛。數年以來。則全然減裂。噫。聖
學何由而進。聖心何由而正。人心是活物也。終不得不用。旣不用於學
問。則其所用之地頭。亦不難知。此不過宦官宮妾便嬖戲玩之事而
已。殿下上承宗社無疆之基業。下膺臣民不貲之祈望。而顧乃置聖躬

於私褻荒豫之地。而自謂猶可以因循支持。以苟歲月殊不知。若此不已。則亂亡之臻也。如水日至。雖有智者。亦無如之何矣。嗚呼其危矣。在廷諸臣。孰不知以此爲憂。而亦不敢亟以開筵爲請者。徒以聖躬未能康豫故也。雖臣亦未嘗不　以此爲念矣。向歲入侍於祔大廟時陪祭之列。仰瞻步履健捷。神氣肅清。群臣自號强壯者。皆不敢及。臣於是始知殿下不爲也。非不能也。其以病爲解者。特坐志不帥氣。頹塌不振故爾。然臣之愚意。非欲殿下必開法筵。莊其禮貌。嚴其程限。有妨於方便之道也。記昔戊戌之冬。我孝宗大王聖體猶未復常。而嘗召臣等。引入大造殿寢室。講論商確。極其從容。至於在謫之臣。快許收召。其時洪重普以承旨入侍。榻前至嚴之地。不覺失喜而私有相慶之言。臣每思當日之事。未嘗不追感而隕涕也。臣亦願殿下上法聖考卓越之擧。聖候雖未平泰。亦須作意勉起。日召儒臣。致之臥內。而殿下隨意坐臥。或岸其幘。或隱其几。而令入侍者。或讀過經史。或口談古今。與之都兪吁咈。則其與與宦侍謷御深居九重者。其損益爲如何哉。此不惟於聖學大有所益。亦使意思舒暢。疾痰消除。而爲下者。亦自情親意密。鼓舞歡動。忠愛之心。油然而不可遏矣。聖躬雖曰未全蘇安。此豈不可爲之事。而顧此之不爲。臣所未解也。至於諸司公事。群下疏章。無不積滯淹延。或至數十日之久。如藥房問安之批。不過知道兩字。而或終朝不下。使大臣晨入而日中始退。中外相傳以爲國朝以來所未有之事。臣不敢知厥故何其。臣竊悶之。本朝列聖待大臣。殊不鹵莽。凡大臣有言。則無不敬信而優容之。古老傳爲美譚者。非翅一二。我朝家法之美。蓋如此矣。臣竊聞日者大臣以朴長遠事。聯名入箚。而殿下不卽批下。傳說紛然。以爲殿下至不答大臣之箚。遠外駭聽。爲如何哉。且夫朴長遠。殿下旣擢寘冢宰之任。而亦旣卜相。則其不輕而重何如也。而殿下遽以微事下之吏。略無所難。禮遇重臣之道。恐不當如此也。殿下之意若曰。當今主威不立。紀綱日頹。不如是則無有振肅之時云爾。則臣尤有所不能解者。夫紀綱之立。不在於威强嚴猛。而只在於克己無私。使人無所非議而已。臣伏在鄕曲。常見爲守令者律己嚴而爲政公。則其吏民自然敬服。不任刑杖而事無不擧。其不然者則反是。雖鞭笞狼藉。或至於戮人。而人愈不服。小者大之影。其理何殊。殿下欲以此爲振肅之地。則臣恐紀綱愈不立。而徒壞列聖忠厚之家法也。且以前世言之。則漢哀帝見漢業之衰。慨然有圖回前烈之志。亟任刑法。屢誅大臣。而漢卒於亡。是 何也。不得其要而徒騁於末務故也。且如周世宗當五季衰微之末。事事做得好。然其性弦迫無寬大氣象。朱子以此爲周家數短之驗。夫人君苟無寬大氣象。則所做雖好。而亦且可憂。況未必好乎。此當惕念處也。臣聞之。君人者必奉天地日月之三無私。以勞於天下。故秉臨博施。無遠不通。一有私意个乎其間。則狹小猜嫌。無害不有。蓋私者。百病之源也。匹夫而有此。猶足以妨乎修齊之道。況人君則其符驗之著於外者。不翅十目之視。十手之指而已也。殿下自卽位以來。凡政事施措。動涉於私。中外之人。皆謂私之一字。實爲殿下之痼疾。臣嘗痛慨。面陳於榻前。以爲殿下德義。時未及見孚於臣民。嫌疑之際。不可不愼。雖自信無私。人無肯相信。況未必無私乎。聖心忻然似若開納者。臣於厥後諦審之。則臣言少未有效。而臺諫畏觸殿下之怒。絶無有明言其失者。或因事略有所切磨。則殿下便加以怒氣。至下臣子不忍聞之教。臣未知率是以往。將復稅駕於何地。且如祖宗立法之嚴。無如殺人與犯贓者。而殺人者代死。犯贓者坐法。自臣省事以來。未之有聞。噫。國綱之壞久矣。及今刑政日紊。私意日橫。多錢財及有形勢者。各穿蹊逕。以圖倖免。所謂法者。特虛設耳。識者之寒心。於是爲極矣。大學傳曰。國不以利爲利。以義爲利。孟子論三聖人之德曰。殺一不辜而得天下。皆不爲也。臣竊聞頃者小民有奴婢之訟。而殿下遽命杖殺之。夫其情狀雖甚可惡。初非必死之罪。況未必然。則無亦近於以利爲利而殺一不辜乎。遠外愚民。不知曲折。爭相傳說。以爲當死者不死。而不當死者遽死。無非一箇私字使然。其爲聖德之累何如哉。亦非所以導迎祥和之

道也。臣竊慨惜之。且近來諸宮家橫斂結怨之弊。實不可勝言。　殿下
雖甚防束。猶懼其難革。而時或助之。俾遂其欲。殿下曷嘗見王子駙馬
有寒餓而死者乎。況其居處百用侈汰奢麗之過。其親厚出入之人。亦
無不寒心而相謂曰。自非大福難望好享云。此亦豈諸宮家所以永保祿
命之道也。且聞新生公主方在襁褓。而亦且汲汲有營産之舉。臣不知
其果爾乎否耶。設或有之。必非殿下之所知。而四方之譏議。則摠有所
歸。臣竊慨惜之。臣向在先朝及當宁之初。屢侍便殿。目見大布爲帷。
弊席爲障。儉素之德。度越前古。臣不勝感歎。蓋嘗陳啓於先王。以爲
殿下宮中　儉德如此。而外議皆謂諸宮家奢汰。踰於大內。士夫爭相慕
效。閭里侈習。日甚一日。則豈所謂上行下效者。爲虛語耶。抑殿下之
所以導之者。猶有所未至耶。先大王溫顏酬酢。森然如昨日事。卽今奢
侈之風。如水益深。識者皆以此爲亂亡之兆。臣願以陳白於先朝者。申
聞於聖明。惟聖明加之意焉。昔傅說告商宗曰。木從繩則直。后從諫則
聖。夫傅說新當爰立之責。而汲汲以是爲言。則可知從諫者。是人君之
所難。而亦是人君之要道急務也。殿下自卽位以來。其有逆耳之言
者。若墜諸淵。遜心之言者。若加諸膝。故諂諛日進而直諒日遠。君道
日亢而政事日卑。以至於今日而極。臣不暇遠引古昔。只以臣之所親
見者言之。仁祖末年。賊臣結奧援。掩蔽內外。群下之言。少涉勁直。
則譴責相繼。故其時顯揚者。率皆容悅闒茸之流也。及至聖考之世。大
度寬容。豁然如千門洞開。一時雖或有摧折者。而進言之臣。反覆開
陳。則旋卽翻然改轍。不止改轍而已。卽賜溫言曰。予未及思量。今賴
匡救之力。其幸深矣。夫如是故。人人感激懽忻。皆思自盡其誠。風采
立變。綱紀漸張。此豈非殿下之所當視傚者耶。昔周公作無逸以戒成
王。而極稱文王。先儒以爲詳文祖者。耳目之所逮也。周公之意。豈不
以成王雖在沖年。而耳目所逮。則其思慕感發之心。自有所不能已者
耶。願聖明加意焉。臣於今歲夏間。伏聞殿下一二舉措有未當於理。不
勝憂慮。敢忘其疏賤而冒死言之。殿下不惟不之罪。而反下溫諭。臣誠

感激。罔知所報。然其時所言。一未蒙採施。臣實未曉聖意所在也。如
以臣言爲非。則殿下卽敎以非之之意。如以爲是。則亦不宜以人廢
言。而其所以處之者如許。則是內以爲非而外以爲是也。臣之憪悚。固
不足言。而殿下待臣隣之道。無乃不誠之甚耶。唐太宗。叔季之君也。
猶曰吾方以至誠治天下。微臣平日所望於聖明者。豈敢以唐宗期之。
而今其所處。反出於唐宗之下。豈不可慨也哉。言事之臣。以言獲罪。
殊非盛世之美事也。雖以尹善道之上誣先王。臣於向歲。猶請疏放
者。誠以其人可罪。而人君舍弘之德。則容有納汚之道也。昔我宣祖大
王甚惡讒說殄行。疏黜三臣于遠地。其時文成公臣李珥，文簡公臣成
渾。以爲不可以示後嗣。李珥卽請放還。其意非偶然也。如郭齊華，李
奎齡，趙聖輔等。俱以言官。得罪貶謫。久不召還。此三臣者。事雖各
異。其以言事而獲罪則一也。言事而非者。猶或有納汚之道。況所言又
未必非者乎。前夏。臣以奎齡，聖輔等事。縷縷於疏中。而殿下不肯聽
施。聖意所在。實非小人之腹所敢窺測。而奎齡等尙在罪籍之故。宋時
烈常懷惶蹙之心。以至辭官文字。亦不敢唐突陳進。臣每念之。意緒不
佳。借曰當初貶黜。出於鎭定之意而不得已也。今旣日月久遠。豈不宜
還爲收召。使知當初之事。非出於惡直之心也耶。此事雖小。所關則
大。臣何敢以前言未見察納。而遂不復言哉。臣嘗見朱子以天變之
作。比之於父母之怒子。此誠切至之論也。假如父母怒其子。則爲子者
當畏約祗懼。不敢有一毫安逸之意。然後庶可有底豫之望矣。若其不
然。而益縱耳目之所好。燕安於子舍之中。則父母愈怒而子愈得罪
矣。匡章。通國皆稱不孝。而孟子哀而不絶者。以其不遇於父而出妻屛
子。終身不養焉故也。臣歷觀前史。人君初値變異。無不警動。眞若可
以消弭矣。及乎一日二日。戒心漸弛。而左右近習。爭爲諛辭。以爲寬
譽之端。則不能不喜於其言。遂至於盡忘前日之心而亂亡隨之。此殿
下之不可不知者也。臣竊聞之道路。殿下罪己之敎纔下。而旋有宮女
抄入之命。至於臺諫有言。而亦不之省。是則殿下恐懼之心。已不能純

一於時月之頃矣。如此而欲望天心悅而變異消。不亦近於却步而圖前乎。臣竊懼焉。嗚呼。今日之所可言者何限。而臣屛伏窮鄕。兼以哀苦。外間事爲。未之詳也。只以道聽之說關於根本大體者陳之。而如蔀屋饑餓怨咨之狀。戎政疏虞難恃之形。皆有所不暇及焉。噫。當南宋之時。其國可謂危矣。然朱子之所以爲扶顚持危之策者。不過歸之於人主之一心。至以軍士之飢寒者。採薪織屨。掇拾糞壤。以度朝夕。爲由於時君一心之未正。夫豈無是理而朱子過爲迂闊之論哉。伏願殿下繼自今深思而亟反之。日用云爲。痛加猛省之功。凡於念慮之發。必察其邪正之分。果其正也。則擴而充之。猶恐其不廣。果其邪也。則克而去之。猶恐其不盡。夫如是則古訓自不能不悅於心。儒臣自不能不致於前。政事自不能不勤。民生自不能不愛。凡繫非理害政之端。自然消除。以至於人心悅而天意得矣。太戊修德。而祥桑枯死於三日。景公言善。而熒惑徙舍於一度。實有此理。非可誣也。臣之此疏一字一句。皆非泛然說出。誠願殿下另加警惕。常留睿念。非臣之幸。實國家之幸也。噫。今日適是陽復之辰。天心無改。萬品回蘇。臣北望宸極。百感塡臆。竊不勝區區頌祝之誠也。臣之疾勢。已到此境。更瞻天顏。實難爲期。臨紙涕零。懷不能已。風憲之職。不宜久曠。速許褫改。公私幸甚。

⚙ 우복 정 선생 경세[25]에게 올림(上愚伏鄭先生)

　　"『태극도(太極圖)』[26]에는 '하늘이 1로 수(水)를 생(生)하고, 땅이 2로

화(火)를 생하고, 하늘이 3으로 목(木)을 생하고, 땅이 4로 금(金)을 생하고, 하늘이 5로 토(土)를 생한다.'고 하였습니다. 토(土)가 있은 후에 수(水)가 흐를 수 있고, 목(木)이 있은 후에 화(火)가 행할 수 있는데, 수(水)의 생(生)이 토(土)의 앞에 있고 목(木)의 생이 화(火)의 뒤에 있으니, 토(土)가 생하기 전에는 수(水)가 어느 곳에 걸쳐 있으며, 목(木)이 생하기 전에는 화(火)가 어느 곳에 걸쳐 있습니까? 이른바 생(生)이라고 하는 것은 오행(五行)의 기(氣)일 따름이고, 질(質)을 이루는 데에 이르러서는 반드시 하늘과 땅이 상수(相須)하여 이룬다는 것입니까?"

우복이 답하기를, "의심한 뒤에 생각하고 생각한 뒤에 깨닫는 것이니, 옛사람의 학문이 의문을 귀중하게 여기는 것은 이 때문이다. 이 문단(文段)에서 논한 것은 능히 의심하고 능히 깨달은 것이라고 할 수 있으니, 대단히 기쁘고 기쁘다. 면재황씨(勉齋黃氏)[27]가 이것을 아주 상세히 논하였는데, 그 해설이 『계몽(啓蒙)』 「천일지이장(天一地二章)」 소주(小註)에 있으니, 검토하여 보는 것이 좋겠다."

"'음양(陰陽)은 일태극(一太極)이다.'의 주(註)에 주자(朱子)가 이르기를 '정밀한 것(精)과 거친 것(粗), 본(本)과 말(末)은 피차(彼此)가 없다.' 운운

상도 관찰사가 되었다가 광해군 때 정인홍과 사이가 나빠 삭작되었다. 인조반정 후 부제학에 발탁되고, 전라도 관찰사·대사헌을 거쳐 이조판서 겸 대제학에 이르렀다. 그는 특히 예학에 밝았는데, 김장생과 더불어 조선 예학자의 쌍벽으로 일컬어진다. 시호는, 초시는 문숙(文肅), 개시는 문장(文莊)이다. 저서에 『우복집』, 『상례참고(喪禮參考)』, 『주문작해(朱文酌解)』, 『사문록(思問錄)』 등이 있다.

26 태극도(太極圖) ; 북송(北宋)의 유학자 주돈이(周敦頤)의 저서인 『태극도설(太極圖說)』을 말하는데, 주돈이는 무극(無極)인 태극(太極)에서부터 음양(陰陽)·오행(五行)과 만물의 생성하는 발전 과정을 도해하여 태극도를 만들고, 이것에 설명을 붙였다.

27 면재황씨(勉齋黃氏) ; 중국 남송의 성리학자 황간(黃榦 ; 1152-1221)을 말하는데, 면재는 그의 호이다. 자는 직경(直卿) 또는 민현(閩縣)으로, 주희의 사위이다. 주희가 죽은 후 심상(心喪) 3년을 지냈으며, 주희의 학설을 잘 터득하여 선양하는 데 힘썼다. 그의 학문은 매우 광범위하고 오래 유전(流傳)되었는데, 후대의 하기(何基), 왕백(王伯), 요로(饒魯), 오징(吳澄) 등이 그의 영향을 깊게 받았다. 저서에 『오경통의(五經通義)』 『사서기문(四書記聞)』 『면재문집』 등이 있다.

324

하였는데, 『성리군서(性理群書)』의 주(註)에는 '태극(太極)은 정(精)이 되고 음양(陰陽)은 조(粗)가 되며, 태극은 본(本)이 되고, 음양은 말(末)이 된다.'하였으니, 이 주는 잘못된 것인가 합니다. 율곡(栗谷) 선생이 이르기를 '정조와 본말은 다 기(氣)이니, 한 이치(一理)는 정도 없고 조도 없고 본말도 없는 사이에 통한다.' 운운하였습니다. 뒤에 상고하여 보니, 『주서(朱書)』 8권 26판(板)에 '기(氣)의 정조를 막론하고 이 리(理)가 있지 않은 것이 없다.'고 말한 것이 있으며, 『논어(論語)』의 주(註)에 이르기를 '소이연(所以然)에 이르러서는 곧 이(理)이니 정조와 본말이 없다.'고 운운하였는데, 이 선생의 말과 합하면 어떠합니까?"

우복이 답하기를, "『대전(大傳)』에 이르기를 '형이하(形而下)는 기(器)가 되고 형이상(形而上)은 도(道)가 된다.'고 하였으며, 주자는 이르기를 '이것은 바로 공자(孔子)의 문장이다. 만약 유형(有形)·무형(無形)으로써 말한다면 기(器)와 도(道)가 두 물(物)이 되고, 재상(在上)·재하(在下)로써 말한다면 역시 두 물이 되니, 모름지기 이와 같이 말해야만 형(形)에 즉(卽)하여 리(理)가 그 가운데에 있어서 도(道)와 기(器)가 서로 나누어지지 않는 것을 볼 수 있다.' 하였으니, 염계(濂溪; 주돈이)가 말한 '음양이 한 태극이다.'라는 것이다. 『성리군서』의 주는 착오된 곳이 아주 많아서 혹 문리(文理)를 이루지 못하는 데에 이르기도 하나, 이 조항의 정조와 본말을 해석한 것은 착오가 없다. 율곡의 설에 의하면 정조와 본말의 아래에 마땅히 애(厓) 토를 달아야 한다는 것인가. 만약 그렇다면 '음양은 한 태극'을 해석한 것이 이치에 맞지 않는다. 커서 실을 수 없는 것이나 작아서 깨뜨릴 수 없는 것은 기(器)가 아닌 것이 없고 이(理)가 있지 않는 것이 없으니, 자사(子思)가 이른바 '도(道)의 용(用)은 비(費)하면서 체(體)는 은미(隱微)하다.'는 것과, 자하(子夏)가 이른바 '군자의 도를 어느 것을 먼저 하여 전하며 어느 것을 뒤에 하여 게을리하리요.' 한 것과, 정자(程子)가 이른바 '쇄소(灑掃)·응대(應對)는 기연(其然; 형이하)이니 반드시 소이연(所以然; 형이상)이 있다.' 한 것이 보낸 편지에서 인용한 주자의 말과 모두 한가지 뜻이다. 리(理)란 진실로 이와 같아서 본래 의심할 것이 없다. 다만 여기서 이른바 '정조와 본말은 피차가 없다.'는 한 구절은 분명히 이 '음양·태극'이라는 글자에 붙여서 말하여 리(理)와 기(氣)는 피차가 없다고 한 것이요, 그저 범연히 기(氣)가 정조와 본말이 있다는 것을 논한 것은 아니니, 어떠한가. 바라건대, 다시 상세히 생각해보기 바란다. 선현(先賢)의 말씀은 횡설수설이 각각 해당한 것이 있으니, 그 설을 억지로 끌어다가 맞추어 합쳐서 일설(一說)을 만드는 것을 가장 꺼린다."

"'오행(五行)의 생함에 각각 그 성(性)을 하나로 한다.' 운운하였는데, 성(性) 자는 기질(氣質)로 보아야 합니까, 본성(本性)으로 보아야 합니까?"

우복이 답하기를, "역시 각각 한 태극을 갖추었다는 뜻이지만, 그러나 각각 그 성을 하나로 하였다는 문의(文意)로 본다면, 이것은 기질을 겸하여 말한 것 같다."

"'묘하게 합하여 엉기었다〔妙合而凝〕'한 것을 『성리군서』의 주(註)에는 '엉기어 합하는 데에 묘하여 간단함이 없다〔妙於凝合無間斷也〕' 운운하였습니다. 고찰하여 보건대, 묘합(妙合)이라고 한 것은 이기(理氣)가 본래 한 덩어리로 융합되어 간격이 없다〔本混融無間也〕는 것이요, 응(凝)이라는 것은 모이는 것(聚)인데, 기(氣)가 모이어 형(形)을 이루는 것이니, 묘합과 응(凝)은 곧 두 항목의 일입니다. 그런데도 주(註)에서 응합으로 말하였으니, 곧 한 항목의 일이므로, 주자(朱子)의 뜻에 맞지 않는 것 같습니다. 주해(註解)에 또 이르기를, '간단이 없다.'고 하였는데, 간단이라는 글자는 온당하지 않는 것 같으니, 간격(間隔)으로 해석한다면 어떠할지 모르겠습니다."

우복이 답하기를, "보인 뜻은 지극히 정밀하다. 주(註) 가운데 두 구절은 한 구절도 옳은 것이 없다. 앞에서 이른바 '혹 문리(文理)를 이루지 못하는 데에 이른다.'고 한 것은 이러한 것을 가리켜 말한 것이다. 그러나 거의 그렇지 않은 것이 없으니 뜻을 붙여서 볼 필요는 없는가 한다."

"'음양·오행의 기질(氣質)이 섞여 운행(交運)한다.' 운운하였는데, 질(質)은 땅에 갖추어지고 기(氣)는 하늘에 행하는 것이니, 기(氣)는 섞여 운행한다 하지만, 질(質)도 또한 섞여 운행하는 것입니까?"

우복이 답하기를, "의심하는 것은 지극히 옳다. 마땅히 다시 상고해야 할 것이다."

"'생을 성이라 한다〔生之謂性〕'는 장에 보인 허다한 성(性) 자의 뜻이 본연(本然) 같기도 하고 혹은 기질(氣質) 같기도 하니, 마땅히 겸해서 보아야 합니까?"

우복이 답하기를, "정자(程子)가 이 문단(文段)에서 모두 열두 번이나 성 자를 나타냈는데, 이것은 다 기품(氣稟)을 말한 것이다. 다만 중간에 곧 '이미 성(性)이 아니다〔便已不是性〕'라고 한 글에서 보이는 하나의 성(性) 자만이 오로지 리(理)를 지적하여 말한 것이다. 대저 성(性)이라는 글자는 심(心)과 생(生)으로 구성되어 있으니, 리(理)라는 자와 같지 않다. 리(理)가 떨어져 기(氣) 가운데 있는 것이라야 성(性)이라고 한다. 그러므로 성(性)은 곧 리(理)라고 하였으니, 사람에게 있는 성은 곧 하늘에 있는 리(理)라는 말이다."

"'심(心)은 생도(生道)이기 때문에 이 마음이 있으면 이 형상을 갖추어서 사니〔生〕 측은한 마음이 사람의 생도이다.' 하였는데, 이 세 개의 생(生) 자는 생생(生生)의 생(生)으로 보아야 합니까, 생활(生活)의 생(生)으로 보아야 합니까? 섭씨(葉氏)의 주(註)와 주자의 설이 다 분명하지 못합니다."

우복이 답하기를, "생생의 생과 생활의 생은 반드시 크게 분석할
것은 아니다. 다만 주자가 '생의 리는 본래 곧다[生理本直]'고 한 것과
'이 생리를 갖추었다[具此生理]'는 말을 반복하여 참구(參究)하면 자연
히 「학기(學記)」[28]에서 말한 이른바 '서로 말하여 풀린다.'는 것과 같
을 것이다."

上愚伏鄭先生

—『同春堂集別集』, 卷三, 「書師友講論」

太極圖。天一生水。地二生火。天三生木。地四生金。天五生土云
云。有土而后水可以流。有木而后火可以行矣。而水之生在土之先。木
之生在火之後。未生土之前。水何處掛搭。未生木之前。火何處掛搭
耶。無乃所謂生者。只是生五行之氣而已。至於成質。則必相　須而成
耶。

答。疑而後思。思而後悟。古人之學。以疑爲貴者。此也。此段所
論。可謂善疑而善悟。深喜深喜。勉齋黃氏論此甚詳。其說在啓蒙天一
地二章小註。可檢看也。

陰陽一太極。註。朱子曰。精粗本末。無彼此也云云。性理群書註
曰。太極爲精。陰陽爲粗。太極爲本。陰陽爲末云云。此註恐誤。栗谷
先生云。精粗本末。皆氣也。一理通於無精無粗無本末彼此之間也云
云。後考朱書八卷二十六板。有曰不論氣之精粗。而莫不有是理焉。論

---

28 『예기(禮記)』의 편명(篇名)으로, 정현(鄭玄)의 『삼례목록(三禮目錄)』에 의하면, 이
편을 '학기'라고 한 것은 "사람의 가르치고 배우는 도리(道理)를 기록하였기 때문이
다."라고 하였다. 학문의 목적과 교육 방법 그리고 교사의 책무 등을 수록하고, 또한
존사(尊師)의 위풍을 강화해야 한다는 것에 대하여 해설하였다. 『대학』과 함께 유교
학문론의 기초로서 평가되고 있다.

語註亦曰。至於所以然則理也。理無精粗本末云云。與李先生語合如
何。

答。大傳曰。形而下爲器。形而上爲道。道卽器。器卽道。朱子曰。
此是孔子文章。若以有形無形言。則器與道爲二物。以在上在下言。亦
爲二物。須如此說。方見得卽形而理在其中。道與器不相分。其文記不
起。大意如此。濂溪所謂陰陽一太極。卽易所謂器卽道也。性理群書
註。錯說處甚多。至或不成文理。而此條所釋精粗本末則無誤矣。若依
栗谷說。則精粗本末之下。當著　厓吐耶。若然則釋陰陽一太極。不成
說話矣。蓋大而莫能載。小而莫能破者。無非器也。而理無所不在。子
思所謂費而隱。子夏所謂孰先傳焉。孰後倦焉。程子所謂灑掃應對。是
其然。必有所以然。與來示所引朱子語。皆一義也。理固如此。本無可
疑。但此所謂精粗本末無彼此一句。分明是貼陰陽太極字說。以爲理
與氣無彼此耳。非泛論氣有精粗本末也。如何。幸更細思之。先賢說
話。橫說竪說。各有攸當。最忌相牽合作一說。

　五行之生也。各一其性云云。性字當以氣質看否。本性看否。

答。亦各具一太極之義。然以各一其性之文觀之。則似是兼氣質
言。

　妙合而凝。性理群書註曰。妙於凝合。無間斷也云云。按妙合云
者。理氣本混融無間也。此乃理氣混合無間隔也。乃陰靜時也。凝者聚
也。氣聚而成形也。此乃陽動成形時也。妙合與凝。乃兩項事也。而
註。以凝合言之。乃一項事。恐不合朱子之意。註解又曰。無間斷也間
斷字。恐未穩。以間隔釋之。則未知如何。

答。示意極精。註中兩句。無一句。是前所謂或至不成文理者。指此
等處。然殆無處不然。恐不須著意　看。

陰陽五行。氣質交運云云。質具於地而氣行於天。氣則交運。質亦
交運耶。

答。所疑極是。當更詳之。
生之謂性。許多性字。或似本然。或似氣質。當兼看否。

答。程子此段。凡著十二箇性字。皆說氣稟。惟中間便已不是性此
一箇性字。專指理言。大抵性字。從心從生。與理字不同。理墮在氣中
者。方謂之性。故曰性卽理也。蓋謂在人之性。卽在天之理耳。
心生道也。有是心。斯具是形。以生惻隱之心。人之生道也三生
字。以生生之生看否。以生活之生看否。葉註及朱子說。欠分曉。

答。生生之生。生活之生。不必大分析。但將朱子所謂生理本直。具
此生理等語。反復參究。則自然如學記所謂相說而解矣

⬡ 정경식(鄭景式) 헌세(憲世), 경화(景華) 영세(榮世)에게 답함

— 을해(인조 13, 1635)

지난번 인편에 두 형의 수첩(手帖; 손수 쓴 편지)을 받았소. 자세히
살펴보니, 말뜻이 대단히 간곡하고, 위로하여 가르쳐준 것이 아주 지
극하였소. 혼매하고 용렬한 내가 어떻게 이러한 은덕을 형들에게서
받게 되었는지, 감동되어 여기에 미치지 못하는 자신을 부끄럽게 여
기는 바이오. 유지평(柳持平)의 흉보(凶報)는 사람으로 하여금 놀라고
슬프게 하오. 이 사람이 이 정도에서 그치고 말다니, 어찌 탄식하여
애석히 여기지 않겠소.

전번의 서간에서 아껴준 것은 진실로 감사하지만, 이 일은 심히 곡

절이 있으니, 시험 삼아 한두 가지를 개진(開陳)해서 형들로 하여금 전체를 환히 알게 하지 않을 수 없소. 선사(先師)를 위한 제(弟)의 제문(祭文)에 과연 '퇴도(退陶)를 버리고 율곡(栗谷)을 취하였다.'는 말이 있지만, 그 위에 '이기를 논하면〔論理氣則〕'이라는 네 글자가 있는데, 어찌 전체를 들어서 말한 것이겠소. 이제 위의 네 글자를 끊어버리고 아래의 한 구절만을 사용한다면 역시 해괴할 것이니, 아무리 할 말이 많더라도 어찌 제를 꾸짖을 수 있겠소. 그런데도 그 글의 전체를 들어서 운운한 것이 있다면, 마음을 공평하게 갖고 기운을 화락하게 하여 의리를 강론한 옛사람의 도리가 아닐 것이오. 퇴계(退溪) 선생은 사단(四端)·칠정(七情)을 논하여 '사단은 이(理)가 발(發)하여 기(氣)가 따르고, 칠정은 기(氣)가 발하여 리(理)가 탄다(乘)'고 하였소. 율곡 선생이 이것을 아주 상세하게 논변하여, 그 글이 무려 수천 언(言)이나 되는데, 그 대강의 뜻은 "발하는 것은 기(氣)요, 발하는 소이(所以)는 이(理)이니, 기(氣)가 아니면 능히 발하지 못하고, 리(理)가 아니면 발할 바가 없으므로, 이른바 기(氣)가 발하여 리(理)가 탄다는 것은 칠정만 그러한 것이 아니라 사단도 역시 그렇다." 운운한 것이오. 선사(先師)께서 항상 율곡의 설을 좇았고, 특히 선사의 견해만이 그러한 것이 아니라, 외구(外舅)[29]의 견해도 역시 그러하였소. 내가 일찍이 묻기를 "퇴계와 율곡이 이기(理氣)를 논한 것이 같지 않은데, 후학(後學)은 어느 것을 좇아야 되겠습니까?" 하였더니, 대답하기를 "아마도 율곡의 설이 옳은가 한다. 나의 몸으로 징험하여 보니, 가묘(家廟)에 들어가면 마음이 곧 엄숙하여지는데, 이것은 경(敬)이 발하는 것이다. 그러나 그 엄숙한 것은 바로 기(氣)이다." 운운하였소. 지금까지도 그 말이 귀에 남아 있는 것 같소. 다만 형들이 나의 말을 족히 믿을 것이 못 된다 하여, 연전에 구의(柩衣)[30]를 논

---

29 장인(丈人)을 편지에서 일컫는 말로, 여기서는 정경세(鄭經世)를 말한다.
30 시체를 넣은 관(棺)을 덮는 누런빛의 긴 보자기.

할 때처럼 선입견을 주장하실까 두려웁기만 하오.

옛사람이 이르기를 '죽은 자가 다시 살아난다 하여도 산 사람이 부끄럽지 않다.'고 하였으니, 이것으로 자위(自慰)할 뿐, 다른 것이야 무엇을 더 말하겠소. 만일 그 논설을 좇지 않는 것은 곧 그 사람을 존경하지 않는 것이라고 한다면, 이것은 또 크게 그렇지 않은 것이 있소. 정자(程子)가 어찌 맹자를 존경하지 않았을까마는, 성(性)을 논한 맹자의 말을 불비(不備)하다고 하여 다시 기질(氣質)의 설을 발하였고, 주자(朱子)가 어찌 정자(程子)³¹를 존경하지 않았을까마는, 경전(經傳)의 문의(文義) 사이에서 좇지 아니한 것이 그 얼마나 되는가. 그 큰 것으로는 『대학(大學)』의 10장(章)을 정자가 이미 분류하였는데도 주자는 의미가 부족하다고 하여 버리고서 구설(舊說)을 좇았고, 정자가 이미 『역전(易傳)』을 저술하였는데도 주자는 다시 『본의(本義)』를 지어서 발명하였으며, 횡거(橫渠)³²의 『정몽(正蒙)』을 주자는 곧장 병통이 많다고 말하였으니, 이것이 어찌 전현(前賢)보다 더 나은 것을 구하여서 그러한 것이겠소. 진실로 천하의 의리는 무궁하고 한 사람의 정신은 한정이 있기 때문이니, 스스로 성인이 아니면 어찌 물건마다 모두 이치에

---

31 정자 ; 중국 북송의 성리학자 정이(程頤 ; 1033-1107)를 가리키는데, 그의 자는 정숙(正叔)이며, 이천백(伊川伯)에 봉해졌으므로 흔히 이천 선생으로 불린다. 명도(明道) 선생 정호(程顥)의 아우로서, 정호와 함께 이정(二程) 또는 이정자(二程子)라 불리며, 오랜 기간 낙양에서 강학하였으므로 그들의 학문을 '낙학(洛學)'이라고 한다. 그는 정호의 기일원론(氣一元論)과는 달리 이기이원론(理氣二元論)을 근본 사상으로 하고 있는데, 이것은 주희에게 이어져 크게 꽃을 피웠다. 그가 지은 『역전(易傳)』은 『주역』을 오로지 의리(義理)에 의거하여 해석함으로써 역에서 복서(卜筮)로서의 의미를 제거하였는데, 이후 주희에 의해 다시 역에서 복서로서의 의미가 부활되었다.

32 횡거(橫渠) ; 중국 북송 때의 성리학자이며 관학(官學)의 창시자인 장재(張載 ; 1020-1077)를 가리키는데, 횡거진(橫渠鎭)에서 나 그곳에서 오랫동안 강학하였으므로 횡거 선생이라 불렸다. 자는 자후(子厚)이다. 범중엄(范仲淹)에게 유가의 가르침과 『중용』을 전해받은 이후 여러 경서와 백가서(百家書)를 두루 연구하였다. 그러나 경사(京師)에서 이정자(二程子)를 만난 후 이학(異學)을 버리고 오로지 유학을 연구하여, '태허(太虛)' 개념을 중심으로 한 독자적인 우주론을 세웠다. 저서에 『정몽(正蒙)』, 『횡거역설(橫渠易說)』, 『서명(西銘)』 등이 있다.

통달하며, 말마다 남김없이 천리에 맞게 할 수 있겠소 이전의 대학자라도 후세의 학자에게 기대함이 없을 수 없고, 또 후세의 학자도 역시 전부를 이전의 대학자에게 의지할 수 없는 것이오. 그러므로 육상산(陸象山)[33]이 말하기를 "말이 이치에 맞으면 비록 부인이나 어린 아이의 말이라도 버리지 못할 것이 있고, 혹 이치에 어그러지면 비록 고서(古書)에서 나온 것이라 할지라도 다 믿을 수 없다." 하였소. 주자는 이 말이 매우 타당하여 '세속 선비의 얕은 소견으로는 미칠 수 없다.'고 하였소. 그런데 율곡의 이 논설은 참으로 백세(百世) 후에도 의혹되지 않는 것이니 말할 나위도 없는 것이오. 퇴도(退陶)가 다시 살아난다 하더라도 반드시 빙그레 웃을 것이고, 오늘날의 분운(紛紜)한 의논은 없을 것이오.

아, 그 사람을 존경하는 것은 바로 그 도(道)를 존중하기 때문이니, 도라는 것이 나만이 사사로이 할 수 있는 것이 아니라면 피차간에 평론하여 증명하고 또 상량하고 의논하여, 버릴 것은 버리고 취할 것은 취하며, 좇을 것은 좇고 멀리할 것은 멀리해서, 지극히 당연한 귀결을 구하는 것이 진실로 이 광명한 것에 빛남이 있는 것이오. 이것이 곧 천하의 공변된 이치이니 무엇을 꺼리겠소. 만약 "선유(先儒)의 논설(論說)을 후인이 어찌 감히 그 사이에서 버리고 취하겠는가." 한다면, 이것은 처음 학문을 배움에 있어서는 진실로 그렇다 하겠지만, 후현(後賢)에게 있어서는 이와 같이 말할 수 없는 것이오 과연 이 말과 같이 한다면 장차 후현들이 크고 작고 간에 구애되어 모양만 그려서 모두 우물쭈물하고 얼버무리며 가리어 막고 의지하여 아부하는

---

33 육상산(陸象山) ; 중국 남송의 심학자(心學者) 육구연(陸九淵 ; 1139 - 1192)을 가리키는데, 상산은 그의 호이며, 자는 자정(子靜)이다. 동시대의 주희의 학설을 서간이나 토론으로 비판하면서, 후에 양명학(陽明學)으로 발전하는 육학(陸學)을 정립하였다. 그는 '심즉리(心卽理)'를 주장, 주희와 대립하면서, 당시 사상계의 쌍벽을 이루었다. 저서에 『상산전집』, 『외집(外集)』, 『어록(語錄)』 등이 있다.

데에 돌아가고야 말 것이오. 이것은 바로 ‘옛적에 미처 겨를을 내지 못하였던 것을 지금 다시 경영할 수 없고, 전에 타당하지 못하였던 것을 후에 다시 질정(質正)할 수 없다.’고 한 정자의 말과 같은 것이니, 어찌 이런 이치가 있겠소. 백세(百世)는 앞에 있고 만세(萬世)는 뒤에 있으니 반드시 능히 변명할 자가 있을 것이오.

유독 내가 걱정하는 것이 있소 세간에서 떠드는 믿을 수 없는 의론은 본래 여러 가지가 있는데, 이것을 전하는 자가 잘못 전하고 듣는 자가 또 의혹하여 말뜻이 어디에 있는지를 충분히 궁구하려 하지 않고서 걸핏하면 퇴도(退陶)를 헐뜯는다며 훼방을 하는 것이오. 그러면 허다한 갈등을 야기할지도 모르니, 비록 나 자신에게 있어서는 털끝만큼도 잘못된 것이 없다 하더라도 군자의 논쟁이 어찌 이와 같음을 원하겠소 모르는 사정을 때때로 알려주고 허물을 용서할 것을 형들에게 바라지 않을 수 없으며, 강만헌(康萬獻)도 역시 이 뜻을 알지 못하면 안 될 것이오. 두 형들은 어떻게 생각하는지요. 병으로 엎드려 있는 몸이라 사람을 시켜 이 수첩을 대신 쓰게 하였소. 이만 줄이오.

答鄭景式, 景華

—『同春堂先生文集』, 卷十二書

日者便中。承兩兄手帖。就審辭意勤懇。慰誨備至。不識昏庸何以得此於吾兄耶。感愧感愧。柳持平凶問。令人驚慘。斯人也而止於斯。豈不歎惜。前書所示。良荷相愛。此事煞有曲折。不得不試陳一二。使吾兄有所洞悉也。弟之祭先師文。果有捨陶取栗之語。而其上有論理氣。則四字何嘗擧全體而言之耶。今乃截去上四字。孤行下一句。則其亦駮矣。言雖百車。何誣於弟。如全擧其文而猶有所云云。則恐非古人平心易氣講論義理之道也。蓋退溪先生論四端七情云。四端。理發而氣隨之。七情。氣發而理乘之。栗谷先生辨之甚詳。無慮數十百言。其大意若曰。發之者氣也。所以發者理也。非氣則不能發。非理則無所發。所謂氣發而理乘之者。非特七情爲然。四端亦然云云。先師常以栗谷之說爲從。非特先師之見爲然。外舅氏之見亦然。弟嘗問之曰。退溪，栗谷論理氣說不同。後學將何所的從。答謂恐栗谷說爲是。試以吾身驗之。如入家廟。則心便肅然。是敬之發也。而卽其肅然者。乃氣也云云。至今言猶在耳。但恐諸兄以鄙言爲不足信。主張先入。如上歲柩衣之論也。古人云。死者復生。生者不愧。以此自慰。他尙何言。如曰不從其論。乃所以不尊其人云爾。則又有所大不然者。程子豈不尊孟子。而孟子論性之言。程子以爲不備。更發氣質之說。朱子豈不尊程子。而經傳文義之間。其所不從者何限。其大者則大學十章。程子既以類分。而朱子以爲義味不足。捨之而從舊說。程子既著易傳。朱子更作本義以發之。橫渠正蒙文字。朱子直云多病。凡此豈求多於前賢耶。誠以天下之義理無窮。一人之精神有限。自非聖人。安能物物而盡格。言言而盡中。前賢猶不能無待於後賢。後賢亦不得盡靠於前賢。故陸象山之言曰。言當於理。雖婦人孺子。有所不棄。或乖理致。雖出古書。不敢盡信。朱子以此言爲甚當。非世儒淺見所及也。況栗谷此論。眞可謂百世以竢而不惑。使退陶而復作。亦必莞爾而笑。必無今日之紛紜矣。噫。尊其人。乃所以尊其道。道者。非有我之得私也。既非有我之得私。則彼此之間。評證商確。去取從違。以求至當之歸者。實是于光有耀。此乃天下公理。庸何嫌焉。如曰先儒之論。後人何敢去取於其間云爾。則此在初學固然。在後賢。不可如此說。果如此說。殆將使後賢大拘小束。起模畫樣。都歸於含胡鶻突。遮攔依阿而後已。正程夫子所謂昔所未遑。今不得復作。前所未安。後不可復正。安有此理。百世在前。萬世在後。其必有能辨之者。獨弟之所憂者存。世間浮議。本來種種。傳者既訛。聽者又瑩。不肯舒究言意之所在。而動以訾退陶爲謗。則惹出許多葛藤。或未可知。雖在我無毫毛所歉。而君子之爭。豈願如

此。導達開釋。不能無望於僉兄。而康萬獻亦不可不知此意也。如何如
何。病伏倩手。不宣。

4. 동춘당 연구 성과와 경향

앞에서 밝힌 대로 필자는 동춘당에 대하여 올바른 평가와 인식이 필요하다는 문제의식을 가지고 오랜 시간 동춘당을 연구하고 알리기 위해 노력해 왔다. 학계에서 처음으로 동춘당 연구서를 펴내면서 그동안 동춘당에 대한 연구 성과가 너무 소략하고 다양하지 못하다는 느낌을 지울 수가 없었다. 동춘당 연구를 처음 시작할 때 기존의 연구 성과가 없어 기본 자료에만 의지해서 연구하면서 힘들어 했던 것이 기억난다. 이후 조금씩 동춘당 연구가 진행되어 학계에 동춘당의 존재가 부각되기 시작하는 것을 보면서, 앞으로 더욱 다양하고 심화된 연구 성과가 나오기를 바라는 마음에서 기존의 연구 성과를 간략하게나마 정리해 보았다.

동춘당에 대한 연구 성과로는 단행본 2종과 50여 편의 논문이 있는 것으로 파악하였다. 물론 필자가 미처 수집하지 못한 자료도 있을 수 있어서, 좀 더 시간이 지나 기회가 온다면 새로운 자료 목록을 덧붙이고 싶다. 기본 자료는 한국문집총간의 『동춘당집』과 『국역 동춘당집』이 가장 중요하게 활용되고 있다.

연구 논문 중에는 석사 학위논문이 4편 포함되어 있다. 이 중 3편이 학문, 정치사상, 예론 등 철학적 문제를 주로 다룬 논문들이다. 이 밖에 동춘당 연구 논문을 크게 총류와 역 철학 사상, 경세 사상, 예학 사상, 성리 철학 사상, 교육 사상, 문학 사상, 기타, 서지 관련 등으로 구분해 보았다. 총류에는 동춘당의 생애와 학통, 유학사적 위치, 철학 사상 전반 등을 주제로 연구한 논문들 11편을 소개하였다. 또한 예학 사상과 성리 철학 사상에 관련된 논문이 각각 7편, 10편으로 다수를 차지하여, 동춘당이 성리학자이자 예학자로서 널리 알려진 현실을 반영하였음을 알 수 있었다. 또 기타에는 건축, 서예, 역사적 분석 등의 연구 논문이 소개되어 다양한 분야의 연구가 시작되는 단계에 있음을 보여 주었다.

이상의 연구 성과는 한눈에도 소략하고 다양하지 못하다는 한계를 보여주지만, 앞으로 이러한 연구 성과를 바탕으로 많은 연구자들이 연구의 지평을 더욱 넓혔으면 하는 바람을 가져본다.

1) 기본자료

『同春堂集』(『한국문집총간 106 · 107』), 민족문화추진회, 1993.

『국역 동춘당집』 1~8, 민족문화추진회, 1997-2007.

『신편 국역 동춘당 문집』 1~6, 민족문화추진회, 2006.

송내희 편저, 『국역 동춘당가장』, 선비박물관, 2006.

『동춘당연보』, 성균관, 1981.

『동국문묘18현 연보』, 경문사, 1980.

남궁원, 『동춘당언행록』, 송창준 역, 향지문화사, 1999.

2) 단행본

송인창, 『주경의 철학자 동춘당 송준길』, 청계, 2007.

호서명현학술대회 추진위원회 · 한남대 충청학연구소, 『동춘당 송준길 연구』, 경인문화사, 2007.

3) 논문류

【총 류】

황의동, 「동춘당 송준길의 철학정신과 그 현대적 의미」, 『사상과 문화』 36, 한국사상문화학회, 2007.

최근덕, 「동춘당의 儒學史的 위치」, 『충청학연구』 6, 한남대 충청학연구소, 2005.

한기범, 「기호학맥과 동춘당의 학문연원」, 『충청학연구』 6, 한남대 충청학연구소, 2005.

이봉규, 「동춘당 송준길의 철학적 입장과 철학사적 의미」, 『Seoul Journal of Korean Studies』 1, 서울대 한국학연구소, 1998.

이봉규, 「송준길의 성리학사상과 철학사적 의미」, 『세계와 인간에 대한 동양인의 사유』, 이남영 외, 천지, 2003.

송성빈, 「송준길의 학문과 사상」, 학위논문(석사), 한국교원대 대학원, 1997.

송용재, 「「동춘당일기」를 통해서 본 동춘당의 생애」, 『충청학연구』 3집, 한남대 충청학연구소, 2002.

성주탁, 「同春堂 宋浚吉의 生涯와 遺蹟」, 『儒學研究』 4, 충남대 유학연구소, 1996.

윤사순, 「同春堂 宋浚吉의 儒學史的 位相」, 『儒學研究』 4, 충남대 유학연구소, 1996.

송인창, 「同春堂 宋浚吉의 人品과 哲學思想」, 『百濟研究』 25, 충남대 백제연구소, 1995.

송인창, 「송준길의 유학사상과 자주정신」, 충남대 유학연구소 편, 『기호학파의 철학사상』, 예문서원, 1995.

송인창, 「동춘당 송준길의 철학과 현실인식」, 제3회 충청지방학술자료집, 충남대백제연구소, 1994.

송인창, 「동춘당 송준길의 선비정신」, 『철학논총』 37, 새한철학회, 2004.

【역 철학 사상】

송인창, 「동춘당 철학사상의 易學的 이해」, 『철학연구』 97, 대한철학회, 2006

【경세 사상】

지두환, 「동춘당 송준길의 經世思想과 학술적 과제」, 『충청학연구』 6, 한남대 충청학연구소, 2005.

지두환, 「동춘당 송준길의 북벌운동과 정치사상」, 『충청학연구』 6, 한남대 충청학연구소, 2005.

우인수, 「同春堂 宋浚吉의 山林活動과 政治思想」, 『충청학연구』 3, 한남대 충청학연구소, 2002.

한기범, 「同春堂 宋浚吉의 鄕村活動과 社會思想」, 『충청학연구 3, 한남대 충청학연구소, 2002.

우인수, 「同春堂 宋浚吉의 政治活動과 國政運營論」, 『朝鮮史硏究』 10, 조선사연구회, 2001.

송인창, 「同春堂 宋浚吉의 經世思想」, 『儒學硏究』 4, 충남대 유학연구소, 1996.

문수정, 「동춘당 송준길의 정치사상」, 학위논문(석사), 조선대 교육대학원, 2006.

【예학 사상】

윤사순, 「동춘당(송준길) 禮意識의 사상적 기반」, 『충청학연구』 6, 한남대 충청학연구소, 2005.

김문준, 「동춘당의 己亥禮訟과 禮訟意識」, 『충청학연구』 6, 한남대 충청학연구소, 2005.

한기범, 「동춘당 송준길의 예학과 학술적 과제」, 『충청학연구』 6, 한남대 충청학연구소, 2005.

송인창, 「同春堂 哲學에 있어서 '禮'의 問題」, 『東洋哲學硏究』 18, 동양철학연구회, 1998.

한기범, 「同春堂 宋浚吉의 禮學思想」, 『韓國思想과 文化』 18, 한국사상문화학회, 2002.

정병련, 「同春堂의 禮學思想 ; 己亥禮訟을 중심으로」, 『儒學硏究』 4, 충남대학교유학연구소, 1996.

남달우, 「송준길의 예론에 관한 연구」, 학위논문(석사), 인하대 대학원, 1987.

【성리 철학 사상】

송인창, 「동춘당 송준길의 主敬思想과 그 현대적 의의」, 제22차 세계철학대회 자료집, 제22차 세계철학대회 한국조직위원회, 2008.

송인창, 「동춘당 송준길 철학사상의 퇴계학적 이해」, 『동서철학연구』 32, 한국동서철학회, 2004.

송인창, 「宋浚吉 敬思想의 哲學體系와 融和精神」, 『哲學硏究』 86, 대한철학회, 2003.

송인창, 「同春堂 宋浚吉의 敬思想」, 『韓國思想과文化』 15, 한국사상문화학회, 2002.

황의동, 「宋浚吉의 性理學 硏究」, 『철학논총』 23, 새한철학회, 2001.

성교진, 「同春堂 宋浚吉의 性理思想에 관한 硏究」, 『철학논총』 17, 새한철학회, 1999.

황의동, 「同春堂의 理氣心性論」, 『儒學研究』 4, 충남대 유학연구소, 1996.

佐藤貢悅, 최승호 역, 「同春堂의 朱子學과 徂徠의 朱子學」, 『儒學研究』 4, 충남대 유학연구소, 1996.

송인창, 「炭翁과 同春堂 道義思想의 比較研究」, 『道山學報』 5, 도산학술연구원, 1996.

이남영, 「同春堂 宋浚吉의 道學精神」, 『儒學研究』 4, 충남대 유학연구소, 1996.

【교육 사상】

송인창, 「同春堂 宋浚吉의 철학이론과 敎育思想」, 『철학연구』 51, 철학연구회, 2000.

송인창, 「同春堂 宋浚吉의 敎育思想」, 『충청학연구』 3, 한남대 충청학연구소, 2002.

【문학사상】

사재동, 「同春堂의 文學精神」, 『儒學研究』 4, 충남대 유학연구소, 1996.

【기 타】

권웅규, 「《가례집람》을 통해 살펴본 동춘고택의 조영과 공간이용에 관한 연구」, 학위논문(석사), 성균관대 대학원, 2006.

최근묵, 「동춘 송준길의 文廟從祀와 書院享祀」, 『충청학연구』 6, 한남대 충청학연구소, 2005.

성봉현, 「동춘당 송준길가의 가계와 혼인」, 『충청학연구』 6, 한남대 충청학연구소, 2005.

정태희, 「동춘당 송준길의 서예세계」, 『충청학연구』 6, 한남대 충청
　　학연구소, 2005.

우인수, 「동춘당 송준길의 영남인과의 접촉과 그 추이」, 『충청학연
　　구』 6, 한남대 충청학연구소, 2005.

황의동, 「동춘당 철학의 현대화와 유교박물관」, 『충청학연구』 3집,
　　한남대 충청학연구소, 2002.

홍경림, 「동춘당 송준길 서예 연구」, 학위논문(석사), 원광대 대학원,
　　2002.

강맹산, 「同春堂의 歷史意識」, 『儒學硏究』 4, 충남대 유학연구소,
　　1996.

송성빈, 『조선조 송산림의 연구』, 향지문화사, 1997.

【서지 관련】

손계영, 「장서인(藏書印)을 통해 본 동춘당 후손가의 장서 형성 배
　　경」, 『고문서연구』 34, 한국고문서학회, 2009.

손계영, 「동춘당 후손가 가전 『가장서적부(家藏書籍簿)』의 작성시기
　　에 대한 고찰」, 『서지학연구』 38, 서지학회, 2007.

정경훈, 「동춘당 송준길의 碑誌文攷」, 『韓國思想과文化』 32, 한국
　　사상문화학회, 2006.

진기홍, 「官版 語錄解에 대하여 ; 그 편저자는 宋浚吉이다」, 『古書
　　硏究』 20, 한국고서연구회, 2002.

부록

I. 資料

『同春堂文集』(上・中・下), 恩津宋氏同春堂文正公派宗中, 1986.

『同春堂集 1・2』(한국문집총간 106・107), 민족문화추진회, 1993.

『同春堂先生文集』, 以文社, 1986.

『同春堂日記』, 同春堂文正公派宗中, 1995.

『국역 동춘당집 1-8』, 한국고전번역원, 1997-2008.

송래희 편저,『국역 동춘당가장』, 선비박물관, 2006.

『동춘당연보』, 성균관, 1981.

『東國文廟十八賢年譜』, 경문사, 1980.

남궁원(송창준 옮김),『동춘당언행록』, 향지문화사, 1999.

송정희 편(송창준 옮김),,『德恩家乘』, 향지문화사, 1998.

『雙淸堂實記』, 은진송씨대종중, 1998.

『四書集註』,『五經』,『十三經注疏』,『二程全書』,『周子全書』,『朱子大全』,『朱子語類』,『性理大全』,『小學』,『近思錄』,『心經』,『性理字義』,『周易傳義大全』,『周易折中』,『退溪全書』,『愚伏集』,『栗谷集』,『沙溪集』,『愼獨齋集』,『浦渚集』,『淸陰集』,『承政院日記』,『備邊司謄錄』,『燃藜室記述』,『黨議通略』,『大東野乘』,『朝鮮王朝實錄』

II. 研究論著

1. 단행본

姜周鎭,『李朝黨爭史研究』, 서울대학교 출판부, 1971.

고영진,『조선중기예학사상사』, 한길사, 1995.

琴章泰,『조선후기의 유학사상』, 서울대학교 출판부, 1998.

琴章泰,『유교의 사상과 의례』, 예문서원, 2000.

김문식,『조선후기 지식인의 대외인식』, 새문사, 2009.

김문준,『송시열의 생애와 사상』, 민속원, 2007.

김덕진,『대기근, 조선을 뒤덮다』, 푸른역사, 2008.

김용흠,『조선후기 정치사연구1』, 혜안, 2006.

金龍德,『조선후기 사상사연구』, 을유문화사, 1977.

金駿錫,『조선후기 정치사상사연구』지식산업사, 2003,

金興圭,『朝鮮後期의 詩經論과 詩意識』, 고려대학교 민족문화연구소, 1982.

김수중 외,『공동체란 무엇인가』, 이학사, 2002.

구스모토 마사쓰구,『송명유학사상사』, 김병화・이혜경 옮김, 예문서원, 2005.

김형효 외,『퇴계사상과 그 현대적 의미』, 한국정신문화연구원, 1997.

김형효 외,『율곡의 사상과 그 현대적 의미』, 한국정신문화연구원, 1995.

김창민 외,『세계화시대의 문화논리』, 한울, 2005.

高橋進,『李退溪와 敬의 철학』, 안병주・이기동 옮김, 신구문화사, 1986.

大濱晧,『범주로 보는 주자학』, 李炯性 옮김, 예문서원, 1997.

뚜웨이밍,『뚜웨이밍의 유학강의』, 정용환 옮김, 청계, 1999.

뚜웨이밍,『문명간의 대화』, 나성 옮김, 철학과 현실, 2007.

박병련 외,『잠곡 김육 연구』, 태학사, 2007.

方東美,『中國人의 生哲學』, 정인재 옮김, 탐구당, 1983.

박충석,『한국정치사상사』, 삼영사, 1982.

襄宗鎬,『한국유학사』, 연세대학교 출판부, 1974.

벤자민 슈월츠,『중국 고대사상의 세계』, 나성 옮김, 살림, 1997.

沙溪愼獨齋兩先生기념사업회 편,『沙溪思想研究』, 1991.

沙溪愼獨齋兩先生기념사업회 편,『愼獨齋思想研究』, 1993.

蘇興烈 외,『哲學的 人間觀』, 한국정신문화연구원, 1985.

성광동 외,『스승 이통과의 만남과 대화』, 이학사, 2006.

宋成彬,『朝鮮朝 宋山林의 研究』, 향지문화사, 1997.

송인창,『主敬의 철학자 동춘당 송준길』, 청계, 2007.

시마다 겐지,『朱子學과 陽明學』, 김석근・이근우 옮김, 까치, 1986.

쓰치다 겐지로,『북송도학사』, 성현창 옮김, 예문서원, 2006.

劉明鍾, 『조선후기 성리학』, 이문출판사, 1985.

柳承國, 『東洋哲學硏究』, 근역서재, 1983.

柳承國, 『한국사상과 현대』, 동방학술연구원, 1988.

尹絲淳, 『한국유학사상사론』, 예문서원, 1997.

尹絲淳, 『조선시대 성리학연구』, 고려대학교 민족문화연구소, 1998.

유봉학, 『조선후기 학계와 지식인』, 신구문화사, 1998.

유초하, 『한국사상사의 인식』, 한길사, 1994.

오석원, 『한국 도학파의 의리사상』, 유교문화연구소, 2005.

愚伏先生기념사업회 편, 『愚伏鄭經世先生硏究』, 태학사, 1996.

아라키 겐고, 『불교와 유교』, 심경호 옮김, 예문서원, 2000.

이경구, 『17세기 조선지식인지도』, 푸른역사, 2009.

이상익, 『기호성리학연구』, 한울, 1998.

이상익, 『기호성리학논고』, 심산, 2005.

이규호, 『사람됨의 뜻』, 제일출판사, 1985.

이성무, 『조선왕조사』, 동방미디어, 1998.

이성무, 『조선시대 당쟁사』, 동방미디어, 2000.

李佑成, 『韓國의 歷史像』, 창작과 비평, 1982.

이영춘, 『조선후기 왕위계승연구』, 집문당, 1998.

이춘식, 『中華思想의 이해』, 신서원, 2002.

이재룡, 『조선 예의사상에서 법의 통치까지』, 예문성원, 1995.

이욱, 『조선시대 재난과 국가의례』, 창비, 2009.

이범직, 『조선시대 예학연구』, 국학자료원, 2004.

이태진, 『朝鮮儒敎社會史論』, 지식산업사, 1989.

이태진, 『조선시대 정치사의 재조명』, 범조사, 1985.

장세호, 『사계 김장생의 예학사상』, 경인문화사, 2006.

정옥자, 『조선후기 역사의 이해』, 일지사, 1993.

정옥자, 『조선후기 지성사』, 일지사, 1991.

정옥자, 『조선후기 조선중화사상연구』, 일지사, 1998.

조성산, 『조선후기 낙론계 학풍의 형성과 전개』, 지식산업사, 2007.

陳來, 『송명성리학』, 안재호 옮김, 예문서원, 1997.

陳來, 『주희의 철학』, 이종란 외 옮김, 예문서원, 2002.

최완기, 『역사의 갈림길에서 고뇌하는 사람들』, 이화여자대학교 출판부, 2004.

최형식, 『유교윤리와 인도주의』, 한울, 2000.

최철병, 『탈피, 삶의 양식과 앎의 질서』, 철학과 현실사, 2003.

진교훈, 『철학적 인간학 연구(1)』, 경문사, 1984.

한국역사연구회 17세기정치사연구반, 『조선중기 정치와 정책』, 아카넷, 2003.

한국철학회 편, 『차이와 갈등에 대한 철학적 성찰』, 철학과 현실사, 2007.

한남대 충청학연구소 편, 『동춘당 송준길연구』, 경인문화사, 2007.

한도현 외, 『유교의 예와 현대적 해석』, 청계, 2004.

한명기, 『정묘·병자호란과 동아시아』, 푸른역사, 2009.

한형조, 『주희에서 정약용으로』, 세계사, 1996.

허경진, 『사대부 소대헌 호연재 부부의 한평생』, 푸른역사, 2003.

玄相允, 『조선유학사』, 민중서관, 1949.

지두환, 『조선시대 사상사의 재조명』, 역사문화, 1998.

충남대학교유학연구소 편, 『기호학파의 철학사상』, 예문서원, 1995.

和辻哲郎, 『윤리학』, 최성묵 옮김, 이문출판사, 1993.

황의동, 『율곡학의 선구와 후예』, 예문서원, 1999.

미조구찌 유조 외, 『중국의 예치시스템』, 동국대학교 동양사연구실 옮김, 청
계, 2001.

첸리푸, 『동양의 인간과 세계』, 서명석·이우진 옮김, 철학과 현실사, 2000.

허버트 핑가레트, 『공자의 철학』, 송영배 옮김, 서광사, 1993.

줄리아 칭, 『유교와 기독교』, 임찬순·최효선 옮김, 서광사, 1993.

조남호, 『주희, 중국철학의 중심』, 태학사, 2004.

이강대, 『주자학의 인간학적 이해』, 예문서원, 2000.

김성태, 『敬과 注意』, 고려대학교출판부, 1982.

노영상, 『경건과 윤리』, 성광문화사, 1997.

고지마 쓰요시, 『사대부의 시대』, 신현승 옮김, 2004.

펠리페 페르난데스-아르메스토, 『우리가 정말 인간일까?』, 정주연 옮김, 아

카넷, 2006.

牟宗三, 『中國哲學的特質』, 臺北, 學生書局, 1981.

牟宗三, 『心體與性體』, 臺北, 正中書局, 1970.

蒙培元, 『中國心性論』, 臺北, 學生書局, 1990.

蒙培元, 『中國哲學主體思惟』, 北京, 人民出版社, 1997.

朱伯崑, 『중국고대윤리학』, 전명용 외 옮김, 이론과 실천, 1990.

최영진, 『유교사상의 본질과 현재성』, 유교문화연구소, 2002.

최영성, 『한국유학사상사』, 아세아문화사, 1995.

張立文 주편, 『리의 철학』, 안유경 옮김, 예문서원, 2004.

곽신환, 『주역의 이해』, 서광사, 1990.

이동준, 『유교 인도주의와 한국사상』, 한울, 1997.

李相殷, 『李相殷先生全集』, 「中國哲學史」, 예문서원, 1998.

제임스 버나드 팔레, 『유교적 경세론과 조선의 제도들』, 김범 옮김, 산처럼, 2008.

蔡仁厚, 『孔孟荀哲學』, 천병돈 옮김, 예문서원, 2000.

錢遜, 『先秦儒學』, 백종석 옮김, 학고방, 2009.

徐儒宗, 『人和論』, 北京, 人民出版社, 2008.

한국주역학회 편, 『주역의 근본원리』, 철학과 현실사, 2004.

2. 논문

강맹산, 「同春堂의 歷史意識」, 『儒學研究』 4, 충남대 유학연구소, 1996.

강신주, 「朱熹와 李侗」, 『철학사상사』 21, 서울대학교 철학사상연구소, 2005.

고영진, 「조선중기 禮說과 禮書」, 서울대 박사학위논문, 1992.

곽신환, 「宋時烈의 禮思想과 비판정신」, 『사회과학논총』, 숭전대, 1983.

금장태, 「'경재잠도'와 퇴계의 거경수양론」, 『퇴계이황』, 윤사순 엮음, 예문서원, 2002.

김길환, 「宋時烈의 直思想과 心學」, 『한국유학사상연구』, 일지사, 1980.

김문식, 「조선후기 지식인의 자아인식과 타자인식」, 『大東文化研究』 39, 2001.

김문준, 「尤庵 宋時烈의 철학사상에 관한 연구」, 성균관대 박사학위논문, 1996.

김문준, 「동춘당의 己亥禮訟과 禮訟意識」, 『충청학연구』 6, 한남대 충청학연구소, 2005.

김세봉, 「17세기 湖西山林勢力研究」, 단국대 박사학위논문, 1995.

김세영, 「조선 효종조 북벌론 연구」, 『백산학보』 51, 1998.

김준석, 「조선후기 畿湖士林의 朱子인식」, 『백제연구』 18, 1987.

남달우, 「송준길의 예론에 관한 연구」, 인하대 석사학위논문, 1987.

배상현, 「조선조 畿湖學派의 禮學思想에 관한 연구」, 고려대 박사학위논문, 1991.

사재동, 「同春堂의 文學精神」, 『儒學研究』 4, 충남대 유학연구소, 1996.

서원화, 「同春堂의 修養論」, 『儒學研究』 4, 충남대 유학연구소, 1996.

성교진, 「동춘당 송준길의 性理思想에 관한 연구」, 『철학논총』 17, 새한철학회, 1999.

송성빈, 「송준길의 학문과 사상」, 한국교원대 석사학위논문, 1997.

송용재, 「'동춘당일기'를 통해서 본 동춘당의 생애」, 『충청학연구』 3, 한남대 충청학연구소, 2002.

송인창, 「우암 송시열의 철학과 현실인식」, 『동서철학연구』 7, 1990.

송인창, 「權諰 公思想의 철학적 체계와 융화정신」, 『철학연구』 90, 2004.

송인창, 「四友堂 宋國澤의 철학과 현실인식」, 『유교사상연구』 6, 1993.

송인창, 「雪峰 姜栢年의 철학과 淸白吏精神」, 『철학연구』 74, 2000.

송인창, 「雷峰 池德海의 道義思想」, 『철학연구』 80, 2001.

송인창, 「炭翁과 同春堂 道義思想의 비교연구」, 『道山學報』 5, 1996.

신동호, 「先秦儒學에 있어서의 人本思想의 전개」, 『새마음논총』 1, 충남대 새마을연구소, 1977.

안상우, 「동춘당의 의약기록과 의료인식」, 『동춘당사상의 재조명과 동춘당의 위상』, 한남대 충청학연구소, 2006.

오수창, 「17세기 조선의 정치세력과 山林」, 『역사문화연구』 18, 2003.

오항령, 「17세기 前半 西人山林의 사상」, 『역사와 현실』 8, 1992.

우경섭, 「宋時烈의 世道政治思想연구」, 서울대 박사학위논문, 2005.

우인수, 「17세기 산림의 세력기반과 정치적 기능」, 경북대 박사학위논문, 1993.

우인수, 「동춘당 송준길의 山林活動과 정치사상」, 『충청학연구』 3, 한남대 충청학연구소, 2002.

유근호, 「조선조 中華思想의 성격과 의미」, 『제3회 국제학술회의 논문집』, 한국정신문화연구원, 1985.

유남상, 「宋尤庵의 道義思想에 관한 연구」, 『논문집』 10-2, 충남대 인문과 학연구소, 1983.

윤사순, 「동춘당 禮意識의 사상적 기반」, 『충청학연구』 6, 한남대 충청학연 구소, 2005.

이경찬, 「조선 효종조의 북벌운동」, 『청계사학』 5, 1988.

이남영, 「동춘당 송준길의 道學精神」, 『儒學硏究』 4, 충남대 유학연구소, 1996.

이동준, 「儒學의 義理思想과 현실인식에 대한 고찰」, 『한국철학입문』, 성균 관대 한국철학과, 1983.

이봉규, 「禮訟의 철학적 분석에 대한 재검토」, 『大東文化硏究』 31, 1996.

이봉규, 「송준길의 성리학사상과 철학사적 의미」, 『세계와 인간에 대한 동 양인의 사유』, 천지, 2003.

李相殷, 「儒學의 본질과 시대적응」, 『東喬閔泰植박사고희기념 儒敎學논총』, 사문학회, 1972.

이상익, 「기호성리학에 있어서의 理의 주재문제」, 『철학』 46, 한국철학회, 1996.

이영무, 「17세기 예론과 당쟁」, 『조선후기 당쟁의 종합적 검토』, 한국정신문 화연구원, 1992.

이영춘, 「제1차 禮訟과 尹善道의 禮論」, 『청계사학』 6, 1989.

이원택, 「현종대의 服制論爭과 公私義理에 관한 연구」, 서울대 박사학위논 문, 2000.

이이화, 「북벌론의 사상사적 검토」, 『창작과 비평』 38, 창작과 비평사, 1975.

이태진, 「朝鮮 性理學의 역사적 기능」, 『창작과 비평』 33, 창작과 비평사, 1974.

이태진, 「조선후기 對明義理論의 변천」, 『아시아문화』 10, 1994.

장세호, 「畿湖學派의 道統意識」, 『문화전통논집』 2, 경성대 향토문화연구소, 1994.

정병련, 「同春堂의 예학사상-기해예송을 중심으로」, 『儒學研究』 4, 충남대 유학연구소, 1996.

정옥자, 「17세기 사상계의 再編과 禮論」, 『한국문화』 10, 서울대 한국문화연구소, 1989.

정옥자, 「17세기 前半 禮書의 성립과정」, 『한국문화』 11, 1990.

정옥자, 「17세기 禮治의 구현과 동춘당의 위상」, 『동춘당사상의 재조명과 동춘당의 위상』, 한남대 충청학연구소, 2006.

조영록, 「17·8세기 尊我的 華夷觀의 한 시각」, 『東國史學』 17, 1982.

조종업, 「北伐과 春秋大義」, 『백제연구』 10, 충남대 백제문화연구소, 1979.

지두환, 「동춘당 송준길의 사회경제사상」, 『한국사상과 문화』 제22집, 2003.

지두환, 「동춘당의 정치활동과 경세사상」, 『동춘당사상의 재조명과 동춘당의 위상』, 한남대 충청학연구소, 2006.

최근덕, 「동춘당 儒學史的 위치」, 『충청학연구』 6, 한남대 충청학연구소, 2005.

최근묵, 「동춘당 송준길의 文廟從祀와 書院享祀」, 『충청학연구』 6, 한남대 충청학연구소, 2005.

최영진, 「易學思想의 철학적 탐구」, 성균관대 박사학위논문, 1989.

한기범, 「사계 김장생과 신독재 김집의 예학사상연구」, 충남대 박사학위논문, 1991.

한기범, 「동춘당 송준길의 예학사상」, 『한국사상과 문화』 18, 한국사상문화학회, 2002.

한기범, 「동춘당 송준길의 鄕村活動과 사회사상」, 『충청학연구』 3, 한남대 충청학연구소, 2002.

홍경림, 「동춘당 송준길 서예연구」, 원광대 석사학위논문, 2002.

홍순창, 「병자호란과 정치문화적 여파」, 『霞城李瑄根박사고희기념논총』, 1974.
홍원식, 「程朱學의 居敬窮理說 연구」, 고려대 박사학위논문, 1991.
황의동, 「송준길의 性理學 연구」, 『철학논총』 21, 새한철학회, 2001.

찾아보기

지은이 | **송인창(宋寅昌)**

충남대학교 철학과를 졸업하고, 같은 학교 대학원에서 「선진유학에 있어서의 천명(天命)사상에 관한 연구」로 박사학위를 받았다. 현재 대전대학교 철학과 교수이자 동양문화연구소 소장으로 재직하고 있다. 한국동서철학회 회장, 새한철학회 회장, 한국주역학회 회장, 한국동양철학회 회장, 2008년 제22차 세계철학자대회 한국조직위원회 부의장 등을 역임하였고, 차기(2010) 한국철학회 회장에 선출되었다. 저서로는 『기호유학의 융화정신』, 『주역과 한국역학』, 『기호학파의 철학사상』(이상 공저) 등이 있으며, 주요 논문으로는 「주역에 있어서 '감통(感通)'의 문제」, 「권시 공(公)사상의 철학적 체계와 융화정신」, 「퇴계 이발설(理發說)의 역학적 이해」 등이 있고, 시집으로는 『不仁한 칼』이 있다.

화해와 포용의 예학자

송준길

초판 1쇄 인쇄 2009년 12월 21일
초판 1쇄 발행 2009년 12월 31일

지은이 송인창
표지제자 路石 이준호
펴낸이 서정돈 **펴낸곳** 성균관대학교 출판부
출판부장 한상만
편 집 신철호 · 현상철 · 구남희
디자인 최미영
마케팅 장민석 · 송지혜
관 리 손호종 · 김지현

등록 1975년 5월 21일 제 1975-9호
주소 110-745 서울특별시 종로구 명륜동 3가 53
전화 02)760-1252~4 **팩스** 02)762-7452
홈페이지 press.skku.edu

ⓒ2009, 송인창

ISBN 978-89-7986-825-8 04150
       978-89-7986-481-6(세트)